北乔 著

南人书话

中国出版集团
中译出版社

图书在版编目（ＣＩＰ）数据

南人书话 / 北乔著. -- 北京：中译出版社，2025.
3. -- ISBN 978-7-5001-8064-7

Ⅰ. G236

中国国家版本馆CIP数据核字第20248PY669号

南人书话
NANREN SHUHUA

出版发行	中译出版社
地　　址	北京市西城区新街口外大街28号普天德胜大厦主楼4层
电　　话	（010）68005858，68357328（编辑部）
邮　　编	100088
电子邮箱	book@ctph.com.cn
网　　址	http://www.ctph.com.cn

出 版 人	刘永淳
出版统筹	杨光捷
总 策 划	范　伟
责任编辑	范　伟
插画摄影	北　乔
封面设计	柒拾叁号工作室
排　　版	柒拾叁号工作室
印　　刷	北京中科印刷有限公司
经　　销	新华书店

规　　格	710毫米×1000毫米 1/16
印　　张	34.5
字　　数	402千字
版　　次	2025年3月第1版
印　　次	2025年3月第1次印刷

ISBN 978-7-5001-8064-7　　定价：98.00元

版权所有　侵权必究

中 译 出 版 社

目　录

第一辑

003 | 通往另一个世界的门
（毕飞宇《推拿》）

008 | 生活坚硬的那部分
（陈仓《浮生》）

012 | 在世俗中透视崇高
（陈艳军《暖春》）

016 | 经典主题的个性化阐释
（党益民《喧嚣荒塬》）

020 | 在喧闹中祭奠成长
（房伟《英雄时代》）

024 | 进入大飞机的制造现场
（匪迦《关键路径》）

028 | 洋溢浓郁人文气质的民间传奇
（冯光辉《最后的蚁王》）

031 | 借官场生态状写人生困境
（高低《借势》）

034 | 如酒一样浓醇的家国情怀
（古兰月《酒坊巷》）

038 | 以爱情的名义
（关键《城乡日记》）

041 | 后军人时代的人生行走
（郭天印　杜海燕《中国战友》）

043 | 回到生活本身
（郭文斌《农历》）

045 | 写出一代人的命运
（韩少功《日夜书》）

048 | 在大时代中凝视人生
（何常在《浩荡》）

052 | 梦想与现实在这里辉映
（红刺北《我要上学》）

056 | 少年的心，成人的童话
（会说话的肘子《夜的命名术》）

060 | 婚姻并非封闭的人生
（蒋离子《糖婚：人间慢步》）

064 | 有趣中的尖锐性焦虑
（蒋一谈《庐山隐士》）

067 | 青春的磅礴力量
（今何在《悟空传》）

074 | 老家已经很遥远
（荆永鸣《老家有多远》）

| 077 | 笔触生活的最前沿
（赖贵清《使命英雄》）

| 080 | 《花腔》中的花腔
（李洱《花腔》）

| 088 | 不仅仅是一部知识分子小说
（李洱《应物兄》）

| 092 | 在颤抖中成长
（李凤群《颤抖》）

| 095 | 迷失者的狂欢盛宴
（廖建斌《灵朽》）

| 098 | 小故事的背后
（凌鼎年《过过儿时之瘾》）

| 102 | 袖珍与意味
（刘公《新潮小小说》）

| 105 | 乡村的乌托邦
（刘庆邦《梅妞放羊》）

| 108 | 纸上生活离我们有多远
（陆令寿《春日迟迟》）

| 112 | 细致关注日常生活的质感
（麦苏《我的黄河我的城》）

| 116 | 爱情只会与爱情有关
（木卯《我的爱与你无关》）

| 118 | 在生活中张扬叙事的力量
（南翔《绿皮车》）

| 121 | 军旅生活的纯情浪漫叙写
（聂静《军营童话》）

| 124 | 以未来的名义致敬当下
（飘荡墨尔本《筑梦太空》）

| 128 | 生活可以有纯真诗意
（青辰《风牵影》）

| 131 | 人生就是不断淘洗的过程
（冉正万《洗骨记》）

| 133 | 有温度的科技叙事
（人间需要情绪稳定《一路奔北》）

| 136 | 安静地倾听普通人的呼吸
（任晓雯《阳台上》）

| 139 | 年轻态的小说
（三九音域《夜幕之下》）

| 142 | 让创业之路更感性些
（唐达天《创业狼》）

| 144 | 时间里的人文伦理
（天瑞说符《我们生活在南京》）

| 148 | 以历史的谎言书写女性意识
（王凤英《雄虢图》）

| 153 | 钢筋铁骨也能绕指柔
（我本疯狂《铁骨铮铮》）

| 157 | 乡土中国的抵近书写
（吴海中　张赤《大溪流碧》）

| 161 | 不一样的穿越
（骁骑校《长乐里：盛世如我愿》）

| 165 | 直面人生的困惑
（须一瓜《太阳黑子》）

167 | 传统文化伦理下的日常纪事
（许福元《半夏：月牙村纪事》）

170 | 纯粹之中的俗常
（严苏《古槐》）

173 | 乡村叙事回归生活本真
（叶炜《后土》）

176 | 在返乡中得到救赎
（夜神翼《特别的归乡者》）

180 | 满怀深情地在西部大地上前行
（懿小茹《我的草原星光璀璨》）

184 | 讲述的不仅仅是亲情
（张慧敏《回家》）

186 | 新视角讲述火红的年代
（张慧敏《牡丹花正开》）

189 | 总有一些敬畏埋伏在生活丛林里
（张庆国《如鬼》）

192 | 这里的沧海桑田只在百年间
（赵峰旻《红滩涂》）

197 | 日常生活的感动
（卓牧闲《朝阳警事》）

第二辑

203 | 诗意即生命本真的呼吸
（阿信《裸原》）

206 | 人生之路的诗性表达
（北岛《北岛诗精编》）

210 | 在爱的圣土上踢正步
（蔡诗华《爱在流火七月》）

213 | 繁华落尽现真醇
（蔡诗华《拥抱你贺敬之》）

216 | 诗歌其实可以很生活的
（曹宇翔《祖国之秋》）

219 | 肉身的漂泊与灵魂的故乡
（陈克锋《母亲的北京城》）

224 | 月色美好，月光如刀
（陈雨吟《天是真的》）

227 | 像光一样的声音
（崔岩《静物的声音》）

231 | 灵魂在阳光中飞翔
（邓太平《塔树之恋》）

234 | 诗从万物生
（龚学明《世间万物皆亲人》）

238 | 在千古文脉里展开时空对话
（韩彦军《龙都短歌》）

242 | 在旷野的孤独中辽阔诗意
（花盛《那些云朵》）

247 | 重逢在自己的背影里
（李皓《怀念一种声音》）

250 | 远方，因诗而驻于心间
（李其文《海色映天》）

254 | 军旅生活的诗性表达
（刘笑伟《岁月青铜》）

259 | 漫步在高原上的诗意
（牧风《青藏旧时光》）

263 | 锄镐的乡野之气与刀剑的破风之力
（帕男《帕男诗选》）

266 | 诗歌在生命之树上绽放力量
（谭仲池《东方的太阳》）

275 | 驻守公众生活现场的写作
（谭仲池《敬礼，以生命的名义》）

283 | 风过草原，或马头琴
（武自然《啊哈嗨咿》）

287 | 从星空到巨兽
（西川《巨兽》）

292 | 文化与心意共生的禅性
（杨清茨《玉清茨》）

295 | 以古典情怀抚摩河流的声音
（易湄《岁月划痕里的断章》）

298 | 洁净的浓情大爱
（张国领《千年之后你依然最美》）

302 | 耐心而深情地注视生活
（赵琳《白马藏银》）

第三辑

309 | 大地的声音与温暖
（阿来《大地的语言：阿来散文精选集》）

313 | 时代的忠诚书写
（埃德加·斯诺《我在旧中国十三年》）

316 | 读着让我们惭愧和揪心
（爱新觉罗·蔚然《粮民》）

318 | "剩男剩女"，或其他
（安顿《结婚吗》）

324 | 用心品味生活的每个瞬间
（芭芭拉·安吉丽思《活在当下》）

327 | 较量岂止在战场
（蔡桂林　王霞《中流砥柱》）

330 | 军人的精神殿堂
（冯远程《士兵格言》）

333 | 乘"远望号"去远航
（傅逸尘《远航记》）

336	身在低处，心在云端 （高丽君《在低处，在云端》）	379	做一个内心和谐的人 （马可·奥勒留《沉思录》）
339	和诸葛亮一同成长 （韩春鸣《诸葛亮成长之谜》）	383	还原传奇的日常生活质感 （茅侃侃《像恋爱一样去工作》）
341	在顺其自然中呈现独特的丰富性 （何向阳《万古丹山：武夷山》）	386	在回望历史中检索个体的成长 （南帆《历史盲肠》）
344	个人小视角的宏大历史叙事 （侯钰鑫《大师的背影》）	389	微观历史人物的真实质感 （南帆《马江半小时》）
347	有故乡才会有天堂 （花如掌灯《故乡有灵》）	392	二十几岁的女人，你准备好了吗？ （南仁淑《20几岁，决定女人的一生》）
350	真诚解密大师的隐秘情怀 （蒋泥《天才的裂变》）	395	有根的漂泊是一种飞翔 （全秋生《北漂者说》）
353	融合传统与现代的军人启蒙 （李存葆 等《中国人民解放军士兵阅读丛书》）	399	敞开的门 （宋结胜《你的故事我的歌》）
358	淘洗时光也是生活的一部分 （李皓《雨水抵达故乡》）	402	在文学里活出生活的滋味 （苏北《玻璃女孩》）
362	以故乡之情擦亮曾经的远方 （李晓东《天风水雅》）	405	智慧的穿越 （孙广远《穿越千年的智慧》）
366	心灵书写的力量 （李英淑《漂泊的月亮》）	408	叫醒生活里的文化大隐 （孙曙《燃情书》）
369	生活远比小说精彩 （林那北《宣传队，运动队》）	412	国旗的声音 （唐建国《正步走过天安门》）
372	心与心的交流 （刘灵芝《将军与士兵的对话》）	415	为青藏线立起精神路标 （王宗仁《青藏线》）
375	文化基因与生命美学的双重显影 （刘琼《花间词外》）	420	倾听，总会有收获 （肖飞《医生的一天》）

| 423 | 朴素的记录与长久的触动
（谢莲秀《留守还有多远》）

| 425 | 科学与文学完美结合的典范
（徐霞客《徐霞客游记》）

| 429 | 自然伦理与人文情怀的大生态叙事
（徐向林《东方湿地》）

| 436 | 战犯与汉奸的嘴脸真丑恶
（徐星平《绞刑架上的战犯与汉奸》）

| 439 | 乡野风骨
（徐迅《半堵墙》）

| 449 | 小巷里的大人间
（薛德华《我的曲江巷》）

| 453 | 让记忆在当下生活中不断生长
（杨建英《那当儿》）

| 457 | 以书写的方式细品生活
（杨清茨《何曾东风旧》）

| 461 | 让文学在生活中绽放
（叶梅《穿过拉梦的河流》）

| 464 | 以节制性的书写丰富生态文学的伦理叙事
（叶梅《福道》）

| 468 | 人生返乡中的现实关怀
（张国领《柴扉集》）

| 472 | 说活说透朱元璋这个人
（张宏杰《大明王朝的七张面孔：朱元璋》）

| 475 | 散作乾坤万里春
（张雅文《永不言败》）

| 479 | 在细微处舒展辽阔
（赵峰旻《烟火流年》）

| 483 | 左手尘烟，右手诗意
（赵瑜《小荒唐》）

| 485 | 以生态良知进入审美
（周振华《乡音乡情》）

第四辑

| 491 | 活着的文学史与文学史的活法
（傅书华　阎秋霞　等《中国现当代文学史综合教程》）

| 495 | 坐禅于文学丛林
（高丽君《剪灯书语》）

| 499 | 诗学的源头是"自我"
（敬文东《自我诗学》）

| 502 | 在大文学观的视野下把脉文学生命体
（李一鸣《批评作为一种生活》）

| 508 | 警察出现在文学现场
（王晓琳《警察美学的生命话语》）

| 511 | 写作的恐惧来自清醒
（谢有顺《我们并不孤单》）

514 | 一部有浓郁小说意味的学术著作
　　　（叶君《萧红与生命中的他们》）

517 | 让你轻松走进莫言的丰富世界
　　　（叶开《莫言的文学共和国》）

520 | 有生命体温的文化研究
　　　（张柠《土地的黄昏——中国乡村经验的微观权利分析》）

525 | 智性的力量
　　　（张志忠《当代长篇小说论略》）

528 | 现场感与当代性互动的文学史
　　　（张志忠《中国当代文学60年》）

531 | 一位诗歌的守门人和摆渡者
　　　（周卫东《乔延凤溪云斋诗评》）

537 | 后记

第 一 辑

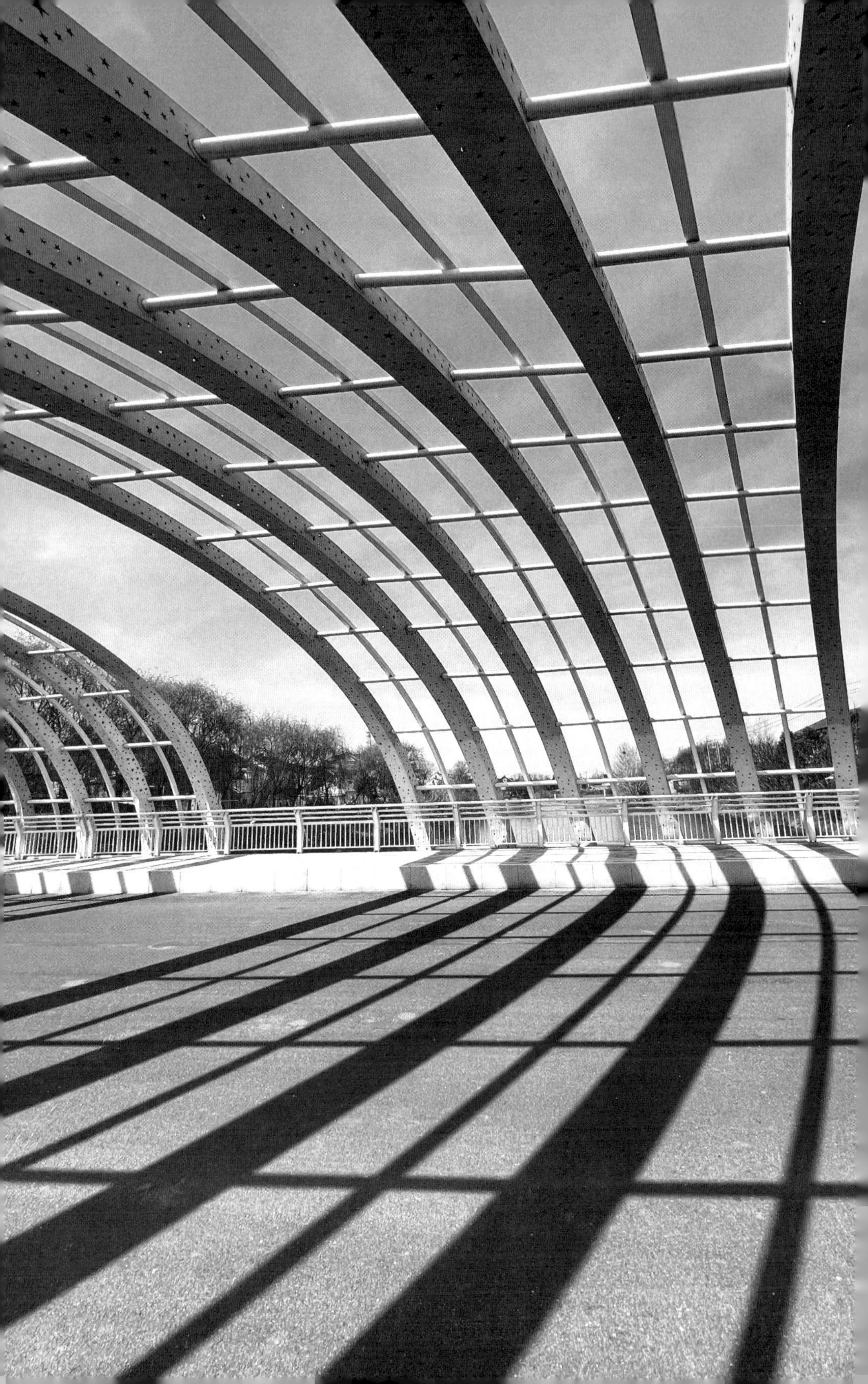

书名	**推拿**
著者	毕飞宇
体裁	长篇小说
版别	人民文学出版社 2008年9月

通往另一个世界的门

得知毕飞宇写出了长篇小说《推拿》，我先是震惊，后是敬佩，再是深深地感动。

在相当长的时间里，我对毕飞宇的小说有着某些特定的感觉，有些是细节，有些是人物，有些则是画面。在我的记忆中，我最早读到的是他的短篇小说《地球上的王家庄》，是不是准确，还真难以确定，毕竟记忆尤其是最真切的记忆往往是最不可靠的。不过，这不要紧，"地球上的王家庄"承载了我对毕飞宇的主要印象。那个八岁的孩子——"我"，有我童年的影子，甚至有所有人童年的影子。"我"对王家庄在地球上的什么地方的寻找与追问，令人印象深刻，以至于一想到毕飞宇，我的脑海就闪出"地球上的王家庄"，但这与小说的题目没有一点关系。他的《哺乳期的女人》中七岁男孩儿旺旺的那句简短有力的"我不"，一直像一根钉子扎在我的心里。

尽管《地球上的王家庄》中的父亲和《哺乳期的女人》中的惠嫂，是两个极其闪光的文学形象，但我并不怎么关注，就像《玉米》

中的玉米的故事，我早已模糊，我记得的是她咬紧牙时嘴角隐约挂着的弧线，像一缕月光，又像缓慢的流水。虽然我数次在小说里寻找这个细节而不得，但这样的玉米一直是我最固执的记忆。"两个人笑了，都笑得停不下来了。暴雨哗哗的，两个小女人也笑得哗哗的，差一点儿都缺了氧。"这是《大雨如注》里的一个画面，这篇短篇小说，我只记得它的名字和这个画面，别的我全忘记了。至于《青衣》，故事的大概情节我是记得的，但印象最深的还是一个女子身着轻薄的戏服在纷飞的大雪中起舞的画面，这女子叫什么，我忘了，也许根本就没想过要记住她的名字。

　　说这么多，终究还是离不开"地球上的王家庄"。毕飞宇的小说既有着宏大的视野和博大的人文情怀，又有细腻的心灵之光，就像"地球上的王家庄"的字面之意和内在的隐喻。

　　《推拿》中的故事不是发生在王家庄，所以我感到惊讶。我并非希望文学的毕飞宇一直坚守在王家庄，事实上，在《青衣》等许多小说中，他早已走出了地理意义上的王家庄。我惊讶的是他在一个比王家庄还小的空间里讲故事，讲盲人的故事。更为惊讶之处在于，他又不只是在讲有关盲人的故事。

　　其实我与盲人打交道甚多，因为经常伏案写作，我会定期去按摩。我去的都是与《推拿》中所写的类似的盲人按摩院，这是我的偏爱。我固执地认为，盲人按摩师注重穴位，手感更为敏感、精准，这是我喜欢的，也是我所需要的。我爱和盲人按摩师聊天，但我总不能敞开聊，因为生怕一不小心触及他们内心的伤痛与隐忍。在这方面，我相当谨慎。当然，我更没有想过写关于他们的故事。毕飞宇做到了，而且他最初也是因为去按摩才有了这样的创作契机。勇敢地面对，深情地凝视，走进他们的内心世界，毕飞宇作为作家，他的温暖和良知，值得我们尊敬。

《推拿》以"沙宗琪推拿中心"为故事的发生地，讲述了一群盲人特殊而又日常的生活。关于他们的爱情、努力、困惑等，与我们相似的遭遇，以及我们难以想象的困难，在书中都得到细致呈现。小说中的人物依次出场：王大夫、沙复明、小马、都红、小孔、金嫣、徐泰来等一个一个来到我们面前，既有节奏，又带有强烈的象征意味。一个人物，不仅是一个鲜活的生命，还是一个世界。擅长讲故事的毕飞宇，这一次依然在讲冲突性很强、让人很有阅读欲望的故事。然而，他似乎更在乎描绘人物的心理图景，这真是击中了我。对于盲人的故事，我们当然喜欢听，愿意在故事中体味他们的人生。不过，在某种程度上，我更关注他们内在的精神生活。我想，这也正是毕飞宇的用意所在。先天性的盲人，永远无法知道更无法理解世界的五颜六色，如此的"缺"，极不公平，又特别可惜。而后天致盲者，那种巨大的落差所带来的痛苦，又无法形容。他们眼中没有了光明，言语也归于寂静，因而他们陷入无尽的沉默之中。这样的沉默是他们生命的另一种黑暗，严实，密不透风，巨大且沉重。他们眼前的世界是黑暗的，但内心一定充满光亮。生命之光、情感之光及精神之光，是他们人生的动力，也会擦亮我们的视线与灵魂。

因为失去了视觉，盲人的内心更为丰富，更善于用心灵去注视和对自我的体察。又因为他们自我封闭于狭窄的空间，与外面的世界保持了谨慎且内敛式的交往，他们对自我的感受以及生活的品位又更加的敏感而细腻。在这方面，可谓异于常人。换而言之，许多时候，他们反而比我们更关注情绪的变化和灵魂的呼吸。在毕飞宇笔下，他们并非所谓的"特殊群体"，而是比我们更能深入生活的内部，更多层次地体会人生。毕飞宇用了大量笔墨写他们的爱情，讲述了几对盲人按摩师恋人间的交往。同是盲人，生活在被遗忘的角落，在心理上他们有一定的平等之感，又能相互取暖。爱情的力量与美好，对所有人都是一样的。对他们而言，或许恋人才是唯一可以敞开心扉、释放性情之人。也正因为如此，在他们的爱情里，我们看到了他们最真实的一面。在这最浪漫和随性的爱情中，他们依然小心翼翼，不断地压抑自己。就连爱情这样的力量也终究无法让他们回归自然之性，以"我"之本真行走于生活里。可见，他们承受了多大的压力。这样的压力有他人所强加的，即生活中的漠视甚至歧视，也有他们自我的暗示与囚禁。

最让人意外的是，毕飞宇将"尊严"作为《推拿》的叙述关键词。毕飞宇在接受采访时说："我每天在推拿中心进进出出，有一天，我突然意识到一个问题，门内和门外是有区别的：门内很在意尊严，门外则不那么在意。我感到我抓住了什么东西，也许我夸张了，我就觉得我抓住了一个时代的问题，也许还是一个社会的问题。"小说中几位盲人的尊严感是那样的强劲，不容践踏。盲人虽身体有缺陷，但生命与精神的尊严绝不缺失。相比起来，我们这些所谓身体健全的人，反倒常常甘愿自损或放弃尊严。没有尊严，人何来健全？村上春树说："我们写作的理由，归根到底只有一个，那就是让个人灵魂的尊严浮现出来，将光线投在上面，敲响警钟，以免我们的灵魂被体制纠缠和贬损。"毕飞宇洞察到盲人那厚实、高贵的尊严，是他对盲人的敬畏，更是文学之于人最好的表达与关照。

推拿，是一个中医术语，用于舒展筋骨，疗治伤痛和疾病。毕飞宇以《推拿》行灵魂和精神按摩之功，那些细节如上乘的手法击中我们的心灵穴位。盲人们，我们的兄弟姐妹，以自己黑暗里的生活擦亮了我们的心魂。而我们自以为看得到阳光，自以为眼睛里充满光芒，其实目光常常被黑暗淹没，也常常走不出黑暗。真正的阳光并不是在眼睛里，而是在心灵里。这话听起来似乎有些矫情，其实最为真实和贴切，并一直存在我们的日常生活里，在我们每时每刻的人生之路上。

许多人、许多事，就在我们身边，却经常被我们忽视，置于日常生活之外。比如《推拿》中的盲人们，我们时常遇见，但似乎又不在我们的世界里。毕飞宇为我们打开了一扇门，让我们得以了解他们的情感与生活。更为重要的是，这对我们是一个提醒，我们的人生，不仅仅有我们自己，不仅仅是我们生活的核心层，我们应当关注和关爱同一个世界里的不同生命，尤其是那些容易被我们遗忘或忽视的人。走进他们，其实是走进我们不易察觉的内心，更多地领略世界的多样化，丰富我们的人生体验，感受生命的厚重与丰实。还有更为重要的，无论是生活在王家庄的人们，还是这些盲人，我们常常称之为"边缘人"；殊不知，之于他们的生命，他们的人生，他们何尝不是自己世界的中心。

《推拿》一直立于我书架的醒目处，只要走进书房，我就能看到，每隔一段时间便会读一次，我需要这样。之于我，这本书真的很特别。

书名	浮生
著者	陈仓
体裁	长篇小说
版别	江苏凤凰文艺出版社 2023年12月

生活坚硬的那部分

房子，一直是人生要紧之事。在城里没有属于自己的房子，那种无根的感觉，实在无法用言语表达。租房，虽有了栖居之所，但无时不在的焦虑不安，就像有双手卡在脖子上，房东的眼神和言语都极具杀伤力。离开故乡，生命从此只有漂泊。没有房子，浮生不仅仅是一种状态。陈仓的长篇小说《浮生》正是细腻且真切地书写"浮生"的表征和隐秘，事关房子，又不止于房子。

进城的生活，自然会遇到种种不适应，比如生活习惯、工作节奏以及地域文化等。不过，其中房子是基础的基础，房子会左右生活里的一切，从物质到精神。大家都知道房价高，但没到买房的关口，是无法真正体味"价高"所带来的恐惧与无助。小说的主人公陈小元出生在陕西农村，胥小曼在四川农村长大。上大学、进城市，是他们的出路，也是许多人离开农村的方式。从乡村到大都市，一路可谓艰辛，化解了一个又一个磨难，最后一关是房子。

最初，他们是租房子，而且是合租。为了真正安稳，他们买了房。没有房，心里总是空落落的。有了房，肩头又倍加沉重。他们为了买房,向亲朋好友借了许多钱,向银行贷了数目不菲的款,真是掏空了所有积蓄。有了房子,与房子相关的压力并没有结束,"每天每月每年,都会源源不断地滋生出债务和利息,像永远喂不饱的野兽一样,张着一张血盆大口,不停地吸血,吃肉,消耗着他们的时光……",甚至会想到"哪天累了,懒得再还贷款了,我就……"。

陈小元和胥小曼的生活是当下许多人的缩影,包括那些从一座城市到另一座城市谋生的人们。不需要想象与修辞,房子就是一座山,许多人翻不过去,许多人一生都背负着,许多人最终因为买不起房子而回乡,理想从此折翅。无论有没有房子,在城市这条河流里,处处有诱惑,处处需要选择,如若没有某种坚守,人生依然如浮萍。这或许才是《浮生》最想传达的生存质感。

小说中,陈小元和胥小曼的打拼生活是主线,经由他们所关联的众生一起建构了一群人的生活图景。比如英子、且柳红、小叶、小孙、银志顺、水桶、巫叔、老牛、小马等。在大众视野中,他们是小人物,但之于个体,都有丰富且完整的世界。他们每个人的生活都呈开放式,但又都有自己的困境,而且是难以摆脱的困境。生活,首先得生存,而生存之下的生活,其实才是生活的本相。

近些年,写普通人生活的小说确实不少,很多还有浓郁的写实性风格。然而,触及生活表层与内部,书写日常生活中的疼痛与隐忍,焦灼与希望,依然是当下此类题材作品需要提高的品质。《浮生》在这方面确实让人心头一亮。

谈到《浮生》的创作,陈仓曾说:"大概到了2011年吧,我把父亲从陕西农村接到城里一起过春节,带他坐飞机,逛大雁塔,登西安城楼,到上海看海、洗桑拿、吃火锅……这些都是父亲的第一次,所以发生了许多令人心酸的事情。每天回家等父亲入睡以后,我就把父亲进城后发生的事情,那种乡下人对在城市里有个'家'的无比的向往,以日记的形式记了下来。不知道写的是什么,也不知道写了能干什么,反正就是一种很原始的冲动。一下就写下了几万字,我打印了一份寄给《花城》,因为他们有一个'家族记忆'栏目,到了2012年底,我接到样刊,打开一看,该刊竟然将我的'记录'发在了中篇小说头条。蝴蝶效应就这么产生了,《小说选刊》头条转载,《小说月报》《新华文摘》也转载了,而且还被收入了好几个年选。这么一篇原本非常写实的文本,因为一个美丽的误会,立马变成了我'小说'的成名作。从陕西农村走到上海,我的小说写作就从'进城系列''扎根系列'到'安魂系列',创作上的层层递进,书写从农村到城市、从城市到农村的一种心理落差和生命循环。如果现在有人问我的家在哪里,我依然会动情地告诉他,我的家就在秦岭山中的塔尔坪,另一个家是我寄居的大城市上海。"

在这段平实又深情的话语中,陈仓其实表达了许多。记下生活的细节与感受,纪实性的文字竟然变成了小说,这再次说明,生活远远大于文学的想象。沉入生活,进而表达生活,是小说创作的必然路数。问题在于,我们常常难以放下身段去体味他者的日常生活,而成了忘记原初感受的隔岸观望者。一个令人深思的现象是,写作的初学者可以写出生活中最真切的那部分,然而随着写作水平的提高,特别是个人生活水平的提高,对生活尤其是普通人的生活,便产生了无法穿透的隔膜。所以,人们常常说,写作,要写自己熟悉的生活。陈仓对《浮生》中的生活岂止是熟悉,而是有着刻骨铭心的体验。同时,陈仓提到尽管他已在上海生活,但他的家依然是在故乡。这样的感觉是精神上的,并在血液里流动不止。回不去的故乡，无法真正进入的他地。这也是现代人内心的某种坚硬。

《浮生》是一部不太容易说得透的小说，进入其中，我们又能找到自己。生活可以无比糟糕，但我们还是得活下去，活出自己的价值和意义。正如胥小曼和陈小元回忆电影《美丽人生》中的一段台词："生活是美好的，哪怕一时被黑暗笼罩，我们依然能够找到美之所在。无论什么样的灾难降临，只要生命还在，生活始终要继续。活着，就是最美丽的事。"

如此，我们可以从《浮生》读到心酸，也能读到光一样的暖意。

书名	暖春
著者	陈艳军
体裁	长篇小说
版别	人民武警出版社 2005年12月

在世俗中透视崇高

陈艳军的《暖春》，以艺术的视角直面军人的日常生活图景，显示了作者对军人，尤其是对武警部队中层干部的生存状态真切的深度体验，从而给予我们阅读上的新鲜感和拓展思考空间的体验感。从这个意义上说，我们可以感觉到《暖春》为武警题材文学创作带来的暖暖春风。

随着时代的发展，军人生活的多样性得以提升，这是不争的事实。然而，一部分军旅作家面对受多种文化侵袭的营区和正在发生变化的军人生活，显得有些"手忙脚乱"。他们或以潜回历史的方法远离现实，或沉陷于想象之中脱离现实，也有的只见营区生活的冰山一角，无法洞察丰盈的现实环境。离生活太远、与军人心灵间距过大的文学作品，总是不能得到官兵的认可。其结果是，失去重量的作品只能浮于现实之上，作家们抛出一部部自以为是的得意之作，官兵们却难觅可爱可读之作。陈艳军是诚实的，尽可能地还原生活的本来面目，写自己的心，用自己的心写作。《暖春》带我们走进一群武警中层干部的生活场域和心灵世界，他们所在的营区、社会和家庭得以真实再现，人物的行走足迹和精神历程保持了生活的原生态。比如胡磊，对部队充满切肤入心的依恋之情，对军人有着自己独到而深情的理解。他对职务晋升有想法，对"后路"有担忧，那些在部队和已经转业到地方的战友影响了他的情绪和思考。他虽是一名军人，但也与凡人的一切脱不了关系。胡磊所面临的一切，其实也就是如今我们每一个军人不可避免会遇到的。营区不是独立存在的，军人无法处于与社会隔绝的两个世界，这不以人的意志为转移。陈艳军显然更明白这一点，也能客观理性地面对这一切。

我们惊讶于陈艳春的艺术视角，是因为他将笔墨更多地落在家庭和社会，而营区只如一条小河在流淌，这在以往的军旅文学中并不多见。家里有了事，他得回家；老婆孩子的生活，他要操心；朋友的生活情感和困难，他也得关注和帮助；个人的进步，他惦记着，但面对所谓规则，又心怀压力与顾虑。走出营门后的胡磊一身便装，常常让我们误以为他就是一个老百姓。一不留神，我们会以为胡磊的军人形象正在被淡化，一个普通人的面目反而更加清晰。风花雪月、人情世故和五花八门的社会潮流所凝结成的生活化画面将胡磊淹没，一度让我们为胡磊担心，也为陈艳春担心。在我们面前的胡磊性情有些懦弱，思想有些摇摆不定，他身边的那些人物也是时而闪光、时而如尘土飞扬。我们知道这是生活，是军人无法拒绝的真实生活，但我们真是替胡磊着急，有时还会为他捏把汗。他把他的全部生活和情感展现给我们，也把他选择的悬念丢给了我们，而将他不为人知的坚韧和军人所特有的精神隐藏起来。作家陈艳军放弃了对人物的控制，任由他们在世俗中穿行，我们不知道他如何收场。而说到叙述的语言，作品中各式人物的语言与他们的生活和思想是那样吻合，随着他们的情绪天马行空，少了许多"兵味"，俗常化随处可见。这一切，倒让我们的阅读变得"手忙脚乱"起来。我们很少读到这样的文本，难得与如此生活化的人物同行。《暖春》在叙述内容和讲述方式上的独特与诚意，带给了我们些许陌生感。

当我们陪着胡磊等人经历了苦闷、彷徨、兴奋和信念的重塑之后会发现，他们其实离我们很近，就生活在我们中间。真实提升了可信度，真实也使崇高是那样自然和淳朴。我们无法改变世俗的生活，但我们可以坚守我们自己的底线。胡磊从军数十年，还有过战场经历，这使得他身心已融入军人形象，个中的军人精神、信念和人格力量也已化作血液滋养他的生命。他的犹豫，是为了更好地思索；他心绪游离，是因为他同样有七情六欲；他有时不免世俗，则缘于他的双脚需要坚实的大地。可是，无论碰到多少新情况、与多少的困难短兵相接，他都能凭"定神神针"有效化解，用自己的方式抒写军人的精气神。的确，从他的身上，我们读解到了"军人是人，更是军人"的内涵。他并没有我们所熟悉的豪言壮语和理想化的张扬，而以柔韧对付汹涌而来的干扰，以心中所蕴的清洁精神与世俗周旋较量，备受撞击的心灵放射的是崇高，一个我们敬佩而熟悉的军人形象得以饱满和人性化。这种来自艺术的力量，感动着我们，也震撼着我们。

我以为，《暖春》给我们的文学创作带来了不可忽视的启示。我们不要惧怕生活中的洪水猛兽，不要企图滤尽军人人生中的所有杂质。我们当直面生活，细心而真诚地梳理当代军人的生存状态，寻找和触摸军人独有的品质和操守，在日常化的生活情境中挖掘诗意，于平凡之中闪耀当代军人的奉献精神和高尚情操。以作家之智慧、勇气和责任感的完美结合，本着生活与艺术和谐相处的理想，让我们的文学人物与现实中的官兵们亲密接触,使艺术的力量以润物细无声的姿态感染我们。

书名	喧嚣荒塬
著者	党益民
体裁	长篇小说
版别	作家出版社 2002年4月

经典主题的个性化阐释

《喧嚣荒塬》是一部有关家族史的作品,其历史背景、家族遭受的外部力量以及艺术的整体框架与《白鹿原》有诸多异曲同工之妙,但并非说它是《白鹿原》的翻版。以家族的记忆重温人类的经验,探寻家族盛衰兴亡的隐秘内质,从而反思历史、文化以及审视人类的生存状态,这是一个经典主题,因而在文学之路上当是难以穷尽的。客观地说,《喧嚣荒塬》在艺术质地上还没有超越《白鹿原》,然而作者对这一经典主题富有探索意义的个性化阐释,使得这部作品好读、耐读、由此生发的冲击力和震撼力,还是值得我们欣喜和关注的。

从主题原型的角度来说,《喧嚣荒塬》的故事并不新鲜,然而,它对家族心灵史的欲望阐释,精确地显现了人性的困惑,艺术地展现了人物的心理脉络。如此一来,小说的题材和内容已变得不再重要,对世界的发现和阐释构成了文本的真正中心,小说的艺术魅力正在于此,《喧嚣荒塬》的艺术独特性和贡献也在于此。我们注意到,《喧嚣荒塬》的叙述定位于内部化。在叙述的现实空间里,作为叙述的主要人物莫鹏举、天奇等，从没有离开过莫村，莫氏家族的人走出莫村的行为都是以回忆的方式叙述的。这中间，作为家族文化的传承者——太婆，自始至终都没有离开过莫村一步，甚至绝少离开自己所住房屋的大门，她几乎是在静态中接受着外界的种种信息。此种现时的、进入式的叙述模式，形成了一个巨大的意象：家族是一个自给自足的世界，同时经受着内部的爆发和外部的挤压。家族所经受的变故都起于内部，即便是外部的力量，也是融入家族内部因素才发酵而成为破坏力的。也就是说，在家族内部有一双看不见的大手在操纵着这一切，这就是我们所说的内驱力。在《喧嚣荒塬》中，欲望是家族史的内在驱动力，而外在层面上的诸多力量，可以说都是由欲望引发或激活的。从精神层面上看，莫氏家族对家族荣誉有着强烈的占有欲。那块由皇上赐予的"莫村"金匾和那本家族秘史，是家族的荣耀，是家族血统衣钵的象征，是村人灵魂的栖居地和艰难生活下去的精神支撑，也是特有的宗法社会建立的基础。莫氏两兄弟为争夺家族的文化象征，结下怨仇，呈周期性地械斗仇杀，生灵涂炭。同宗血亲间的敌视和复仇欲望，在一定程度上可说是人类生活的最大困境，也是最难以消弭和防范的。这才有了莫鹏举和他的莫氏家族在遭受一次又一次外来的重创时，总是回天有方，然而，莫鹏举最终被本家兄弟莫鹏昊残忍杀害，家族步入几近消亡的结局。另一方面，莫鹏举欲望的勃发和恣意横流，种下了一颗颗仇恨的种子，编结了摧毁家族的另一股巨大的力量。他每占有一个女人，就意味着招来了一份仇恨，并为此付出沉重的代价。莫鹏举对家族有着天生的维护之心，对村人的关心和同情，折射出他善良的一面；而对女性的欲望却是纯生理性的，基本上毫无情感可言，只沉湎于占有的满足和肉体的快感，使其原始的野性、自私和残忍昭然于世。如果说莫鹏举是一个欲望体，那么精神与生理、善与恶、天使与魔鬼则在对立中整合。由欲望滋生出的野蛮和残酷，使家族的悲剧成为作品的主色调，杀戮的血腥时刻弥漫在字里行间，而真正纯粹的外在力量虽不是可有可无，也显然并不是致命的。因为欲望难填，人性沉沦，仇杀连连，生命在顷刻间破碎。莫鹏举是欲望的制造者，又是欲望之祸的承担者，他在疯狂追逐欲望的过程中一步一步走到了人生的绝路，并给家族带来了灭顶之灾。

在《喧嚣荒塬》里，怀揣欲望之人比比皆是，就连太婆这样的女性也无法抵御欲望的诱惑。莫鹏举是当家的，太婆却是家族真正的精神支柱、家族真正的主宰者。她似一个幽灵般在家族里悄无声息地游荡，人们不一定看到她，却时刻能感觉她的存在。一直以来，只有她知道那本凝结着家族历史的家族秘史放在什么地方，远祖的神秘被她牢牢地控制，也就意味着家族真正的权力尽在她的掌控之中。莫鹏举肩负着报仇大任，却一无所得，而一直不显山露水的太婆最终用智慧替儿子完成了家族的使命。她以一生的生命积蓄着复仇的欲望，在一个恰当的时候全力迸发。莫鹏举绞尽脑汁，在血雨腥风中艰难地搏杀。太婆却终日嚼嚼核桃，偶尔与天奇说说家族史，看似老了，糊涂了，实质上对一切知晓。她是一位大智式的人物，家族的过去在她的记忆里，对家族的未来，她有着不可思议的先知。天奇的儿子也是从其母手中才看到家族秘史的，暗示着家族秘史是由母性掌管的。我们在男性话语中流连忘返，却无法消除无处不在的母权意识。当然，更为重要的是，作者告知我们，母性是家族生命的繁衍者和家族文化的传递者，男性只是维护者。在整个家族中，天奇是一个难得的无欲之人，无欲则坚，无欲则刚，因而当家族成为废墟时，我们只看到天奇那重建家园的身影。

多矢向、强度不一的各种力量，经欲望勾连和锁合，建构起一个颇具人性深度的艺术空间。从这个角度上说，正是对"欲望"这个存在人类悖论性的代名词的成功阐释，赋予《喧嚣荒塬》个性化的主题价值与艺术意义。

书名	英雄时代
著者	房伟
体裁	长篇小说
版别	吉林出版集团有限责任公司　2012年5月

在喧闹中祭奠成长

　　房伟的长篇小说《英雄时代》，讲述了一个有关男人成长的故事，呈现了男性成熟为男人那个特定时段一切世俗的、崇高的生活和精神图景。无论是真诚粗糙的理想，还是混乱不堪的欲望骚动，都飞扬着毛茸茸的青春质感。作者的叙述腔调和行为都是奔放的、戏谑的、自由的，一如男性青年成长期那无处不在的激情、梦幻与无拘无束的游戏精神。这是一部青春的本真备忘录，以嬉笑怒骂的口吻写就了男性成长最为伤感的悼词。同时，这又是一部所有男人应该看的书，因为它记录了男人行走路上的梦想与现实、挣扎与快活、失落与得意，细腻而真实地描绘了男性成为男人之前那斑驳的身影和只能回望的足迹。

　　青春年少的刘建民来到肉联厂，把活蹦乱跳的猪进行屠宰、刮毛、肢解，最后制成包装精美的火腿、烤肠等食品。从生猪到血腥的肉，再到鲜美的食品。如此充斥着欲望的生产流程，本身就是一个极大的隐喻。同样，他周围的人，似乎都是欲望的化身，人性在与现实角力拼杀，心灵常常也是血肉横飞，遍地呻吟。刘建民混于其中，挥洒甚至是挥霍着青春所拥有的一切。他就是一只小野兽，横冲直撞，四处乱咬，遍体鳞伤，却乐此不疲。他貌似是与现实过不去，其实一切都源于他青春能量的肆意迸发。他可以撕碎那些道貌岸然的东西，可以与崇高撒泼耍无赖，可以将性情、情感物化为原始的本能。他的叛逆与玩世不恭，是那样的自然，是那样的理所当然。然而，这似乎只是他披着的一层外衣，虽然内里的英雄情结与理想？隐藏得很深，但我们依然能感受其巨大而坚定的力量。

刘建民从肉联厂主动下岗，做起了个体屠夫。这是他最后的英雄壮举。之后，他陷入了庸常的生活之中，一切都为基本的吃喝拉撒睡所淹没。唯一幸存的是，他偶尔会和退休教授杜老师讨论一些历史与哲学问题。他的英雄时代在他离开肉联厂的那一刻彻底结束了。在那一刻，他的青春成为往事，所有与英雄有关的梦想都化为灰烬，一切与英雄相关的行动都瞬间终止。男性的青春成长期，有足够的力量和野性去粉碎一切，也有资本展望一切，激情驱动着生命，狂放不羁地与世界对抗。这是雄性的发酵，在一定程度上也是英雄的象征。因而，这是真正的男人时代，是英雄的时代。男性在青春的蜕变中，步步走向成熟，而为之付出的代价是棱角被磨圆了，理想蜷缩到内心深处，激情被阉割了。最终，男性成长为男人，英雄时代成为一种追忆。这与庄稼的生长极为相似。当春天来临时，种子发芽昂然顶破泥土，在浩荡的春风中恣意生长。生机盎然，无所畏惧。渐渐地，它们拥有了沉甸甸的果实，熟了，看似收获多多，其实本原的力量已经化作秋风。是的，男人如庄稼，成熟，就意味着生命力在减弱，或许可以成就英雄的事业，但英雄本身已经消亡。然而，如同庄稼一样，成熟又是令人期待的，也是无从抗拒的，真不知道这是悲哀还是欣喜。我们可以知道的是，刘建民时常陷于往事记忆的纠缠之中，那里将终生沉睡着雄性的光芒。

房伟大胆而自我地对武松与潘金莲这两个文学人物进行了解构，并实现了全新的建构。在他的笔下，武松是被他人误解成英雄的，他的英雄理想其实只停留在梦中，止于空虚的幻想。我们无从看到他丝毫的英雄行为，然而他在人们远离真实的叙述中"被英雄化"。而侠女潘金莲则被一步步残戕为淫女荡妇，最终肉体和精神都被他们扭曲、撕裂，直至化成浑浊的唾液。人物的命运已经丧失了自主权，任由社会蹂躏和异化。房伟赋予刘建民写小说的爱好，在穿越中将现实与历史交织，其用意在于表达刘建民对于英雄的向往。换而言之，武松与潘金莲故事的全新精神内核，成为刘建民心灵世界的折射。刘建民的遭遇，其实就是武松、潘金莲的现代版。他的成长遭受着外在无穷尽的挤压和内在激情的凶猛突围，看似无所不能，其实他无从掌控自己的行走。房伟颠覆了历史的叙述，但他的颠覆并不是为了戏说，而是为了对抗历史，抑或从历史的再叙述中寻求生理性的愉悦感。他的颠覆是试图找到历史叙述的破绽，构建新的叙述价值。从这一点上说，房伟有着坚实的创作理想和精神诉求。

《英雄时代》是有关青春的一份真实记忆，房伟也在尽可能地回到生活现场，在写作中触摸那段美好而又凌乱的成长。他以真诚的书写，还原过去，拷问心灵。他的写作是无所顾忌的，因而带给我们的阅读体验是生活化的，可以让我们轻易地重回过去，翻动我们早已休眠的性情翅膀，激活我们昏沉的激情。我们可以将房伟的叙述贴上许多概念化或行为化的标签，与诸多的风格或类型勾上关联。但我们又不得不承认，房伟其实只是放下一切约束，随性而忠实地书写，甚至只是生活的代言人。

房伟以诚实的态度，不加修饰、不作回避地书写男人成熟前那些故事的酸楚与快乐，那些情感的四面出击与左右受挫，那些精神的一地鸡毛与满目苍凉。这样的写作，看似轻松诙谐，甚至有时过于世俗化，但写作态度是严肃的。他的语言是游戏性的，但从未游戏精神。他一脸满不在乎的表情之下，是对于人性的极度尊重，对于精神之于人成长的深度探寻。如此一来，《英雄时代》给予我们的阅读体验是审美性的欢愉与思索。当下一些作品只满足于语言的滑行、叙述的快感，而没有精神的重量。而在我看来，《英雄时代》与此有着本质性的区别。

书名	关键路径
著者	匪迦
体裁	长篇小说
版别	安徽文艺出版社 2024年4月

进入大飞机的制造现场

梦想成为现实之路，当然会有许多故事。中国的大飞机制造，是难度很高又极具象征意义的工业技术。飞翔也不仅仅是自豪，其中的故事以及诸多的日常细节，值得我们探秘和品味。作为一名航空航天行业的从业者，匪迦认为自己有义务用更通俗的方式展示这个陌生而神秘的行业，他表示："我想让更多人知道在陌生领域，有很多可歌可泣的事情发生。在大家看不到的地方，我们的国家正在发生着什么，以及我们为什么要去做这些事情。"

匪迦是一位"80后"，华中科技大学电信系本科毕业，后赴英国萨里大学深造卫星通信工程专业。大学毕业后，前十年从事航天工作，后十年在民用航空领域耕耘，参加过国家级国际级项目的开发。此前，他创作的《北斗星辰》引起了大家的关注，第二届天马文学奖给予的颁奖词评价道："《北斗星辰》是第一部描绘我国北斗卫星导航系统发展的作品。小说聚焦于关键技术攻关、人物成长、行业发展与大时代潮流的互动，彰显了'北斗人'为实现中华民族伟大复兴、追寻中国梦而殚精竭虑的时代精神。作品不仅是国之重器研制历程及其重大意义的真实写照，透过生动讲述大时代下小人物的成长，还打开了讲好中国故事的新方式。"

结合自己的人生经验和工作的特殊经历，他又创作了《关键路径》。从小就有航天梦的他，成为中国大飞机的亲历者，又在文学上有了很好地表达，这是真正的圆梦。

享有"国之重器"美誉的大飞机制造，的确有许多神秘之处。匪迦深知大众的阅读需求以及焦点所在，将叙述变为帮助读者进场的引导行为，在可能的范围内呈现了许多不为人知的情景和细节。这样的阅读，可以获得平常难以企及的解密之味。将专业感、职业感和生活感融为叙述整体，形成独特的"强技术叙事"，是《关键路径》的引人注目之处。小说以科技为内核，突出行业的独特性，并将此作为叙述的硬支撑。专业、密实的科技知识，既呈现了大飞机制造乃至航空业的个性化的内在与背景，又从侧面展现了我国科技界的自我奋斗与面临的种种挑战。在这一过程中，作者充分尊重科研生产的实际情况和客观规律，以写实性的手法呈现这一领域自有的魅力，真实地书写遭遇的困难和受到的掣肘，具有强烈的阅读代入感，并形成真实可感的叙述张力。把专业性写得有滋有味，无疑是这部小说令人欣喜的成功之处。

匪迦将职场小说的技法进行了移置和合化，让人在身临其境般的职场生活中，体味行业的发展与个人的成长。《关键路径》关注到职场的基本流程和法则，并做了文学化的细致书写，以主人公杜浦的经历为线索，铺展了很有现实性的职场地图：初涉职场的报到、熟悉工作环境和工作内容，了解职场的大规小制；与主管打交道、与同事相处，融入职场生态之中；如何打开工作局面，在职场找准自己的位置，化解人际的矛盾与危机，处理各种问题和困难，发挥并体现自己的价值。以时间为轴线，以人和事为切入点，有职场细节，有为人处世之道，这几乎就是极有参考价值的"职场手册"。

生活不只有工作，人的成长也当是全景式的。小说在深度进入工作现场的同时，也将目光投向人物的社会和家庭生活，比如恋爱情景、夫妻关系、家庭矛盾甚至儿童教育，都得到充分的书写。特别有趣的是，小说中的杜浦和叶梓闻虽都为年轻人，但更为年轻的叶梓闻与杜浦又有着鲜明的"代沟"。两人间的异同，细分了年轻人在职业、情感等诸多方面的"年龄差"，从而更为细腻地描绘了青年人的形象，共同建构了更为完整的青年人面貌。小说用大量的笔墨让我们走到青年人身边，感受他们的青春活力，以及只有他们这个年龄才有的人生滋味。对于人物的塑造，匪迦也没有追求苍白的高大上，而是给予人物足够的理解，这不仅丰富了人性，更是对生活本真的极大尊重。对范理这一人物的处理，就是最好的例证。范理认为杜浦的奉献过于丢失了个人，她对自己的人生规划与生活品质有着别样的追求，认为伴侣在子女陪伴与教育中要有更多的投入。她与杜浦的差别，其实是对生活目标和质量存在不同的认知，在相当程度上并无高下之分。生活也好，文学也罢，这也是一种人文关怀的宽容与大度。他们在重大使命、规则程序和个人生活等之间的不同选择，对外交往的文化差异，同事之间的性情之别以及生活中的不同追求，表明两人是相对独立的，但更多的是双方的纠缠与交互，这是真实的工作和生活境况。他们是大飞机制造的参与者和贡献者，又是激情飞扬的生活者，既与事业有关，又带着个人的性情和命运足迹。小说写的这一群在特殊领域工作的年轻人，他们的人生具有鲜明的时代性和普通存在的生活性。他们有着自己的独特之处，又与普遍的年轻人有许多共同的话题和心思，在他们身上，我们看到了当代年轻人步入社会心路历程的缩影，看到了他们奋斗的艰辛和流光溢彩的芳华。《关键路径》中的成长叙事，显现了匪迦构建当代年轻人生活全域性空间叙事的努力。

《关键路径》中神秘的行业、有人情味的叙述，以及面对人生选择时的宽容态度，使得小说中的年轻人身形高大，生活真实，因而极容易让年轻的读者产生共鸣，在不知不觉中得到心灵的荡涤。这种既能解渴又能滋润的爽感，是网络文学当有的审美之力。

书名	最后的蚁王
著者	冯光辉
体裁	长篇小说
版别	凤凰出版社 2012年6月

洋溢浓郁人文气质的民间传奇

  冯光辉的长篇小说《最后的蚁王》，将目光聚焦于我们熟悉而又陌生的蚂蚁，书写玩蚁人的传奇与蚁艺的神秘，在张扬高亢的人文精神的同时，隐含对民间艺术渐次消失的伤感情绪。冯光辉凭借诗人对语言的高度敏感和艺术淘洗，将日常生活诗意化，平实的语言中闪耀诗意。他集30多年的生活体验和记忆，通过寻找和积攒，以厚重的历史和鲜活的叙述，赋予了作品的情感与诗性，为我们构建了一个相当好看的故事和充盈于叙事之中的独特意味。这部好看又耐看的作品，既呼吸着日常生活的烟火气，又接传统文化的地气，呈现出巨大的精神力量和丰实的人文情怀。

  民间艺术的丰富性和多样性，是出乎我们意料的，常常是只有我们想不到的，没有现实中不存在的。比如蚁艺，就是如此。蚂蚁，在我们日常生活中可谓太寻常了。然而，我们在走进《最后的蚁王》之前，真的很难想到，这世上还有蚁艺这样神秘的民间艺术，还有五舅公这样传奇的玩蚁人。冯光辉真是在我们的熟悉空间里打开了一扇陌生之门，挑战我们的普遍认知。冯光辉捡拾起一块块碎片，竭力还原蚁艺的真面目，让我们在朦胧中感受到蚁艺的现实存在。尤其是有关蚁艺中的捕捉、饲养、驯蚁、蚁操和斗蚁，让我们体味到蚁艺的魅力。在他的笔下，颇有灵性的蚂蚁，是士兵，并组成一支军队。而蚁王五舅公是将军，但又比将军多了许多神秘的力量与智慧。蚂蚁还是我们日常生活中的蚂蚁，但经过蚁王的饲养与训练，小小的蚂蚁展现出了我们难以了解的另一面。蚁艺中的蚂蚁显然如同神物，在蚁王的指挥下，表现出难以想象的森然阵形和士兵一样的勇敢与智慧。难能可贵的是，冯光辉尽可能剔除叙述的神秘性，更没有采取拟人化的写法，只是据实书写，以细致的观察与体味努力还原蚂蚁和蚁艺的原生状态。《最后的蚁王》中书写的蚁艺，揉进了作者诗化的描述，这是因为蚁艺失传，作者只能粗线条地勾勒描述，无法细究详说。当然，就小说本身而言，并不是传授蚁艺之术的，需要留有一定的空白。但正因为如此，反而加深了我们对蚁艺的兴趣。因为神秘，我们急切地想走入；因为神秘，我们张开想象的翅膀。与此同时，这也勾起了我们对包括蚁艺在内许多民间艺术消失的伤感与痛惜。对于蚁艺有节制的叙述，成就了《最后的蚁王》个性化的魅力，读之余味无穷。

虽有客观的缺失与主观性的空白之意，但在《最后的蚁王》中，作者还是对蚁艺做了大量真实有趣的描写，为我们展示了一个平常动物的神奇之处，个中有不少惊奇震撼的场景。然而，蚁艺只是作者叙写的一个重要部分，并不是全部。五舅公，这位蚁王，是位能让我们记住的文学人物。他从塞外而来，身份就颇为神秘。他对小河水的关爱，早就超越了亲情，而他们并没有血脉之亲。他与玉苹隐秘式的婚姻生活，若即若离。更为重要的是，他对于蚁艺的执着痴迷与近乎神性的通晓，让我们既惊诧又佩服。蚂蚁，是他展示蚁艺赖以谋生的工具,他对蚂蚁有着常人难以理解的怜爱与敬畏。他坚定地认为,蚂蚁其实与人一样有感情、有智慧、有精神,是与人平等的生命。作为一门古老而神秘的蚁艺,五舅公竭力守护着这份文化遗产与精神传承。蚁艺已经与他的生命、情感和精神融为一体,蚁艺中的文化与精神,就是他生命的营养与支撑。他有民间艺人的保守,比如蚁艺只传男不传女,只传亲不传外;他也有民间艺人的风骨,不畏强权,为了保护蚁艺,可以不惜牺牲自己的生命。他在与日本侵略者植尾的交锋中,智勇双全,谈笑自如,气节昂扬,环环相扣,让植尾无计可施。五舅公只是普通的民间艺人,但他身上的传统文化气场与民族精魂,却是那样的伟大神圣,那样的大气磅礴。

《最后的蚁王》语言诗意飞扬,叙述从容老到,内容饱满厚实。对蚁艺和蚁王的描绘中,处处洋溢的传统文化气质和精神风骨,让作品显得更加厚重,更具人文价值。

书名	借势
著者	高低
体裁	长篇小说
版别	江苏文艺出版社 2013年1月

借官场生态状写人生困境

近年风起云涌的官场小说,已经具备一定的模式和套路,渐成为一种类型化小说,并拥有了一定量的读者群。权力、欲望和无休止的争斗,是官场小说的基本品相。然而,官场小说过于专注官场沉浮、权谋角力和生活庸俗等表面化的张扬与叙写,在挖掘、呈现人性的丰富性以及观照人生存的普遍性境遇等方面,缺乏力度和深度。幸好,有许多以官场小说为创作主战场的作家已经意识到这些问题,并在进行有益的探索与尝试。高低以长篇小说《借势》向我们展现了他在这方面的努力与收获。

《借势》的故事主线一句话就可以概括:岳海峰从乡村教师到市府红人再到归于平淡。这其实是官场小说故事的基本范式:挣扎与拼杀。高低显然不满足于只写出一个好看的官场故事,而是将官场与人生进行了有机的映衬与重叠,借官场表达自己对于官场和人生的双重理解与思考。高低以流畅的语言、精巧的结构和丰富的叙事,书写出了官场生态的要义与新意。更为重要的是,高低是以官场为岳海峰的生活场域,着力关注其成长历程和人生风景,寻找潜于生活内部的涌动。将人物投入官场，又回到人物本身，这是《借势》最具特色和价值之处。岳海峰最初只是一个小学代课教师，因在别人的推动下走上仕途，在相当长的时间里走得比较顺，一直官至市长。岳海峰的官场生活有其特殊性——被动式，成为他的基本处境。从乡党委书记女儿毛香月死心塌地地喜欢上他开始，他就被抛进了深不可测、力量强劲的官场生活。也就是从那一刻起，他被推进了身不由己的境地，其人生发生了质的改变。许多时候，他是得势了，并学会了借助各种势力，走出了许多人无法想象的官场顺途。但这一切，主动权其实并不在他手里，或者说，时时处处总会有一双无形的手在牵制他、撕扯他。自走入官场的那一天起，他就陷入了巨大的困境中。后来，他所做的一切与其说是披荆斩棘地行走在官场上，步步为营，摘取一个又一个成功，还不如说是他在力图走出困境。所谓的官场得势，并不是他内心深处的真实目标，也无法实现他的灵魂飞翔。他周围的那些人，爱他的人与恨他的人、帮他的人与害他的人，都有意或无意成为他困境中的锁链。那些看起来对他有利的优势，其实也是他困境的重要组成部分。种种外在的困境将他囚禁，扭曲他的心智、捆绑他的手脚，他所做的一切，最本质的目标其实是撕碎困境。生存于困境之中，一切的行为都是与困境拼斗，这其实是人生存的普遍性状态。岳海峰的官场生活之下，隐含了我们共有的精神之路和人生寓言。他在抗争与突围中逐步得到职位上的提升，而随着官越做越高，他的困境气场也越来越强大。他当上市长，仕途达到巅峰，其困境的力量也疯长到极点。他的优势与困境同样达到高潮，可谓平分秋色。显然，他只有离开官场，才能摆脱困境。与他被动进入官场一样，他离开官场，也是被动式的。岳海峰从民间来，最后回到了民间，终于走出困境，灵魂得到安宁，生活得到自由。从为官的角度而言，他是一个失败者，但之于人的行走，他胜利了。岳海峰以离开官场的方式走出困境，尽管是被动的，付出了惨痛的代价，但他毕竟可以将困境甩于身后。这时候我们才发现，对于他而言，官场是一个巨大的诱惑，爆发着他的欲望。而当他走出诱惑之地，平息本该平息的欲望之后，困境自然而然成为满地碎片。所以，岳海峰不是逃离，而是以走出的方式得到重生。他走出的那个官场，只是人生态势的一种隐喻。这对于我们在现实生活中如何冲出困境的层层围剿，是有参考意义的。高低将官场小说写出官场生态的现实，又将人生投射于官场中，端详人的处境与行走。从中，我们可以看到官场中人的斑驳身影，也能体味到我们自身的精神足迹。

困境，是人类共有的，总是无法挥去的生存状态，文学在某种程度上，就是试图为人类走出困境寻找一种途径，提供一种可能。《借势》正是描写了岳海峰与困境抗争的心灵态势、言语表情和挣扎及突围的姿态。这既是一部读来有趣味的官场小说，又是一部有价值的困境叙事作品。从这一意义上说，高低也以《借势》行走在冲破官场小说的困境之路上。

书名	酒坊巷
著者	古兰月
体裁	长篇小说
版别	浙江文艺出版社 2022年10月

如酒一样浓醇的家国情怀

这是一部有关抗日的小说，故事发生于1942年5月，侵华日军发动"浙赣战役"，金华沦陷，金华地区掀起了抗日斗争的高潮。为彻底消灭抗日有生力量，日军在金华等地发动惨绝人寰的细菌战。中国共产党的地下工作者唐振华肩负"虞美人"行动的特殊使命，潜回金华的酒坊巷。酒坊巷成为特殊的战场，看似平静之下却血雨腥风不断。最终，唐振华成功将"血清针"运往浙东抗日根据地，挽救了大批抗日将士和群众的生命。

与一般的抗日小说不同之处在于，《酒坊巷》并没有过多地直接写战争，而是将战争的残酷和非人性延伸至日常生活中。小说中对于大量日常生活的描写，既反映了江南小城的人文风情和生活伦理，更是表达了外族入侵后百姓遭受的蹂躏与悲怆。安宁的生活被破坏，美好的自然被污染，传统的文化被摧毁。小说以此叙述凸显人们因战争而来的不幸，因凶残而来的悲愤，进而以另一种极具力量的方式控诉战争和侵略。

《酒坊巷》将网络文学的节奏与纯文学的意味表达进行了勾兑，

个性地运用了谍战、悬疑、爱情等诸多题材的叙述元素，把故事讲得既好看又不失历史的真实感。真实动人，情感饱满，大义高蹈，网络文学的故事性得到充分释放，纯文学的质感也得到较强的呈现。

小说在宏阔的视野下，注重关注小人物的爱恨情仇和生存处境，战争摧毁了家园，撕碎了生活，但人们的赤诚和善良没有变。小说对小人物的刻画比较成功，比如投笔从戎的白面书生，深明大义的大家闺秀，舍生取义的酒坊伙计，忍辱负重、侠肝义胆的敌后英雄。钱记酒坊老板钱大有的塑造十分生活化，显示了人性的多样性。在生意场上，他常行歪门邪道，与他人竞争不明着来，而是暗中搞破坏。日本人侵占酒坊巷后，他为了自己的小生意，竟然为日本人做事，以此求庇护得以苟活。别人的荣辱生死，与他的关系不大，但当自己的儿子被日本鬼子硬生生踹死后，潜于内心的良知觉醒了。后来，他参与抗日行动，并表现出了令人敬佩的勇气。为了掩护药品出城，他主动现身拖住鬼子，最后英勇牺牲。我们可以认为钱大有是一个比较自私的人，但这也是普通百姓无奈的生存之道，无法过多指责。将药品成功送出，能救下许多战士，还有和他儿子一样的中国人，能助力杀更多的鬼子。他的转变源于亲情之仇，但最终心怀大义，为的是更多的人。在唐振华莫名失踪后，元魁成了金九妹的守护者，两人之间产生了爱情。而唐振华的重回，让三人陷入了为难之境。面对国仇家恨和民族大义，他们都将个人的小情暂且收藏起来。因为对革命的向往，元魁主动与"情敌"站在一起。在分配任务时，他想尽各种办法要去最危险的地方，以死换得整个任务的完成。"只要九妹安全和幸福，请务必照顾好她"，这是对他爱情最美最真挚的宣言。他一直向往加入中国共产党，最后拉响手榴弹与鬼子同归于尽，是他最壮烈的入党申请。当唐振华在抵达目的地介绍完任务情况时，他向众人介绍金九妹，"她的未婚夫，牺牲于此次运送任务"。从朋友的角度给予元魁最大的敬重，这也足见唐振华很性情的一面。

这些人物如我们的左邻右舍般真实而亲切，朴实而坚韧。在战争的挤压下，人性的明亮与灰暗得到充分的显现，以人性挣扎形成的情节冲突更震撼人心。小说的叙述，因小人物的闪亮而得以共情；小说的感染力，因小人物的大情怀而得以升华。在国仇家恨面前，在民族大义面前，他们放下了个人恩怨，放下了儿女私情，放下了日常算计，这从细微之处透射出了厚实与真诚的家国情怀和民族大义。

《酒坊巷》让当年人的后人出场参与故事的讲述，但主体叙述还是全知视角。这样的叙述，相当于历史与现实的隔空对话，较好地调度了小说的节奏，使故事更好看。以当下与历史对话的方式展开叙述，引领岁月走进现实，走到我们面前，这是民间讲故事传统的现代性运用。时空转换带来的历史与现实的碰撞，提升了小说的代入感，让我们进入历史的现实，近距离感受先辈的付出与伟大，并在对比中体会当下生活的来之不易。从而，提醒我们不忘历史，珍惜当下。这也是《酒坊巷》最想表达的。所以，小说开头便是唐振华的后人穿着好衣服开着好车和女朋友去墓地拜祭。

《酒坊巷》并非古兰月的全虚构作品，而是有着丰富的历史事实作为基础。"浙赣战役""细菌战""抗日游击队"等都是真实的历史事实，而酒坊巷这条古街依然还在浙江金华，并被岁月沉浸而焕发出新的魅力。小说中有酒坊巷的许多写实之处，并巧妙地将大街小巷、民居和古典建筑参与故事的结构并展开情节，起到了提升叙述力的效果。这让人物形象更为真实，故事的发展更为紧密，浓郁的生活感增加了故事的可读性。因为对江南实地场景有身临其境般的描绘和传统文化情感性的书写，又使阅读的亲和力得以增强。《酒坊巷》这般的文学处理，既贴合故事的发展，增加了讲述的艺术力，又对文化资源进行了深度的挖掘，浓郁了人文气质，提升了文化形象和旅游关注度。以网络文学的方式弘扬优秀传统文化，探求并张扬地域性文化资源，以鲜活生动的故事赋予古街新的文化生命和情感寄托，进而助力文化旅游产业的发展，《酒坊巷》做出了有益的尝试。

有评者言："古兰月一直坚持纯文学、网络文学'两栖'写作，长期关注地域文化，不断挖掘、传承与弘扬地方优秀传统文化，从而使她的作品更具地域特色，更有深度，更有温度。"仅在《酒坊巷》中，这些就得到了较好的体现。

书名	城乡日记
著者	关键
体裁	长篇小说
版别	中国戏剧出版社 2000年11月

以爱情的名义

在这个以苍白为主色调的寒冬里，我读《城乡日记》时，耳边响起了一首新歌，歌名是《冬天的爱情不结冰》。一个意味深长的歌名，一段怦然心动的倾诉，一曲温暖血液的旋律。这让我的阅读陡生不可名状的感觉。而这种感觉，对于阅读又极为重要。

爱情是个古老而年轻的话题，人们总是在不停地追问：爱情啊，你到底是什么？有一点是可以确定的,这就是爱情与生命紧密相连，在很大程度上左右着一个人的命运。更令人恐惧的是，爱情常常是战争的导火线。作为一个文学命题，爱情依然永远无法穷尽。从文学最初的经典《诗经》《荷马史诗》到今日的佳作精品《情人》《长恨歌》，文学的历史有多长，爱情的风景就有多广阔。人类的爱情诉不完，文学的爱情写不尽。因而，关键将第一部长篇小说锁定于爱情，该是情理之中的事了。

如果从文本的叙述行为看，《城乡日记》的故事既简单又不陌生。一对有着不同生存环境、异样情调的青年男女，因为命运的安排由相识到相恋再到步入相差甚远的生活轨道。这几乎走近了爱情文学原型的边缘。

庆幸的是，关键的话语中有其独特的声音——爱情主宰命运。

知青杨小玲在与农村青年孙大鹏交往中，渐生爱的冲动，这种冲动是真诚而勇敢的。过于美好的爱情常常是厄运的开始，在他们谈婚论嫁时，遭到了杨小玲父母的极力反对，原因十分的世俗，门不当户不对。再加上他们两人的脆弱，一段情事化为云烟。孙大鹏在乡下娶妻生子，杨小玲回到城里有了一个情非所愿的婚姻和比较富足的家。

应该说，这时一切才刚刚拉开帷幕。有很长一段时间，杨小玲和孙大鹏仿佛生活在两个相距遥远的世界里，互相无任何联系，更谈不上接触，他们在各自的河流里漂泊。他们接受的爱情，决定了他们生活的走向，并昭示着最后的结局。孙大鹏的爱情和生计从一穷二白到日趋富足，日子越过越滋润；杨小玲正好相反，起初对爱情和物质条件都较满意，但她没能透过这层迷雾认清一些不该迷糊的东西。由此带来的后果是人生之路越走越泥泞不堪，最终带着满身的伤痕突围。

在孙大鹏和杨小玲人到中年相遇时，爱真的已成往事，心中残存的只有往日那模糊的记忆和淡淡的伤感。

他们分别在现实的和虚幻的爱情世界里游走，孙大鹏找到了自我，杨小玲迷失了自己。两人的际遇和喜怒哀乐爱恨情仇，让我们触摸到一个可怕的词语——爱情观。我们终于真切地意识到，爱情总是与命运捆在一起的，不管你愿意与否。

在爱情里游走，在城市和乡间踟蹰，一幕幕都市繁华，一束束自然的阳光，一场场深爱的情事，一份份失落的哀婉……白色的心空多了几许色彩。一个并不十分新鲜的爱情故事，在作者的笔下鲜活地流淌，我近于僵硬的思绪终于如阳光下的白雪开始流动了。

《城乡日记》展现了一代人一生中最为精彩的篇章，为现代人审视爱情提供了一个崭新的视角。在这之中，杨小玲对于爱情患得患失的态度，那种期望生活的多姿多彩能够缝合爱的伤痕，流逝的光阴可以使人生重新再来的幼稚和幻想，不能不引起我们的自省和警觉。爱情之于人生，并非仅仅是爱的炽热和感官的快意，它存在于生活烦琐的细枝末节之中，又在必要的时候拥有一种超然。选择一种爱情，事实上是准备接受一种生活。城市的浮躁，使人们的生活有意无意多了几许虚幻，生于其里长于其里的爱情有时会掺进过多的幻象。杨小玲的悲剧因素即在此处。孙大鹏则把爱情当成了种庄稼，施肥浇水，精心而又耐心地呵护，这爱情连同生命便健康快乐地成长。

关键的这种声音说不上有多强劲或多么振聋发聩，可有一点我们不能忽视，这就是绝不能轻视爱情之于生命质量的砝码。许多时候，我们想到它，但常常掉以轻心，甚而将它弃之一旁。就今天而言，如此的境况更为严重。关键是他的《城乡日记》向我们发出了善意真诚的呼唤。

仅此而言，《城乡日记》就有可读、可思之处。

书名	中国战友
著者	郭天印　杜海燕
体裁	长篇小说
版别	华侨出版社　2010年3月

后军人时代的人生行走

　　数百万的复转军官，对我们而言，是一个陌生而又熟悉的群体。他们就生活在我们的身边，可我们很难真正地了解他们，走进他们平常但又有些许特殊的人生。在当代文学中，复转军官这一题材既是被遗忘的，也是鲜有作家勇于触及的。从这一角度而言，郭天印、杜海燕的长篇小说《中国战友》是富有挑战性和现实性的，丰富了军事文学的创作，更为我们了解复转军官这一特殊群体提供了难得的审美范本。

　　《中国战友》以一群脱下军装转业至龙城的复转军人为叙事对象，着力描写他们后军人时代的生活和人生之旅。他们有着军旅生活这一特殊的经历，经由军装烙下了心灵印记，但他们又必须从军营摆渡到社会，这可称得上是一次浴火重生。因为在军营，因为长久的军旅生活和独特的文化滋养，他们身上的许多东西已经固化，而进入社会，他们又得尽可能地去适应，因而，碰撞、冲突甚至抉择是不可避免的。他们必将遭遇众多的困境，这样的困境是多方位的，肉体的、心灵的、精神的、情感的……可以说，大凡人生的困境都集聚到他们的身上。坚守、突围、煎熬、堕落、随波逐流，一群人演绎了人生的悲欢离合，透射出社会百态。

在创作的准备阶段，作者采访了现役和退役的团级以上干部近50人，详细记录了多达百万字的第一手资料。《中国战友》还有一个军事顾问，这在长篇小说创作中是很少见的。作者郭天印和军事顾问张云天是好朋友，张云天曾是某部高炮旅的副旅长，他向郭天印讲述了很多自己和身边战友转业到地方工作的故事。作者深入生活的第一现场，进入复转军官的情感世界，真切地了解和体味他们的现实生活和内心世界，继而艺术地再现。如此一来，《中国战友》生活质感鲜亮而真实，鲜活的生活细节成为一大亮点。更难能可贵的是，作者本着现实主义的创作理念，直面复转军官的现实生活，真实地展现他们的快乐与痛苦、奋进与沉沦。

《中国战友》是有关复转军官重新上路的故事，也是人们面临人生重大转折时的普遍读本。这其实是一部指涉人生进入陌生世界、陷入困境的奋斗史。在这里，人类共同面临的一切都得以呈现，人性、情感、良知、友谊和自由受到了拷问。或许复转军官的生活我们很陌生，但他们的种种遭遇又是我们极为熟悉的，是我们心灵行走和情感足迹的一部分。从这一意义上说，我们不仅是在与复转军官交流，更是在与自己的人生，与我们所处的社会进行沟通。正因为如此，《中国战友》的艺术品质得以提升，所探究的人生很容易与我们产生共鸣。可以说，《中国战友》是一部奋斗史，也是一本励志书。

书名	农历
著者	郭文斌
体裁	长篇小说
版别	上海文艺出版社 2010年10月

回到生活本身

  郭文斌的《农历》叙写了我们最为熟悉的生活，带我们走进一户平常乡村人家，体察陪伴了我们数千年的民俗。

  这是个十分清淡的故事，没有传奇与神秘，没有情感的爆发点，情节如乡村人过的日子一样平常，却是用心、细心、周全的。承载文化意义的民俗，化入百姓生活岁月的血脉，真是润物细无声。对于浸染民俗的百姓而言，那些形而上的意义已不重要，民俗已成为他们生活的一部分，或者说，是民俗构成了他们的人生和每一个脚印。在他们的头脑中，这就是生活，如果没有这些习俗，如果不按此程式，这日子就不算过过。郭文斌为了有效地呈现这种"天然"，以原生态的方式呈现中国文化的根基和潜流，展示中华民族民间的经典传统。

  这本是一个沉默的故事，但因为有了一个叫"六月"的孩子，大人们手里做着活儿，还得应付六月好奇的无穷尽的问话。六月是一个小男孩，正处在什么都不懂但什么又都想知道的年龄，自然对做冬衣这样的事特别感兴趣。大人们不厌其烦地回答六月一个个有关民俗的疑惑,解释过程中的每一个细节,用实在的生活内容告诉六月有关生活的原则、感情的寄托、生活的价值和生命的根。用的是家常话,说的是家常事,却把高深抽象的文化言说得那样生动具体。这是乡村人的高明智慧之处,也是他们对于文化最独特的贡献。因为六月的存在,作品的叙事活泼而有趣,六月的言行举止激活了作品的勃勃生机。大人们的身教和言传,连接起过去与未来,这才有了文化的传承。六月的领悟,让文化得以生生不息,融入一代人的生命和精神肌体。

这是一个没有年代的故事,没有年代,意味着这样的故事应该永驻岁月的长河里。这无疑揭示了文化长久生存的秘密,更引发我们对于文化传承的思考。

我们如何固守我们的文化家园,又如何为后代保住和建设灵魂的殿堂?为此,郭文斌以自己的方式在唤醒我们对于传统的温馨记忆,吹响蛰伏于我们内心深处的号角。他回归心灵的田园牧歌,是为了能坚实地走向未来。

书名	日夜书
著者	韩少功
体裁	长篇小说
版别	上海文艺出版社 2013年3月

写出一代人的命运

在当代知名作家中，韩少功的长篇小说产量算是低的，但每一部都极具品质分量。《马桥词典》这部思想、艺术方面均带有明显先锋探索特征的长篇小说，曾经引起长时间的热烈争论；《暗示》中的描绘与思考，细密而悠长，并以陌生、惊愕与魅力等叙事审美成为文坛的重要话题。他的文本实验、文化寻根诉求和坚守知青现场，使他成为当代文学史无法绕开的重要作家。而今，他历经12年，在60岁之际推出的长篇小说《日夜书》，隐含太多的意味。《日夜书》是一部描写一代人命运的史诗性作品，写出了一个群体的人生历程，写出了人的多面性。读者既可以追寻这代人的行走足迹，又能发现他们对当下时代的影响。

《日夜书》中的人物有相当一部分是知青身份，但韩少功显然不只是在写知青生活。换句话说，韩少功是回望与他同年代的这一代人的生命与精神旅程。正如他所说："小说里人物的背景是知青身份，但叙事的重点还是这个时代。小说不只是关注知识分子，还有普通工人、个体户和官员，我写的是这代知青的当代群像和他们的当代命运，是一代人的命运。"作品中的许多人物，个性鲜明，具有很强的代表性和生活感。艺术青年姚大甲在日常生活中是个低能儿，不拘小节，丢三落四，总是搞不清自己的衣物，落到自己的东西都被"公用"的田地，而后来，他居然在艺术之路上走出了一番天地；马涛有着精神领袖的范儿，是许多知青的导师，然而，他一方面才华超群，思维敏捷，另一方面一切以自我为中心，自己生活在虚幻的光环里，把苦难与不幸推给了家人与朋友；马楠为了家人，遭受了太多的磨难，然而不怨不弃，为了救哥哥，她献出了贞操，然而婚后最担心的就是丈夫出轨；郭又军在乡下时是个大哥似的人物，生活能力超强，然而回到城市，回到现代生活中，他无所适从。是的，韩少功梳理了这些人物的命运线，但更注重一个人过去与现在的关联。现在这样一个人，过去是什么样的？年轻时的一个人，成熟之后是什么样的？一个人成长的夜晚与白天，到底有什么明显的或暗潜的联系？这之间的关联,可以揭开命运的神秘面纱。这些人过去的生活，因为时光的流逝而被遮蔽，因为记忆的交错而迷茫，更因为当下的状态而变异。因而，他们的往日如同夜晚一样神秘，令我们难以真实地走近。同时，夜晚又是孕育的象征，白天是成熟的象征，韩少功将白天与夜晚同时书写，让我们从他笔下人物的生活中寻找一代人命运的密码。

尤其可贵的是，我们不但可以感受韩少功这一代人的心路历程，也能体味到他们留在当下社会的思想。他们在影响着这个时代和生活中的人们，这样的影响还将持续下去。

韩少功是位难得的智能型作家，擅长在文体结构上进行智性的营构。而在《日夜书》中，他大幅度舍弃了叙述的技巧，尽可能地回归朴素，致力于给读者带来亲和性与日常感。他将自己广博的知识、独特的体验和深邃的思考融入血脉，而后流淌进字里行间。也许正是这一原因，他把《日夜书》的写作称为"放血"。与他以前的作品相比，《日夜书》是最好的读本。对人物的描写相当出彩，众多细节极富生活质感，读来有趣有味。阅读长篇小说，需要很强的心力，《日夜书》在提升阅读体验方面进行了尝试。韩少功较多使用"闪回"和"跳接"的方式，经常在远景中叠入近景，在广角中植入特写。这种将时空和人物进行艺术性切分的叙述手法，既提供一些观察的特殊角度，又可以让读者能集中地了解某个人物或某件事情，让一次长途旅行因为有许多驿站而变得轻松灵动。

同时，《日夜书》又是一部容量巨大、内蕴丰富的作品。在生动的人物和好读的故事背后，蕴藏着作者诸多对时代、对人物命运的深度思考，其中有些思想还有可能引起一些争议。韩少功在平实而灵性的叙述之中，潜藏着许多需要我们用心挖掘的东西，作品在鲜活的同时又相当的厚重。可以说，这部作品经得起反复阅读，细细品味。如此一来，《日夜书》应是一部既可以快读又可以细细品读的好作品。

书名	浩荡
著者	何常在
体裁	长篇小说
版别	北京联合出版公司 2019年7月

在大时代中凝视人生

小说《浩荡》的时间跨度以1997年为中间点，回望前20年，实写后20年，全景式描写了深圳特区成立40年的发展历程，并以年轻人的创业故事映射改革开放40年的壮丽画卷。40年的改革开放，不是背景，而是他要表达的核心意旨。

改革如大潮涌动，荡涤社会和人生，时代的百年未有之巨变，全面而深刻地影响了我们的生活。何常在时而俯瞰，时而浸入其中，既做守望者又做参与者，以感性之心体味，以理性之念审视，充分感悟到个人与时代、与社会是一个完整的生命体，不应分割，也无从分割。在日常生活中，人们对时代的认识不能做到宏观、全面、充分和细致，因而在不同程度、不同角度上弱化了体验感。因为生活的琐碎，我们或被诸多之事切分，体验难以产生聚合效应；或陷入生活的纠缠无法抽身，只能立于某个高度浏览大时代。由此，我们对时代的感受也常被碎片化，难以形成应有的震撼和关切。

故事开始于深圳迈上新发展大好时机的1997年，直至作品完结的2020年。他开始创作构想始于2017年，他对这一阶段深圳的发展有了思考和判断。在长篇小说中，20年的时间跨度不算很大，但深圳所发生的巨大变化，在人类历史上很难再有某个20年能承载。海量的内容，增强了时间的质量，厚重了情感、文化等多层面的历史感。

《浩荡》中的何潮是位大学毕业的北方青年，南下深圳创业。他选择的快递业，那时还在起步阶段。经由他的生活，我们看到了两家快递公司的比拼，以及对内在的产业结构的观察与分析。同时，因为快递业与社会接触面广，与众多产业也有关联，何潮个人的经历又牵引出深圳改革开放的足迹。

《浩荡》是一部成长叙事风格的作品。1997年的深圳，时代意义极为特别，是当代中国改革开放极具实践和象征意义的起步之地。这一年，还可称为中国互联网的元年，许多新理念和新产业都在这里开始萌芽。何潮与周安涌大学毕业后，从北京南下深圳开启创业之路。何潮投身物流行业，周安涌加入电子加工业，与他们一样的年轻人也在电子制造、金融、文化和房地产等新兴行业中迈开梦想的步伐。一群年轻人，一个年轻的城市，一众刚登上时代舞台的行为，一切都在新的起跑线上。他们与行业、与时代形成了共生性的成长体，彼此互为映照。何潮选择了刚刚起步且不被世人看好的快递业，这源于他的自我挑战，当然也显示了其对未来的洞察力。当然，美好的理想总是与未知的风险同在，成长路上的阳光和风雨开始迎面而来。选择，是人生最为常见的遭遇，几乎迭现于每个足迹之中。在小说的叙述中，一个又一个因生活而来的选择，成为最具魅力的推动力。何潮的选择，是他个人社会性成长的第一步，也是他诸多同龄人的命运之初，还是那个时代扬帆的缩影。

何常在赋予何潮的意义，既是人之成长，也是小说叙事的鲜明指向。撕裂与缝合、挤压与突围，是何潮一路成长的基本态势，前者是自我性的，后者则是与社会的守与攻。选好了路，定下了决心，设置了目标，他的成长，首先是自我的挖掘与审视，是一场又一场的自我斗争。我们注意到，何潮潜入内心世界的独白并不多，这是一个动作感很强的人物。网络文学常以此手法讲故事，人物行为、场景和情节的快速转换，有助于增强节奏感，从而给读者带来直接的爽感。当然，从何常在的整体创作来分析，他既遵循网络文学创作的基本规律，在一定程度上迁就或关照读者，又在不经意间隐伏了他的叙述喻义。工作和生活的快节奏，已经容不下人们多思多想，更多的是在对话交流中进行思考，在行动中完成决断。内心的情绪和念想常常潜得很深，难以泛起，忙碌的身影之间，常飘忽着苍白的焦虑和无从把握的虚无。唯有不停地行动，方可掩盖或驱赶。这是现实的需要，也是生命的渴望，还是人生不可避免的实与虚、有与无。何潮的解救方式是解决公司遇到的一个又一个难题，公司发展了，他的成长才有据可言。以所从事的工作以及所得到的收获来填补人生的虚空，证明人生的价值，是何潮唯一的出路。换而言之，他已经将个体生命与事业牢牢绑在一起，不分彼此。

《浩荡》中的何潮和周安涌是发小，但彼此间的竞争相当激烈，多次达到决裂的境地。这样的斗来斗去，看似损伤了两人的关系，其实更增强了他们的斗志。他们因为理念和手法的不同，拼杀得相当厉害，但也刺激了对方的心智和士气。《浩荡》中的郭林选有"深圳一哥"之称，靠娱乐业起家，调戏女性，对何潮更是阴招儿频发。他确实是个坏人，某些方面已坏得透顶。但从他与父亲的纠结中，又透出他的某些善良与仁义。遇上真正有能力又一身正气的人，他会折服。他与何潮的关系由最初的死敌发展到后来的合作，最重要的就是他发现何潮的许多能力在他之上。不将坏人推至大奸大恶之极端，或许并不讨巧和讨喜，但何常在一直坚守着这样的叙述理念。

  这不是人性本善的简单复制，而是人总有善的一面存在。这样的善，不再是所谓的公认准则或集体性的伦理尺度，有着更宽泛且人性化的感知。也就是说不拿尺子去丈量，而是要以心去感受，尤其是真正做到将心比心。《浩荡》更大的意图在于自信地传达一个信息：我们面对他人，应有发现善的暖意，我们当保持或苏醒内心的大爱与仁慈。

书名	我要上学
著者	红刺北
体裁	长篇小说
版别	中国友谊出版社 2022年5月

梦想与现实在这里辉映

  这本书最初在网上连载时，名为《砸锅卖铁去上学》。就纯粹的个人喜好而言，我更喜欢原书名。如此的感性，源于我的个人体验。这里面既有我儿时上学时的窘迫，也有我在甘南高原挂职时看到的孩子们那些渴望的眼神。进而，我想到的是，无论在什么样的生活里，总有些事需要我们举全力去做，甚至必须背水一战。这背后隐含的是我们之于生活应有的信念与精神，或许本质上就是某种执念。

  当然，红刺北的《我要上学》与我所想的并无太大的直接联系，但也非毫无瓜葛。这也说明，有时书名对一本书极其重要。

  《我要上学》的主角是个女孩，有个极不像女孩的名字——卫三。看来我还是很认同男女有别这一观念，比如女孩的名字就该有女性色彩。红刺北将女孩叫卫三，似乎就是要打破大众的性别观。事实上也是如此，卫三的女性形象其实相当模糊，有点像我们常说的假小子。许多时候，这其实也是讨人喜欢的女性形象，有女性柔的一面，又有男性刚的一面。当然，不管你喜欢不喜欢，生活常常会把女性变成这样。更何况，像卫三这样的军营机甲师，面对的是钢铁机器，需要的是钢铁般的精气神。小说以多种反差的张力构建良好的叙述节奏，女性的纤柔与机甲师的刚强、军营的严肃与日常的活泼、成长之艰难与生活之乐趣，调和为人物活动和故事铺陈的韵律，提升了阅读效果，又丰富了叙事内蕴。女性的情感有所压抑，感情线有所淡化，意在展示无性别之差的努力与生活，或者说，小说重在讲述人之成长的综合图景。同时，隐约的情感，又成为一种朦胧之美。在这里，我们感受到红刺北对于小说叙述的艺术性节制和个性化的寓意。

从机甲师穿越为失学儿童的卫三，可谓是一无所有，在绝境中重新起步。穿越在这里起到了转折的作用，这在人的成长和我们的生命前行中，有着可供体味和参详的象征意义。无论生活和工作境况如何，我们总有走投无路和面对一切无力的状态，让我们焦虑、沮丧，甚至绝望。生活，分明是硬生生地活着。这是生活的必然，而当走出低谷时，才发现这也是生活中的一种丰富。面对困难或苦难，好的心态比什么都重要。卫三就是这样的，不抱怨，不被负面情绪所淹没，心中有阳光，脚能迈开步，一切都好起来，至少会在前行中收获些许的快意。这个女孩儿心思很细腻，但又能拿得起放得下。她靠捡垃圾为生，为了省学费，她放弃了成为机甲师的梦想，报错了专业，误入机甲单兵行列，最后一步步成长为"兵师双修"的超级强者。这一路上，她的豁达、积极，善于发现温暖和美好，起了很大的作用。跟随她一路走过来，我们会发现多数人遇到的人生磨难并没有比她多。卫三像一道光照进我们的世界，照进我们可能灰暗的时光。

《我要上学》被人们看成机甲文、悬疑科幻文、星际文，穿越文、武侠文、种田文等，总之，虚构的卫三处在一个现实之处的不同世界。红刺北的叙述是将网络文学的多种手法进行了整合，形成多形态穿插又顺畅的个性化叙述。其中她更是注入了许多的游戏元素，比如打怪升级、扮猪吃虎、逆袭成才、弯道超车等，并营建了一个巨大的游戏场景。同时，星际间、军校之间同样存在人性的阴暗、权力的蛮横、贫富的极大差距，以及种种的不公平。所有这一切，与当下生活和当代年轻人有着同样的心理和精神肌理。

故事是虚幻的，其中的人生滋味是真实的。置身其中的卫三，有着年轻人的机敏和洒脱，既执着，又十分的随性。特别是某些单纯得像孩子一样的性情，以及小团队内部真挚、通透的友爱，是他们人生中的亮色，也是小说的温暖之处。卫三并非网络文学中常见的大女主形象，也没有一般意义上的逞强与霸道，而是体现了她面对困难和挑战的勇敢和豁达，是对命运自主掌控的自信表达。尤其令人欣喜的是，《我要上学》在呈现卫三这样一个辨识度极高的女性形象的同时，对她周围人物也有较好的群像性书写。他们性格各异，能力各有高低，但青春的活力和对生活的热爱是相同的。随性之中有纯粹，人与人之间真诚交往，在成长路上彼此有高下之决，更有目标一致的团队合作。这是年青一代所向往的生活氛围和人际相处的鲜明表达，也是小说可贵的如阳光一般的品质。

整部小说有青春的活力，有压力但不压抑。卫三及伙伴们的搞笑、幽默，虽然有时笑中含泪，但更多的是体现了一种生活的态度。相信卫三和红刺北都在以这样的方式告诉我们，生活需要我们坚定地前行，也需要我们学会自我解压。

《我要上学》中异世界的眼花缭乱，是对现实中无数纠缠的一种文学表达。这是一部可以快速阅读，也可以随时停下来细细品味的作品。因此，我们可以说，《我要上学》以穿越、星际和机甲等强想象的元素，以多种类型重组的叙述，建构一个人的成长史，红刺北的《我要上学》轻松诙谐，网感丰沛，爽感频现，其里的精神亮色又极具生活性的现实感。

一个极度幻想的故事，一群可爱可敬的年轻人，内里是我们成长的细密体验和激动之后的感动，梦想与现实在这里得到很好的辉映，这样的辉映既是文学的，又是生活的。因而，《我要上学》为网络文学的强幻想类小说开启了破圈的新维度，让我们感受异世界里扑面而来的人文关怀。

书名	夜的命名术
著者	会说话的肘子
体裁	长篇小说
版别	人民文学出版社 2023年1月

少年的心，成人的童话

"永远少年，永远赤诚，永远渴望踏上新的征程。"会说话的肘子的《夜的命名术》涌动着纯朴的激情，青春般的热血保持长久的澎湃之势。正如科幻小说研究者卡德所言，"创造一个虚拟的陌生世界经常是帮助读者以全新的眼光看待原来的世界，发现自己以前忽略的事物的最好方法。这是幻想小说最大的价值之一"。越是好的幻想小说越是对现实生活的深度观照，外在的虚幻之下，是对现实生活最真实最具力量的表达。换而言之，是以幻想的名义和方式放牧心灵，在狂放无边的想象中激发潜能，抵达梦想的彼岸，最终获得"唯信仰与日月亘古不灭"的生活勇气与坚守。《夜的命名术》，可视为最好的例证。

再复杂的故事，都可简而概之。《夜的命名术》主人公庆尘手臂上突然出现倒计时，他在恐惧中穿越到异世界，被囚禁在一个号称18号监狱堡垒的地方，并被称为"囚徒"。他的命运被彻底改写，不得不重新开始人生，走上了成为骑士的新路。这条路诡异、惊险、奇幻，使他不断成长。

《夜的命名术》，以群体穿越的人物行为，建构了一个"里世界"。"里世界"是拥有矩阵式的庞大世界，科技高度发达，体现了会说话的肘子磅礴的想象力和超强的构思、布局能力。与以往的幻想类小说不同之处在于，这里的机械与人体、过去与未来、现实与虚幻的界限被消除，形成了一个全新的世界。主角庆尘依然还有"表世界"里的现实生活，而且真实得一如我们的生活场景和日常人生。穿越到"里世界"的人们，意识和记忆等人的本质还是原来的，但身份以及由此而来的境况得到反转和颠覆。这既增强了故事的张力，又是对现有人生之路的挑战。

小说的整个脉络和进程，是有关庆尘的成长，"表世界"的生活和记忆参与到"里世界"，"里世界"的心得与收获又照进"表世界"。两个世界三种特质的时空，成为这部小说与众不同的高光之处。"里世界"与"表世界"是当下与未来的关系，也是对现实与内心的表里映射。庆尘以来回穿越的方式，不断进行现实与梦想的对话，极大拓展了叙述的容量，很好地迎合了读者的需求。小说在传统科幻和网络幻想之间进行了勾连与调和，推进了这两种叙述的融合，展开了新幻想叙述的探索。

这是一个少年成长的故事，无论走到哪里，遇到了多少磨难，依然还保有少年之心。这又是一部成年人的童话，历经沧桑，依然怀揣强劲的梦想。黑夜并非只有混乱与压抑，还有满天的星辰和注视人间的月光。黑夜总会在，"夜，象征着赛博朋克世界里的黑暗，而主角正是重新定义黑暗的那个人"。《夜的命名术》，给予夜在心理感受和精神层面进行了重新命名。术，是精神的火炬，当然也是途径与方法。庆尘的反抗，更多的是对自我的挑战，勇敢地召唤潜于内心的力量。这是文学里的庆尘，也是我们内心的那个我。在正能量中产生共情，是《夜的命名术》的鲜亮所在。

在《夜的命名术》中有三点特别值得我们关注，某种程度上也是这部小说的核心价值所在。

一是异世界的设定，其实是抽取现实世界法则和伦理进行异化的产物。监狱中的囚犯有着钢铁改造的力大无比的手臂，禁忌森林里有神秘的禁忌生物和危险的宝藏。牙牙学语的巨人、用基因药剂蜕变的武者、邪恶嗜血的恶魔邮票，还有遍布于蛮荒的大漠峭壁、高度发达的超级城市，以及混乱阴暗的底层暗巷。这是想象的存在，其实也是现实的某种镜像。庆尘在监狱中历经梦魇、禁闭、水刑等严酷考验才得以走出牢笼，之后的骑士之路，本就是冒险之路、战斗之路。在所谓的异世界里，那些外在的磨难、种种限制以及人性的善恶，都能在我们的生活中找到对应。拂去表面的奇异、怪诞和超能力，其下的逻辑、社会和人生，就是现实。这与我们的梦境一样，是对现实进行的想象性的改造或重建，在幻觉中获得超越常态的行为能力。

二是随着科技越来越发达，人类也发现世界其实具有难以企及的多样性和无限的可能。在我看来，网络文学的强幻想与传统科幻小说的融合，使原有科幻文学的概念和界定产生了松动甚至是位移。《夜的命名术》已不再是完全意义上的奇幻小说，其中的基本逻辑和技术性的想象，有着太多的硬核科幻小说的特质。我们认为是非科学的那些现象，可能只是我们的智力尚未突破。也正因为如此，《夜的命名术》被许多人包括科幻文学专业研究领域里的人士称为"科幻小说"。有些学者把天瑞说符的《我们生活在南京》和会说话的肘子的《夜的命名术》为代表的同类作品给予"拟科幻"的命名。或许，在不久的将来，这"拟"字会被去掉。

三是庆尘所有的行为，骨子里是要找到回到现实世界的方法。他身在异世界，可现实世界的体验和记忆一直没有丧失，更何况他还是一个记忆力超强的人。无论在现实中，他是多么的悲催、多么的不如意，但他依然要回来。这其实是《夜的命名术》最真诚的召唤。我们可以在幻想中无限放飞自我，但终究要回到坚实的大地。一切的幻想，都是为了让自己在当下的人生中走得更勇敢，更充满阳光，走向更美好的明天。"当你看不到未来的时候，只需要努力就好了，时间会给你答案。"《夜的命名术》借庆尘的奇妙之旅，代替时间给了我们最好的答案。

书名	糖婚：人间慢步
著者	蒋离子
体裁	长篇小说
版别	重庆出版社 2022年12月

婚姻并非封闭的人生

在我看来，《糖婚：人间慢步》引人关注之处首先当属对女性形象的塑造。其中尤以安灿和林一曼最为醒目，并承担了小说主要的叙述任务。

安灿的行事风格颇有"霸道总裁"的架势，冷静、果断、洞察力和谋事能力都相当强。每每新灿集团遭遇重大事件时，都是她的高光时刻。因为她无处不在且从不掩饰的强势，人们对她的领导力和决断力反而认识不足。中国人不喜张扬，更何况又是一位女性。她冲破了儒家之念和陈旧规矩对女性的固有束缚，走在自己的路上，可以智慧且勇敢地解决诸多困难和障碍，唯独无法改变人们对女性的陈旧看法。有关她强盛的气性和过人的能力，小说中有许多精彩之极的描写。但我们也不难看出，仅就人物形象这一维度的雕刻，小说多采用的是男性世界标准，或者说，安灿作为总裁的形象，有着太多的男性痕迹。就像"女强人"这一词，看似将"女"置于前，强调了性别之异，其实暗中是对女性特质的极大阉割。在男性权力规则的世界里，女性总是被迫或主动与男性同化。这是生存法则，也是两性文化之于女性的残酷。即使是女性自主意识增强了，开始与男权对抗，依然采用了男性的风格和发力，而不是发挥女性特有的才情和力量。因而，所谓的两性相争，本质上还是男性化的对垒。

小说一开头，于新之死就昭示着男性的退场，在安灿等人的世界里，同性成为主场，甚至是女性拥有了绝对的控制权和自由权。其实，于新并不是传统意义上强势男性的代表，性格上的宽厚，性情上的绵软，行事风格属于保守型，老成有余，激进不足。他更像一堵外面包裹海绵的墙，内具支撑、抵挡之力，外在又相当松软。与其说安灿欣赏于新这样的男人，还不如说是于新与她形成稳定的互补关系。安灿对男性的喜好，无论是在生活中还是在工作中都既错位又矛盾。一方面她希望男性是刚性的，充满醒目的力量感；另一方面真遭遇到这样的男性，她又觉得极不舒服，甚至有厌恶感。世俗的男性形象和她生活中所需要的男性形象，并不在一个维度中，原因在于她所谓的标准只是自我需求的代名词。推而广之，在现实生活中，我们在许多方面似乎都是如此。这很有意思。当然，于新与安灿的互补关系有极为复杂的一面，但安灿的强势与于新的退让是显而易见的，同样，安灿内心的柔软与于新隐含的坚韧相当明了。在家庭生活中，安灿也处于强势地位，丈夫刘瑞在性格上与于新有许多相似之处。仅从这一态势而言，安灿与于新处于传统两性话语里的角色互换。

于新的退场，意味着生活的变数无处不在，让安灿和林一曼措手不及，也因此让她们既强忍苦痛继续奋力向前，又打开了自省之门。于新因抑郁而自杀，他内心承载了太多的沉重，又很少向别人倾诉。有些事是无法说得明白，有些事则是不愿给他人造成负担。于新无法与他人、与社会和解，只能一个人硬扛，终究自己被自己打败。安灿与刘瑞的婚姻濒临破裂，刘瑞其实也处于退场状态。刘瑞的退场自然与安灿有极大关系，毕竟婚姻再怎么说都是两个人的事。因为安灿决意离婚，同是男性的刘瑞的退场属于被动式。两位男性的退场有一个共同点，即根本原因是得不到知心、坦诚的交流。就是这么简单。安灿与刘瑞、林一曼与于新这两对夫妻都在交流上出现问题，丧失了敞开心扉交流的冲动和勇敢。日久本应生情，但情渐淡，浓郁的是陌生感。过于亲密，反倒成为交流的最大障碍。爱情进入婚姻之后，甜蜜与亲近在流失。流失的那部分，异化为坚硬的外壳。两性间的交流本是最简单之事，但沉浸婚姻多年后又变得相当复杂，且固化为难以想象的杀伤力。"交流"，成为分量极重的关键词，沉重了生活，刺痛了精神。

　　与一般的婚恋小说不同，《糖婚：人间慢步》的主体故事更像职场小说，公司里明争暗斗，火药味极浓，权力博弈和商战风云架构了整部小说的叙述，并左右和推进了人物的性情之变和命运走向。但这就如同安灿一样，外在的强力之下是富有张力的坚韧和细密绵软的情感。女性世界里，看似风光无限，可她们的内心极其脆弱。她们的生活看似破败不堪，可生机依然在，春天正在渐渐温暖和融化坚冰寒雪。女性与自己与同性的战争，节奏很快，而她们的心绪也渐渐慢了下来。喧嚣，催生了宁静。前行，成为告别的姿势。所有人都在一步步向前走，但又都活在过去里，每前行一段路，本质上都是走入那些曾经。这不仅是没有过去就没有当下和未来，又是当下一些人心里的病症。从这个角度而言，这其实是一部过去式的小说。小说是在表达女性的情感生活和两性间的相处之道，但也指向了我们当下的生活及生存。

　　生活，包括婚姻生活，只要糖，是不现实的，加些盐，更有滋味。

就营养学而言，盐是生命不可缺少的，其功用比糖重要得多。因为有盐的存在，糖才更甜，更会让我们珍惜。当我们善品盐之后，别样的甜味也会在舌尖和心头跳动。小说题目中的"慢"，是对当下匆忙的现实生活的一种反拨。我们总是走得太快，不停地说话，快速地表达自己的思想、观点和诉求，不能慢下来细细品味生活，关注自己的内心，也就不能安静地听别人的表达。慢，不再是速度，而应是我们灵魂呼吸和生活行走的美妙之境。

书名	庐山隐士
著者	蒋一谈
体裁	短篇小说
版别	作家出版社 2015年6月

有趣中的尖锐性焦虑

蒋一谈擅长揣摩时下读者的阅读兴趣,像一个厨子一样把生活与想象、思考与阅读调和得独具风味,耐人寻味。他的创作常常立足于当下,对生活做出迅捷反应,敏锐地进行文学叙事。他总是把小说写得很有趣味,让人读起来既能一路奔跑,又可以驻足沉思。《庐山隐士》更是抵近时下的现实生活,实时书写,让我们能实在地感受此时生活的温度。而超短的篇幅,可以让我们利用零散的时间进行完整性的阅读,满足我们快节奏的生活需求。他的这部作品集,每篇小说都如同一把锋利的小刀直击人心,动作幅度不大,富有艺术性的美感,开口极小,但很有锐性和深度。因而,我们的阅读可以是瞬时的,但思考可以持续得很久。可以说,这些小说是好读的,可以快读的,但又能让我们慢慢地咀嚼出味道。

《庐山隐士》中的小说,语言生活气息浓郁,又将诗意淡淡流于其中,在很大程度上满足了我们对于文学语言想象性的需求。这些作品,无论是荒诞的、传奇的,还是现实感很强的,都体现了蒋一谈独特而辽阔的想象力。让作品好读,是蒋一谈写作的主要追求之一。而使作品在有趣的同时极富意味，则是他基本而鲜明的文学理想。《庐山隐士》中的 20 多篇作品，都是独立的，但内在的关联又是清晰的。其中对于永恒被支离破碎，对于生命和灵魂应有传承的萎缩，以及对于精神的缺失、弱化和自我的救赎，是贯穿《庐山隐士》的一条极为重要的诉求线索。《村庄》的荒诞是显而易见的，但内在的焦虑如同大地一样坚实。村里的年轻人和孩子都外出了，只剩下三男两女五个孤独的老人。他们想买个孩子，但一直未能如愿。后来死神居然为他们的渴求所感动，给他们送来了五个一模一样的孩子。意想不到的是，这五个老人被吓死了。老人们对孩子的渴求，其实是希望村庄的生命能够延续下去，这生命既是肉体的，也是文化的，更是精神的。只是连死神都没有真正帮助他们，可见其中诉说了多大的焦虑，是对于乡村文明乃至人类本原文明日渐消失的巨大焦虑。《刀宴》，写得潇洒自如，有武侠之风。刀，是侠义、勇敢、锐利等精神的化身，刀的消亡，自然就是这些精神的随风而逝。《地道战》写出曾经风光无限的战争利器，竟然成了娱乐至上的道具，令人深思。蒋一谈的许多作品看似很时尚，或者洋溢着时尚的气息，但内在是对传统的呼唤。这与我们的生活状态极其相似，我们步履轻盈，笑声不断，幸福无时无处不在，但内心的焦虑和惆怅，一直存在，只是许多时候，为浮华所遮蔽，为欲望所淹没。阅读《庐山隐士》，可以让我们回归内心，回到生命中本该重视却常常被我们漠视的许多东西，让我们的思绪在飞扬中有重量。

　　蒋一谈对生活有着极其敏锐的洞察力，并具备很强的重新书写生活的能力。《随河漂流》中原本的两对情侣，因为对另一半的怀疑以及建立于其上的责怪、伤心和失望而走到了一起。可当他们发现误解对方后，甜蜜的相处从此被打破。由此可以看出，他们两人的爱情是基于对他人的态度，需要的是一个合理的理由，而非情感本身。后来，他们的内疚并非因为纯洁而被污染的爱情，而是善良的苏醒。爱情伦理已经从高空坠落，而亲情的伦理也在遭受重创。《花的声音》中一个三四岁的孩子，就有了对爱的占有欲心理。在她心中，没有基本的亲情和怜惜，有的只是欲望的无限膨胀和强烈排他性。当然，这已经不只是单纯的伦理问题，而是精神上出现了严重的异化，生长出了恶之花。

  我们需要平实的生活，需要阳光般的快乐和幸福，但绝不能缺少与内心的静静交流，绝不能丧失追问和思考的能力。阅读《庐山隐士》，可以让我们在某个瞬间隔开纷繁、斑驳和轻狂，让生命和精神清醒些，空灵些。这就如《坐禅入门》中所体现的意趣一样，离开喧嚣，才可能入境，才可能寻找到真我，才会发现我们最需要的是什么。

书名	悟空传
著者	今何在
体裁	长篇小说
版别	光明日报出版社 2002年8月

青春的磅礴力量

最早读到《悟空传》，是在 2007 年的秋天。这是由光明日报出版社于 2002 年 8 月出版的修订本，没想到时隔五年我才得以遇见。这也是我第一次阅读网络文学作品，也就是说我最初接触网络文学并不是在网上，而是通过实体书。

应该说，我知道网络文学这样的命名还算比较早，但一直没有将它与传统文学有意识地分开，甚至认为只要发布在网上的作品便是网络文学。因而，在 2000 年后的几年里，我时常将相关作品通过博客和论坛发布。与此同时，我投稿参加了一些网络文学的征文比赛。2005 年 1 月，我的小说《雾像烟一样燃烧》获"99 读书人杯"世界之旅网文大赛金奖。2007 年 2 月，我的小说《秘方》获首届军旅网络文学大赛一等奖。这两篇小说其实与我一贯的创作理念和方法并无不同，是典型的传统文学作品。

直至细读了《悟空传》后，我才真正意识到网络文学的与众不同。也就是从那时起，我不再参与网络文学相关的征文，也不认为自己发在网络上的作品是网络文学作品，只认为是传统文学作品的网络传播。

在我看来，今何在的《悟空传》当是网络文学中具有路标性意义的作品，在一定程度上还挑战了整个文学的叙述传统。《悟空传》鲜明地主张了网络文学的特异质，一面世就引起广泛关注，成为网络文学新叙事和当代文学新景观的代表作品。时至今日，如此的特质依然十分可贵。当下的网络文学叙事已经与《悟空传》以及那个时期横空出世的作品有了相当大的变化，这正体现了《悟空传》在中国网络文学发展史上的独特价值。

这是一部充满青春感的作品，不仅写出了青春热血的喷薄，成为青春的不朽记忆，更深层次的意味在于写作姿态和精神是青春的。这既是清晰的指认，又具象征之意。谈论这部作品时，大家用得最多的是"反抗"，从语言到叙述，从现实到精神，"反抗"之意确实强烈。然而，"反抗"只是一个动作，是以什么作为反抗的支点？最终的期待又在哪里？这似乎是比"反抗"更有价值的探讨。《悟空传》中的"童真"以及由此延展的意味，可以撬动解读的更多可能性。也就是说，"童真"是潜于内里的底质，"青春"是外在的行动力量。至于"反抗"，不再只是之于世界和生活，更是自我的破碎与追怀。一次次转身回望，脚步依旧向迷失的深处迈进，热血与悲剧就这样手牵手。无论之于网络文学还是人生，《悟空传》所产生的震荡一直在。

《悟空传》中人物的前世，均被今何在称为"前因"。前世，其意偏重生命的时间线，并与来世形成对话关系，潜含人们对生命轮回的期许。前世，又有祖先膜拜这一集体意识的隐性表达。前因则是聚焦前世之于今生的精神性影响，在乎的是因果关系。人们常常将前世之因作为今生之果的托词，或生存的重要意义。当然，这也是华夏人生伦理的主旨之一，讲述着人生隐秘的承传和某种人文的恒常。《悟空传》将这些进行了夯实和延展，赋予了前因更为纷繁之意，并在故事叙述、人物塑造以及人生诸多要义等方面，开拓了"前因"之功用。也就是说，"前因"成为极为重要的叙述手段，是最为坚韧和强劲的叙事动力。

唐僧、悟空、猪八戒、沙僧和白龙马等，前因与今生既呈现出某种生命的延续之状，又具有前因今果关系的共性认知。更为准确地说，这里的"因"多数情况下只为"起因"，相当于"前传"，指认当下行为的来处，以及导致最终结果之"因"。通俗地说，他们的今生中怀有前世的执念或未竟之业，在前世的指引下继续前行。比如八戒、沙僧等，他们的今生是对前世的接续。

唐僧的前世为金蝉子，金蝉子修佛已至上乘后，反而对佛产生了极大的质疑，便转世为唐僧去寻找佛的法旨。质疑是寻找答案的动力，这是唐僧活着的意义。或许，答案并不是最重要的，重要的是追问。唐僧一次次的追问，引发了我们之于生命的思考。不能被已有的巨石压抑，更不能被遮蔽住心智，从而丧失了自我认知的能力。看起来，他的质疑是对固有意义的挑战，其实更大的价值在于两种截然不同观点之间的对话。金蝉子是唐僧的前世，可看作是生命的轮回，更是前人经验的象征。

至于悟空，他的前世与今生其实是不同处境和不同状态下的同一个悟空的分身。一个是个性张扬的齐天大圣，一个是失忆后的平常悟空。换而言之，一个是内心世界里的悟空，一个是现实生活里的悟空。

把神还原为人，让神话落进生活的现实，明确书写人生的体味与精神问题，是《悟空传》的主旨。《悟空传》充分利用了《西游记》

这一巨大的背景存在，在人们熟知且深得体会的故事和人物中，放大并完善某些细节，使其如银针般直中人生的穴位。《西游记》本身就指涉了我们的文化心理和人生意象，在广泛传播和持久言说中，人们将神话与现实进行了诸多的投射与辉映。换而言之，在中国神怪小说中，《西游记》既是丰富想象力的高地，又直指生活现实和人生境遇，是以神话讲述凡间而最深得人心的作品。孙悟空在神界和人间，都有极丰富的内涵，有着无限的阐释空间和多种艺术无限言说的可能，当是影视以及多种艺术形式顶流的IP。更难能可贵之处在于，孙悟空亦神亦人的形象，在人们的心理层面也有七十二变之功，所有类型的人格、处境及命运等，人性的纷繁与斑驳，都能在孙悟空身上找到对应，这几乎是神话中的极端特例。《悟空传》将神话元素最大限度地抽离和压缩，拆解和大幅度删减故事，只借用了能体现人物关系和命运大走向的某些节点。剔除了眼花缭乱的神仙动作，人物还是有上天入地之能，但只限于空间转换的便利与基本逻辑的需要。这是让我们尽可能地忘记悟空等人物神的身份，尤其是让他们的情绪与情感和普通人无异。像猪八戒、白龙马这样的动物形象已经是一种身份的隐喻，与神话毫无关系。个体的形象塑造，虚化了他们的使命和神性。神退场，人走来。这里的"人"剥离了众多的体面话语和社会约束，回到真实生活，是极具个性又可抵达普遍性的"人"。他们就是普通的你我他，就是在世俗中浮沉的我们。这不仅把神拉下了神坛，也将人唤回到自我私语的状态。走近他们，就如同在某个角落或夜深人静之时，我们抚摸自己的心理纹路和精神像素。因为《悟空传》，我们得以与"我"坦诚且细腻地相处。这时的"我"只属于我，不回避一切，也无须向他人交代。这种对公共性叙述和私人化写作的撞击，让我们看到了活生生的自己。唐僧、悟空、猪八戒、沙僧、白龙马等恰似我们生命中某个阶段或某种氛围的分身，他们的叠加，正是我们人生的全景写实。尽管小说是男性化视角的叙述，带有鲜明的男性话语和体悟，特别是有关爱情更是男性的主场，但这并不影响作品关于人生成长和行走的整体观照。

《悟空传》是每个人的心灵自述和精神呼吸，不同年龄的人，不同经历的人，都能从《悟空传》中看到自己，这的确是其最具魅力之处。在《悟空传》中，对人物的长相并没有过多的精细描写。或者说，当我们一遍遍阅读之后，我们根本记不住他们的相貌，只有一个个身影矗立于心头，一个个表情如刀片一般划在心间，一声声叹息在胸膛里翻江倒海。所谓的代入感，其实都与故事本身关系不大，而是感受的共通。人物外形的适度隐身，以此凸显人物的心路历程与情感体悟，并成功地进行了移步换形，让我们在毫无察觉中成了他们。

在人物的生活空间中，《悟空传》剔除了许多奇幻场景，天上人间保留的神话画面少之又少。这样做，一方面是意图让人物回到更为现实的生活，增强平常的生活感。将诸多的场景抽空，排除别样空间的干扰，让读者尽可能地忘记人物的生活空间和特殊身份。如此，神话里的人物回到人间，回到我们的生活里，如同我们身边的人一样亲切可感。另一方面，只保留人物必需的行动场地，意图淡化或清退神界仙界的场景描绘，是为了突出人物，让读者更多地关注人物的情感和体悟。文学的共情，常常并不是读者与人物有相同的真实经历，而是事件之于情感和心灵震颤的感觉与感受是相似的。作为网络小说，《悟空传》的再叙述，目的是消解悟空等人原来的行动意义，以解构的方法关切人的生存、行走与努力的价值。

从这个意义上说,《悟空传》是从《西游记》中抽取了为数不多的讲述元素,重在聚焦悟空、唐僧等极少数人物。故事发生地、事情的前因后果并非最重要的,重点是回到人物本身,潜入他们的内心,状写生活经历落于灵魂的颤动和印迹。小说对花果山与天宫的描写,又不仅指向人物的活动地,更是极富审美意趣之境地。花果山是悟空的家园,是梦想的眺望之地,也是梦想的出发之地,还是梦想恒久的栖息之地,饱含了所有的美好与期待。生灵涂炭,家园沦为人间地狱,悟空只能在天地间游荡。乡愁没有了寄托,心灵无处安放。面目全非的故乡是巨大的意象,这一意象,不再仅指向故乡,而且喻指我们内心那片原本纯净的大地和天空。是的,告别年少的成长期,踏上漫漫人生路,原本的那个"我"已经不复存在,至少是支离破碎。如此,我们每个人心中都有花果山的前世与今生。天宫,是至上权力和天规律条的象征,更是所有禁锢与枷锁的代名词。极度向往自由的悟空,显然无法融入其中,一切是具象的,又相当恍惚。举全部的心力打碎了天宫,可不久之后,天宫又恢复如初。不管如何,悟空其实很幸运,至少他曾将天宫夷为平地,在一个瞬间实现了自己的理想。而对多数人而言,强悍的天宫一直在,且根本无从击破,结局都是自己遍体鳞伤。这无解的人生之困,是人类最为惨烈和凄悲的宿命。

空间与人物的虚幻之象,反而更有瓷实之感。虚幻的背后,是无限抵近生活现实的本相。与此同时,这样的虚幻,又是我们之于生活体验之后的印象与回味。小说对曾经的花果山的描述,是一种诗意性的写实,既有生活感,又有某种难以言说的缥缈感。被毁之后的花果山,景象让位于情状,多以虚景表达实感。叙述中的天宫和花果山,更是虚多于实,如大写意一般。花果山与天宫,清晰无比,又一片模糊，这带来了特别奇妙的感觉，如同我们生活过的场景成为回忆之后的影像，亦真亦幻，最终归于梦里。是的，花果山与天宫，是我们想象性的场面或梦境，是我们迷幻状态的变相描述。也就是说，我们走进被拉回人间的仙界，与神话中的人物合体之后，现实正渐渐地被融为虚幻。一切都似梦境一般，唯有疼痛是那样的真实可感。《悟空传》传达了这样一个信息，一切的人和事，人间的所有，生活的本质，都只是一种感受。或者说，终究将只留下感受。感受是以虚态存在的，但之于心灵又是坚硬的真实。

《悟空传》所谓的回到人间，其实就是回到我们的情感和灵魂本真之地。其中的生活哲理令人深思。我们总是看重触手可及的真实，然而我们最为在意的往往又是极虚之念。虚妄，成为现实最忠诚的归宿。

这一切源于青春，又在我们整个人生里激荡。

书名	老家有多远
著者	荆永鸣
体裁	长篇小说
版别	作家出版社 2013年3月

老家已经很遥远

  荆永鸣是位生活型的作家,写作是他参与生活的重要组成部分。他的作品已经不是所谓的"接地气"之作,而是从他生活体验中自然生长出来的。在很长的一段时间里,他这个现实生活中的"外乡人",专注于远离故乡的漂泊者,书写走入都市的打工者的生存境遇和精神历程,比如《外乡人》《北京候鸟》等。而今,他又将故乡从回忆中拽到现实,以长篇小说《老家有多远》去直面故乡当下的人情世事,状写梦中乡村破碎后的现实老家。他没有像一些游子那样沉醉于梦中故乡的美好,也没有高高在上地斥责如今支离破碎的家园,而是以家乡人身份回到老家,回到他曾经相当熟悉的乡亲们身边,写下他目光的颤抖和内心的纠结。《老家有多远》可以让我们接触真实的乡土世界,近距离地端详乡村的现实生活。

  与有些作家不同,荆永鸣没有成为乡村代言人的企图,也没有将自己包装为"乡村叙事者",而是忠实于自己的内心和视角,以生活中的角色来注视当下的乡村。可以说,作品中的"我"与荆永鸣在心理、情怀和精神内质上,是同一个人。"我"几乎是所有进城打工或生活的乡村人的情感心理和文化立场的缩影。"我"生活在城里，但其实并非真正意义上的城里人；"我"来自乡村，是那种有"老家"的人，但我已经被乡村人称为"城里人"。离开乡村的怀抱，"我"心中有浓浓的挥之不去的乡情亲情，而当乡下的亲戚真来到城里找"我"时，我倍感亲近的同时，又有些嫌麻烦。有时，在乡亲们面前，"我"会不由自主地沾染上"城里人"对乡村人的偏见、冷淡甚至是厌恶。而当城里人流露出对乡村人的嘲笑和厌弃时，"我"又十分反感。"我"其实是生活在乡村与城市的夹缝之中，是乡村人与城里人的混合体，情感会因为情境的改变而变化。老家的远近，不再是时空的远近，而取决于心灵与情感的浓淡。

记忆与梦中的故乡是美好而温暖的，但当"我"再次与乡村在现实中遭遇时，那被亲切地称为"老家"的地方已是面目全非。当"我"怀揣温暖的记忆和浓浓的乡情，走进现实的老家所目睹和感受到的一切，才是《老家有多远》最重要的主题。对于叙述，这是一个有趣的视角，"我"既可以凭借亲戚和乡情适当进入乡村内部，参与他们的生活；又可以用"城里人"的眼光审视如今的乡村，在某种距离感的支配下，更加客观地看待乡村的变迁和发展。是在蜕变？那些生活在其中的人们的酸楚与快乐，让我们心疼，又无所适从。乡村有些苍茫，而我们的目光更加迷茫。

荆永鸣以诚实的文字，带着伤感与无奈，打碎了我们的故乡梦，毫无保留地叙写老家的丑陋与不幸。是的，他为乡村的现在而叹息无助，但他又不是在自以为是地指责，只是在忧愁中如实呈现，在诧异中舒缓叙述。乡村的美丽、淳朴、清新，已经被现代文明中的污秽所感染和侵蚀。这可能是文明进程的必经之路，正处在凤凰涅槃的阶段，但乡村的呻吟让人心痛。老家有多远，不再是脚步的丈量,不再是情感的追问,而是一声声哀伤的呼号,撕裂心肺、痛彻灵魂。

在荆永鸣心中,老家很遥远了,曾经的老家已经无影无踪。现实让荆永鸣心痛地唱起乡村的挽歌,遥望他那再也无法回去的老家。而我们每一个有老家的人,也会在阅读中自问,我的老家有多远?《老家有多远》追忆的是乡村,更是在回忆那已经或正在逝去的灵动的自然与纯美的人性,那个曾经滋养了我们生命与灵魂的家园。

书名	使命英雄
著者	赖贵清
体裁	长篇小说
版别	人民武警出版社 2006年5月

笔触生活的最前沿

能够与当下现实生活亲密接触的长篇小说并不多，在近些年的军事题材长篇小说中，这样的作品更为鲜见。赖贵清的《使命英雄》敏感地抓住武警部队反恐这一题材，实况式地呈现生活的现在时，真正做到了与时下生活零距离接触。他舍弃了长篇小说惯有的历史纵深感这一为作家所常用的手法，剑走偏锋，在生活剖面上拓展铺陈。如此，《使命英雄》呈现给我们的是许多新鲜的感觉和独特的审美。

处于营区生活一线的赖贵清对军人有着自己的理解和感悟。军人生活有着常人最普通的一面，情感、家庭等种种世俗牵连，就连铁打的军人也无法超然其外。然而，军人毕竟是军人，总有他们与众不同之处。在他们的生活中，最值得张扬的还应该是军人所独有的那份品性。也许正因为如此，《使命英雄》中有军人的成长之痛，有爱情、婚姻和家庭的酸甜苦辣与悲欢离合，但这些都是人物生活浅淡的背景。赖贵清看重的是军人为战斗而生、在战斗中成长的纯粹。他有意淡化甚至剔除了军人作为普通人的那一面，更多地开掘军人作为军人的精神与行为,浓墨于"军人意识"中的变与不变。

《使命英雄》的故事很是简洁:一支武警反恐部队与恐怖分子的几个回合较量。故事人物并不太多,故事走向十分清晰,而时空转换也相对简单。从作品的地域性特征和作家的个人成长经历,我们可以获悉《使命英雄》取材于某武警总队特战队。文章在叙述上,带有很强的纪实感,一种来自生活原生态的现场感成为我们强烈的阅读感受。单纯从故事层面上考量,《使命英雄》的神秘感和悬疑性,与时下一些特种部队的作品相比是"差"了些。这两年,反映特战军人的作品数量不少,也时有佳作面世。但我们稍加留意便会发现,此类作品基本上迷醉于特战队员的军事训练和常规性军事战术的战斗场景,以英雄精神和智慧将人体潜能和最为简便的武器性能发挥至极限。我们不怀疑这些作品对于军人勇敢的肯定、对于军人铁血精神的高歌,也确实唤醒了我们对英雄的崇敬与向往。然而,我们也不得不承认,这样的军人其实与营区的军人已经有了距离。《使命英雄》则不然,全面而真切地引领我们走进时下武警官兵的战斗最前沿,体验他们以最先进的作战武器、作战样式、作战手段和作战理念经历的战斗生活。在所有的人物中,尹亮无疑是最出彩的。这位从复旦大学计算机系毕业的高才生来到营区,参加到反恐战斗第一线有了用武之地,其成长凝聚了部队众多"学生官"的印记。检索他的成长之路,我们领略到了军队中传统文化与时代性文化之间的碰撞和交融,从一个侧面表达了新时期下军队的转型和发展。尹亮具备崭新的知识结构和现代文化催生的气质与思想,但对军人这一特殊职业理解不透,与营区应有的特殊性时有冲突。他需要做的是进入军人角色,积淀军人意识,在营区这条河里畅流。与之相映的则是支队长赵连传,性情刚烈,风风火火,是我们最为熟悉的军人形象。面对信息化的战斗需要，他又能心如针细，有心且主动学习。尹亮的书生气和过于尖锐的个性，与赵连传的粗犷威猛及其与营区步调一致的性情，形成鲜明的对比。赵连传与尹亮犹如一座桥的两头，相互对视，心驰神往，为了同一个目标，彼此都在向桥中央走来。他们目光与脚步的重叠，恰好成就了新一代军人的形象，诠释了当代军中英雄的新内涵。

赖贵清对于当下营区的深入感知，对于军人生活的实时化抒写，充盈于《使命英雄》的现实感和当代色彩，成为一种不可忽视的艺术力量，同时也给我们以启示：以军旅文学作品直面当代营区和当代军人，是军旅作家义不容辞的责任，只要我们坚守于生活的现场，提高艺术感知力和创作水平，总能从鲜活的生活中淘洗出优秀的作品。让生活现场进入艺术，是我们的追求，也考验着我们之于生活的观察眼光和艺术智慧。

书名	花腔
著者	李洱
体裁	长篇小说
版别	人民文学出版社 2002年1月

《花腔》中的花腔

一

《花腔》是一部多文本互动的作品,可谓李洱一次花腔式的写作。如果从复制、拼贴的后现代写作技法的角度去看待李洱的这一次出击,并无多少可圈可点之处,甚至有步人后尘效仿之嫌。将口述实录、谈话笔录、媒体报道、文章摘抄、史料剪辑等名目繁多的文本片段连缀成一部作品的创作手法,我们已不陌生。只是李洱的兴趣不在此,他在意的是以多样文本拼贴的方式,最大限度地展示语言的灵动性和丰富性。在一部作品里,让所有的人物真正地以自己的声音和性情开口说话,讲述自己目所见心所思的人和事,《花腔》应该是最彻底、最出色的。倘若仅仅如此,《花腔》还只能是好作品,离上乘之作尚有较大距离。

我们在感受《花腔》中语言多样化的愉悦过程中,别有用心的李洱已神不知鬼不觉地擦除了历史与现实、虚构与真实之间的那原本清晰可见、不易逾越的界限。

李洱神气活现地操纵着历史与现实的遥控器，旁若无人地切换时空频道，我们心甘情愿而又无所察觉地来回穿梭。其中最防不胜防的当是那些事后的口述，口述之人无法也不愿重回历史的现场，而是以当下之经纬言昨日之事，将时空揉碎，让历史与现实变成一摊糨糊，我们在流畅衔接和悄无声息转换的过程中迷失了。范继槐的口述时间是在2000年6月28日至29日，一切早已尘埃落定，一切已被历史封存，当他打开历史的封条与往事拥抱时，并没有从现实中完全抽身，而是在逝去的几十年中随意行走，说古谈今，古今相融，让现实与历史在其舌尖上同时舞蹈。本来，今天的现实就是明天的历史，现实只是一瞬，历史才能永恒，但李洱意不在此。他是想说，时间可以销蚀许多历史中的真实，但对人性奈何不得。是的，讲述人是在以自己的方式和方法复原一段历史，但深入其里我们不难发现，讲述人最终折射的是人性。记忆，是人性蛰居的安全之隅，打开记忆之门，人性不可能不曝光。时光流逝了，人性却如往日般蹀躞，在历史与现实的交织中如星星般闪烁。在人性的把持下，这世上有许多人和事永不消失，历史将会时时重演。这是人性的悲哀，也是人类的凄怆。那么现实与历史就无须鲜明的界限了，照一照历史之镜，便能看清所谓的现实。这似乎才是李洱的用心良苦所在。

李洱"怂恿"人物无所顾忌地大耍花腔，在众人的掩护之下编造一段貌似真实而实际上谎言无边的历史。在《卷首语》中他说："他们（白圣韬等人）不仅见证了葛任的历史，参与了历史的创造，而且讲述了这段历史。读者很快就会发现，他们讲故事的能力足以和最优秀的侦探小说家媲美。他们的讲述构成了本书的正文部分。"在三个正文部分的开头，他都煞有介事地标明了时间、地点、讲述者、听众和记录者（或录音者），使三份讲述被罩上了规范、真实的光环，似乎比最严肃的审讯笔录还更具真实性。同样，在副本部分，大量的引文和言谈，李洱一概注明出处，可与最严谨的论文媲美。李洱尚不满足于此，他让虚构的人物与历史中真正存在过的风云人物频频亲密接触，让他们成为一些著名事件中的一员，叙述得言之凿凿，无懈可击。李洱运用这一切，意图表明作品中的历史是何等的可信，简直是对众多历史片段丝毫不差的移植或挪用。在他精心策划的动作下，虚构和真实混入了同一条河流。在这里，真实可能是虚构的影子，虚构也可能成了毫无破绽的真实。随着李洱的精心编织，为真实清理门户、还真实一个清白、让虚构露出尾巴的企图已离我们而去。我们落入了一个圈套，却无心撕破它，更无意走出，因为我们看到了虚构中流动的真情和颠扑不破的真理。这与其说是李洱的高明，毋宁说是我们心中存有让虚构与真实不分家的渴望和冲动。

当然，能让我们忘记小说满纸谎言的本质，以为翻开的是一页又一页曾经发生过的历史，的确是一种不可多得的写作智慧。

二

李洱为我们讲述了一个并不复杂的故事，来自不同势力群体的人都在寻找一个叫葛任的人，引得我们跟随寻找的足迹探觅葛任的生死之谜。葛任是革命队伍中的一名知识分子，在二里岗对日战斗后，其生死成为一致关注的焦点。白圣韬、赵耀庆和范继槐作为亲历者，担负着不同的使命，但相同的是他们均与葛任有深厚的私交。因为掺杂了个人情感，行为中平添了许多顾虑和私心。但使命是不能违背的，他们在情感与政治这两条船上跑来颠去，最终还是不能摆脱注定的选择。作为故事本身，葛任短短一生的生活境遇、政治追求、爱情经历和在政治动荡中的命运已使我们的阅读兴趣大增。然而，李洱并没有满足于常见的叙述方法，尽管他完全可以构建出一个可读性和艺术性相得益彰的小说世界。李洱作为召集者，动员许多人参与一个故事的讲述。正文部分是三位性情迥异、身份不同的当事人的口述，就连口述的时间也分别处在特定的历史阶段。

第一位出场的白圣韬是位医生，白圣韬是投降国民党不久后向军统中将招供的，因而他总是往自己脸上贴金，隐瞒那些对自己不利的细节。同时，为了表明自己的立场，赢得主子的欢心，他又竭力透露一些鲜为人知的秘密。他的口头禅是"有甚说甚"，这也是其处心积虑要取得的效果。

其后出场的赵耀庆，是潜入军统的地下党，在"文革"时期向革命小将供述了一段尘封已久的往事。赵耀庆是位粗犷之人，不乏粗俗的言辞，言不由衷的表达。也许是因为长期从事地下工作练就了随机应变的能力，他擅长结合形势讲话，在一帮"红小将"面前，他于一切的言语中均有意地嵌入了"文革"时期最时髦的语录和腔调，就连已埋葬进历史的人物也被他贴上了"文革"的印记，调侃、嘲讽跃然纸上，黑色幽默闪烁不定。"俺这样讲，行吗？"听起来是一种征询，实际上是对往日岁月的怀恋，还多少有些炫耀，毕竟，他总以为与这帮"红小将"相比，自己算得上是老革命了。时光如梭，有了怀恋涌动，出口的话已滤去了不少不愿留存的成分；有了炫耀作祟，他嘴里的历史变味是理所当然的了。

最后讲述的是范继槐，在暮年之时，向写自传者披露谜底。作者对范继槐的角色定位颇有意思，德高望重，但他在讲述中时不时会冒出些令人玩味的佐料。他是葛任最后结局的见证者。在他的腔调中沾染了当下的语气和某些价值标准。他的身份和地位决定了他的讲述带有更多的选择性和辩护性，常常不动声色地对历史进行纠正、补充和梳理，以对自己有利为最高准则。

三个人物在三种时态下的讲述显现了时代性极强、个性十分清晰的腔调，这使得小说的艺术性得到了极度张扬。然而，李洱并没有仅满足于此。本书的另一重要部分是"副本"，说重要不单单是因为它占去了全书将近一半的篇幅，更在于它是对正文部分的补充、延伸和拓展。在副本中，作者以引文的形式，使人物更多的出场言语，有史事性的记录，有严谨的书面叙述，还有原汁原味的谈话笔录。如此一来，《花腔》成了众多人物腔调的汇总。这些人物的腔调自然也和他们所处的时代脱不了干系，我们可以在其中听到从三四十年代到今天的形形色色的人物开口说话，话语间处处闪烁着人物的个性和时代的政治、文化特性。

走进《花腔》，我们如同在超越历史的时空中行走，感受着语言的奇妙和魅力，体味着不同个性和不同立场的人物的不同腔调。这样一来，原本由李洱一人讲述的故事演变成由各式人等共同叙述的故事，一个又一个人物粉墨登场，按自己的方式围绕故事核心自由言说。谢冰莹女士、宗布先生、安东尼先生、川井先生、毕尔牧师……他们来自不同的国度、不同的阶层，拥有不同的立场、姿态，承载不同的文化、个性，站在不同的历史轴线上，这使得他们的腔调异彩纷呈、各具特色。这么一来，说《花腔》这部小说营造了一个世界，似乎并不为过。

三

历史是客观存在的，但任何再现完全真实历史的企图可能都是徒劳的，也许历史就是那"行走的影子"，飘忽不定，时时都在变幻之中。这正是《花腔》要告诉我们的。

我们有理由相信，葛任的人生定有其固定的轨迹，其生活的真实性是不容置疑的，是连缀整部历史不可或缺的一部分。不管他的命运是如何的多舛，但最后形成的轨迹总会如线条般流畅，如照片般清晰，在历史的长河中飞溅着无法抹去的浪花。当由一个人来讲述他的历史时，我们会说有其偏颇之处，那么让众多的人从不同的角度来讲述呢？《花腔》为我们提供了一个答案，真实的历史湮灭在唾液和记忆之中，取而代之的是一个又一个看似真实可信，而实质上却荒诞不经的历史片段。我们不知道有多少真实因此而流失了，又有多少披着真实这块羊皮的虚假滋生了。正如胡适所说："历史就像个小姑娘，你把她打扮成什么样子，她就是什么样子。"

白圣韬、赵耀庆和范继槐三人对在葛任一个人身上发生的同一段故事的讲述，处处闪现出矛盾甚至是相互消解的细节。这固然与他们的视角、叙述水平大有关系，但更大的差别来自他们所持的态度和不为人知的用意形成的落差。

范继槐既是白圣韬投降后的主子又是葛任一事的知情人，那么白圣韬在讲述时必定少不了一方面表明自己的忠诚，另一方面又想方设法地为自己辩护，因而在他"有甚说甚"的口头禅下，假话、谎话、曲语、隐语自然不可能少。应该说，面对参与者来讲述，给他造成了巨大的压力和挥之不去的顾虑，更何况他无从知晓身为军统的范继槐心中的底线。口口声声"有甚说甚"，心里却总在担心一不留神让范继槐嗅出破绽，揪到小辫子。这样的讲述，心理上的障碍显而易见。所以，白圣韬着重在范继槐不知道的人和事上无限度地夸夸其谈，对范继槐获悉或可能略知一二的则要么躲躲闪闪，要么一带而过。他这样做是有苦衷的，是明哲保身不得已而为之的。基于此，我们又怎能够要求白圣韬如实地再现那一段历史呢？

赵耀庆说："向毛主席保证，俺说的每句话都是实话。"但他的讲述似乎是最不真实的，这从他的腔调和言辞上就可听出，他动不动就让"文革"那特定时期的语言滑入历史，过去的人物有了"文革"的思想和腔调，吐出的是一派胡言。但谁又能说他没有展示历史某些真实的片段？只不过他是在故意掩饰、混淆罢了，可以说，赵耀庆是在用另一种方式让历史浮出水面，这就需要我们有"拨开云雾见天日"的勇气和智慧。如果我们具备了此种阅读期待，那么也许我们会挖掘出更多令人惊奇的真实。

正如范继槐所说："白圣韬死了，赵耀庆死了，冰莹死了，田汗也死了，有关的人都死了，就留下我老范。我若咬紧牙关不吭声，这段历史就随我进八宝山了。"他是那段历史的最后一个知情者，这使得他的讲述具有某种权威性和颠覆性。"OK"是范继槐讲述中的高频词，这本身就透出了他盖棺论定的心态。我们应该看到，范继槐作为最后一个知情者的特殊身份，为他的讲述又提供了极大的随意性。

仔细梳理他们三人的讲述，我们会惊讶其中的巨大差异，引发了我们对历史的所谓真实的质疑和恐惧。

他们三人代表不同的党派，以不同的身份，运用不同的手段寻找葛任下落，并且是采取不同相应行动的执行者。在他们的讲述中，葛任在二里岗战斗没死是事实，最后被害于大荒山也是事实，其他的就难以统一了。同一个人物同一件事在他们的描述下长出的却是截然不同的枝节。他们以真实为掩护，恣意歪曲涂抹细节、以个人喜好变换叙述角度、以个人的立场取舍历史碎片，殚精竭虑地为自己辩解。更有甚者，动不动就跳出叙述脉络心安理得地表明自己的观点，说这些观点是当时所想，其实已与当下的形势和立场进行了对接。有些内容作者以副本的形式向我们作了交代，或辨别或说明或考证或暗示，更多地留给了我们去甄别。看来，作者是在告诉我们，历史就是一部"花腔"，个中的真腔实味真是难辨和难品。

　　对葛任参加革命后的经历及生活，不单是白圣韬、赵耀庆和范继槐三人进行了穷尽本人所知的口述，作者还以副本的形式运用了大量相关人物的文章及谈话进行了必要的富有意味的充实和扩展。李洱俨然假借一副历史研究者的严谨缜密的姿态，抛出了自成体系的所谓历史资料，好像已到了无一遗漏的地步。表面上看，它使我们对葛任的一生有了立体化的透视和多角度的剖析，然而究其实质，又产生了纷繁的多义性和可疑性。面对层出不穷、无从考察的排他性和"一人一张嘴""一人一个真相"，我们陷入了迷惘的沼泽无力自拔，只能仰天长叹，真实的历史到底隐匿在何处？谁能为我们提供历史的真实？李洱把我们诱入历史的迷宫，这迷宫远比博尔赫斯所布下的语言迷宫更难走出。谁又能说，当我们探进历史深处抚摸其肌理时，总能透过脂粉明其真容，没有误入迷宫的焦灼和彷徨的感觉呢？或许这就是历史的魅力所在，这就是某些人对历史津津乐道的缘故吧！

书名	应物兄
著者	李洱
体裁	长篇小说
版别	人民文学出版社 2018年12月

不仅仅是一部知识分子小说

  李洱的小说,尤其是长篇小说,一出版总能引起各方关注。近二十年前的《花腔》、十多年前的《石榴树上结樱桃》,至今还时不时蹦出一些话题。与许多作家不同,作家李洱从不参与话题的制造和推波助澜。《花腔》与《石榴树上结樱桃》,有一个共同的品质,既回望过去,又参与当下,具有很强的前瞻性。如今,《应物兄》又成为文坛的热门话题。

  我用整整两周的时间,其中有两个通宵,将《应物兄》读了一遍。写下了这样一段话:"太激动了,李洱的《应物兄》真是一部伟大的小说。我阅读的第一感觉如同走在丛林里,只要有心,每一处都可品味,都有熟悉而隐秘的发现。无论是小说的精神、人物的精魂、情怀,还是小说的写作技法,儒家思想携道家、佛家的某些思想,深植其中,又接受世界性文化的滋润。写的是知识分子群体,然而稍加转换,便能发现,这是我们应该有,也潜伏于心,偶然闪现的生活状态。贾宝玉从困境中走出,喧嚣、绚烂过后,心中有敬畏,生活不再是大起大落,而是细微式的感受与体悟。目标还是有的，但更多的是生活本身的美好与愁绪。我们人人都是应物兄，但都不是，应物兄是我们所有人的兄长。我感觉，这是一部超越《红楼梦》的小说，是一部令当代中国小说家恐惧的小说，是一部研究不尽的小说。这是我初读的感受，这样的小说，可以反复读。"我们的文学语境中，很少用"伟大"，但我还是愿意把"伟大"送给《应物兄》。

我与李洱是同事，接触较多，聊文学侃大山属常事。只是这些年来，他从不谈《应物兄》的写作细节，我也不问。对此，我能理解，有些作家的作品创作只能放在心里思考，不能说出来，一说出来，那份激情会衰减。我是这样的，相信李洱也是如此。

一个好的作家，一定是个好的文学评论家。这在古今中外的大师们身上得到充分印证。与李洱聊文学，是快乐且大有收获的。他的阅读量，他的独特见解，他的文学感悟力以及文学理论功底，都令人赞叹。有一段时间，李洱爱聊《红楼梦》。他认为《红楼梦》只是半部书，只写出了贾宝玉的成长期，没有写贾宝玉走出深宅大院后的人生。

那段时间，我只沉浸于李洱的这一重要的观点，没有作过多的意外之想。当《应物兄》面世后，我才意识到，原来李洱的思考，是之于《红楼梦》，也是他创作《应物兄》的理想标高。

是的，《应物兄》的主人公应物兄，就是度过成长期，走出大院，走在普通生活状态中的贾宝玉。仅从基础层面上，《应物兄》继承并发扬了《红楼梦》的经典之力。比如对于人物的塑造，《应物兄》中的许多人物，一正式出场，便能让人记住，如此的功力，在当下文坛并不多见。《应物兄》中涉及众多的学术典籍和文化性很强的对话及讨论，读，可发现李洱的文化深度；滑过不读，同样不影响其他的阅读感受。这是真正的雅俗共赏。只要读进去，无论是浅读还是深读，都会有收获，而且每个人的收获都不尽相同。

《红楼梦》，借虚写实，作者自云：因曾经历一番梦幻之后，故将真事隐去，而借"通灵"之说，撰此《石头记》一书也。故曰"真事隐"云云。然而，从人物、建筑、饮食，处处见实。《应物兄》则是借实写虚，写的是一群知识分子的日常生活，经常解构其真实性，指向的却是当下人们共有的文化和精神状态。李洱被称为"知识分子写作"的代表，这缘于他的小说多数以知识分子为题材，展陈当代知识分子浮世绘。这样的评价，对他之前的作品，还是比较贴切的。然而面对《应物兄》，当是不全面。这些教授都有两副甚至很多副面孔，他们在闲聊时也会很世俗。比如说，开会前的话题都是极生活的，教授不见了，就是普通人，甚至比普通人还能插科打诨。会议一开始，一个个换作了正经的教授模样。我没有认为这是在写教授不好，更没有认为这只是在写教授群体。因为，非但教授如此，我们每个人其实都是这样。在不同的场合，不同的情境之中，我们的言语及行为是不可能相同的。人性的丰富在于此，生活的丰富也在于此。高尚，我们需要；世俗的人生，我们同样需要。换而言之，当我们不把《应物兄》当作知识分子题材时，把其中的那些大学教授、学者等人的身份抽去，他们就是当下人们的集体群像。他们对于现实的态度，人生的自我处境以及精神状态，具有普遍性。

《应物兄》有故事，有细节，有场景，最引人关注的应该是滔滔不绝的言语。也就是说，《应物兄》中的许多人，其言语多于行动，言语成为人生最显要的部分。应物兄主掌小说叙述，但他在人前很少说话，更多的是"自言自语"。他原来是个快人快语之人，但他的博士生导师乔木先生提醒他"接话不要太快""日发千言，不损自伤"。从此，他更多的语言是在大脑中运转而不出唇齿间。看似奇特，细想，我们都有这样的体验。有些话不能说，有些话不需要说，但并不妨碍我们内心的想法与结论。当然，"不说"更指认了一种生存境况。同样，言语的浮动，也隐喻了当代社会人们的虚夸。做事的越来越少，以言语表现的越来越多，凡事全靠一张嘴。想说的不说，说出的都是虚无，这样的反讽令人警醒。

《应物兄》的容量十分丰富，具有令我们意外的巨大阐释空间。阅读《应物兄》，简单又复杂。同样，谈论《应物兄》，也是一件复杂又简单的事情。或许，当我们将"应物兄们"不仅仅当成知识分子，我们便能更为全面地感受李洱的丰富叙事，更好地抵达《应物兄》的深度。因为《应物兄》有当下以及未来相当长时间里的所有世事，也有我们人生中的所有世事。《应物兄》里处处充满喧嚣，因为有了《应物兄》，我们习以为常和超乎我们意料的喧嚣也可能会长久不息。对于一部作品，怎么说，这都是一件好事。

读《应物兄》需要一个过程，当我们读到自己就在其中时，或许我们才真正读出些滋味。

书名	颤抖
著者	李凤群
体裁	长篇小说
版别	上海文艺出版社 2013年8月

在颤抖中成长

人的成长总是在负重跋涉，痛感固执地如影随形。斑驳的现实风景，隐秘的情感纹理，揳在心灵上的伤痕，颤抖成为成长难以消失的节奏，击打着肉身与灵魂。李凤群的长篇小说《颤抖》正是应和成长这浓重的质感，拓宽成长伦理叙事的视野，探求书写的极限深度，以最大的可能进行文学性的诉求。李凤群的叙述细密灵动，本真质朴，张扬持久而纤细的反省精神。因而，《颤抖》的成长叙事有着个性化的质地，这就是不但描写了成长中的苦痛与压抑，而且为成长能拥抱阳光提供了行之有效的出口与通道。文学的力量，在《颤抖》里显得十分的鲜亮。

作为乡村女孩，"二子"成长的处境，可以说是极端恶劣。尤其是其母亲，是典型的乡村悍妇，生性暴躁，能干，对女儿总是恶语与巴掌。"二子"在家中时时如临大敌，走出门也是危机四伏，她的成长一直是在雷区里前行。在传统的家庭伦理中，排行老二的，如果上是哥下是弟或上是姐下是妹，那么常常都是家中的"嫌货"。大多数像她母亲这样的乡村女性也是这样认为的。这么说来，"二子"

的遭遇具有相当的普遍性。她被困在"黑屋"里，恐惧，虚弱，只能以颤抖表达自己的情绪。偶尔的反击，最终也是无声无息地自我掩埋。而在走出乡村具有了自我生存能力之后，"二子"的环境似乎并没有改变，周围的对象被置换，但给予她的感觉依然如故，带来的恐惧感更加强烈。

　　李凤群把"二子"的成长之路写得扎实而鲜活，将其心理刻画得如阳光下的叶子一样清晰。这得益于她对生活的敏感与独特的理解，在现实与文学上构建了良好的沟通与衔接。更为重要的是，李凤群清晰了文学观照成长的动机与目标，那就是既如实地回到成长的现场，细腻外在困境与内在煎熬，又抽身而出坚守写作的立场，破解"颤抖"本质的成因，寻找治疗与突破之药，从而实现人生理与心理的双重健康成长。"二子"内心坚韧但过于软弱，终究无法与种种的"强大"对抗。许多时候，这似乎成为"成长"被现实阻击方式异化的终极理由。然而，李凤群拂开迷雾，撕开伤口，发现了令我们惊奇而又信服的内在病因。"二子"的灰暗是因为不相信阳光的存在，孤独源于缺少与生活交流的主动。她对周围的一切都怀有浓烈的疑惑，警惕之心如野草般在她心中疯长。她可以与"一凡"坦诚地交流，是因为"一凡"在遥远的地方，模糊得如现实之外的人。"一凡"是不存在的，但又真实地驻守在"二子"的精神世界里。李凤群的深刻之处在于把"一凡"作为一种象征，意寓成另一个"二子"。"二子"看似是在与"一凡"对话，其实是在自我倾诉。在这样的倾诉中实现与现实生活的间接对话，扒开云层寻找缕缕阳光，从而审视心灵的波纹，自我平息灵与肉的颤抖。最终，"二子"对生命的成长和生活的重压有了新的认识，自然的呼吸驱赶了紧张的颤抖。当心中洒满阳光，她也就步入了阳光地带。她坚信了与现实交流的力量，并将这样的收获和力量向他人传递。

  《颤抖》聚焦成长，浓墨重彩的现实投射心灵的阴影，将一个乡村女孩儿处于"黑屋"中的困顿、挣扎、孤独、呻吟以及无处不在的颤抖书写得淋漓尽致，入木三分。李凤群对"二子"充满同情，但又理性地触摸其精神脉搏，不是为其释放焦躁与不满，而是用力为她打开"黑屋"之门。更为重要的是，"颤抖"已经从狭义的成长走向更为辽阔的生命行走。这是对"成长"的重新理解与定义，更是丰富了成长叙事的视界与深度。李凤群以《颤抖》显示她对生命与困境、心灵与现实之间关系的个性化体察与感悟。许多时候，现实固然重要，但我们的心灵会起到决定性的作用。面对温暖或寒冷、柔软或霸道的现实，我们的心灵之光和精神之力如何去应对，显得十分重要。我们如何与现实相处，决定了我们脚下的路。从这个意义上说，李凤群的《颤抖》指向的是人生的终极思考和文学的终极叙事。而当我们如此阅读《颤抖》时，我们会发现《颤抖》仿佛我们的人生，充满无尽的可能，具有丰富而深刻的内涵。

书名	灵朽
著者	廖建斌
体裁	长篇小说
版别	中国工人出版社 2002年1月

迷失者的狂欢盛宴

  人的一生，是用行走与找寻书写而成的，处处闪现着灵魂的色泽。无所不求、无所不在的欲望，啃噬、撕扯、销蚀着灵魂，人性便暴露于阳光之下，出窍的灵魂与沉重的肉身在同一片蓝天下舞蹈。廖建斌的《灵朽》，正是以此为主旨，以智慧和灵魂为显影剂，显现出二十世纪末社会和人性的一截底片——清晰、深邃、触心、幽暗而现实。

  陈佶和倪妮这对情爱男女走出校门步入社会，昭示着他们必定以另一种姿势的行走开始新一轮的寻找。他们面临着每个人都会面临的一切，放飞爱情，在事业上有所建树。行走，免不了迷途；寻找，躲不开失落。在他们迈出第一步时，就已踏入了阳光下的沼泽地。

  陈佶渴望浪漫、纯洁的爱情，企盼事业能够依照自己的意愿和爱好自由发展，让人生之路处处洒满灿烂的阳光，处处散发快乐的清香。个性的极度膨胀，欲望的无限扩张，人性的阴暗如墨般蔓延，最终他坠落进自己一手挖掘的陷阱。他对爱情失去了激情和真诚，只满足于肉感和刺激，理智被无节制的冲动所代替。在事业上，他本有高尚的兴趣和美好的追求，但遭遇到不可避免的挫折后，他无法适度地自我调节，从而渐渐地偏离了心中的理想，一步步滑入深渊。如果说陈佶的迷失有着不少社会性的因素，那么倪妮的迷失更多的是自我放纵和灵魂的自甘堕落。她外出演出，因为猎奇和虚荣心的作祟，非被动性地与富豪来往。在日复一日的交往中，她有意让自己从清醒到迷失，为了钱，主动投怀送抱。这以后，她完全沉醉于金钱和虚荣之中，成了一个丧失灵魂的人，坦然地以肉体换取名利。一个没有灵魂的肉身，不再能坚实地在地面上行走，只能在羞耻和罪恶的天空中恣意飘扬，纷纷落下的只是无数卑贱的碎片和惨痛的血雨。在这片舞台上，我们已看不到人性的光辉，唯有一个个幽灵在呼号挣扎。

巧合的是，陈佶和倪妮都是从事艺术类工作的。尼采说过艺术就是一种迷狂状态，而他俩把艺术转嫁到了生活。人性错乱，信仰沦丧，灵魂变质，一切都迷狂起来。但愿，这只是一种巧合。据我所知，廖建斌原来的小说名是《垂怜》，何故改成《灵朽》不得而知。但我在阅读中，感受到了他看似轻盈的语言下的那份沉重与悲悯。小说描写的二十世纪末青年男女的生活，这里有我们常见的人生，有生活在廖建斌周围的人们。他们因欲望而焦灼、迷茫、心痛、沉沦。他们迷失了，迷失在人流里，迷失在我们身边，最终迷失了自己。他们相聚在一起举行狂欢盛宴，然而宴席上尽是各种各样以欲望命名的菜肴，响起的是一首以尖叫和呻吟为旋律的摇滚。

廖建斌与陈佶、倪妮等是同龄人，有着不少相同的生活经历，以他为重点辐射开来，就是《灵朽》整个的叙事场。现实的强劲冲击，同龄人的精神历程，让廖建斌生出了揭开人性伤疤的勇气和良知。在叙述中，廖建斌采取了双向并行，让过去和现在进入共时状态的艺术手法。陈佶（男性）追忆过去，倪妮（女性）行走于现在，虽然时空不同，姿势、足下的泥泞和眼前的风景却几乎一致。这是一种匠心的暗示，似乎在告诉我们，生命中有些东西，是不会因为时间而改变的。这从小说开头陈佶和倪妮都做过怪异的梦可见一斑。因为在他们的内心深处蛰伏着对诱惑的不防备，甚至是丧失理智的迷醉，生活只是唤醒了沉睡的幽灵，催生了人性之恶。从这个角度说，我们不难发现陈佶和倪妮的可悲、可叹、可怜，甚至是可恶之处。

廖建斌以诚实的笔法和悲悯的情怀为身边的人诉说，将他们的灵魂受伤处和腐烂处翻晒于阳光下。这种诚实和现实手法黏合在一起，使得他们的灵魂腐朽处生长出冷艳之花。我们对他们寄予怜惜，理解他们的堕落，仿佛就在怜惜和理解我们自己。因而，廖建斌并没有对陈佶、倪妮的堕落持简单的批判态度，而是带着理解在真诚地叙说。从《灵朽》中，我们体味到了迷失者的困惑、沮丧和不幸，更看到了沾染污垢的灵魂与生命的断痕——血迹斑斑且令人心悸的伤痕。《灵朽》告诉我们，如果不能时时清洁灵魂，如果不能看清脚下的路，如果不能常常矫正路标，那么迷失就会纠缠人生。而这一切，并非全是时代的错。

《灵朽》，是在警醒我们最容易忽视的某种东西。因而，让我们感到了心灵体验和人生意义双重层面的深深震撼。

书名	过过儿时之瘾
著者	凌鼎年
体裁	小小说
版别	花山出版社 2005年9月

小故事的背后

小小说的别称，可以说是在文学体裁中最多的，比如微型小说、一分钟小说、掌上小说、精短小说等，不一而足。自二十世纪八九十年代，小小说开始复兴，并持续盛行。然而，我们确实应该看到，许多的小小说其实并不具备小说的品质。这就形成了一个十分奇怪的现象，无论怎么命名，小小说的后缀总是"小说"，但往往又不具备小说的经典元素和普遍质地。我曾在2004年的一篇评论提道："小小说以小称道，更注重于精细、精练和精巧。因而，并不等于有个好故事，有那么一点令人心动或深思的内容，就能称之为小小说的。小小说既是小说，就当具备小说的特质。从这一点上说，小小说创作虽然从字数和切口上讲属于小写作，但其中蕴含的精神必须充盈而大气。"应该说，这样的观点得到小小说界的普遍认可，也正因为如此，有一些小小说作家为此做了相当的努力，并取得了不俗的成绩。凌鼎年就是其中最为重要的一位。在我看来，凌鼎年的创作，不仅是号称当代小小说创作领域的"专业户"，对营建和实践小小说文体做出了很大贡献，也在推动小小说发展方向成绩卓著，更为重要的是他一直坚守"小小说首先是小说"的创作理念，不断开掘小小说作为小说的特质，展示小说中这一特殊成员的个性魅力。

凌鼎年对小小说的极度尊重和个性书写，表现最为抢眼的是他以小小说来营建其宏大叙事。《过过儿时之瘾》便是以一篇篇小小说建构起乡村风情叙事，建构了有关娄城这样的一个文学世界。《茉莉姑娘》《藏书状元》《服装姚》《老瞎子》《麻将老法师》《狂士郑无极》等，一个个人物，或生命中最精华的片段，或极简又有意味的传记。《法眼》《斗草》《斗茶》《带徒拜师》《荷香茶》《春云出岫》等，又以动作性呈现，有情节，有故事，有人生之中的某种况味。因此，这部集子有一个副标题，《凌鼎年风情小说》。在这部集子中，有三点尤其值得我们关注。一是他对三教九流特别了解，对民间艺术和奇技匠工相当精通。写茶也写造园、写收藏也写把玩，写书画玉雕，写斗草斗茶、写人医也写蛇医等，都可见他专家式的学识和生活之能。如此，让小说多趣味的同时，传达出众多的知识。二是他讲的许多故事，看起来像传说、传奇，其实曾经是人们生活中的常事。看看小说的这些题目所代表的行业或人物的专长，会生出太多的陌生之感。而这样的民间性，是我们生活甚至是文化的坚实基础之一。由此，在陌生之感的背后，我们触摸到了"流失"的叹息。这些人和事，具有很强的民间性。三是无论是人和事，他总会植入某种精神，或是生活之理念，或是为人之气节，或是对于传统人文的坚守。小说中的娄城是座小城，有着乡村文化的浸染，又有着大城市的气息吹拂，正是我们生活的底色和文化的河流。他不是一般地讲讲故事，说说传奇，表现杂色人等，而是在文化的催化中，着力打通过去与当下的通道，实现独特的历史叙事、文化质感和人性写真。他的这种赋予小小说宏大叙事的使命和取得的成果，在小小说界是处于前列的。

我认为凌鼎年的小小说创作最为重要的关键词是"意味"。多数情况下，"意味"是难以用语言准确表达的，但又真真切切地流淌在小说的生命里，甚至可以认为，在某种程度上，"意味"是小说最为重要的特质。失去意味，小说可能就很难称为小说，至少不是好小说。而这一点，凌鼎年做得相当出色，也因为"意味十足"，他的许多小小说作品质量都很高，都可以被称为名副其实的"小小说"。他的不少作品，潜伏着厚重的思索和饱满的意味。他在自然朴素之中，引入文化与人性的命题，使作品的内质达到了一个较高的层次。作品因而在好读的同时，具备了细读、品读和以此为切入点的无限冥思的品质。事实上，许多评论家在解读他的作品时，总能发现新鲜的东西，丰厚的内在为读者提供了多方向、多层次解读的可能性。

凌鼎年从未轻视过小小说中的"小"，而是抓住"小"这个支点进行发力。在他看来，"小"只是开口小，篇幅小，但深度和容量应该是宏大的。这与许多的小小说作者的创作态度是截然不同的，他们因为"小"，而只满足于讲一个好听的故事，展开一个有趣的片段，在题材和结构上做"花头"，小与少、短与浅成为创作的流行病。凌鼎年则在挺进深度和饱满容量上下功夫，从而抵达小说的本质。所以，我们阅读《过过儿时之瘾》以及他的众多小小说时，时常会觉得每篇都是小说的高度浓缩，注重叙述的节奏，特别是留白方式增加了小说的意趣，并参与节奏的营建，成就了他的体量小而内在丰富的小小说。

与此同时，凌鼎年让我们钦佩的是其对小小说的"大爱"。他有自己非文学的工作单位,也不在报刊工作,但在持续创作的同时,满怀激情地活跃在小小说的推广、宣传和培育之路上。他走出作家创作是极度个性化行为的怪圈,不搞文人相轻那一套,而是为小小说的发展奔走,为小小说队伍的成长出力。在书房里,他是小小说家,走在公众视野中,他是小小说发展的助力器,是众多小小说作家的良师益友。我有时甚至认为,他这"小小说活动家"的名号远比他的创作更有人生价值和社会价值,对此,我深怀敬意。

书名	新潮小小说
著者	刘公
体裁	小小说
版别	黄河出版社 1999年8月

袖珍与意味

刘公的小小说，我的感觉是好看、耐看。

先说好看。收录在《新潮小小说》中的80篇小小说，题材涉及面广：有现实事件，也有历史故事；有军人生活，也有百姓生活；有情趣小品，也有哲理小品……全书囊括了众多文学的触摸点。这恐怕仅有生活体验是不能及的，更何况，身在营区，刘公的生活丰富不足、单调有余，视线所及之处，也多为直线加方块。因此，他的功力来自文学的营养、生命的感悟、灵魂的飞翔。我以为，这实质上也是作家之所以成为作家的根本所在。如此一来，高高大大的武警部队副支队长与看似小巧、实际上张力强大的小小说自然融合，就是情理之中的事了。

我历来主张，举凡小说应当有个好看的故事。换句话说，故事性是小说不可轻视更不能忘却的基本元素。在这方面，刘公演绎得很是到位、很是够味，也不失品位。他很会讲故事，把中国古典小说创作技巧之精华"一线二谜三巧合"运用得恰到好处。他的小小说篇幅都不长，千字左右，少的只有六百来字，笔墨精练、文字干净、构思奇巧。有故事、有人物、更有悬念，一开篇就能抓住人，可一路畅快淋漓地阅读下去。快抵达终点时，你以为就这么着了，可一个出其不意的结尾反将整个作品推至高潮，给你一种意想不到、回味起来又顺理成章的审美快感。

《棋圣》写的是古代某国有张老棋和李老棋两位象棋高手，三年全国大赛并列榜首，不分高下。俩人又苦修一载，誓要决一雌雄。几番拼杀后，只剩下张老棋、李老棋和一神童。抽签后，张老棋先与神童对弈。二人下得十分艰难，张老棋腹泻，神童尿频……最后神童险胜，张老棋愤懑至极，一命呜呼。李老棋上阵，轻而易举地击败了神童。原来神童的尿频是借口向李老棋讨教，张老棋的腹泻是李老棋投放泻药所致。刘公以较强的叙述能力和极富个性的叙述姿势、叙述腔调和叙述路径，把故事讲得生动有趣、扣人心弦、耐人寻味，向读者释放了无法抵抗的诱惑力。

好看是小说的基础，意味是小说的境界。我以为，无论是洋洋数十万言的长篇巨著，还是小小说这样的袖珍作品，倘若无意味、无意境，只会是供消遣的低级故事。显然，刘公在创作实践中意识到了并在着意回避这一点。他的小小说，没有因为篇幅小，而给人以小里小气的感觉。相反，其许多作品，从小中写出了大，写出了大情感、大意象、大境界、大主题。《倒霉的小便》的情节并不复杂，某机关行政处要分流一人下车间工作，却总是无法定夺。会议中，来副处长去洗手间方便。当他回来时，处长对他说："刚才大家都发言了，一致同意你下车间去。"这篇小说虽不足六百字，但能让我们的思考走得很远，走进一个巨大的空间。

小小说因篇幅小，塑造人物有一定难度。而刘公的小小说中却有众多令人难忘、颇具鲜明个性的人物。《打个报告来》中对离休老干部那种从工作岗位上退下来的失落感和多年形成的工作习惯刻画得入木三分；《心病》中对心有所思便有所虑的人性把握，既有深度和独创之处，又使我们若有所思；《专家门诊》中对世人只看事件表面不问实质的痼癖心理的抨击，读来令人心惊肉跳。

与此同时，刘公在军旅小小说上也有独到之处。和平年代的营区，无风无浪，但士兵们依旧一茬茬地来、一茬茬地走，富有特性的军人生活依然是文学的一座富矿。刘公显然是体验到了这一点。他有大量的作品取材于当今军人平淡如水的生活，但又机智地跳出了我们熟知的军人形象，将笔刺进军人人性深处，让我们领略集普通人和军人于一体的特有的人性。《功过箱》可算经典之例。一个小小的、其貌不扬的木箱挂在中队部门口，中队长每天把士兵们的表现——自然有好有坏——写在纸上装进去，每周开启一次进行汇总公布。对士兵而言，进不进步居其次，有没有面子排在首位。然而到了下半年，天天有纸条进箱，中队长却不开箱，说是年底算总账。士兵们的胃口被吊得高高的，各方面的表现自然不愿落后于他人。到了年尾，部队建设迈上了一个大台阶。中队长调走后，他的继任打开箱子一看，里面全是白纸片，无半个字。仅以带兵经验来诠释《功过箱》，显然是苍白的。我们看到的是，刘公将军人放置在先前从未有过的舒缓平常的环境中，使士兵之所以为兵的鲜明人性的一隅袒露在阳光下。

书名	梅妞放羊
著者	刘庆邦
体裁	短篇小说
版别	长江文艺出版社 2001年9月

乡村的乌托邦

《梅妞放羊》，是刘庆邦新出的一部短篇小说集，《梅妞放羊》，也是其中 26 篇小说之一的篇名。刘庆邦说过，一篇短篇小说总埋着一粒种子，那么《梅妞放羊》这篇小说可看作该部集子的一粒种子。它生发出整部小说集的基调、情境、意味乃至文化时空。当然还可以说，《梅妞放羊》是这部短篇小说集的封面。

梅妞——放——羊，这是我们无法忽视或绕过去的三个关键词。梅妞是一个普通的，我们随处可遇的乡村女孩，书中她以自己特有的方式营建了一个理想的世界，这里没有成人的烦恼、欺诈、苦难，这里草青水秀、阳光灿烂、天空湛蓝。放，是一个动作，更是梅妞劳作的一种呈现。她是个孩子，但她的生活是以劳作为主题的。虽说放羊不是严格意义上的劳作，但可说是进入乡村劳动的前奏。羊是动物，是家畜，那么放羊，就有了约束。梅妞得带上荆筐等劳动工具，那个大茶缸不是用于喝水的，而是用来装羊粪蛋儿的，这是豆角、韭菜的好肥料。放，表明了梅妞的生存状态，进而映射了乡村周而复始的生存状态。小说的结尾说梅妞"又开始了新一轮的放羊",是闭环的也是开放的,在梅妞的眼里和心中,羊不再是羊,是她的好伙伴,是她的孩子,这使得她天然的母性和爱心有了倾注之处,或者说是羊触发了她的母性和爱心。梅妞放羊,少了许多功利,尽管她父亲许诺过卖了小羊给她扯块花布做棉袄。梅妞的可爱之处在于,劳作已不单单是劳作,有了许多美的因子,渗进了许多美丽的向往。难能可贵的是,梅妞懂得在平静辛劳中发现美丽的天使、收获人生的幸福。如此一来,她的乡村生活有了乌托邦的境界。在这里,乡村独有的风土人情是大自然的一部分。梅妞与羊没有冲突,没有紧张,有的是天人合一的和谐亲和。人与羊真正地融入了大自然,书写出朴素又唯美的感动。

对乡村的此种感悟是属于刘庆邦的,或者说是刘庆邦以他特有的体察来构建的。这让我们对乡村以及与乡村有关的一切有了一种新鲜感,解读起来也有了新的意味。也许,这就是刘庆邦一直在乡村这片土地上写作的缘由。

在这部集子中,多是女性在唱主角,那些以男性为主角的篇章,其中的男人也多半是以女人为中心。《嫂子与处子》《外面来的女人》《女人》《毛信》《谁家的小姑娘》……刘庆邦干脆在题目中嵌入女性,自信地为女人倾诉,向我们展示一个又一个乡村女子的情感世界。这些女人与梅妞有着众多的共同之处,虽然她们中有的不是孩子。《不定嫁给谁》中的小媳妇小文儿,对爱情有着自己的梦想,让人心动的是她并没有因为婚姻而销蚀这种难得的梦想,反而日益纯净起来;《嫂子与处子》中的二嫂和会嫂对民儿的那种嬉戏之中的一份渴望,让人看不到龌龊,有的是平淡之中的激情和劳作之余的一种快慰;《外面来的女人》中的来风家的,作为一个外来的女人,和村里不少的男人有过关系,但她的心中仍然有对美好的企盼……

每一位女性都是一道风景，她们生活中的辛勤劳作，并非传统意义上的艰辛困难，在人性的感召之下，显现了快乐，闪出了中国农民所特有的乌托邦。

刘庆邦笔耕于乡村与矿区，在他看来，矿区是乡村的另一种形式，乡村与矿区是一条乡路的两边。那么，矿工就是中国农民的另一种命运形态了。《青春期》中吕金玉对杨子明的那份宽容与爱，是因为她心中有大美，有着人性的大美，这是一种只有乡村这片土壤才能孕育的大美。的确，在刘庆邦虚构的世界里，乡村文化成为矿区的主宰，流淌在矿工的脉搏里。这得益于刘庆邦对矿区的熟稔和对矿工的亲近。事实上，在他的心中，乡村与矿区是一个整体，并没有分水岭。

《梅妞放羊》是乡村文化一首轻盈、快乐、极富动感的歌谣，让我们体味到了农民心中的那种夹在疼痛缝隙里的快乐。刘庆邦的写作，对语言很是吝啬，没有任由语言狂欢，表白的是农民那种鲜为人知的幸福和对幸福的追求。

书名	春日迟迟
著者	陆令寿
体裁	短篇小说
版别	解放军文艺出版社 2001年2月

纸上生活离我们有多远

读陆令寿的小说，人们即会感到踏实，因为他建造的纸上世界布满了生活的纹理。这从他小说的许多标题就可以显示出来：《阿根从军记》《认父》《米拉·班长和我》《不要问我到哪里》等等。这些标题多像我们自家的门，温情地注视，轻轻地打开，生活的气息亲切而感人。是的，他的《春日迟迟》有家一样温馨的境界。

可以从这些小说看到，陆令寿总是喜欢在平常的营区、平常的士兵们身上展开故事。小人物、小故事，叙述腔调也极为平和，就像江南的小桥流水，舒缓、滑润，有月光倾泻的美感。我总觉得陆令寿就和我在一起，在淡红的晚霞披洒下，他这个老兵悠悠地诉说往日的岁月和今天的营区。营区如工笔画般展现在我的眼前，那些士兵笑着向我走来，我只要喊一声，他们就会快步聚到我的身边。

这中间就有阿根。阿根是农家子弟，当兵对他来说意味着人生一次难得的机遇。仅从这点看，阿根这样的兵，已在"农家军歌"中无数次出场，即使再生活化，也无新意可言。可《阿根从军记》并没有跟着"农家军歌"大合唱，而是独辟蹊径，另弹新调。虽然经过艺术化的提纯，阿根这个形象依然是一个普通的兵，有农村兵通过当兵完成"从穿草鞋到穿皮鞋的人生革命"的念头，但并不狡黠、卑琐。他来自乡村，他一身军装，他更是一个年轻的士兵。如此一来，阿根的从军经历就多了许多青春的气息，蒙上了一层喜剧色彩，这与现实营区中的一类兵神似极致：士兵的生活、士兵的情感、士兵的向往、士兵对现实和未来的把握，够不上超然，但也不会过于世俗。这才是我们生活中的兵。

我一直坚持认为，感性和理性是文学之舟的双桨，不均匀用力、充分配合，难以从生活的此岸到达艺术的彼岸。显然，陆令寿在对士兵们有足够的感性了解的基础上，以多年的军旅生活体验进行了理性的梳理。因此，在虚构的世界里，阿根全然不失生活的原色。

当然，陆令寿也想到了士兵们的孤独和压抑。在《米拉·班长和我》中，四个远离城区的农场兵，加上一条叫米拉的狗，咏唱一曲具有兵营风味的田园牧歌。对士兵们来说，米拉是第五个兵，有着丰厚营区生活的陆令寿知道一条狗在这四位士兵生活中的重要性，所以，他把米拉当作了叙事的动力源，一切从它开始，一切到它这结束，它是士兵们照映心绪、有情感的、有生命的镜子。米拉毕竟是狗，正因为如此，当这个动物在农场待不下去时，我们不能不震惊于士兵们的奉献。

我想到了江南。江南的许多美景，并不是刻意雕琢，一桥一石就能在无意中生出趣味。陆令寿的小说有江南的情调韵味，似乎也流溢着江南独有的机灵。

在陆令寿所有的小说中，我最看重的是《远山梦别》。这篇小说的意义在于，对武警特有题材的重视和开掘。和平年代的军人，战争只是遥远的壮歌和守望的风景，但武警部队略有不同，武警官兵得紧握手中枪，随时准备投入一场关于生死的战斗。这当是不景气的军旅文学的一个新生长点。然而，这一生长点的强劲生命力并没有引起我们的关注，以至于未能形成气候。

《远山梦别》让我们看到了希望。一个看押分队大队长的家事和一帮犯人策划的越狱逃跑交织在一起，这是我们当下难以想象而又真实存在的战斗。当然，陆令寿并没有简单地叙述一个精彩的战斗故事，尽管其中正义与邪恶的较量，委实惊险、刺激。我以为，陆令寿把准了武警官兵的生活姿态和心脉情境，从人性的视角记录了武警部队中这一经常性任务。平常，士兵们渴望一种血与火的体验，一旦战斗来临，他们往日的冲动便会上升为一种只能用"甘愿牺牲一切"来表述的精神。李剑就是这样一个人物，有着如今基层干部的种种烦恼和忧虑——营区里的生活，外面世界的变化，婚姻的危机等等，不一而足。当任务来临，他由生活跨入战斗时，这一切并不能从心里陡然遁去，而成为心灵上的一块阴影。军人，毕竟是军人，有以完成任务为使命的光荣理想，并不需要烦琐的心理调节过程。我们没有看到李剑过多的英雄气概，但他又确是一位英雄。营区里，这样的官兵不计其数，他们只是在某一时刻显现英雄的精神，更多是活在平淡的生活里。陆令寿以扎实的生活为土壤，对这一战斗题材的艺术创造，将人情味、火药味调拌得恰到好处，可使我们在谎言的世界里触摸到真实。

陆令寿的小说，诗意盎然，激情四溢，氛围、意境、情调，是那样明亮、透明、灿烂，恰如一首首士兵们吟唱的营区小调。别林斯基说："理想所意味的不是夸张、撒谎或幼稚的幻想，而是像现实那样的事实；不过，这事实不是从现实照抄下来的，而是为诗人的想象所引导、被普遍意义的光辉所照耀，提高到创作珠玉的事实。"

我以为，陆令寿小说的创作理想是遵循这一原则的。也正因为如此，他的小说有着与众不同的审美价值，在温和中涌动着绵绵不绝的美感力量。

纸上的生活，就应如此地与我们贴近。

书名	我的黄河我的城
著者	麦苏
体裁	长篇小说
版别	海燕出版社 2023年12月

细致关注日常生活的质感

在说《我的黄河我的城》之前,先说说麦苏此前的另一部小说《生命之巅》。这部小说深入社会大众鲜为人知的医疗救援现场,以一个个医疗救援故事缀连起整篇叙述。少年溺水、马路碰瓷、车祸受伤、老人重病、孕妇早产、雪灾群众被困……这些遭遇是人们生活中的意外,却是救援人员的日常。就是在这样的意外与日常之间,小说从一个独特的视角观察社会与人生,捕捉人性的纹理,聚合温暖与感动。事业、成长、情感等诸多线索的交集交会,既呈现了人物生活的全领域,又丰富了故事的内蕴。这个医疗救援"三人组"中的救护车司机钟景洲、随车医生夏沫以及随车护士张冬,是贯穿作品的主要人物,他们性格各异,对工作和生活都有着自己的认知和标准。因为救援工作,他们渐渐成长;因为成长,他们找到了自己的人生坐标和精神支撑。从这个角度而言,这是一部有关成长的小说,真切又令人感动。最令人欣喜之处在于,这样一部情感浓郁、成长意味丰厚的作品,有关"医疗救援"及相关知识成为极为重要的硬核。这既为人物形象的建立提供了不一样的助力,又可让读者在阅读中对相关医疗知识,尤其是紧急求助有了一定的了解。救援故事具有一定的传奇色彩,其中的生活质感则让人物变得可信,并在一定程度上密切了与现实的关系。《生命之巅》以行业文为基本框架,鲜活的人物和好看的故事,展现了新时代青年人的成长与奉献,充满温情的正能量。

《我的黄河我的城》在历史的脚步中铺陈了平常人家的生活画轴,在家长里短和普通人的命运中展现了时代发展的辽阔图景。从故事的主要人物及相互关系而言,这是一部典型的家族式小说,更为准确地说,这部小说在凝视一个家庭四代人的生活状况和他们的人生足迹。小说没有过多地倚重强势的冲突和传奇,而是关注普通人的普通生活。是的,这是一个极为平常的家庭,平常得就像我们的左邻右舍,从中我们不但能看到自己的影子,甚至在许多生活场景、情感记忆和心路历程上,就是我们自己的真实体验或经历。这个家庭以乡村为根,从乡村走向城市,最终带着乡村文化之魂生活在城市,传统的人文伦理和现代性意识共存于生命和生活里。这响应了一个时代的变迁,清晰了我们一路走来共同的身影和精神。

日常生活叙事,有着独特的文学魅力。然而日常生活,因为"日常"常常会缺少强烈的冲突,寻求别样的叙述力,是对作者的极大考验。麦苏发挥网络文学原生性的优势,借力纯文学的有意味书写,较好地处理了平常人生与悠长岁月、小人物与大情怀、小生活与大时代的关系。既有网络文学轻盈的叙述和亲切的生活性,又有纯文学的细密与从容,作品以小见大的品质得以显现,在平实中见感动,在轻松的阅读中可品滋味。

麦苏采取了网络文学惯常的讲故事手法,看似是全知视角的叙述,但似乎她又是参与者和见证者。她这位隐含的叙述人,就像在讲述自家故事一样说着黄河边一家人的事，不急不躁，客观之下是无处不在的深情潜流。如此的讲述，具有鲜明的地域意识，加上平实的细节，很有代入感。这是别人家的事，又是我们生活的投射。从历史的步伐到我们生活的变化，小说与现实的关系十分密切，尤其是心理感受和精神历程上，应和了我们的记忆和情绪。普通人的普通生活，用在这部作品上相当贴切。

这一家人的生活，每个人的成长与行走，有起伏，但不是文学所追求的那种强冲突，而是现实生活最为常见的遭遇。邵大河与廖小茹仓促结婚后，邵大河的父母找上门兴师问罪。这一过程，在文学的书写上可以有激烈对抗，从而在故事和人性上都可登高。麦苏没有一味追求所谓的极致化叙写，而是忠诚于生活的本真。父母与儿子、夫妻之间、公公婆婆与儿媳妇，还有"隔代亲"，这些中国特有的人物伦理关系，成为小说的叙述推动力。特别是母亲对于邵大河的那份爱，关心和责备都显现爱之光，许多时候则以呵斥的方式传递无微不至的亲情之爱。这是我们所熟悉的中国式父母。这是生活的真实，也是我们所特有的感动。小说经常提到"吃"，虽然岁月变迁，但那几样食物并没有太大的变化，比如烩面、胡辣汤等。人们在吃中享受亲情，在吃中用心交流，而吃的环境与情境，又反映了生活的变化。吃，成了生活的具象，又有多重的隐喻。面对众多的生活感受和在血脉中流淌的情怀，我们不再谋求大起大落的故事，而是沉浸于我们熟悉的亲情之中。让人物和作品回归到日常生活之中，回归到最为平常又最为本质的情感之中，这是《我的黄河我的城》的最大收获。几十年几代人的生活，从活下去、活得好，到活出价值与精神，这一路而来的向上之势，也是我们这个时代的真实写照。历史跨度大，时代在跨越式发展，我们每天的生活都在发生变化。或许日常的渐变，有时难以让我们察觉，一旦拉开距离，回望身后的岁月，我们都会无比惊讶。巨变，当是每个人的感受。这样的巨变，又是社会的博大与宏达。

面对这宏大的叙事，麦苏真正是从小处切入，让时代的宏大映射于生活的细微之中，让社会大世界汇聚于一个家庭里。四代人生命中的七十年，是许多家庭走过的路，回望了我们既亲身经历又无比感人的生活细节。在更大的视野里，这是中国式发展和跨越式飞跃的七十年，这是一份既亲切又极具现实性的时代记录。

书名	我的爱与你无关
著者	木卯
体裁	长篇小说
版别	北方妇女儿童出版社 2010年8月

爱情只会与爱情有关

爱情是一个既复杂又简单的情感话题和人生过程，或许我们可以总结出种种理性的爱情兵法，但一旦走进爱情的内部，再多充足完善的理论准备，我们常常还是身不由己，落荒而逃。《我的爱与你无关》中的沈沉渔就是这样一个人。她对自己的叙述相当有个性："29岁，未婚。大龄未婚女总给人以内心阴郁的印象，偏我又是研究心理的，愈加深不可测。平常爱编撰关于爱情、男女的理论，唬得人以为我已修炼成妖；再加上任凭身边的男人走马灯似的走走停停，在一次次的打击后依旧笑如春花，仿佛练就了无敌神功。惹得雷丝视我为偶像般崇拜起来。"沈沉渔是心理学硕士，是大学教师，可以说在对人性有清醒而智慧认识的基础上，对爱情有着常人难以企及的研究。她的研究是建立在书本知识与为他人处理爱情难题之上的，可谓是理论与实践的完美结合。然而，当她与爱情遭遇后，不，应该是她主动迎接爱情时，过程是混乱的，结果是悲情的，她有关爱情的种种法则都随风而逝，她对爱情根本无丝毫掌控之力。

爱情是恍惚的，就像沈沉渔这样的冷静而大智之人也难以把握。

她的爱情一直在谢超和温明轩两个男人之间游离，总是无法调和。谢超沉稳、内秀，温明轩热情、活跃，很明显，这两个男人喻指着两种爱情滋味。沈沉渔最初被温明轩吸引，并生下了一个孩子，而最后却与谢超真正走到了一起。浪漫是与温明轩有关的，而和和美美地过日子，只能是谢超给予她。沈沉渔的爱最终与温明轩无关，其实是表明爱情的内在品质还是要回归平实的生活的。这样的认知过程，尽管有前人的经验作为提示，可对我们的爱情生活似乎没有实质的意义，只能是在体验中咀嚼之后才能呼唤心灵。这是爱情的无奈，也是其魅力所在。

有意义的是，《我的爱与你无关》叙述表情与沈沉渔的爱情命运紧紧相连，亦步亦趋。作者对情节的把控十分有效，艺术地保持着人物命运与文本走向的同频共振，带给我们新鲜的阅读审美。

《我的爱与你无关》是一部成熟的言情小说，其叙述姿势和情感流动十分迎合当下读者的阅读口味，语言极富时代质感，个中的情绪与这个时代经历爱情的读者们相当合拍。说其成熟，是指《我的爱与你无关》与时下的众多言情小说还是大有区别的。相比之下，这部作品在鲜活时尚之中，没有一般言情小说的轻浮、戏说和低俗的通病，而是很好地将青春的亮丽、爱情的美好与人生一些本质性的元素结合在一起。我们随着沈沉渔一同走进她的爱情生活，体味别样的爱情风景，收获一份爱情的经验。

书名	绿皮车
著者	南翔
体裁	短篇小说
版别	花城出版社 2014年3月

在生活中张扬叙事的力量

南翔的《绿皮车》书写最为平常的生活,但让我们倍感陌生,这源于他真诚关注被我们有意或无意忽视,甚至是漠视的现实和心理空间。那些生活在底层或边缘的小人物、小事件,在他的笔下迸发出无限的能量。人物的俗常生活、片段式的故事,意外地凝结了厚重的历史感和强烈的现实冲击力。这是小说的力量,也是南翔实践在生活中写作创作理想的最好体现。

就题材指向和外在的显现而言,南翔尤其关注底层人物的生存状态和生态环境的恶化。他细致端详普通人的情感和生活,给予平等的柔性观照。他倾听大自然的呻吟,谴责人类的贪婪与无良,表达一种无奈和悲怆,一种透进骨髓的疼痛。可这只是他小说的表层色泽。或许单纯谈论题材,之于南翔的创作并无实质性的意义,可能还会滋生方向性的误读。

南翔注重清晰小人物的生活质感和精神纹理,力求在不同的生活时空和多维的精神领域寻求某种共性的东西。他真切地走进生活,更多地关注那些被我们遗忘的角落。他的目光高度聚焦,视野却异常辽阔，行走于生活的深处，站在精神的高点瞭望。他专注于人物的点滴，善于从一个极小的入口探入生活，直抵心灵最为隐秘之处。在琐碎的日常生活肆意蔓延之中折射出浓重的命运感。精巧的叙事能力，使虚构幻化为生活的真实。这应该是南翔把写作自然化为生活的延伸，让一切的叙事都在尽心与生活相拥。

他笔下人物的生活细节饱满而鲜活，但似乎都笼罩着一层挥之不去的古铜色，如同被时光老化的旧电影。比如《老桂家的鱼》中的老桂，其实就生活在我们身边，可我们就是感觉相当遥远。而《绿皮车》中那些生活场景，我们是那样的熟悉，但好像又十分的陌生。《抄家》《1978年发现的借条》等，故事发生在过去，可种种的细节依旧在当下活跃。

因而，他的作品给予我们一种特殊的阅读体验，有时我们明明被他带入生活现场，可我们总感觉是旁观者；有时我们似乎处于当下，可内心早已抵达他笔下的世界。我们总是不断地在发问，南翔是在提取生活元素进行写作，还是在想象中体验生活？如此种种，既刺激了叙述的多种可能性，又丰富了作品的叙事，提升了小说的品质。

熟悉化的陌生与陌生化的熟悉，赋予南翔鲜明的创作个性和作品特质。原本实在的生活，成为泛黄的记忆。那些本该固化为记忆的东西，却涌动于生命之河。这样的叙事，具有象征性的意味，更有某种寓言式的可能。

这一切，似乎都可以在《无法告别的父亲》中找到答案。从家族伦理到民族伦理，从个体的生存到人类的文明史，父亲，本身就具有强大而显著的文化意味。许多时候，我们无法告别父亲，而且也绝不可能告别父亲。老桂一家可以失去家园，但那种温情不能干润,那份对于家族的责任丢不得。老桂与老伴表达的方式相差很大,但对于子女的关爱是相同的。在他们看来,是油然而生的责任,对于整个社会,是一种不可缺失的传承。绿皮车可以成为历史,但荡漾在陈旧而狭窄空间的温暖,我们千万不能告别。 绿皮车只是一个物化的空间,空间的转换,不能成为我们心灵扭曲和精神异化的借口。我们在残害大自然,践踏我们的家园,带来的恶果不仅仅是物质性的荒芜,更多的是心灵和精神上的沙漠化。后者远比前者更可怕。推而及之,我们可以忘记或忽略某个群体、某个时空,但不能冷漠地对待他们的生命与情感,践踏他们的尊严与精神。《无法告别的父亲》中的"我"无法从生命与精神上剔除父亲的遗传与影响,这只是纵向性的承继。而之于我们的生存与生活,我们不应该也不能与历史决裂,斩断未来,在人与人、不同的领域和群体间竖起高墙,让我们只有孤岛式的此时此地。

南翔以他的叙事传达一个观念,这就是我们所有人,肉体、文化、情感、精神,人类与自然,所有的这一切,应该是一个不可分割的生命体。从这一意义上说,南翔在进行宏大主题叙事,其中的关键词是"尊重"与"交流"。我们当忠实地与历史和未来对话,当敬重自然,学会聆听大自然的心跳,与大自然亲和地交流。我们更应该尊重所有人的生存、生命和生活,亲近地品味他们情感和精神上的光芒。

书名	军营童话
著者	聂静
体裁	长篇小说
版别	大众文艺出版社 2007年12月

军旅生活的纯情浪漫叙写

阅读《军营童话》，是一件快乐而有趣的事。这似乎是一部以军营为背景，以军人为对象的言情小说。之所以有这样的感觉，是因为我们很少能读到如此情感细腻、温婉悱恻的有关军人情感的作品。是的，军旅文学总是阳刚有余，温柔不足；总是英雄豪情盖天，儿女情长气短。作为军旅文学审美的极致，这无可厚非，但如若以为这就是军人全部的生存状态，那就滑入了误区。当下的军旅文学更多地坠入经验化、程式化的写作，对于军人的成长，也时常沦为概念化。我们时常在高呼，军人首先是人，军人成长首先是人的成长，但进入创作实践，我们总是或不经意地漠视，或无真情实感的体验，或有意回避。所以，看似军人成长叙事比较繁荣，其实有许多苍白荒漠之地。原因自然是多方面的，但不容我们忽视的是创作者对于生活的疏离，对于当下生活感应的迟钝，对于现时军人成长，尤其是军人成长初期状态的失语。从这一意义上，纯粹的业余创作者，因为无须特地去体验生活，更能亲近生活的真实。聂静就是这样一位女性。仅从她百十字的个人简介，我们就可以获知她与《军营童话》的主人公夏菲儿有着许多相似之处。换而言之，她将自己的生命体验和成长映射在夏菲儿身上，夏菲儿是她的艺术再现。这与其说是创作的资源，不如说是创作的理想背景。写自己熟悉的生活，写自己最为深切的体验与感悟，由个体指向人类普遍的状态与情感，这是文学的终极目标。

《军营童话》中的夏菲儿，爱好绘画，生性敏感，柔弱中带有坚韧，总是生活在童话的情境之中。这其实是一种人本真的纯净，多情优柔，阳光洒满心灵，常常处于幻想的时空中，浪漫的气息萦绕着心怀。她面临着生命的成长，更要经受军营这一特殊世界的历练。两种文化的碰撞，现实与梦想的错位，成为军人必须要舍弃的某些东西……聂静没有指涉军人成长的宏大叙事，而是真诚地注视营区里最为平常、处于成长初期的普通军人。更为重要的是，她了解夏菲儿的性情，尊重夏菲儿成长之路上的挫折与成功，能够无障碍地体会到夏菲儿在成长之中的温暖与疼痛。至于军旅文学，至于军人成长的叙事，我以为这是可以引起我们关注的。《军营童话》对于我们审视创作理想与行为是有积极意义的，更有助于我们了解看似一统之下的多样化营区，可以让我们走进军人的内心世界，触碰军人那柔软而感性的部分。我们常将营区看成男性的世界，这自然与军人这一特殊职业相关。但战争最终未能让女人走开，军营也无法拒绝女性。我们也不能否认，军营的特殊性，的确会让女性遭遇更多的挑战，进而会丧失一些天赐女性的蕙质。在文学作品中，女性形象男性化的趋势总是存在着，而军旅文学中的女性叙事总是处于弱势，时隐时现，十分的飘忽。《军营童话》在这方面做出了有益的尝试，为我们呈现了另一个女性军人形象。夏菲儿从社会进入军营，在军人之路上日渐成熟起来，但又保持着纯真的一面。她在钢铁般的营区里聆听到了童话的节拍，又在童话的梦幻中与营区融合在一起。她将两种文化汇成一条河，而非对立的两条河。这是文化本身互为兼容的力量，也是夏菲儿内心的力量所致。女性的纤柔和军人的阳刚，在她身上叠加，并和谐相处。这其实才是军人，尤其是女性军人精神和情感的生活化写照，也是对军人这一生命本体成长极富意义的诉求。

  无论是军营里的童话，还是童话般的军营，都是很有意味的。对于生活者，对军营有如此的感受，当然是处于生活的第一现场，对生命或情感有着细腻的体验。之于创作者，能够从铿锵步伐和嘹亮军歌中发现完全不同的生活意境，是一种智慧，是一种对于生活的态度和观察生活的视角。当我们沉浸在引吭高歌的军旅文学之中，耳边突然传来一曲温情小调，感觉是新鲜的，从而会让我们尝试以另一种眼光面对军营生活，并加大多向度理解军旅文学的可能性。聂静的长篇小说《军营童话》，有意避开军旅文学的英雄叙事范式，经由军人程式化生活探入私性领地，关注军人青春期的情感，从而为我们展示了军人阳刚生活背后鲜为人知的柔美温情，一如童话般灵秀浪漫。体味军营里别样的生活气息，自然而本真地接近成长期军人的亲情、爱情与友情，使得《军营童话》成为军旅文学丛林中的小桥流水，有着别样的审美情趣。

书名	筑梦太空
著者	飘荡墨尔本
体裁	长篇小说
版别	作家出版社 2024年7月

以未来的名义致敬当下

一个在火星，向往地球；一个在地球，向往火星。

飘荡墨尔本《筑梦太空》中的女主角梁星火出生于火星，却十分向往地球的生活。对她而言，地球充满无限的神秘感，是她无法想象的世界。她总渴望能到地球上感受别样的生活。而对于作为地球人的男主方原来说，火星既是真实的存在，又带有浓郁的未来色彩。到火星去，到梦一样的地方，成了他最渴望的事。这是现实与未来的互视，又是人类当下生存的一种极其普遍的态势。这种态势既指向对时间的敬畏与无奈，又涉及情感、欲望等诸多层面"围城式"的隐喻。我们本就生活在此处与他乡相互纠缠的巨大困惑之中。

《筑梦太空》并没有采用网络文学常见的"科玄合体"式的叙述，而是以十足的科技硬核感和高度的科学逻辑自洽为支撑点的科幻小说。让科幻小说具有科普功能，是飘荡墨尔本自觉的创作意识。在创作的准备阶段，她进行了相关知识补课，甚至到多个科技现场，深度了解航空航天的研发，并与科技人员展开多向度的交流。通过严谨的科技和恣肆的想象，向我们展现了未来火星上神奇又极为写实的生活。对于未来科技的展望，特别是"基因辅助脑组"的出现以及随之而来的人类意志与科技智能之间的交互，显示了作者极强的想象力。不执着于突破想象力的边界，而是致力于丰富想象力之下的质感。《筑梦太空》中的火星世界，科技超前，但社会场景和生活细节有一种梦幻般的真实。很多时候，我们误以为那就是另一种现实的生活，可触及、可感受。这也是科幻小说独特的魅力之一。

与多部科幻小说不同的是，《筑梦太空》没有追求宏大叙事，探索科技的无限可能性和复杂性，考量人类未来的诸多挑战和困境。飘荡墨尔本以纯正科技构建起的叙述场，关注的还是最基本的情感和生活，因而充满现实性的人文关怀。写日常生活，观察人们生活中众多情感的细部，是网络小说的重大优势。飘荡墨尔本将这种优势在科幻小说中进行了移植和文学性的优化，众多有温度的情感编织起叙述的节奏，展现了各种人物的形象和内在。在宏大的架构之下，作者充分发挥了细微的力量。以情感的涌动、人性的对抗、生活的展开等方面，饱满叙述。以情节加强矛盾和冲突，形成有张力的叙述。将科幻、言情等诸多元素重新整合，使故事更动人。中国传统的人伦亲情，在当下、在未来，将会经受怎样的传承和冲击？之于生活和生存究竟会产生什么样的影响？在很大程度上，这是飘荡墨尔本在《筑梦太空》中的一大主线，又是叙述坚实的大地和辽阔的天空。祖孙情、父子情、师生情、姐弟情、同事情、朋友情、爱情等，小说中的人物，在过去、现在和未来三个维度展开了自身的情感活动，又时时能观察到他者的情感表现，并参与其中。而在这丰富多样的情感中，人们又因某些情感的缺失造成难以挣脱的孤独。地球上的方原，生活中没有父母的陪伴；梁星火是火星上唯一以人类身份生活的人。他们俩的处境各不相同，孤独的缘由各不相同,但孤独感所带来的沉重与无助是一样的。有人的地方与没人的地方,人多的地方与人少的地方,都有孤独顽固地存在,这是人生活的本相,又极具寓言色彩。小说力图重建人在科技发展和未来不可预见的危机中的自信和生活,探讨的是人本身。

《筑梦太空》作品在营造未来时空时,从当下抵达未来并连接为一个整体。1970年东方红一号发射,1991年东方红二号通信卫星发射,2020年第55颗北斗卫星完成北斗全球组网,2070年的火星生活,从1970年至2070年的百年叙述线,以文学的方式建构起中国航天百年发展史。在叙述中,小说更多采取的是由未来人的回忆走进历史现场的方法,我们发现,这样的叙述是想象性事件与历史真实事件的嫁接,一半现实史、一半幻想史,实与虚的相融应和了我们在现实坐标上的回顾与向往。小说给出了人类未来的可能,但意不在对于未来的重度想象,而是关注我们是如何走向未来的。面向未来,重在当下,显然,这与多数的科幻小说有着不同的创作理想和叙述路径。

"筑"是《筑梦太空》中重要的关键词,这是所有故事讲述的底层逻辑,也是终极的讲述目的。作者视科技和幻想为讲故事的行动性元素,意在讲述人的故事。一代代科技工作者为当下的生活提高质量,为人类的未来筑梦。核心人物的"执念",是人类基本的情感和我们所特有的家国情怀,这是作品值得称道的闪光之处。作者的目的显而易见,就是为呈现当代科技工作者不可磨灭的贡献和高蹈精神。作品中的火箭发射等具有浓郁的科技硬核,月球探索计划、火星探索计划等更是从现实中移植而来的,但这些是为书写人服务的。写科技攻关、科技发展,也终究是写人。《筑梦太空》如此的写作理念和实践,值得我们关注。更为重要的是,这部作品借未来人类对当代科技工作者所传达的"感恩之心"和"致敬之意",是其情感的硬核所在。

《筑梦太空》以现代科技为牵引,遵循科学规律,进行紧贴可行性的展望,将伟大的梦想与浑厚的现实充分融合,以大量的笔墨状写科技工作者奋发图强的历程,致敬中国科技人特别航天人的坚定信念和饱含深情的科学精神。这是网络文学现实题材创作需要的温暖内核,也是新时代科技文和工业文所应葆有的创作追求。

如此,《筑梦太空》在宏大与纤细之间进行了有效的互动,写科技更是在写人,写未来更是在写当下,对中国科技人员崇高的奉献精神和矢志不渝的科技情怀,展开了有温度的叙述。科幻小说的硬核与网络文学的温情,成就了《筑梦太空》的独特品质。

书名	风牵影
著者	青辰
体裁	长篇小说
版别	蓝天出版社 2013年3月

生活可以有纯真诗意

  青辰的长篇小说《风牵影》有着许多时尚性元素和阅读快感的兴奋点，在一个广阔而细腻的世界里书写亲情、爱情、仇恨、艺术与忠诚，寻找灵魂的骚动与飞翔，探索人生行走的内在动力。青辰直面浮华喧闹的世界，直面狂奔的欲望，又守护着内心的那份纯真与宁静。她在两个完全不同的世界间来回穿行，姿态从容优雅，那如童话般的诗意似彩虹在我们眼前划过。《风牵影》让我们走过喧嚣，来到清静的后花园，生活的风雅清纯悄然来到我们身边。

  《风牵影》中的人物不多，但发生在他们身上的故事很多，或者说他们承受了太多的人生曲折。青辰以对生活的精准把握，迭现了人生众多的交织缠绕，显示了生活的丰富多彩以及无限可能。这里有画家面对世俗侵扰下的纯粹艺术追求，有空军部队服现役空勤鲜为人知的生活，有高新技术科幻般的研发工作，有特工的帅气和神秘，有境外间谍的隐秘与狡猾，有家族的传承与爱恨情仇，有时下婚姻的危机与仕途的尔虞我诈，还有灿烂的青春与浪漫的爱情。这种拼贴式的生活，正是当下社会的真实写照。这样巨大的容量能满足我们挑剔的阅读需求，但更为重要的是传达了青辰对于生活与人生的理解。生活是同样的混乱，但不同的人走出的路是不尽相同的。老画家狄仁贤毕生的理想就是希望大山深处的白云镇可以有奇才横空而出，并对三个儿子寄予厚望。可是除了老实的狄二，狄一和狄三都不愿意让父亲操控自己的人生。直到狄一突然离奇死亡，狄三才停止与父亲抗争。狄三的人生浓缩了我们太多人的生活行走，折射出一个男孩到男人的成长历程。他的经历是那样的传奇惊险又处处闪现人性的光芒。他是一个家族的缩影，更映射了家族在新时代的纠结与前行。而在他们的生活中，那个叫秋栀的女孩总是若隐若现，时近时远。秋栀与狄家有世仇，但又总是无法与狄家撇清干系。她的人生注定与狄家紧紧相连，这是命运的安排，似乎也源于她内心的渴望。秋栀确实是位别样的女孩，纤柔又富有韧性，多愁善感又极具定性，纯真清雅又懂人情世故。她是狄三成长的风景，但又极度参与了狄三的人生。如果说狄三是《风牵影》的外在的主人公，那么秋栀则是其灵魂人物。

可以说，这是一部相当好读的长篇小说，悬念重重，情感饱满。是军旅小说，是家族小说，是谍战小说，还是传奇小说？我们确实很难界定。或许这是一部真正意义上的跨界作品。当然就其本质而言，我很愿意将其看作是成长小说。狄三、秋栀等人对于绘画的迷恋与执着，具备很强的象征意味。艺术成为他们生命的一部分，他们领受艺术空灵与纯美的润泽。他们的心灵、他们的情感以及他们的人生都是艺术性的。无论他们遭受怎样的苦难，受到怎样的打击，浑浊浮躁的生活给予他们多少的污染，他们都心存美好，都执着于干净纯真的人生行走。他们的生命在成长，这份纯真也在渐渐地生长。他们生活在现实的世界，但内心驻守着某种童话的品质。

对于当下的生活，青辰有着足够的敏锐力与亲和力，感性地进入生活现场，然后又理性地跳出并进行冷峻的端详。对于一位青年作家，青辰难能可贵之处还在于有着深邃的历史感，善于抛开纷繁的现实生活，饶有兴味地穿透历史记忆重回历史的现场。在这之中，她将家族的变迁作为回望历史的支点，在审视家族纷争和承继这一维度上，对历史进行检索与考量。

青辰的写作是干净的，语言质朴中不失诗性之美和童话之味。在她自然真诚的书写中，我们可以感觉到她对于写作的膜拜。这份膜拜是由心灵油然而生的，也是对于生活的提纯。因为膜拜，青辰显得过于自言自语，陶醉于自己想象和创造的世界，将纯真言说到极致。对她而言，写作似乎并不是在与世界对话或倾诉，只是昭示一种坚守，并在坚守中眺望未来。

其实，青辰是在以这样的孤寂之美告诉我们，生活可以有纯真诗意，我们的人生可以有童话的色彩与情感。

书名	洗骨记
著者	冉正万
体裁	长篇小说
版别	花城出版社 2010年8月

人生就是不断淘洗的过程

欲望、情感和信念，是人生的内核，也是外在的世间风景。正如人生是条河，而我们的生命又在世俗这条河里漂流。我们在尘世间洗濯欲望、情感和信念，与此同时，它们也在不断浸染着我们的躯体与灵魂。冉正万的长篇小说《洗骨记》表达的正是这一主题，并以此对自我和生存、成长、痛苦、毁灭和重生这样的人生母题进行重新书写。

是的，《洗骨记》中有令人心动的爱情，在马也的爱情旅程中，有华华这样一个接近完美的女性，她像母亲一样慈爱，像老师一样可亲，像朋友一样真诚，像情人一样温柔。但爱情之下，其实是马也对于纷繁人生图景的触摸与体悟。更为重要的是，华华以她晶莹通透的灵魂和发自内心的大爱与博爱，在有意无意地拂去马也心灵的灰尘，打开紧闭的窗户，一步步带他步入鲜花满地的阳光地带。然而，在这样动人凄婉的爱情之下，更多的是马也不同寻常又直指人生的行走。

洗骨，是贵州山区一种风俗，据说，得了久治不愈的疾病，是因为亡灵所致，必须开棺取骨，用清水把枯骨洗干净后再重新埋好，病人的疾病才会消失。在《洗骨记》中，马也失踪多年的父亲终于被人发现时，是以浸泡在水里的几块轻飘飘的骨头形式出现的，之后才由好友祝伯伯放进罐子里，类似于"洗骨葬"。骨，一个人的精神所在。先人之骨，应该是暗指传统文明。在《洗骨记》中，洗骨，已经转化为一种隐喻，意指人的成长与生存需要不断地清洁精神和灵魂。

冉正万以他所特有的干净笔法与略带忧伤的叙述，向我们呈现了贵州偏僻乡村一群小人物的成长图景和生存状态。而这之中，马也这个地质队子弟在爱情幻想和现实的裹挟中寻求人生真谛的故事，显然是作品的主线，让我们目睹了一个孤僻阴郁的小孩儿成长为知名画家和志愿者的心路历程。可以说，这是一个男人的成长史和心灵史。成长之中，疼痛是必不可少的。生命因为疼痛而存在，有了疼痛，才有了对于世界的感知，对于生命的警觉。在《洗骨记》中，疼痛自然成为一个极为重要的"关键词"。冉正万对疼痛进行了大量细节化的铺陈，这是马也人生的独特性，也是冉正万对于底层生活和小人物真切的关注与聆听。马也在疼痛中自省和自我救赎，洗尽那些负重的浑浊的欲望和情感，又在疼痛中经受欲望和情感的挤压与强行注入。因为疼痛，某些情感和感觉才显得格外的温暖与甜蜜，也正因为有了这样的疼痛，马也的人生才日渐走向光明。

我们拒绝污浊的侵蚀，自觉地接受阳光雨露的淘洗，并不断地自我清洁，生命才会有光泽，人生才会有价值。这在当下，可能显得尤为重要。

也许，我们可以自问，今天我洗骨了吗？

书名	一路奔北
著者	人间需要情绪稳定
体裁	长篇小说
版别	上海文艺出版社 2024 年 3 月

有温度的科技叙事

近年来，网络文学一个重要的转向是一些网络作家开始进行现实题材的创作，而有些作家创作之初就主攻现实题材，甚至只专注于现实题材创作。这是网络文学从生长期进入成长期的必然选择，需要在玄幻、修仙等题材之外拓展题材的空间和叙述的路径。更说明年轻的网络作家感受到了现实的体温，难以抑制现实生活带来的创作冲动。这之中，以航空航天等高科技发展为题材的网络小说占比较大，且呈上升趋势。很多网络作家表示，一方面是亲身体会到中国科技创新发展的喜人成绩，感受到科技工作者的拼搏和默默奉献；另一方面他们意识到自己有责任讲好中国科技的故事，既要为时代做文学性的记录，又要让更多的年轻人关注并参与新时代的伟大实践。

人间需要情绪稳定，可谓在这方面有一定代表性的网络作家。她的第一部作品《破浪时代》和现在的《一路奔北》都是现实题材中的科技叙述。在谈及《一路奔北》的创作时，她说："我亲身经历了中国科技产业从起步到与世界科技巨头竞争的过程，这种变化让我感到自豪，也促使我写出这样一个作品来……我希望通过更接近年青一代的表达方式，让他们觉得科研既酷又触手可及，从而激发他们的兴趣并参与其中；而不是对航天的高门槛望而却步，更不要因其赋予的重大意义而倍感压力。"

《一路奔北》以北斗三号全球卫星导航系统的研发历程为叙述主线，借取丰厚的现实素材为底质，在广阔的视野中状写科技通关的艰难，状写科技工作者全方位的工作和生活，状写我国在全球卫星导航系统领域的非凡成就，对伟大的航天精神进行了文学化的描绘和颂扬。小说以"奔"为人物行动的态势，描摹了中国科技人一路勇往前行的决心和实践，表现了他们之于中国发展的澎湃力量。小说所塑造的航天人形象真切可感，令人敬佩，所传达的中国精神和中国力量令人振奋。作品语言朴实，行文细腻，将网络文学特有的"网感"与传统文学的意味做了智性式的结合，形成了生活气息与文学审美小说相互辉映的故事讲述。

《一路奔北》受到了众多关注，召开作品研讨会成为自然之事。在研讨会开始前，《中国作家》的主编程绍武进会场后，就来找人间需要情绪稳定为自己解惑。他在细读《一路奔北》后，被其中扎实的科技知识所震撼，在他看来，这是采访和体验生活难以做到的，作者应该是在这个行业工作过，甚至可能还是资历颇深的专业人员。后来，他在发言中说，"作者是这么年轻的一个姑娘，而且学的是新闻，跟这个领域没有什么关系，只用了两个月的采访，仅一年多的时间便写出来，这一点是很不容易的，从这一点来看她已经是专家了"。的确，《一路奔北》铺陈了大量的科学知识和科研细节，将北斗三号从方案论证、立项、研发到试验星发射的全流程作了细致的最大可能的文学呈现，逻辑缜密的科技之中饱含真情实感，文学故事中富有众多的科普知识，硬核科技的叙述元素，营造了契合故事的艺术真实感，让读者感受到科技的人文之美和情感之力。深度了解现实，适度展开想象，以情感之力增强叙述之力，显示了作者极强的感受生活的能力和表达生活的文学才能。

作品将科技攻关当作一场较量来写，技术的较量、智慧的较量、文化的较量、人性的较量，还有使命和精神的较量。种种的较量，成为故事冲突和叙述张力的重要来源，使得小说好看且耐读，具备与众不同的爽感。有趣的是，科研人员在攻关中遭遇挫折时，能在生活中获得暖意，在思路受阻时，能在生活中获得灵感。比如在闲谈智能家居时，他们从对不同场景和功能的不断转换中一下子解决了原子钟时频无缝切换技术的痛点；在用烤箱烤肉时，移花接木地形成了让太空中的卫星体自旋转以均匀受热的方案。这让科技攻关有了生活的性情和温度，提升了叙述的趣味性和可感性，更为重要的是这是以细节化的生活表现了科技人全身心投入航天事业的工作态度和敬业精神。这种技术流、升级流与生活流量子纠缠式的叙事结构，成为小说最大的亮点，也是这一类题材创作的新收获。

书名	阳台上
著者	任晓雯
体裁	短篇小说
版别	文汇出版社 2013年2月

安静地倾听普通人的呼吸

任晓雯小说中的人物大多是生活在底层的人们，是那些围绕在我们周围却又常常被我们忽视的普通人。她所叙述的也是普通人的生活，他们的不幸与苦难，弱小与平凡，灰暗与光芒。任晓雯在写作中，努力淡化自己的写作者身份，温柔地走入生活的内部，倾听平凡人的呼吸与心跳。她不是在写平常百姓，也非为平常百姓写作，而是竭力作为平常百姓在写作。她在喧嚣的生活中寻找那些细微的心音情动，真诚地抚摸生活的质感和人性的纹理。她的小说，如实地显影生活的某一个断面，紧紧地贴着当下生活中的人们。可以说，她放弃在纸上的想象，而在现实中找寻和体察比想象还饱满的生活。

《阳台上》当是最具代表性的。这其实是一个有关拆迁的故事。拆迁，作为一种社会现象，已经成为日常生活中最活跃的话题。现实中的拆迁背后是一个个故事，有时还是一个个事故。任晓雯则绕过拆迁的故事与事故，走进家庭、走近人物，以自己的书写照亮那些幽深与阴暗。因为拆迁，张英雄的父亲去世，他与母亲寄人篱下。面对张英雄家的拆迁，陆志强是强势而狡猾的，但在自己的生活中，他其实与张英雄一样，是虚弱的、渺小的。张英雄因为陆志强无赖兼强盗式的拆迁方式而产生的仇恨是可以理解的，随之而来的苦难也在刺激仇恨旺盛地生长。然后，一心要报仇的张英雄在某一刻内心的柔软被触摸，一束阳光照射进他的心底，仇恨像水蒸气一样蒸发了。他与陆志强和解了，也与生活握手言和。其实，我们感兴趣的不是张英雄的仇恨是如何化解的，看重的是任晓雯的创作心理与社会心理形成了难得的同构。她以自己的细腻与敏感、诚意与用心，不预设道德判断，让写作与生活平和相处，让人物按着自己的想法自由生活。作为写作者，任晓雯尽可能地不打扰作品中的人物，当他们遭遇苦难，奔跑在或激愤或仇恨的路上时，任晓雯处变不惊，显示了极强的节制力，展现了她对生活对人物的极度尊重。

任晓雯的小说关注当下的日常生活，但其中的人物常常陷入困境，并与死亡有着种种联系。死亡，是某个个体生命的终结，也会使其亲人坠入人生的低谷，失去物质的支撑和亲情的呵护。任晓雯并非痴迷于死亡的惨烈与不幸，偏好人生的苦难与不幸，而是将人性在绝境的情势之下晾晒。许多时候，我们以为任晓雯是以想象的方式叙写荒诞，其实这样的荒诞本就在生活之中。更可怕的是，当我们在生活中与这样的荒诞相遇时，我们并不会发现有什么异样，更不会认为那就是荒诞。同样的人物或故事，我们在阅读时觉得是荒诞，而在生活中与其迎面相见，却视而不见。我们这样的心境和行为，才是真正的荒诞。同时，我们也不能否认，处于底层生活的人，病痛、意外伤害和死亡，其实是他们生活的常态。我们可以漠然，可以遮蔽，可以顾左右而言他，而任晓雯在如实而真诚地表达生活的真实。从这一意义上说，任晓雯是勇敢的，是诚实的，更是值得我们尊敬的。

阅读任晓雯的小说,可以让我们从浮华中抽身回到生活本身,仔细打量我们自己以及周围的人。拂去当下生活的尘埃,发现生活中被我们忽视或淡漠的人和事,真诚地体味人性的生动与多样,任晓雯的这一坚守当下生活的创作理想,给予我们阅读的快意与生活的思考。

阅读任晓雯的小说,我们的心像被撕裂,发出一阵阵呻吟,然而同时又有一丝温暖在血液中悄然流动。这是文学的魅力,更是任晓雯叙述的力量。

书名	夜幕之下
著者	三九音域
体裁	长篇小说
版别	北京联合出版有限公司 2023年7月

年轻态的小说

当下,年轻是网络作家的显著标识。从个案而言,年轻时就显现很高写作才华的作家,也是有的。比如肖洛霍夫21岁时开始创作《静静的顿河》,海明威在27岁时写下了《太阳照常升起》,贾平凹获全国优秀短篇小说奖时26岁,莫言写出《透明的红萝卜》时29岁。在诗歌界,年轻的诗人更是不少。也有相关研究表明,一般而言,作家在25岁至35岁出成绩的相当多。而网络作家的年轻标识化,很大程度是因为在互联网条件下,一大批年轻人发现了自己的写作才华,并迅速得到传播和认可。

当然,网络作家的年轻态更多地体现在他们新的成长环境和生活面貌,并能及时地将体验转化为文学创作。作家三九音域出生于1999年,从小学五六年级开始,就逐渐接触起各种各样的网文。他真正创作始于2020年,那时他在大学四年级的上学期,《超能:我有一面复刻镜》,150万字,写了一年左右。其后他开始了《我在精神病院学斩神》的创作,仅仅两年的时间,全书420万字便完结。这部书成为当年的登顶之作,自2021年7月在番茄小说发布以来,横扫番茄小说"高分榜""阅读榜",获得"番茄小说第一届网络文学大赛新人王"桂冠,吸引了全网千万名读者阅读,在番茄小说上的单章最高段评数近10万条。有报道称,这部作品在番茄小说客户端的收藏已经有2100万次,阅读人数超3000万人次。作为网络小说的《我在精神病院学斩神》,获2023年度"中国好小说"奖,足可见其品质和成色。不仅如此,该部作品还荣入中国网络文学规格最高、专业性最强的中国网络文学影响力榜(2023年度)榜单。实体书出版后,书名改为《夜幕之下》系列,计划出版12册,目前已面世6册。我之前在网上通读了全书,现在又以实体书再读。

如果说网络文学已然成为一种新的文学形态,那么三九音域以及和他一样年轻的网络作家正在发展这种新形态。仅以《夜幕之下》,我们便可以考察到他们的创作理想和脉络走向。《夜幕之下》以"义"为精神之核,运用燃爆性的想象力,在讲述"守夜人"保卫家园的故事中,传达了血气方刚的积极能量和当代人应有的责任使命。"若黯夜终临,吾必立于万万人前,横刀向渊,血染天穹""大夏境内,神明禁行"这样的誓言和生命信念,令人印象深刻。小说借神话体系建构了世界文化的共存与交融,以虚构呼应现实。三九音域运用武侠、修仙、穿越、悬疑、历史、爱情、科幻、神话等题材的内容元素和神明复苏、高武降临、热血成长、末世生存、"金手指"等叙述手法,在整合的基础上形成自己的故事和讲述,体现了新一代网络作家汲取网络文学积累的丰厚资源,开启自我成长的风向可能。在原有的古老神话体系中加入现代新建的克鲁苏神话,如此对神话文化的扩容,是对当下生存文化背景的即时表达。小说中的人物众多,叙事时间跨越了两千年,叙事空间更是从大夏延伸至宇宙虚空。注重诸多人物的性格塑造,既丰富了作品的人物形象,又表现了群体性的互助与团结。赵空城这一人物形象具有一定的新意，他的痞气和幽默风趣，有轻浮之相，但重情、重义，遇大事又特别较真。他是主人公林七夜的引路人，带有极强的精神象征意味，这在一定程度上是对当代年轻人灵魂图景的一种真诚书写。

《夜幕之下》构架庞大，又有比较好的整体性把握，内容紧凑，情节逻辑闭合。"悬念"和"反转"的精致运用，提升了故事讲述的吸引力，极强的画面感，使阅读更富代入感。在热血故事中频出的金句，既是人物情绪和精神的写照，又与读者的现实生活产生共鸣。这成为作品鲜明的亮点之一。末世更多指向人类生存和文明发展所面临的困境，林七夜所承担的使命以及人生的遭遇，在个人成长、民族生存和文明发展上都带有很强的隐喻。守夜人，小事讲情义，不带任何利益；大事讲正义，宁愿舍弃个人的一切。他们与神话生物、神明及其代理人的战斗不仅仅是人类在末世之中的艰难求生，更象征着人类为捍卫自身文明而付出的一切努力。

《夜幕之下》体现了一代网络作家既深耕传统文化，又热忱地接受新事物。他们想象力惊人，对于人性和生活有着新视角的思考。注重讲事故的技巧，善于把故事讲得符合年轻人口味。正如三九音域所说，他不排斥爽文，但他希望在"爽"的内涵下，保留更多情感的沉淀和思想的表达。是的，年轻一代的网络作家对他们年轻态的小说有着更高的梦想。他们正在寻求轻松阅读之下的丰富内质，期望网络文学这一新的文学形态在保持年轻态、亲和力的同时，有更多的文学性。

书名	创业狼
著者	唐达天
体裁	长篇小说
版别	华文出版社 2010年8月

让创业之路更感性些

人生的旅途，总是风雨相伴，爱情、职场、事业……我们每一个人都会在某条路上艰难跋涉。创业的过程，可以说是人生之路上最具典型性的风景，折射出"生存"的全部底色。对有些人来说，《创业狼》中的李想是幸运的，而在另外一些人眼里，李想遭受的磨难只是冰山一角。但不管怎样，我们与李想相遇，阅读其实已经演化为一种心灵的荡漾或全新的体验。与其说是我们在阅读李想，还不如说是我们在回望自己的人生历程和精神世界。

《创业狼》，是唐达天历经6年"卧底"打工后的作品。"卧底打工"，这种带有浓郁主动性参与生活的隐蔽式体验，让他得以进入生活的内核，自然而真实地与那些打工者亲密相处，悄然而敏锐地捕捉信息与细节。因而，《创业狼》微缩了我们这个时代的生存图景，是这个时代创业者的集体自传。李想的理想就是在30岁之前开一家公司，挣一笔钱，买车、买房、娶个漂亮的老婆。这样的理想，谈不上有多高尚，但的确又是我们每个人难以回避的。面对李想的坦诚，我们不妨先不要评头论足，而是平静且现实地检视一下自己对于生活的向往。我们不得不承认,世俗的理想起点并不影响精神上的崇高,李想的人生梦想并非生命的最高境界,但应该是生存突围的最大可能。同样,李想的缺点也是显而易见的,比如他喜欢美女,创业之初以"山寨"起家。这样的李想,是那样的鲜活,那样的真实自然,充满普通人的感性。

李想是城市丛林里的一匹狼,尽管伤痕累累,孤独前行,但总奔走在成功的路上。他的勇于冒险和越战越勇的精神,让我们唏嘘不已。我们在阅读中与他一同经历种种的磨难,品味成功的喜悦,收获直面人生的精神动力。更为可贵的是,李想的"丛林法则",是那样现实,足可以成为我们披荆斩棘的利器。比如:"面对创业:选择最熟悉的行业才能事半功倍。聪明人不是那些掌握知识多的人,而是会运用知识的人。""面对人生:心机毕竟是有限的,不要小聪明,就是大聪明,赢得信任不需要付出多少成本,却能收获最大的效益。""小胜靠智,大胜靠德。要想做大做强,实现更远大的目标,必须有大气魄、大胸怀,厚德载物,才能广远。"与众多的"职场法则"或"人生法则"相比,李想的这些"丛林法则"貌似抽象,但其实更具感性,因为这是李想血泪的结晶,是现实中的自然生长。

李想不只是我们精神的按摩师和人生的偶像,李想就生活在我们身边,是我们自己的影子。更为重要的是,我们可以从李想身上汲取奋斗的营养,他的精神和创业经验,我们是可以复制的。这得益于《创业狼》源于生活,得益于李想自然而真实的质感。

书名	我们生活在南京
著者	天瑞说符
体裁	长篇小说
版别	中信出版社 2023年1月

时间里的人文伦理

  《我们生活在南京》以无线电技术这一专业设定推演出的"时光慢递"为故事发展和小说叙述的科技动力,讲述了2019年的高中男生白杨与2040年的"最后一个人类"19岁女孩半夏共同拯救世界的故事。当然,这还是一个有关时间的故事。生存状态和生命际遇在时间的河流里,看似有序前行,其实有着太多的不可预测。在这里,时间成为最大的寓言。

  白杨与半夏,处于同一个空间,但因为时间的距离,又在不同的世界。白杨与半夏的交流,共时感觉的背后是相隔20年,且20年后的白杨早已死去。无线信号在宇宙里飘荡了20年才传到半夏耳里,生者与死者就这样因为时光慢递而相遇。白杨说的当下事,而在半夏听来都是往事。同样,半夏说的当下事,对白杨而言都是未来之事。俩人既是阴阳相隔,又可听到对方的呼吸,感受到对方实实在在的心跳。白杨写了一封信传送给半夏,半夏看信时,在她的世界里白杨是已亡人,而在无线电里,白杨还活着,活在20年前写信的时候。半夏打开信细细看着,我们会止不住感伤。为他们,也是为我们自己。那一刻，我们就是白杨，也是半夏。除了不能面对面握到对方的手，其他都可以实现，他们是幸运的，又是无助的。

在建构时光慢递的科学合理性的过程中，白杨等人是在探索科学，也是在满怀深情地追问人生，关爱末世之日里的半夏。有关科学的叙述，是在健全时光慢递的合法性，更是在荡漾人性之善和情感之暖。理性与感性的深度交融，让原本无感的科学有了情绪和温暖，小说中有关科学的叙述因此有了人性、人情的温度。为了验证半夏确实生活在20年后的南京，他们利用时光慢慢地放了烟花。那满天的灿烂，因时间而实现，因温暖而感动。那藏在时间胶囊里的"亡人"的信，需要时光慢递才能抵达，但这中间又要抵抗时间的销蚀。真是成由时间，败也由时间，白杨他们就是这样和时间在相处，在纠缠，在博弈。

小说的"时光慢递"这一科学设定，看似简单，大众容易理解，但其中的蕴含又有无限的可能。在这里，时间这样一个紧缩的内核，有着极大的爆发力。小说中的世界建构并不复杂，也不宏阔，有精微之感。所有的文学都是有关人的叙述，而支撑这一叙述的，时间是最为重要的着力点。虽说，一般认为时间并非客观存在，而是人类主观设定的一个参数，但人类的一切都因时间而存在而变化。时间，是人类无法摆脱的宿命。我们创建时间的命名和刻度，感知到瞬间和流逝，但又被时间所困。这本身就是一个极大的隐喻，指向人类生存和命运的终极隐喻。以小见大，以微观巨，精微之中辉映时间与人类俗常又深不可测的关系。这是关于时间真相的书写，也是之于生命真相的刻绘。在一个想象的世界里，以空空如也的时间来揭示世界和人类的真相。我们无法握住手心的时间，成为真相最实在的表现者。小说以时间重构宏大叙事，指涉的是时间无形中的有形,是人类的自我约定与束缚。这叙事的内在,是因时间而来的人类世界里的一切。如此,《我们生活在南京》不是对宏大叙事的解构,而是以另一种方式致敬并担当另一矢向的宏大叙事。

在有关时间叙事中,《我们生活在南京》力图在厘清人类与时间的关系,这当然不是小说的最高意图。时光慢递的法则,是在增强叙述的真实性和阅读的可感性。小说赋予了时间新的意味,并开掘之于时间的诸多隐秘的可能,从而将时间推向完美的文学描写方式。物理上的时间,生活中的时间,客观运行的时间,以及我们心理和情感上的时间,在天瑞说符的叙述中凝为一个整体。时间因此有了不一样的速度,有了物质和心灵上的重量,有了另一个空间的构建和演绎,也有了人类的体温。以特质鲜明和既熟悉又陌生的时间作为小说的基础依靠,使科幻小说里的世界与现实生活的世界血脉相连,甚至难分彼此。时间,是桎梏,也具有无限可能,这是人类对时间的认识。人类也从时间中看到自身的局限和难以挣脱的枷锁,境遇有如同时间一般的平常之味和非同寻常的变化。时间,是一面镜子,时间,又是我们存在和命运的一部分。这样的时间观,丰富了我们的现实体验和潜在的思绪,小说也因此提升了梦境里真实的感受力。

《我们生活在南京》具有中国文化质地的情感伦理,情感的内在之光、表现形式以及强度,是日常生活赖以存在的大地,情感如同血液一般参与生命的行走。南京,更是有着中国传统文化的诸多象征,生活在这样的地方,当受这样文化的感染,也应为我们的文化注入新的活力。从情感伦理角度而言,我们——生活——在南京,这样的句式是一种文化的唤醒与延续,也是对我们日常生活的情感性书写和回味。正因为如此,小说中的"我们",是白杨他们这些书中的人物,也是有着同样血液和情感纹理的我们。这特有的暖性,让我们在阅读中时时被暖到,不由自主地被感动。这样的暖性,成为白杨他们对抗灾难的情感动力,也是他们拯救南京、拯救世界的最动情的理由。这部小说吸收运用了西方科幻小说的技术性,将情感伦理本土化,并注入叙事,进而使《我们生活在南京》成为"我们"写下的我们的科幻小说。

书名	雄虓图
著者	王凤英
体裁	长篇小说
版别	青海人民出版社 2005年7月

以历史的谎言书写女性意识

王凤英的《雄虓图》，以120万字的巨大体量，为我们展示了泱泱大唐雄浑、恢宏、传奇、绮丽而富有质感的一轴长卷。作者以20多年之心力凝成一部作品，这在当下的创作中是难得一见的。作者以新历史主义为创作理想，凭着极强的想象力、深厚的历史知识储备和古文功底，自由穿行于历史深处，汪洋恣肆地营构个性化的诗性空间。其中，主人公唐玉凤是一个鲜活、饱满且可以详加解析的女性形象。可以说，这是一个当代女性以自己的心路历程、文化熏染为底色，从女性独有的视角和立场塑造出的一个人物。如此，考察唐玉凤这一人物形象有诸多意味。

唐玉凤第一次出现在我们面前，就显示了她的与众不同。朝廷之上，皇帝下旨斩罗通等人，我们听到她一声断喝："都给我住手。"真是先闻其声后见其人。其实，自始至终，作者对唐玉凤的外貌描写很模糊，清晰的是她的言语和行为。这似乎在喻示，我们对她的认识与她的性别无关。在朝堂之上，她一个十一二岁的女孩子，一个刚生下孩子就被送到宫外刚刚回来不久的公主，面对皇帝和满朝文武，思维敏捷，言辞犀利，气势汹汹，把奸臣驳得心惊肉跳、哑口无言。这以后，作者淋漓尽致地表现出了她对权贵的蔑视，使她的政治生涯极富传奇色彩。她屡次在朝堂之上与奸臣面对面争斗，毫无惧色。她疾恶如仇，已经到了忘我的境界，无论是什么人，只要有奸恶之行，她都会加以铲除，没有任何顾忌。在丈夫杨劭家的亲戚欺压百姓、凌辱民女之事传到她耳中后，她第一个反应就是严惩。她不在意亲疏远近如何，也不顾忌流程正常与否，直接派手下前去将恶人当街车裂。我们可以认为她就是一个"胆大包天"之人。只要是她想做的事，就没有所谓的规则戒律可言，全凭她一时闪现的念头。她缜密的思考中，时常伴随莽撞之举。

大唐时代可以说是一个十分讲究秩序的朝代，而唐玉凤偏偏漠视官场规则，敢于以自己的主张行事。为此，她面临着诸多非议和压力。就连她的姐夫这样的近亲，后来也难以忍受她的做法，上朝参奏她。在并不算长的政治生活中，她遭受了许多磨难，但在挫折面前，越来她越来越坚强，越不把自己个人的安危放在心上。她真正将民众利益置于最高地位，定国安邦的目的不是为了维护皇权，而是为了造福天下百姓。这是她勇气的源泉。

战场之上，她有勇有谋，屡建奇功，令一众男儿汗颜。日常生活之中，她可以肆无忌惮，可以满嘴粗话。她十分孤傲，几乎将她周围的所有男性都不放在眼里。

唐玉凤是一个神话，是在与男性神话角力中创造的女性神话。

在与奸臣斗争中，唐玉凤不乏智慧，但更多靠的是正义和胆量，并不以女性身份自居，相反，她最大限度地抛开自己身为女性这一客观存在。对手也对她的女性身份感到迷惑，在轻视她、低估她的同时，又觉得她深不可测。在他们心中，唐玉凤毕竟是女流之辈，再有能耐也成不了什么大气候。可是，他们错了。可悲的是，他们错过一次之后还会错，几乎是一直在错下去。这是他们内心对女性的习惯性认定所导致的必然结果。

在与男性的对抗中，她表现出的非凡胆识和才气，足以表明她对男权社会的极大不满。她在以个人的力量试图冲破男权的挤压，为女性的存在争得一席之地，至少要冲淡世俗对女性的轻看和忽视。为此，她走向了极端，时时处处有意剔除女性身份，忘我地成为"男权"中的一员。

这么说吧，撇除女儿身来看，唐玉凤完全是以"男性形象"出现的，是那种智勇双全、文武齐备、一身正气、脾气火暴的"男性"。如果更为准确地表述，唐玉凤已经异化为男性，而且是极具雄性特质的男性。唐玉凤是在以"男性"的品质与周围的男性抗争，这似乎是当时女性对抗男权社会最为有效的方法。然而，以异化作为代价，总是令人怀疑对抗的价值。女性冲出男性樊篱，回归女性应有的地位，并非要牺牲自我。男女平等的前提，应当是保持和凸显女性特有的价值。

然而，唐玉凤也有其弱点，换言之，她并未真正实现女性意识的苏醒。她可以反对其他人一夫多妻，却从未对皇帝拥有众多女人而有微词，更别说有反对之举。她身上的骄横，有时还是她公主的特殊身份所致。比如在丈夫杨劭家人面前种种不敬之举，就显露出她身为公主的目中无人和所谓的权力所带来的优越感。尤其是在对待爱情上，她敢于冲破礼教，大胆地爱，但仍然残留着传统女性身上的束缚，并没有真正自由而勇敢地追求自己所爱。不过，我更愿意认为，唐玉凤在进入个人的爱情生活之中时，回到了女性的天然状态，彰显了中国女性骨子里的而且应当不可缺失的温情和羞涩。

唐玉凤是妃所生，其母生下她后就逝去了，皇后认为她命硬克母，需要离宫12年。如此一来，唐玉凤12岁前是在民间长大的。被皇宫暂时地抛弃，使她的成长有别于宫里的公主。在宫里的公主，虽有奴才的照顾和保护，但依旧无法彻底挣脱种种宫规的约束。在宫外成长的九公主唐玉凤就不一样了。出身皇族的她虽说在民间，但不是流放，而是临时性的寄养。人们关心她，却又心怀敬畏地纵容和放任她。如此的状态，使她的成长得到了最大程度的自由。她的个性一如乡间的野草一样自然地成长，又如花房中的鲜花一样受到了精心的照料。而在大唐时代，文化的开放性、女性的觉醒，也催生了唐玉凤这样的女性。

这似乎是告诉我们，一个人的成长环境之于个性的重要性。唐玉凤特殊的身世，造就了她极强的反抗意识和力量。这同时也在暗示，文化对于人性和女性意识成长的重要性。换言之，传承下来的文化常常会在滋养人的同时亦吞噬人的某些本性。

实事求是地说，唐玉凤是一个可敬的女性形象，但似乎少了些许可爱。在文本中，我们很难从唐玉凤身上找到我们所熟悉的女性之柔美。她只有在婢女面前，在丈夫面前，偶尔会回到女性的本体意识。像她与丈夫怄气那样的细节，我以为是她本真的闪现。只可惜如此展现，实在是太少。我想，这份不可爱来源于我们根深蒂固且难以舍弃的男性霸权意识。在阅读中，我常常会不由自主地想，我为什么在欣赏唐玉凤的同时，内心会时时不安？我们期盼女性的自立、智慧和自强，但又潜藏担忧、感受到威胁。作为男性，我是要深深自省的。还有就是，女性意识的苏醒和强化，并不能以牺牲女性应有的品性为代价。作为女性，因其生理因素，总是与男性有差别的。如若使女性无性别地与男性浑然一体，那么，本身就是对女性天性的扼杀。无论是自然界还是人类社会，男女的互补是必要的，也是美好的。唐玉凤显然没有意识到这些，极端地将女儿身弃之不顾，本身就是对自身的不自信和不尊重，从而也大大销蚀了她张扬女性意识的价值。我不能寻找理由来减弱自己的反思程度，但女性也应做些思考，女性到底应是什么样的？从传统的女性到现代的女性，从女性的"被看"到自主意识的张扬，其中的界限是什么？

其实，唐玉凤也处于矛盾之中。当她彻底回到内心时，她的女性情结便会时常跳动。只不过，她在有意地克制，以异乎寻常之力展现与女性完全相反的形象。所以，她会摇摆，会郁闷，更会感到孤独。我们不能说她英年早逝，是她内心焦灼和困惑所致，但总还是有关系的。

《雄虓图》中的唐玉凤是一个完全虚构的人物，而且她的经历和所处的社会政治环境，本身也难以出现她这样的人物。她是作者想象的结果，是作者表达自己女性意识的代言人。尽管如此，唐玉凤的出现，仍然可以引发我们对女性、对女性作家心中的女性进行考察，尤其是可以让我们对女性意识本真的存在和成长的方向，进行理性的思考。

书名	铁骨铮铮
著者	我本疯狂
体裁	长篇小说
版别	阳光出版社 2021年3月

钢筋铁骨也能绕指柔

近些年，许多网络文学作家经过多年的纯幻想写作后，开始打量身边的真实生活，以网络文学独特的讲故事手法贴着当下人生飞翔。其中就有作家我本疯狂，他自2005年开始创作网络文学，一直专注于都市和玄幻等题材的网络小说。《铁骨铮铮》是他的第一部关注当下、走进本真生活的现实题材作品。

《铁骨铮铮》深情关注高铁建设，将高科技的传奇与一线人物的工作及生活有机融合于一体，展开了带有时代体温和精神温度的讲述。小说在时代大事与日常生活、个人与集体、故事与人物等诸多方面进行了艺术性的调和叙述，家国情怀这一主题得到高度的情感认同和审美表达。正如高铁驰骋大江南北遍览人间风情一样，《铁骨铮铮》以高铁建设为基准视角，观察和描绘广阔的社会生活，铁路铺设、技术攻关、脱贫攻坚、恋爱婚姻、人生抉择、利益纠缠等得到广泛涉及，整部作品呈现令人感动的现实质感和回肠荡气的恢宏之势。

一边是钢铁般的意志和前行，一边是儿女情长的温馨与温婉，以及烟火气十足的世俗生活。小说怀着对人的极大尊重，将重心落于写人，在把故事讲好的同时，下功夫刻画人物。小说开篇便是当代年轻人的爱情情景，在冬季的西北，主人公刘建星夜兼程，千里奔赴，以烛光晚餐的方式求婚，真情满满，极具仪式感，真是狠狠浪漫了一回。事实上，刘建的情感生活一直贯穿于作品中。情感的波折，爱情的美好与忧伤，个人际遇的悲欢，在小说中得到有情有义的描摹。《铁骨铮铮》这种鲜明的情感叙述之力，遵从了生活的原生态，丰富了人物形象。

观察社会，不回避问题，加大了《铁骨铮铮》好看故事内在的深度。征地、拆迁是高铁建设中常遇到的问题，也是极为敏感的社会事件。小说没有预设立场，而是充分尊重并表达各自的利益。高铁建设是大事，地要征，拆迁必须按期完成，同时也要考虑到政策的严肃性和经济成本的投入。土地是百姓的命根子，个人的利益在集体面前虽然微小，但之于个人及家庭是天大的事。《铁骨铮铮》在透视大众生存景观时，怀悲悯，用真情，对诸如拆迁等矛盾的处理，相当人性化。更为难得的是，不仅为百姓争取到最大的利益，也为他们在新的态势中谋生，想办法，出招数，无私支援技术和智慧，探索脱贫致富的新路径。特别是通过聘用村民参与基地建设，既为高铁建设输入人力资源，又为村民打开了新的生财之道。

有意义的是，《铁骨铮铮》并没有脸谱化、概念化的坏人，但对于人性的复杂进行了较为真切的展陈和剖析。我本疯狂以温良与宽厚，走出了非黑即白的窠臼。在人物关系上，观念成为矛盾的焦点之一。敢于直面困难和矛盾，在触及人性的复杂中，道出王忠国等人所面临的困境和坚韧的担当。新旧理念的交锋，传统经验与现代科技的博弈，以及因知识、视野等不同所造成的冲突，具有显著的尖锐性和深刻性。人的选择和命运走向与高铁建设的进程同频共振，并以此形成故事的节奏和叙述的重要策动源之一。

《铁骨铮铮》中，最让我感动的是师徒情以及师徒间的承继。从一个角度而言，这部小说讲述了主人公刘建为帮助身患癌症的师傅王忠国完成人生最后的愿望，全身心投入银西高铁银吴标段建设的故事。我本疯狂本人表述为，"如果用一句话描述《铁骨铮铮》的故事，我认为是讲述了建设工作者怀匠心、铸匠魂、守匠情、践匠行的人生故事。"王忠国、刘建、吴振涛之间的代际传承，充满浓浓的师徒情谊，这既是情感性的，更是根植于生命中的信念；既饱满了人物形象，又传达出中国文化所特有的递进之力。如此对中国工匠精神生活化的体察和文学性的书写，在一定程度上是这部小说最具价值的内核。

《铁骨铮铮》在现实性、生活感和艺术性上的良好收获，很大程度上得益于我本疯狂调用了他丰富的生活和工作经验。他在一线铁路系统工作超过8年，在中国高铁快速发展的10年参与了银西高铁的建设工作，为了创作又多次实地采访和调研。小说中的许多人物有原型，故事有来处。

宁省省委书记前往高铁施工现场进行检查，并召开专题会议，决定首先确保工程质量、施工安全，进度可以推后，取消了高铁指挥部以高铁开通为该省成立60周年献礼的计划。现实中，省委领导的确到施工现场进行了检查，做出了正确的决定，避免了因为抢工期而出现的工程质量问题，杜绝了"献礼工程"的现象。又如作品中的某个角色带病坚守岗位，轻伤不下火线，直到昏迷在施工现场才住进医院的故事情节，也来源于现实。现实中，高铁指挥部某位工作人员带病工作，参加施工总结会之后突发心肌梗死，在送往医院的途中不幸去世，留下了年轻的妻子和不到两岁的孩子。还有作品结尾处，主角在列车上举办婚礼的感人故事也是有原型的。现实中某位在铁路客运单位的朋友和妻子的婚礼便是在列车上举行的，列车是他们工作的地方，也成为见证他们爱情的场所。

  以上这一段，是我本疯狂谈及创作《铁骨铮铮》的揭秘式表白。对此，我们欣喜地注意到，新时代的生活是网络文学创作的富矿，真诚且踏实地践行深入生活，扎根人民的创作理念，不但可以深切感受新时代的脉搏，获得丰实的素材，更会醇厚情感、激活灵感、纯正文学作品的精神内核。

书名	大溪流碧
著者	吴海中　张赤
体裁	长篇小说
版别	香港天马出版社　2015年11月

乡土中国的抵近书写

吴海中、张赤的长篇小说《大溪流碧》的故事核心是昭苏太河两岸三个家族的爱恨情仇，显示了强烈的返璞归真的文化理念和生活意识。作者抛开几经发展、变化的乡土中国的经验书写和美学想象，竭力回到乡土生活的原点，探索新的书写方式，寻找新的叙事路径，讲述生活的本真和未被渲染的文化。同样是家族史式的题材，《大溪流碧》从几近固化的家族叙事模式中闪跳出来，不再观照历史下的家族，叙写历史结构中的家族，而是进入家族本身，体察家族发展的内在动力和纯真的风景。这样的乡土中国书写，既是重新出发的探索，也是开辟新方向的实践。拂去乡土中国叙事的岁月浮尘，进入家族文化的原点，倾听生活质感的细微呼吸，《大溪流碧》带给我们陌生的书写经验和熟悉的生活情怀。

《大溪流碧》借助昭苏太河的歇春崖、蛤蟆湾这样近于蛮荒之地为故事的发生地，意在以"创世纪"形态展开叙事。最初，这地方只有于氏家族，后来李氏家族和绪氏家族先后从外地流落至此。绪氏家族因为辜负了李氏家族的救命之恩，只能在河对岸的蛤蟆湾落脚。李秧歌的仁义让李秧歌和于文魁的父亲结为异姓兄弟。但后来，李秧歌因为贪财怕死害死了于文魁的父亲，于文魁一直在算计如何报仇并夺回家产。生活在昭苏太河畔的人们，有苦难，有欢乐，日子过得有滋有味，而满怀希望的同时又始终笼罩着悲剧暗色。显然，这三户人家在昭苏太河两岸向我们走来时，是怀揣人类生存和成长最基本的元素，诸如亲情、友情、仇恨和欲望等。这一切都是内在生长的，几乎没有其他外来性的侵入和干扰。这与我们常见的将家族命运置于社会投射之下的书写，是完全不同的。

《大溪流碧》以于氏的第三代杏儿和绪氏的第三代小万子的视角进行交叉叙述，既充分尊重了男性与女性对于家族认识的区别，又以互补性的叙事暗示人类的成长总是由两性共同完成的。当然，更为重要的是，这样的叙述，能让我们看到家族史中那些原生性的东西是如何影响一代又一代人，又是如何在家庭内部因为人性的不同释放而发生异化的。而第三人称的全知视角叙述，就如同昭苏太河的流水一样，如实地状写这三个家族是如何共同谱写那既相对独立又纠缠不清的生命成长和文化积淀的。两个孩子的叙述，以他们的家族记忆和独自的生命体验展开，语言是生命性的，家族性的，因而质朴而鲜活。他们的叙述随着他们从童年到老年，这让叙述的历史感更为强烈。而第三者的叙述，则以"二人转"的方式进行。严格意义上说，是采用了"二人转"极具生活现实的元文化。让由生活中而来的"二人转"重新回到生活中，与其说是叙述策略的创新，还不如说是对于生活本质性的认知。"二人转"的民间性是原生态的，人们创造了它，又依靠它营养生活。以"二人转"作为叙述，其实是在最大限度地还原生活的本色，并让本真的生活与纸上的叙述回到最为亲密的状态。在乡村中国的叙事伦理中，叙述的腔调、姿势和文化表情,与生活本相总处于游离状态,很难契合。许多时候,乡土的叙述好似村中的那座桥,让我们可以进入乡村,然而,总是无法成为一条穿乡村而过的河流或村中纵横交错的小路田埂,让我们真正聆听到乡村的声音。《大溪流碧》在这方面以回到生活现场的方式,重新整理乡村叙述的真实,让我们看到了还原历经无数次清洗已经变异的乡村叙事的可能。

家族记忆,总是在自然状态中生成的,但其力量是巨大的。李秧歌最终把家产还给于文魁,是自我救赎,也是无法淡忘家族记忆所致。小万子远离故土,做着美梦;杏儿从艰难生活中脱身去当尼姑,但仍然心怀大爱;他们二人后来又回到家乡,回到永远无法真正走离的故土。他们都在试图撕裂一些东西,但最终无法与家族记忆这无形的力量抗衡。然而,他们走出的步伐终究会留下脚印,会汇集到原有的家族记忆之中,并影响后人的旅程。《大溪流碧》潜进家族伦理内部探寻那隐秘性的生长机制,进而隐喻式地表达。李秧歌、于文魁、绪老逛子这些男性在改变世界,让外在的一切支离破碎。最终这三户人家只剩下绪青白一个男性,还得了"蒙昧病"。这象征着在男性这一线,家族记忆已经消失。而杏儿领养的女儿生的女儿,就是杏儿的孙女嫁给了外地人,但延续了家族的集体性记忆。这或许是《大溪流碧》体量最大的象征,可能也是最接近乡土本质的寓言。正因为如此,吴海中、张赤的创作理想不是写家族、写乡土,而是要为昭苏太河立传,用意正在此。乡村的土地庄稼四季更迭,建筑在时光催化中此起彼伏,看似世界旧貌换新颜,其实,总有不变的本质。而村里的那条河,默默地流淌千年,目睹了乡村的无尽沧桑,传承着乡村的文化特质和生活伦理。这在一定程度上是对当下乡土叙事伦理的解构,给予我们重新思考文化传承中女性所起的重要作用。

　　《大溪流碧》无疑是朴素的，一如乡村一样质朴，又似河流那样的清澈。两位作者以文化乡愁和情感反哺为动力，努力挖掘和显现那些乡土最为本质性的东西，并试图以重走的方式寻觅我们的前世之魂和展望未来的迹象。他们掸尽了浑身的灰尘轻装上阵，以求知者的姿态聆听历史的心跳，让生活自己来行使叙述权利，为我们呈现了乡土叙事的某些原色。《大溪流碧》这种试图让乡村更为真实的实践，当是一种收获。

书名	长乐里：盛世如我愿
著者	骁骑校
体裁	长篇小说
版别	上海文艺出版社 2023年2月

不一样的穿越

  骁骑校，当是网络文学界较特殊的作家。他于2001年开始写作，是中国第一代网络文学作者，只是没多久，又离场成为读者。他从小生活在棚户区，十八九岁踏入社会，在蜡烛厂当工人、在音像店卖音响、在工地看大门、当安装工四面八方地跑，也在高档写字楼做过会计。后来先后获得工程师、会计师职称，还成为公司董事会成员。这期间，他一直没丢下网络文学的梦想。2007年，他放弃电气工程师的职业开始正式投身网络文学创作。他的成名作《橙红年代》，就是直接调用了他的生活阅历和心路历程。

  从故事的大框架而言，《长乐里：盛世如我愿》讲述了新旧上海在长乐里生活的一群人的爱恨情仇和家国情怀，以及跨越时间的对比与指涉，进而让主人公赵殿元感慨"盛世如我愿"。

  长乐里，是有七十七个门牌号的弄堂。弄堂，是旧上海最常见的民居群落，在很长一段时期里也是旧上海，甚至是上海的典型形象之一。小小的长乐里，汇聚了三教九流之众，仅二十九号宅院的十户人家，身份各不相同，十分复杂。他们中有做佣工的、做小生意的、在公共租界当巡捕的、在有美国洋行背景的公司做职员的、靠给报馆写文章谋生的文弱书生、曾经当过女匪的太太、汉奸等等。跟着洋人做生意的章澍斋会被抓起来，吴伯鸿当巡捕，可儿子也会被恶人绑架。每个人都有自己的故事，各自的生活水平也不尽相同，相同的是他们的地位都很卑微，处于社会底层，生活在远离灯红酒绿的阴暗里，命运全然不在自己手中。这里的"社会底层"，许多时候并不单指他们的经济条件和身份地位，更是强暴淫威下的底层。显然，这是一个生活性和象征性都很鲜明的微缩社会，是生活和文学双重意义上的"民间"。

作为历史、革命和当下题材凝化而成的现实主义创作，《长乐里：盛世如我愿》的穿越结构，显得特别耐人寻味。在网络文学的类型化创作中，穿越小说很热门。穿越，是以位移时空的手段，解除正常生活逻辑的束缚，消解叙述的技术性障碍，给予人物和故事的另类可能性甚至无限的放任。现代小说的发展，对于时空的叙述，有较为成熟的理解和运用。现代小说的时空叙述的发展，已不再是网络小说中仅以技术特权获得叙述合法性的穿越，有着更为广阔的叙事伦理。骁骑校放弃了穿越的惯用之能，而以穿越之法调度叙述节奏，小说本是全知全能视角的叙述，但他用得十分的克制，多以赵殿元的有限视角铺陈。主线人物与叙述者一致，可将多条线索串联起来，保持作品叙述的连续。小说的前半部分依照时间顺序叙述，后半部分穿越的赵殿元在叙述中起到了分身作用。他的现实生活和因为他浮现的过去生活，经由他的行为，两条时间线既有独立的维度，又有机融合为一体。而在这之上，他的这一行为本身，已不仅是在解历史之谜，填补之前的叙述"黑洞"，而是衍生了第三条叙述线，一条多时空混合而成的叙述线。在这个意义上，《长乐里：

盛世如我愿》有了复调叙事的审美。应该说，这是一种极其特别的复调叙事，多时空集于一身，叙事具备了神奇的生命特征，叙事依附赵殿元的行走，他的实时生活和往日记忆成为叙事本身。

将几十年的时间压缩为一个瞬间，身为穿越者，赵殿元并没有超能力，只是拥有过去生活的鲜活记忆。他以这样的记忆复现隐于岁月中的生活，满足了当代人走进历史真实的渴望。

"《长乐里：盛世如我愿》最初是由一幅画勾起的。那幅画左边是1937年的残垣断壁，有一个穿着破破烂烂的小女孩，赤着脚，右边是2017年南京的高楼大厦，有一个穿着漂亮羽绒服、雪地靴的小女孩，两个人面向画中央的分界线，相当于握手但又没有握到一起。我当时就想，如果能够穿越，能够让1937年的一个人看到现在的中国，那对他、对读者是一个多大的心灵震撼。"骁骑校这一次的创作，最先并非要讲一个什么故事，而是因一个画面引出的情感震动或灵光乍现，进而成为小说发生的触发点。一个细节，一个画面，一种情感，一个特别的人，经常是纯文学作家生成一部小说的种子。好的小说，一定要讲一个好看的故事，但好看的故事并不一定是好的小说。故事的形态固然重要，丰富且有意味的内涵当是好小说应有的品质。显然，骁骑校在现实生活中遇见了创作的启悟，写一部小说，已不仅是为了写作而写作，而是为了讲一个爽故事。可以说，自从他见了那个小女孩，作家的良知和责任感就已成为他构思小说的情感释放和创作理想的饱满。骁骑校是在以文学的方式，为这个小女孩，为千千万万身处黑暗之中的人们点起烛光。

"盛世如我愿"，这更是在向牺牲无数的革命者行告慰之礼。具体到个人，骁骑校的书写是我们每个人心中的一个梦，我们都希望逝去的亲人能看到当下的盛世，看到我们的成长与收获。我们的希望只是一种幻想,无实现的可能,赵殿元在骁骑校的帮助下做到了。小说的最后,赵殿元再次穿越,重回旧上海。他告诉杨蔻蔻新上海的繁华,人们自在幸福地生活。他告诉作为革命者的杨蔻蔻,所有的付出和美好向往,在未来已经实现了,盛世如你愿。相信,在那一刻,杨蔻蔻一定会泪流满面地喃喃自语"盛世如我愿",心中的信念更为坚定。在情感层面,《长乐里:盛世如我愿》完全具备了史诗性的能量,以小角度、小切口的细密叙事,已呈现出宏大叙事的品相。

书名	太阳黑子
著者	须一瓜
体裁	长篇小说
版别	上海文艺出版社　2010年4月

直面人生的困惑

　　身为政法记者的小说家须一瓜，经常与案件接触，比一般人更多地与恶遭遇。当她频繁进入恶的内部，引发她思考最多的是关于什么是恶。这具体到我们的日常生活中，便是究竟什么样的人是坏人，什么样的人是好人。人生许多事是经不起追问的，而好人与坏人的认定标准到底是什么，更是我们面临的一个难以破解的困惑。须一瓜的首部长篇小说《太阳黑子》，呈现的就是如此的拷问。

　　《太阳黑子》的主线是一起案件历经14年后水落石出，罪犯得到绳之以法的下场。案件本身并不复杂，3个中学生制造了一起灭门惨案后潜逃，尽管他们用心尽力地赎罪，但内心的负罪感丝毫没有消减，最后也无法逃脱法律的严惩。作品的着力点在于，对善与恶的追问。这3名案犯，日后有了自己的工作，分别做了协警、的哥和鱼排工，这意味着表面上他们进入了正常的生活。14年里，他们共同抚养一个与被杀女孩同一天生日的弃婴尾巴，在查出尾巴患有心脏病后，他们倾尽所有加以挽救。不仅如此，他们一直以不同的方式做善事，比如时常见义勇为，却从不留名；舍身跟凶狠的歹徒周旋。那些不知道他们曾经有过罪恶的人，都把他们当作难得的好人。是的，他们是在赎罪，我们也知道这样的赎罪其实是无济于事的，不可能抹除他们曾经的恶行。然而，我们的思考在于，如果恶与善始终是无法抵消的，那又何来"放下屠刀立地成佛"之语？再有，天下有许多与他们相似的人，区别只在于那隐秘的罪恶一直没有大白于天下，也就一直被我们尊为好人。《太阳黑子》里有不少这样的人，我们的现实生活中更是比比皆是。更为可笑的是，在日常生活中，我们面对一些从没做过坏事的人，却会责其为"不是好人！"，而对一些做过坏事恶事的人，我们有时反而会认为这些人其实不恶，至少也会叹息："这人呐，除了做了那件坏事，还真是个挺好的人。"这样一来，我们自以为泾渭分明的好人坏人之说，一下子混乱起来。这就是人生的困惑，也时常让我们在剖析人性之时迷茫。正如作品的题目《太阳黑子》，我们可以解读成太阳黑子具有强大的力量，会产生足以干扰无线通信的磁场；我们同样可以理解为灿烂太阳中的黑子，是个瑕疵；或者也可以认为巨大的太阳有些黑子，并不影响其光芒四射普照人间。多向性的释义，可能会让我们迷茫，却也能拓展我们的思索空间。

面对这样一个日常生活化的命题，我们更多的是不细究。须一瓜却勇敢地直面，切开生活的剖面，让一切晾晒于阳光之下，由不得我们回避。须一瓜以其平实而充满灵性的语言和对叙事自信的掌控力，让《太阳黑子》十分好读，故事的质感鲜明，并做到了文学生活与现实生活尽可能地少些隔阂，散发着浓烈的生活气息。与此同时，她敏感而尖锐地抵近我们人生的困境和人性的困惑，展现了文学本质性的力量。这样一来，《太阳黑子》自然可以称得上是一部好作品。

书名	半夏：月牙村纪事
著者	许福元
体裁	短篇小说
版别	中国文联出版社 2006年8月

传统文化伦理下的日常纪事

乡村叙事依然是当代作家文学自留地里常见的庄稼，当然，一般而言，涉足乡村叙事的作家，绝大多数或多或少有过直接的乡村生活经验。分析当代作家的乡村文学作品，有两个方向尤其突出，一是采取回望的姿态，挖掘乡村的记忆，这样的作品经历了作家因时空而变的过滤和文化深层次心理的想象；二是立足当下的乡村生活，着眼于城市文明带动和感染下的新乡村，这样的作品其实很难真正切入乡村的内部。事实上，多数作家实质上已经脱离了乡村生活，即便他们常常会到乡村去参与和体验生活，但并非乡村中的真正一员。如此一来，乡村叙事要么过于依赖追忆，乡村被人为地罩上了雾气；要么浮华多于实质，乡村有了时代的印记，但总是无法探及乡村内蕴的品质。

幸好，乡村还是有真正属于他们自己的作家。那些身份依旧是农民，做着农家的活，吃着农家的饭，过着农家的日子的写作者，只比普通的农民多了一件事，以笔与乡村对话。他们与乡村保持着最为亲密的关系，具备其他作家无法拥有的进入真实的乡村内部的最大可能性。也正因为如此,这些作家的作品在当代文学的乡村叙事中独树一帜,更接近于乡村原生态的生活和纯粹的乡村文化。许福元的《半夏:月牙村纪事》系列小说无疑可以列入其中,并以其独特的叙事方式闪烁着乡村传统文化伦理的品质。

在阅读《虫爷》《大先生》《干妈》和《贾半仙》等作品时,我们很容易就能记住这些弱小但又具有强大人性力量的人物。人物的鲜明,除了许福元艺术化的结构技巧,更重要的是他们真实、鲜活,就生活在乡村之中。这就难怪当乡亲们读到许福元的小说时,时常说他写的就是村子里的某个人,说把这人写神了。许福元的创作是非纪实的,只是提取了乡村人物的某些品性来营构作品。身边读者的认同感,也不完全是来自人物行为的真实度,更多的是人物所挥洒的精神让他们熟悉而亲切。

许福元的中短篇小说基本是以人物命名,这符合乡村生活最本质的特点。进入乡村,谈论乡村,人物是一切的起点和记忆支点,可以说,乡村的历史就是由一个个品性各异的人物连接而成的。作为中短篇小说,许福元的作品时间跨度相当长,如同是在为人物列传。乡村在历史的长河中流动,人物在乡村的历史中沉沦,许福元以乡村经验建立起自己的乡村叙事程式,换而言之,他以最贴近于乡村的模式,让叙事融入乡村的血脉之中。这就使得他的作品如同在乡村大地自然生长的庄稼,天然、淳朴,处处散发着乡村应有的气息。

处于乡村最真实的情境之中,许福元并不自以为是地对乡村进行猜想或判断式的描述,只是回到人物生存的现地,面对乡村无声的诉说,还原普通百姓的命运,晾晒潜伏于乡村内部的文化特质。他笔下的人物,有传奇,有血与泪,有欢乐与苦难,有不同时代烙下的印记，但总有一些不变的东西，这就是乡村人最原生态的生活，最朴素的情感。尤其显著的是乡村人面对苦难的理解和态度。与苦难遭遇，乡村人既不是泪水相伴，也没有过多的豪情壮志，他们十分坦然，把苦难当作了生活的组成部分。我们可以将此上升为乡村的生存哲学，可对生活在其中的人们而言，这就是生活的本色。或许有人认为太平淡，太寻常，甚至会认为跟不上时代，没有揭示出现代文明之于乡村传统文化的裂变和演化。可我们不得不承认，这世上有许多东西在随着时间和时代的变化而变化，可终究还有些东西是难以撼动的。显然，许福元体察到了这一点。他作品中的人物，不是我们理想家园里的纯净人，也非遭受现代化进程变异之后的后农业文明的杂合人，而是踏着时代的节拍，内心总有传统沉淀的本真乡村百姓。他们其实把生活处理得十分智慧，既不是我们想象的与现代化对立，也不是抱守传统的文化谱系。他们生活在现实，骨子里亦不失传统伦理的光芒。许福元以丰足的乡村生活经验和艺术化的感悟，发掘出隐蔽的生活真实，直指乡村精神的内在肌理。

书名	古槐
著者	严苏
体裁	长篇小说
版别	江苏凤凰文艺出版社 2014年12月

纯粹之中的俗常

乡村一如地里的庄稼在成长，并发生巨大的变化。然而，乡村日常生活和乡村的隐秘内部，总有一些东西是几乎不变的。有时，正是因为这样一些近乎稳固恒定的东西在低吟乡村的本质和乡村人生活的底色，滋养着这个被称为中国乡土的精魂。乡村人就是在这样的性情文化生态中生活，既张扬浓烈，又秘而不宣，混沌与明晰交织在一起。严苏的《古槐》敏锐而智性地触摸乡村的这一特质，以中国化的叙事走入乡村的内部，寻找和书写中国乡村化的俗常生活，将文学叙事与原生态的生活同频共振，使中国叙事与中国乡村成为一个有机的生命体。

《古槐》由人物展开，以孟三宝这位乡贤悲欢离合又充满传奇色彩的人生为主线，写出"小孟庄"长达半个多世纪以来一个个人物的命运、原生态的生活、沧桑的历史和时代变迁，形成了一幅具有苏北地方特色和人物特征的乡土风情画。《古槐》为我们书写了十分接地气的乡村、乡村生活和乡村的人们，质朴而传奇，苦难而雅趣，忧伤而快乐。一切都在我们意料之中，又远远超乎我们的想象。严苏笔下的"小孟庄"是经过提纯后的乡村,萃取了乡村的精华和那些可以称之为永恒的元素,抓取了乡村人最为平淡而又真实的生活。也正因为如此,"小孟庄"是神奇的,有着强大的吸引力。"小孟庄"人的故事充满无限的温情,有着浓郁的生活气息,又荡漾着某种神性。这样的故事是好读的,耐读的,可以读出滋味,读出趣味,还可以读出意味。因此,我们可以说,《古槐》是一部最接近乡村某些气质的乡村小说。

《古槐》可以称得上是一部纯粹的乡村小说,显现了乡村的某种纯粹,着力讲述乡村特有的风情和乡村人最为平常的生活。"小孟庄"以及其中生活的人们,就好像大地上那棵古槐,看似平常,却历经沧桑,蕴含着人世间的风云变幻和伦理情怀。在这里,严苏有意识地将历史大事件淡化为远远的背景,尽可能贴近"小孟庄"的情感走向和生活方式,还原他们平淡却又风生水起的生活。这在很大程度上,在一个层面接近了乡村的个性和乡村人的生存态势。"小孟庄"人是在过日子,专注于怎样把日子过得有滋有味。对于时事的变化,时光的流逝,遇到的种种事情和变故,他们基本上是被动性地处置。然而,他们又是那样的淡定和聪慧。其实,这不是他们消极,而是他们有自己应对一切村情人事、挫折和苦难的法则。这套法则是乡村千百年积聚起来的,是人伦俗理的具象化,他们在传承中进行细微的变通和改进。

《古槐》是一部让我们既熟悉又有陌生感的作品,抵达中国乡村小说审美的一个极致场域,显现了乡土大地平凡的面容、无限饱满的生命力以及我们总难以完全企及的神秘。"小孟庄"鲜活在我们的集体记忆之中,又挑战我们某些固有思维和情绪的边界。严苏是真正以乡村的方式在讲乡村的故事,以"小孟庄"人的视角去体味"小孟庄"人的生活。他已经不是文学的叙事者,而是"小孟庄"的讲述者。我以为,严苏在文学和生活的双重状态下成为乡村的真正叙述者,在成就最接近乡村真实的乡村叙事。他没有回避乡村的艰难与愁苦,也没有刻意放大。他没有淡漠"小孟庄"人的快乐,也没有居高临下地轻视和嘲笑。他在文化、伦理、情感等诸多方面,真正体会到"小孟庄"的真实所在,隐秘所在。是的,严苏确实触摸到了乡村灵魂的脉搏。之于文学,之于作家,这不是态度的问题,不是参与乡村生活的问题,更不是技术上的问题,而是有没有用真诚之心去体悟乡村,心灵、情感和精神上有没有与乡村相通之处。说到底,这体现了作家的精神立场和情感温度,显现了作家进入现实生活的功力。严苏以真诚而朴素的写作告诉我们,我们对乡村的了解依然是有限的,我们对乡村人的生活还缺少深度的体味。这已经不仅是文学的问题,更是我们如何看待乡村的问题。

如此说,《古槐》是真正意义上面对土地的写作,是回到乡村回到百姓身边的写作,是以中国文化深层次的心理结构对乡村进行本土化的叙事,为我们更真实地了解乡村提供了一种文本,也为中国化的乡村叙事贡献了一种可能。

书名	后土
著者	叶炜
体裁	长篇小说
版别	青岛出版社 2015年6月

乡村叙事回归生活本真

长久以来,乡村叙事不仅在文学上风生水起,而且与人文精神乃至社会生活频繁互动。然而,我们也应该看到乡土叙事多沉醉于对抗性或极端化的写作态势,着力释放传统文化与现代文明、精神家园与贫困落后、集体性记忆与美丽乡愁等文化冲突,传递或悲悯、或哀怨、或激愤、或赞美式的情绪。我们究竟在多大程度上感知了乡村的脉搏,进入实时的乡村生活现场,总是不得而知。我们时常身在乡村,心灵却神游万仞;我们纵横乡村叙事,却终究无法真正进入乡村,让乡村伦理真实地成为乡村叙事的灵魂。换而言之,乡村叙事常常与乡村无关,乡村只是任由我们摆布的道具。在我看来,这样的乡村叙事,是"伪乡村叙事",推而及之,"伪底层叙事"也普遍存在着。应该说,这不是文学立场或写作技术方面的问题,而是由作家体验程度、情感立场或情绪走向而自然生成的结果。

叶炜显然意识到了乡村叙事目前存在的偏执,并以自己的方式试图化解此般症状。他的方法也相当简洁,不去做乡村文化的研究者,也不企图张扬乡村的某种情势,只是让身心如实地走进乡村,走进乡亲们的日常生活。他的叙述，一如田地里随风生长的庄稼，自然、朴实，尽显生命的质朴。因而，《后土》中麻庄人的生活，没有遍地疯长的苦难，也没有纯粹杨柳风轻的美好，而是真实的生活抒写。叶炜不做生活的颂扬者，也不做高位的道德审判者，只是让叙述最大限度地回到本真的生活现场。他是在以文学的名义和方式，品味乡村生活的真性情。

在《后土》中有两个元素，尤其让我关注，一是作为叙述者的"我"，二是土地神。"我"其实并不是真正的叙述者，只是偶尔连接或推进叙述。在作品中，"我"也不算真正意义上的人物，基本上是符号式地存在着。这样的处理，走出了普遍性的叙事模式，而且极具象征意味。"我"是乡村的一员，参与乡村生活，但不自以为是地充当乡村的代言人。乡村里的一切，乡亲们的生活，交由乡村和乡亲们去叙说、去展现。看似是叙述者的"我"，其实是最细心的倾听者。在文学上，这样的处理，让叙述多了一份信任度，多了一份亲近感，多了一份自在性，有效地提升了作品的叙事力量。而之于现实生活，"我"如此的倾听者行为，又是我们深度了解世相、探知人生的智慧之举。

土地神，是中国传统文明，尤其是乡土文化一个极为重要的元素，甚至是带有标志性的元素。在《后土》中更是如此，并以此作为象征，来喻示无论时代如何进步，乡村如何发展，总有一些东西是无法也不能丢弃的。相反，还应该努力传承和激发新的生命力。麻庄人从某些传统的桎梏中突围，但那种源于生命的信仰从没有放弃，并以乡土特有的方式延续和生发。之于真实的乡村生活，这其实并不是一个文化性的问题，也非单一的对抗或决裂之举，而是一种静态与动态的来回切换。无论我们接受与否，乡村文化之河总是在鲜活地流动,不同的是,有时汹涌如潮,有时暗潜如丝。就像曹东风、刘青松这些麻庄的新一代人,浑身散发着时代的气息,但他们的生命之根是扎在传统土壤里的。传统与现代,都是他们生命和精神的营养,缺一不可。他们既是忠实的守护者,又是亢奋的建设者。

有关土地,我们常提到皇天后土、坚实的大地。我理解,《后土》中的后土意为土地,是我们身后最为可靠的支撑。这样的支撑,不仅是物质化的,还是精神层面的。土地,原本就承载着人类几乎所有的文化意味和精神意象。而之于中国文化,土地的文化寓意更为显著和集中,这已经是普遍性的共识。从这一角度而言,叶炜以《后土》加深了我们对土地内涵的理解和土地力量的认识。

《后土》其实是在传达这样一种信息:我们应该缩短甚至是消除文学上的乡村和生活中的乡村之间的距离,让纸上风景在生活的土壤中生长。叶炜是一个"70后"作家,他的创作让我们看到了新的希望,并有理由相信,这样的希望终将离我们越来越近。

书名	特别的归乡者
著者	夜神翼
体裁	长篇小说
版别	四川人民出版社 2020年12月

在返乡中得到救赎

　　夜神翼的《特别的归乡者》以脱贫攻坚和乡村振兴为叙述主线，展开当下性的乡土叙事。夜神翼调用成长时期的情感珍藏和乡村经验，重新进入乡村现场，细细打量父老乡亲和田野河流，以写作的方式完成了一次返乡之旅。

　　小说主人公陈飞黄自小没了父母，和爷爷一起生活，可惜爷爷在他11岁那年病逝。吃百家饭，穿百家衣，是他孩提时最贴切的写照。那片土地的大爱给予了他生命，乡亲们都是有恩于他的亲人。无论走多远，事业上有多成功，他的心一直与金河村相连，感恩一直与他的心一同跳动。离开金河村的陈飞黄，与故乡、与乡亲们始终保持密切的联系，对故乡的回馈和报答相当频繁且周全，但这丝毫也没减弱他心中的乡愁。他回到金河村，且被推选为村支书，便下决心要带领乡亲们过上好日子。报恩，是他最朴素的想法，又是通透且可贵的信念。

　　乡土叙事，终究要直面现实问题，开拓乡村困境的书写。《特别的归乡者》在探讨乡村贫困之因与脱困之路时，将人在其中的作用叙述为第一力量。夜神翼没有过多地正面阐释，而是通过人物的自诉，形成特有的现实之问和文学质感。陈飞黄向大家介绍养殖小龙虾的技术，金嫂不参加，理由是他们家都在蔬菜基地上班了，将来牧场建起来了，还可以去那里上班，自己不懂技术，就不养小龙虾了。这不只是她一个人的想法，满足于吃得饱、穿得暖，不求大富，不愿闯一闯试一试，当然更不会进行投资性创业，这些是乡村发展缓慢的重要原因。这些人更喜欢处于观望状态，别人没干好，他们说风凉话，人家干出了名堂挣了钱，他们才会跟上去。他们在乡村中也处于中间状态，甚至占村民的大多数。一个村子，只有他们真正渴望致富并付诸实际行动，乡村的突破性发展才可能成为现实。与金嫂呈鲜明反差的是金凤。寡妇金凤38岁，有两个孩子，生活压力很大，但她没有被压垮。除了种地，她还养了鸡，卖鸡卖蛋，物质生活在村里比上不足比下有余。她知道养小龙虾有风险，但觉得用自己存的钱做投资，就算亏本了，还有蔬菜基地的收入。小说中，金凤的每次出场都是在辛苦劳作，心里有负担，但脸上始终洋溢着对生活的希望。在村里，寡妇是弱者的象征，但她不但不屈从于命运，反而奋起挑战。日常生活中，她是平静的，但内在的惊心动魄只有她知晓。每天忙里忙外很辛苦，养小龙虾更让她担惊受怕，可她对美好生活充满信心的微笑，是那样纯美。许多和她一样的小人物的灵魂质地和精神品质，一如金河一样滋养着乡村的过去、现在和未来。

陈飞黄回到金河村，并非偶然之举。他原本生意做得相当大了，但公司因受他人牵连被查封，工程项目也被停工。他与妻子离婚，被净身出户，唯一的房产用于抵押贷款无法变现，小轿车也为了还工人的工钱而被贱卖了。那些所谓的朋友，包括他出手相帮过的人，都躲着他。山穷水尽、四面楚歌的他本是要随便找个地方散散心，在车站巧遇陈晓峰后，这才回到金河村。他到村后的第一顿饭是在陈国标家吃的，饭菜与饭馆里的根本没法比，人们想说什么话，没有丝毫的顾忌。一切都与他在城里生活的完全不一样，他觉得出奇地放松和踏实。大家知道他回村里了，纷纷来看他。走在村子里，人们也都和他热情地打招呼拉家常。那些对他有意见的，也不打马虎眼，心里怎么想的，冲着他就说，骂上几句，也是有的。没有虚情假意，没有弯弯绕绕，这让他觉得舒坦。在城里，在生意场上，他很难遇上如乡亲们一样质朴、真性情的人了。感受着乡亲们的真情实感，再看看村子里还比较落后的境况，乡亲们的日子过得并不好，让他觉得应该做些什么。留在村里当村支书，做事有阻力，也有非议，但他觉得每天的日子很敞亮，有滋有味，睡眠也出乎意料地好。金河村已经不是当年的金河村，与他在外时想念的金河村也大相径庭。山水变了，乡亲们也变了，一切都变了，有些甚至变得面目全非。然而，那份沉于心底的熟悉与亲切还在。与外面的世界相比，这里的一切都很简单。正是因为这样的简单，他的心也简单起来。

《特别的归乡者》以陈飞黄的视角揭示了商场的某些潜规则，但更多的是指向人性的展示。人性在金钱面前不堪一击，利益袭来，朋友之情分崩离析。并非金钱和利益的力量过于强大，也非人心黑暗之极，多数情况下，是人们被麻醉了，根本没有机会清醒。无须设想，如果陈飞黄依然风生水起，那么他回到金河村，必定是另一种感受。他跌入了深山峡谷，被强制性暂停，在无路可走时内心最初的那个"我"回来了。村庄的宁静与质朴之美，一直都在，只是他此前无从体味。在乡村，他也不是单纯的欣赏者。他在外面吃过大苦受过大罪，村里无处不在的疼痛，他能感受得到。也正因为这样的疼痛，村里的生活才是那样地真实。引起我们注意的是，《特别的归乡者》的叙述场景大多在乡村，但极少有乡村自然景物的描写。非但如此，人们的活动空间也少做交代，人物的言语和行为成为小说叙述的主要内容。然而，人们在村子里交谈和干活，金河村的模样似乎又不模糊。每个人都是一棵树或一株庄稼的行走者，他们的群像就是金河村。当生活成为生活本身时，当人物闪耀生活之光时，他们便成了最好的风景。陈飞黄穿行于他们之间，村庄的一切都活生生地出现在眼前。他此番归乡，真正变了的是自己，得到了救赎。

书名	我的草原星光璀璨
著者	懿小茹
体裁	长篇小说
版别	海燕出版社 2023年4月

满怀深情地在西部大地上前行

自离开故乡，乡愁便在生命中积蓄。重新回来，回到儿时生长的地方，与乡亲们一路同行，会是什么样的感受？懿小茹《我的草原星光璀璨》中的蓝堇时便有这样的经历。她自小吃百家饭长大，父母双亡后，是凤英等牧民们把她养大。成年后，她以第一书记的身份重回巴颜喀拉山下的藏族村落江源村，带领乡亲们脱贫攻坚，开启了一段新的人生之路。

在有关蓝堇时下乡扶贫的叙述中，她与乡亲们的相处特别引人注目。城乡之别，在这里依然存在，无从否认，但城乡又能和谐交往，携手前行，这是文学化的表达，也是对生活真实的体察与期许。蓝堇时在与乡亲们交往前，知道自己离开乡村多年，对现在的乡村不甚了解。儿时在乡村，她几乎无法进入成人的圈子，难以真切感受到乡亲们的生存处境和生活的种种压力。对于穷的体会和理解，也只是个人式的，极为有限。重回村里不久，她以为了解村庄，了解乡亲们了，很快现实让她发现自己错了，她真诚地走近乡亲，走入乡村内部，踏上重新了解和理解之路。她的诚实，源于她对生活的基本认识,对不同文化和环境的理解,更是源于对生命的敬畏。

一旦降低姿态,甚至许多时候她做回了当年那个小女孩,她与乡亲们的情感更加亲密。如何与乡亲们相处,贯穿作品的始终。这是蓝堇时释放乡愁、感受不是亲情胜似亲情的博爱,也是懿小茹之于帮扶者应有情怀的一种表达。在乡村这样一个极注重人情的小社会,许多事无法讲道理,或者只讲道理并无多大作用。以人情回报人情,将道理融入人情,常常是最有效的办法。视野开阔,现代意识强,思维灵动,工作的责任感与深情的报恩心,集于她这样一个扶贫干部身上。而以情动人、以情融理的言行,让她对乡村和乡亲们有了深入的了解,乡亲们也给予她莫大的信任。有情义,有信任,是和乡亲们走到一起的基础,是开展一切工作的通行证。只有让乡亲们感受到帮扶者是大家庭中的一员,不是亲人胜似亲人,他们才会放心地跟着走。

我们注意到,懿小茹的叙述视角在很大程度上应和了蓝堇时的身份和年龄,叙述语言更是蓝堇时式的。这当然是懿小茹充分调用了自己对乡村的感情,并将自己的生活体验和性情置于叙述之中。同时,相信懿小茹在创作时考虑到了读者是年轻人,用同龄人的口吻讲述故事,更能共情。当书写者与小说主人公以及作品的情境融为一体时,作品便有了一种特别的叙述情绪和气质。在这样的氛围之中,蓝堇时成为我们进入乡村的引导者,甚至有些时候我们就成了她,在乡亲们身边,和他们交谈,和他们一起生活、做事。这样的代入感,缩短甚至消弭了阅读时的距离感,带来了亲和的愉悦感。

随着蓝堇时的脚步,华素年、祁主任、凤英老人、小米伽、桂兰、翁姆、黄秀、多吉、杨秀错、阿旺、宝莲、宝珠等几十个大大小小的乡村人物一一来到我们面前。这样的叙述,让乡村的完整性得以呈现，也是对乡村百姓极大的尊重。在蓝堇时心中，每个人的脱贫致富都是大事，因为村庄是一个大家庭。这些人物性情、生活状态各不相同，是对乡村的真实写照，也体现了脱贫攻坚的难度之大。懿小茹的用力之处在于，她赋予了每个人独特的形象，并通过这些形象结合成乡村的人物群像，进而描绘乡村，特别是西部独特人文地理之中的乡村风情。

在脱贫攻坚、乡村振兴的征程上，村里的乡亲们也在文化、情感、人情伦理上步步成长。而这之中，蓝堇时在为乡亲们脱贫想办法出招数地工作时，得到令她意外又特别有意义的成长。懿小茹着力书写的蓝堇时的成长图景，使这部小说在同类题材中有了别样的审美。因此，《我的草原星光璀璨》是一部描写脱贫攻坚、乡村振兴的小说，同时又是一部比较有个性的成长小说。

"磅礴壮丽的青藏高原，雪山逶迤，溪水潺潺，格桑花盛开，天空湛蓝如洗，闭目聆听，耳边萦绕着最纯净的声音。"《我的草原星光璀璨》对于三江源地区的自然资源有细腻且深情的描写，打破了我们对西部一般意义上的认知。美好的自然环境，是我们的生存背景，更是美丽乡村的应有之像。同样，小说通过描写人物的生活，铺陈了地域性的民俗风情，尤其对当地的饮食有细致的介绍，有羊肉汤、开锅羊肉、牛肉面片，还有馍馍、酥油和奶茶等。这些是乡亲们的日常生活细节，让我们看到了他们的朴素与好客，感受到他们对生活的热爱。这又是西部乡村极具魅力之处，是我们向往的远方。《我的草原星光璀璨》地域风情浓郁，乡村生活鲜活，真实的风土人情作为故事坚实背景的同时，也具备了别样的生活气息和审美特质。特有的乡村文化与人物行动贴合得很紧，既有网络小说故事轻盈之姿势，又有较高的文学性和审美意趣。

新时代以来，乡村发生了惊人的变化，现代意识与现代文明已经启程。从农耕文明的家园眺望现代文明的天空，未来乡村之路该如何走，这部小说似乎为我们提供了一个初步的指向——深耕我们优秀的传统文化，张开双臂拥抱未来文明之美好。这是生活的行走，也是文化和文明的建设与发展。小说这两条成长线，可以说是新乡村叙事中极有意思的生活认知和文学创作手法，也让我们对新时代乡村叙事和网络文学现实题材创作有了更多的思考和多种实践的可能。

书名	回家
著者	张慧敏
体裁	长篇小说
版别	解放军文艺出版社 2010年1月

讲述的不仅仅是亲情

作为大陆第一部展现台湾老兵生存境况和难以化解的乡愁的长篇小说，张慧敏的《回家》可谓集传奇与真实于一身，融苦难与幸福为一体。作品跨越60年，摆渡于大陆与台湾之间，既让我们穿越岁月体味人生，又能拂开海峡对岸台湾老兵生活的神秘面纱。我们可以感受陌生的地域风情和人生经历，又可触摸我们极为熟悉的情感体验和心绪涌动。而这之中，浓醇的亲情，早已超越了台湾老兵的人生历程，直接指向人类情感内部那最为柔软鲜亮之地。

《回家》以高秉涵这样一位台湾老兵的坎坷人生为主线，全方位大跨度地描写了那一特殊群体的生存情状和心灵图景。出生于山东菏泽的高秉涵，13岁已经成为"小学兵"，在"南逃"路上几乎丢掉半条命，辗转来到台湾后，他又成了孤儿流落于台北街头。他流浪过，做过小贩，后在同乡的帮助下半工半读考上了国防学院法律系，毕业后成为金门驻军军事法庭的法官。1973年，高秉涵退出军界，成为一名挂牌律师。1979年，离家31年后，高秉涵写的第一封家书，先是由台湾辗转寄到老家高庄，后又经北京、广州、辽源，历时三个多月，于母亲葬礼的当天抵达亲人的手中。"两岸"开放后，他奔波于大陆和台湾之间，先后抱回了54个老兵的骨灰盒，帮助他们完成遗愿，回归故乡的怀抱。

《回家》虽为文学作品，但其中的主要人物和生活细节都源于现实。主人公高秉涵确有其人，作家张慧敏是在对其多次采访后，感觉到"高老先生和其家人的经历本身就很像是一部精心结构的小说，有着太多的传奇和感人的细节"。小说正是以高秉涵一生的传奇来结构的，其他的许多细节也来自诸多台湾老兵的真实生活。因为真实，让我们感动；因为艺术化的再现，让作品得以从人性的角度挖掘台湾老兵根植于血脉、文化和心灵深处的家国情怀。

亲情，是人类的本质性情感，其对于人生的意义是不可替代的，本质性的力量强大到可以超越一切。亲情不仅有血脉亲情，还有故土亲情、家园亲情。《回家》的表层是以台湾老兵为抒写对象，以骨肉情深为叙述血脉，其里却是人类对于物质家园、文化家园和精神家园的深情守望，大爱如阳光般洒向我们。在当下，欲望横流，纯真的情感充满杂质，大爱的情感正被个人功利吞噬，永恒的情感渐成一种传说。从这一意义上说，《回家》带给我们很多的启示。我们在路上已经走得太远，离文化和精神的家园越来越远。我们前行没有错，但不能忘记家园，更不能丢弃家园。回望家园，常回家看看是不可或缺的。而其中，亲情，更多的是广义上的亲情，是我们巨大的力量，也必将是我们心灵永恒的支撑。

书名	牡丹花正开
著者	张慧敏
体裁	长篇小说
版别	山东教育出版社 2021年8月

新视角讲述火红的年代

在历史与现实同构的宏大叙事中，张慧敏的《牡丹花正开》独具匠心，回到人与人的关系本身，从近乎日常性的生活中寻找无限可能的张力，开拓了革命题材书写的新路径。战争和党的光荣历史，作为人物成长和命运的坚实背景，着力于讲述党员干部与人民群众之间互动的故事。以为人物立传的方式，张扬宏阔的革命岁月，在信仰与人心的交织中，真实地呈现我们党与人民血脉相连的关系。情感饱满，冲突性强，具有出人意料的可读性。《牡丹花正开》这部作品，让正能量在文学中得到富有审美魅力的呈现。

革命性叙事，主旋律题材，是当下文学温暖力量的重要场域。然而，近些年革命题材叙事的理念和实践没有得到创新性的突破，仍然只正面强攻战争和战场上的英雄人物，满足于一般意义的冲突。在讲好故事方面，似乎也遇到了瓶颈，更大的问题在于，在主旋律题材中，不注重讲故事，讲故事的能力日渐薄弱。张慧敏对此保持高度的警觉，并坚持在创作中有所改变。她在日常生活和军旅生活两个层面都有着深入的体验，并在虚构和非虚构这两个领域都有扎实的创作经验和丰硕的成果。同时，她的短篇小说意味醇厚，中篇小说故事结构好，长篇小说命运感强。而这些，在《牡丹花正开》中得到了有机融合，收获令人欣喜。

1938年，18岁青年学生刘喜宝受党指派回到他的祖籍曹泽，配合主力部队开辟黄河湾根据地。在复杂曲折的斗争中，他目睹黄河湾根据地八路军依靠发动群众，官兵浴血奋战，让这片土地上的人民走出战火，曾被战火蹂躏的牡丹花终于迎来春天。曹泽解放后，已经成为地委书记的刘喜宝又奉命带领战友挺进西南。在土匪横行、情况险恶的五道水地区，他和战友靠走群众路线打败了国民党残顽和土匪，与战友们一道建立起五道水人民政权。进入改革开放时代，离休后的刘喜宝惦念着无数战友曾经洒下热血的黄河湾根据地，他以一位普通百姓和共产党员的身份重新回到这片土地。他帮助乡亲重新拾起停了几十年的催花技术，带领乡亲们奔小康，大力发展牡丹产业，让牡丹花开遍祖国各地。进入新时代后，家乡的大事小事依然牵动着已经年迈的刘喜宝的神经，弘扬永远的根据地精神，保持纯正党风，反腐倡廉，把被腐蚀的亲孙子送上法庭。在他这一灵魂人物的感召下，晚辈后生积极参加建设社会主义新农村，昔日的盐碱滩发生了翻天覆地的变化。

主人公刘喜宝是一位政治工作干部，这在以往的英雄叙事中，是不多见的人物形象，甚至可以说是一个全新的艺术形象，为革命题材的人物群像贡献了新的文学典型。刘喜宝的人生，既与战场密切关联，又浸泡于普通百姓的生活之中，他的工作任务不在战场上，主要是与普通百姓打交道。在整个战争年代，他是共产党和人民群众之间的桥梁，是革命的践行者，是群众的引领者。《牡丹花正开》以刘喜宝的人生历程为主线，贯穿共产党的战争史、革命史、改革开放史，可谓视野极为开阔，历史纵深感强，又有我们感同身受的现实性。更大的意义在于，刘喜宝无论在奋斗中还是功成名就后，一直没有动摇信仰，一直与人民生死相依。刘喜宝是成千上万从战争年代走到和平时期共产党党员干部的典型代表，其始终坚守与人民群众心连心、同呼吸、共命运的信念，落实于实实在在的行动，也是对我们共产党的安身立命之本永远是人民群众这一命题的生动体现。

张慧敏以平实又奇崛的叙述，在战争硝烟和生活烟火中找到了讲好这样一个特别故事的特别方式。以人物的性格为支点，以细微的矛盾透视危机四伏的现实生活。人物的行走与岁月的前行相互推动，带领我们走进有亲切感的人物，进入质感极强的历史现场。他们的故事，有的深受战争的影响，有的又是我们可以体验的生活日常。远离战场，不着墨于刀光剑影，战争成为一个特定的并可以移情的生存状态。我们看到了战争笼罩之下人们的生活，也感受到以非战争的叙述方式来描写战争的另类审美。

书名	**如鬼**
著者	张庆国
体裁	中篇小说
版别	云南人民出版社 2014年11月

总有一些敬畏埋伏在生活丛林里

张庆国是位很会讲故事的作家，把故事讲得与众不同，讲得别有意味。他尊重生活的日常化和那些隐秘的存在，任由虚虚实实的生活本性来左右他的叙述。他的小说既针脚密实，又故意不停地留白，如同中国画的知白守黑，留白是为了隐含或诉说更多的内容，提升小说的空间力量，强化阅读的动力。中篇小说集《如鬼》共有7个中篇，都是独立的作品，但其中都以"敬畏之心"暗结关联，并以此构筑他的小说景象。他行走于生活丛林之中，感受"敬畏之心"的压抑、骚动和出击，冷峻地注视人们是如何被"敬畏之心"搅得心神不宁而又无法舍弃的。张庆国的小说以诡异的叙述破解了生活的诡异，在凝重中澎湃了小说之于生活的审美力。

张庆国善于把握小说的节奏，刺激我们的阅读欲望。他总是以叙述的张力暗示或提醒我们有事要发生，但这些事一直在前面某个地方，让我们可望而不可即。《黑暗的火车》中，自牙医赵明一上火车，我们就感觉故事开始了，快有高潮点了。如果不是最后赵明被杀，这篇小说好像就没有一般小说的"料"。然而，我们偏偏就在这期待中获得了阅读的快感。赵明和我们一样，也想在出差期间遇上些好事，尤其是艳事。只是他在被欲望挑逗的同时，又不愿意承担风险。欲望和敬畏在来来回回地博弈，我们的念想跟着他们的态势起起落落，阅读就在这样的路上亢奋地前行。在《水镇蝴蝶飞舞》中，张庆国以"我"为叙事者，让一个又一个空白充斥于叙述中，生成了众多的谜团，让水镇里发生的一切如水一样自然流动，浪花与旋涡不断，无数的水草潜在水里若隐若现。我们的阅读，就这样被张庆国赋予侦探或窥视的冲动。"我"、潘老师、琴师柳生宝、船老板和牛医生，都以各自情和欲的诉求与青丝纠缠。青丝这样一位素女似蝴蝶上下翻飞，摇曳多姿，把水镇的空气搅动得时而清纯时而浑浊。她善良但更功利，现实让她只能以身体满足欲望和治疗的恐惧。到后来，她已不相信爱情，依附一个男人只是为了逃离。她因为不堪敬畏之重，所以身形轻盈，逃离得迅速。然而，这何尝不是另一种敬畏的体现呢？

不管我们是否愿意，"敬畏之心"总是与我们的生活如影随形。文化、伦理、情感、生命和大自然，都是我们需要敬畏的。出乎我们意料的是，张庆国在许多作品中，并没有张扬如此的敬畏之于人生的价值，而是为"敬畏之心"唱起了挽歌。《菊花堂》中的老黑因为无私地保护女朋友而坐牢，而女朋友无情地离他而去。《黑暗的火车》中的赵明被杀也源于他的怜悯。《钥匙的惊慌》中的李正，好不容易升腾起管闲事的正气，想揭穿王老板骗女孩子的行为时，就被联防队员暴力抓捕。《如风》中的陈刚对爱情抱有纯真的信仰，但女朋友竟然弃他而去。而那些把敬畏抛在身后或驱逐出心灵的人，却在生活中如鱼得水、如愿以偿。张庆国以如此绝望的方式祭奠"敬畏之心"，显然是让我们在无尽的痛感中反省。

如上所述，张庆国坚信，人一旦失去"敬畏之心"，即便追逐欲望的步子轻快了，但总有一天会转身捡拾那些增添生命质量和让灵魂舒展的"敬畏"。《如鬼》正是这样一部作品，这或许也是他以此命名小说集的原因所在。二叔成年后在外求学、步入仕途。为了升迁，他很少回老家，对亲情也相当淡漠。父母过世，他没回来，也从没带媳妇回过老家。但他把老宅看得很重，这是对于生命之根的一种敬畏。在他生命快要结束时，欲望已经成为往事，对生命和灵魂的敬畏成为他的唯一。所以他要为父母迁坟，以一种象征方式回归故土，安放魂灵。事实上，《如鬼》中的人们都是有某种敬畏的，只是在抓狂欲望或被欲望裹挟时，这些敬畏时而被压在内心深处，时而像星光那样闪烁，时而会强劲地干预他们的情感和生活。

张庆国给予生活以丛林意象，平实的日常生活有风景、有法则，也潜藏着某些不为人知的东西，让我们心生敬畏。这让他的小说如丛林一样的光怪陆离，神秘莫测，光明中夹杂阴湿，灰暗里透出一丝丝的光亮。

书名	红滩涂
著者	赵峰旻
体裁	长篇纪实小说
版别	北京燕山出版社 2022年1月

这里的沧海桑田只在百年间

黄海之滨的滩涂地，在海浪和涛声的伴随下，每天都在变化，日复一日地向大海延伸。这片具有神话气质的土地，让这里的人们充满浪漫主义气息。生长于此的赵峰旻洞悉了其中某些隐秘的关联，将大地与行走作为长篇纪实小说《红滩涂》的关键词。值得称道的是，大地与行走并非独立或互为背景，而是外在生活与内在精神互为对方，继而凝为一个生命体。赵峰旻以扎实和细致的采访，走进原型人物裕贞的日常生活和情感世界。更以宏大的视野，在历史风云和大地风物流变中，观察和体味人生的悲欢离合，书写岁月与乡村的百年之巨变。

一个人的故事，隐伏共有的集体记忆

《红滩涂》以裕贞的百年人生为叙述主线，展开了历史、生活、革命、爱情、自然生态等众多元素融合性的大叙事。裕贞是位特殊的女性，有着极为丰富的生活经历和传奇人生。裕贞与赵又廷青梅

竹马，到了谈婚论嫁之时，裕贞被殷家抢亲，嫁给了殷国礼。因为偶然的场面，赵又廷误以为裕贞虽是被抢亲但婚后生活很快乐。时隔多年后，两人消除了误解，守着各自的家庭，又为国家和人民的命运而并肩作战，而且两家的几代人一直都相处得很好。裕贞的情感生活在善良的底色之上显得极为微妙。她与殷国礼的婚姻开始时是野蛮的、不幸的，但面对殷国礼的不知情以及善良，她又不愿意伤害殷国礼。对于赵又廷的那份爱，她又一直割舍不去，但也没有浮于生活之中，而是深深地埋在心底，渐渐化为爱情与亲情相融的一种特殊的情感状态。这种人生体验属于她，也是无数人情感世界里或多或少的某种投影，继而还是关于理想与现实种种沉浮的隐喻。裕贞的情感生活和处理方式，彰显我们人生的某些图景，抚摸我们内心的某种悸动。

这是一个人的故事，又在铺陈数个家庭以及众生的生存滋味。人们从战争走向和平，从贫困走向富裕，不断在抗争，在阔步向前，生活发生了前所未有之变，生存体验、生活经验和情感精神日益丰实且有多向度的求索。古老的乡村文化与现代的时代精神如白天与夜晚一般，各自有所坚守，又真诚地交融。一切因日常生活而生，一切又回到日常生活。

《红滩涂》中的滩涂之红来自一种名为盐蒿的植物。此物耐碱力极强，喜盐碱地，向海而生，常常被浸泡于海水中，秋天通体火红，把滩涂铺漫得满目绚烂。这现实的盛大景况，对这片土地及人们的生活，是一个巨大的象征。仅仅百年，沧海变桑田，盐民、渔民成了庄稼人，从与大海打交道变成在田间做农事。仅仅大地自有的变化，就时时改变着人们的生活方式，不断地修改人间万象。人与大地的关系，在这里表现得尤为密切。

众声喧哗，只为那生命的最强音

　　作者赵峰旻潜进历史深处和生活的细部，其目的是要倾听生活最平实的呼吸，真正呈现生活中一些本质性的存在和万变之中的恒常。因此，她运用多视角的方式结构纪实文学，拓展叙述空间，夯实叙事密度。主体部分，在全知视角下展开，既有波澜壮阔之势，又有细腻婉转之味。有关裕贞的一些隐秘片段和内心景观，则以自传式的自述口吻或者自我私语的方式进行，间或有其他当事人的讲述，张扬了现实的本真性和生活的原生态。有时，赵峰旻接管叙述，或是采访者或是自我的生活者，在时空错位与跳跃、生活的内部与外部等诸多路径中自如切换，最大可能地进行立体性叙述。在结构上，赵峰旻熟练运用小说的手法，通过整体性的建构和灵动的组合，在对比和凝望中形成基于生活真实的冲突。这使得纪实文学在尊重生活节奏和走向的同时，以文学性的方式应和人物内心复杂性的闪回与共时，从而复原瞬时感受的强度，勾勒隐于生活内里的精神脉动。

　　《红滩涂》这种众声喧哗式的叙述场域，将全知视角讲述、人物言说、作者感受、大众在场式的体验等调和为一个整体，极大地还原了生活可感可知的鲜活，浓郁了之于人性和生存的共情共享。而这之中，对方言的运用，更令人印象深刻。就大众的阅读感受而言，《红滩涂》似乎是将极具地域特色的方言进行了有机植入，其实不然，通篇基本上就是本色地展现了日常生活中的话语。《红滩涂》所在的江苏东台，因介于扬州、泰州与淮阴之间，方言融合了泰州官话和淮扬语调。《红滩涂》中人物的家乡堤东，是典型的移民之地，从四面八方而来的移民在此生活，长则几百年，短则几十年，故乡的语言基因还或多或少地存在。渐渐地，这里的方言既有普通话的框架,又掺杂一些土话,尤其是社会交往的话语,韵味很浓,土语点缀其中,但又努力接近普通话。如此杂糅的语言,鲜明地表现地域文化的个性,指涉当地人们生活的态势和文化内蕴,在社会学和人类学等层面极富意义。《红滩涂》既没有采用书面语言也没有把浓重的方言重度引入叙述,而是将当地人的社交话语作为叙述话语,更多的是在以这样话语的内在成分折射红滩涂上众生的前世今生,极大地发掘和张扬了语言本身所拥有的人文内涵和独特张力。

景物描写,透视人与自然相生相依的关系

《红滩涂》中有许多风景描写,非风景式地描写与抒情,作为生活本身在注视与表述。在当下,景物在许多纪实类作品和小说中被忽视或弱化。这应该不是写作技法层面上的问题,根本上应是我们之于人与自然关系的理解和体味所致,也是我们之于生存文化和精神的某些缺失。在《红滩涂》中,并没有风景描绘通常的用意和表现,眼前所有的一切,都如房前屋后的庄稼。换而言之,无论是在人物的生活里还是作者的叙述意识中,风景不存在,有的只是视大地万物为一种生命行走,是其根本支撑的理念。从这个意义上说,《红滩涂》具有人文地理学的质地,是一部精神还乡的作品,这里的精神是生命的,也是文化的。

当年的滩涂满目蛮荒,虽然是大自然最为原始的模样,但过于狰狞粗野,并非最好的自然之形神。如今,还是那片滩涂,还是那样的原生态,但自然之美好无处不在,生命在其中的人们,多了和美的相处,少了搏命般的撕扯。滩涂上的盐蒿还是那样的艳丽,依旧自在地生长,不同之处是,红滩涂成为难得的风景,愉悦心灵。

曾经的血雨腥风早已消逝，天地间安宁祥和。百年的跋涉，人们从困苦之艰难迈入了小康生活，快乐幸福着。《红滩涂》三条叙述线相互映衬，并肩而行，既成为强劲的叙事动力，又展示了自然、社会和人生三者之间完美的和谐同构。赵峰旻一直在深情地回到现场，走进笔下人物中间，似乎就是他们中的一员，一起行走于生活最为平常又闪光的细节之中，指向的却是关于人生、社会和自然等更深远的思考。这样的思考隐伏于叙述中，不动声色，在不经意间，拨动我们的心弦，引发我们深思。

纪实文学以纪实见长，记录生活的真实是其核心要旨，也是立文之本。然而，这又是极难之举。《红滩涂》以"自然性"写作为底色和形容，遵从生活的朴素与本真，引发生命与大地的自然之力，清晰人物的真实足迹。不臣服于文学的叙述技巧，而是在纪实与文学之间精准定位，尊重人物情感和命运的真实，着力寻找和浓缩人生本质性的节奏，感性把握自然形态之中的动人时刻和有意味的细节。不做作，不粉饰，又善于抽取生活中的朴实元素，捡拾那些闪亮的碎片；写出日常生活之实，写出日常生活中的人物之实。那些理想与奋斗、苦难与困境，只做时间上的压缩，而不夸张和虚构。这是纪实文学的新鲜表达，又是与生命体温一致的自然讲述。

红滩涂的百年蜕变，是地域性的，也是时空的缩影。裕贞传奇人生中的困境与通达、疼痛与欢愉、纠结与从容，属于红滩涂，属于她本人，又是我们每个人心灵的镜中人。《红滩涂》是一部有关滩涂的史诗，是有关裕贞一生的纪实，也是乡村人性与命运、个体与时代的自然性书写。在一定程度上，也是与百年历程同频共振的有价值的叙事。在如何真切地进入生活，如何让纸上生活不失真、不变形，如何参悟人与自然简单又深邃的关系等方面，《红滩涂》具有可供参考的价值。

书名	朝阳警事
著者	卓牧闲
体裁	长篇小说
版别	上海文艺出版社 2018年8月

日常生活的感动

  卓牧闲在创作《朝阳警事》之前，其作品《韩警官》已经获得了很不错的成绩，曾获 2016 年首届"网络原创文学现实题材征文大赛"优胜奖。卓牧闲曾从军数年，离开部队后，多数战友都转业进公安队伍；他却又做了好几年律师，与警察打交道的机会很多。如此一来，他人际圈子里的警察朋友较多。韩警官的原型，是卓牧闲相识的一位派出所所长，因为连续加班 30 多个小时，积劳成疾，永远倒在了工作岗位上。出于对所长的敬佩和怀念，也真切地意识到人们对公安民警的工作生活其实了解甚少，卓牧闲便创作了《韩警官》。《朝阳警事》的创作动因依然来自现实生活的触发。卓牧闲所居住的小区归江苏省海安市公安局城南派出所管辖，社区民警王益娟就这样走进了卓牧闲的日常生活。周围的大街小巷、小区入口处的公示栏，乃至电梯门口都张贴着带有王益娟的照片和手机号码、微信号等联系方式的警民联系海报，加之她又经常来小区走访或进行一些安全防范方面的宣传活动，卓牧闲见到她的频率太高了。有一天上楼，他在电梯里无意中听到两位老人闲聊，具体聊什么记不得了，只记得其中一位老人说下次再遇到什么事，就给城南派出所的王益娟打电话。不用找别人，找王益娟就行！由此，他从被动围观开始主动了解。为此，他对王益娟做了大量细致的了解，已经不是简单意义上的采访或体验生活，而是充满感情全身心地深入其生活内部。

《朝阳警事》的主人公韩朝阳毕业于音乐学院，在担任实习警察期间，因专业不对口、自身思想不积极，从而在派出所不受领导重视，被派往社区警务室工作。社区民警的工作特性，决定其与刑警、特警等参与大案、要案的警察有着很大的不同。他们遇到最多的是"鸡毛蒜皮""小打小闹"的事情，少有大起大落的经历和故事。韩朝阳坚定了"群众工作无小事"的意识，并深切地感受到，之于居民个人，再小的事，也是大事，一定要多做换位思考。卓牧闲零距离地走近人物，进入事情内部，寻找、激发家长里短这些小事里的内在张力。同时，在不为人知的警察工作细节和韩朝阳的个人生活等方面展开有效描述。

《朝阳警事》是一部充满温情的作品。这样的温情在网络虚拟空间和现实生活之间产生了我们所期待的共鸣和共情。更为可贵的是，这部作品尽显日常生活和平凡人群的真心与真情，"让弱小孤寂者也能发出他们的心声"。由社区民警所牵引出的社区生活，虽然场景在社区，但其实是更为广阔的普通民众的日常生活。韩朝阳所管辖的社区在城乡接合部，这里有城市居民区，也有城中村，更有企业、工厂以及商店等服务业。可见卓牧闲的视野很开阔，并以此建构了一个更具典型意义又更平实的民间场景。这样的生活，几乎是我们每个人日常生活中不可或缺的重要组成部分。

可以说，《朝阳警事》其实书写了我们生活底部最密实、最日常的部分。这里是社会图景和民生百态的汇集地和显影地,并以或强或弱、或显或隐的反映与时代呼应。卓牧闲显然充分意识到了这一点,巧妙地将小说生活化,让各行各业的人既带着社会身份和职业痕迹,又最大限度地成为居民角色。围绕普通人的日常琐事、邻里纷争、情感生活、婚姻生活等,在展现"我们的生活"的同时,丰满韩朝阳这一人物形象。同时,敢于直面当下社会热点事件和话题,呈现社会转型期的各类矛盾和复杂的人性。韩朝阳在处理各种警务以及非警务性的民生问题时,社会各阶层、各个职业、各个年龄层次的男女老少随之粉墨登场,"小社会、大剧场",在这里得到了淋漓尽致的体现。在创作的整个路径上,"相处"是卓牧闲的终极关注,而情感的流动和激荡,是他最看重的叙写品质。

小说一开始就讲述了韩朝阳处理一位老太太报假警的故事。老太太是位烈士遗孀,丈夫是在抗美援朝时牺牲的,有两个女儿,全出嫁了,她一个人在陈家集生活。每隔一两个月都要去市六院看病拿药,每次都是乘村里的顺风车去,看完病拿完药就记不得家在哪儿了,随便拉着一个人请人家帮她打110,然后让警察送她回家。第一次遇到这种情况的韩朝阳,认为老太太是真迷路了,而且是头一回这样。送完老太太回来后,与其他民警一交流才知道事情的原委。他没有生气,一句"自认倒霉"就平复了自己的心情。而其他民警善意的哄笑,也从侧面说明大家内心的那份与职业有关或无关的爱民之心。作为数百万字的长篇小说,以这样的故事开篇,一方面是暗示当个小民警,如此这般哭笑不得之事,会很常见。另一方面,更为重要的是给整个作品定下了"温情的底色"。

整部作品还有淡淡的幽默与诙谐,颇有轻喜剧的路数。这样的成分由生活本身所策动,并与生活保持着同一色调,给予生活应有的情感回报。为此,卓牧闲调动了许多的叙述策略。小民警与老江湖、帅哥与美女、大男孩与大爷大妈等在阅历、年龄上的反差所营造的有趣效果。因为误会、小过错以及人性所带来的轻微对抗和剑拔弩张的冲突,当事人似乎处于惊心动魄之中,而早知真相的读者有滋有味地围观,网络文学特有的"爽感"应运而生。这样的幽默与诙谐来自生活本身,具有鲜明的"似真感",其背后是乐观向上的生活态度,以及温情空间的自然流动。

第二辑

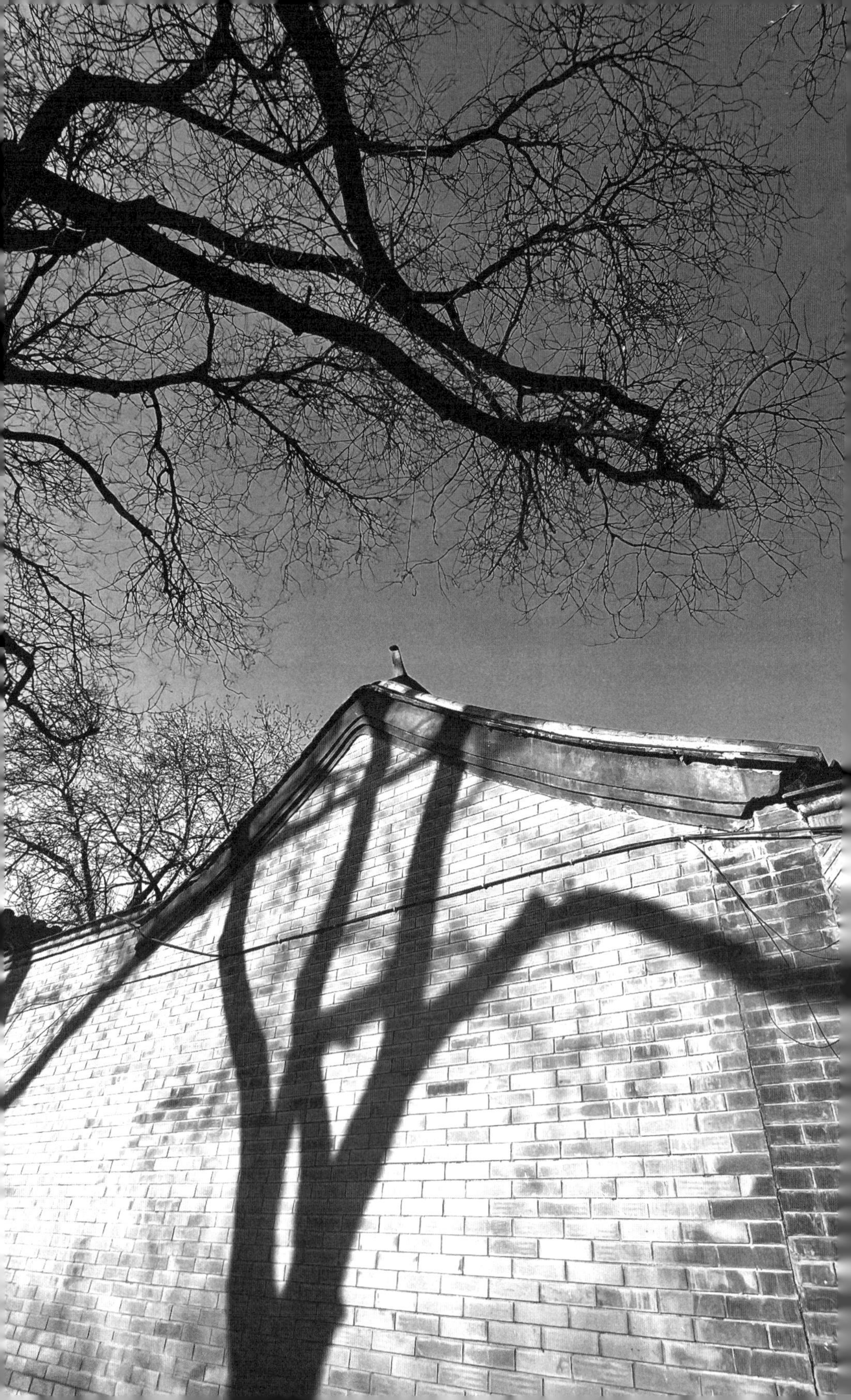

书名	裸原
著者	阿信
体裁	诗歌
版别	北岳文艺出版社 2021年10月

诗意即生命本真的呼吸

阿信长期生活在甘南，并将甘南作为写诗的动力和对象。甘南是一个特殊的地方，是青藏高原东北边缘与黄土高原西部过渡地段，这里介于俗常人生和空灵境地之间，也是多种文化的汇集之地。阿信18岁前的成长期在临洮度过，此后一直在甘南生活，两种文化在其生命和灵魂里相互浸染和呼应。这有别于"原住民"和"过客"的体验与写作。了解甘南、热爱甘南的阿信，找到了笔下诗与脚下甘南的本质关系。其实也就是找到了人与自然的本质关系，发现了诗意的内核所在。他将神秘还原为众生万物的具象，将众生万物的平常引入意象之中，用诗拓展生命，抵达与高原一样辽阔的地方。在他的诗里，人性与神性，已经模糊或消失了边界。我们在他的诗中感受的宏大和坚韧，是甘南高原的，是阿信本人的，也是我们内心的隐秘。

西部之地诗意盎然，且具有独特的品质，在很长的时间里，我一直不能够真正体味。如昌耀的诗，如沈苇的诗，如叶舟的诗，当然还有很多。理论的分析，阅读时的自我理解，自然可以得到许多结论，但都没有直接体验更透彻，更能听到心跳的声音。2016年10月至2019年10月，我到甘南扶贫挂职，在那里真正生活了3年，并走上了习诗之路。甘南的空旷、纯净，最接近大自然的原生态。人在其中是渺小的，因为这样的渺小，我看到了大自然的诸多细部纹理，也遇上了内心潜在的自我。对大自然存有敬畏，佛性禅意便会油然而生。

如前所述，阿信作为临洮人，是甘南的闯入者。昌耀、沈苇、叶舟，当然也包括我，都是西部的外来客。叶舟虽然身在兰州，但对敦煌情有独钟，面对敦煌，他也是外来客。我与他们相比，在西部的时间太短，远达不到他们的体验深度和心灵的升华。带着原有的生命情感和文化记忆到西部，其实是自我与生命的对话。随着落地生活的时间加长，这样的对话越来越有效。就像阿信，30多年的生活让他与甘南血脉相连。阿信的"远方"是身边的远方，既是远方，也是内心深处的一部分。阿信的诗是与自我的重逢，是一种心灵回乡式的写作。

《裸原》是阿信近年新作的结集，收录1988—2021年的180余首诗作，以新作为主。作品大多以青藏高原、甘南草地为背景。内容主要分为五辑，分别是"雪是宇宙的修辞""那些年，在桑多河边""天地间寂寞之大美""鸟鸣与落日""窗花之忆"，以及附录。对多数人而言，阿信在不断写高原、写藏区，这似乎成了他的诗歌标识。然而，之于阿信而言，别人眼中的坐标已与他的肉身和灵魂融为一体，就像诗人阿信与生活中阿信，再也无法分开。

当然，原先的阿信还在，在新的身份意识里。他不自觉地在诗歌写作中以如此鲜明的身份意识，重构了自我与世界的关系。所谓重构，其实是相对于此前的阿信而言。到了高原，阿信在不断地找回自己。"裸原",当是最为朴素的原野,就像我们内心那隐藏的朴素之地。当阿信找到自己时,便找到了裸原的隐秘,有关众生万物的本质。

阿信在高原上写高原,更能感受到天空的寂静和大地的厚重。进入高原内部,血液里流淌着高原的神秘和生命至情至理的伦理,他注重的是诗与高原的内在关联,而非简单的描述和重复性的强化。如此,阿信的诗,字里行间有关高原风物的书写是沉默的,因高原而来的地域性文化和之于人的精神浸润正日益强劲。

天空的极远之处和大地的极深之处,拥有"安静"这一共同的特质。安静,是声音最后的栖居地。人在安静之中,可能极度孤独,但也可能达到灵魂最为丰盈的状态。正如茫茫草原,生命低调而坚韧,人在其中,眼前一片辽阔。阿信在安静中写诗,并让诗成为安静的一部分,坚守内心,坚实而谦逊地立于大地之上。

《裸原》的时间跨度长达33年,这里有一位诗人重返自己内心原本就有的精神家园的历程。这其实也关乎我们每个人"回家"的方式和心灵收获。

书名	北岛诗精编
著者	北岛
体裁	诗歌
版别	长江文艺出版社 2014年12月

人生之路的诗性表达

  北岛的诗作数量惊人，好诗也很多，《北岛诗精编》相对完整地体现了他的诗作历程和诗歌成就。这本书之所以为精编，一方面是将其好诗精选成集，另一方面把不同创作年代的诗汇于一册，就像一个个坐标，勾连出他的诗歌行走路程。而这些诗，又是他人生之路的投射。

  诗人的创作之路呈现了不同个性的书写，有一些诗人在人生的不同阶段都会有闪光的诗篇。这里的"闪光"不仅指精品之诗，还指带有明显的时代印记，更为重要的是，闪烁着诗人一路成长而来的灵魂呼吸和人生之思。北岛当是其中的重要代表之一。

  据相关资料，1949年出生的北岛，在1970年因听到别人朗诵食指[①]的诗而大为震惊，便开始写诗。诗人开始写诗，比较多的原因是喜欢诗歌，有表达的欲望，诗在生命中自然生长，在一定之时便破土而出。当然，走上诗歌之路的缘由相当多。比如我，只因一

[①] 食指，本名郭路生（1948—），当代诗坛朦胧诗代表人物。

些照片的配文让许多朋友认为我在写诗，便促使我开始写诗。北岛属于心中早有诗，诗就像潜在大地深处的暗河，但并不自知。虽然我们无法确认当年他听到的是食指的哪首诗，但我们可以想到，那首诗强烈打动了北岛，更是打开了他心中的诗歌之门。

蕴藏已久的话语被激活或放任，加之二十来岁的青年与世界的关系大都是紧张的。这时候北岛的诗热烈、激昂，带有躁动与反抗。他是朦胧诗的代表，而朦胧诗更多指向的是表达方式，就表达内容和效果而言，北岛是尖锐的、独特的。对此，他的笔名得到充分的验证。诗人、作家的笔名，有不少带有明显的用意和心念。说别人会显得唐突，拿自己说事最妥当。我当年第一次到北京，也是所到之地的最北方，就读的解放军艺术学院在白石桥路。在我们老家方言里，"白"与"北"的发音几乎一样。那时，我已经决意要在北方生活下来，从南方到北方，在如此大的反差之下，我得像乔木一样坚韧起来，这样便有了我的笔名。在写这篇文章时，我并不知道北岛笔名的由来。查了一下资料——"1978年北岛与芒克等人创办《今天》杂志。1978年初秋一个晚上，北岛和芒克、黄锐在黄锐家的小院里喝了点儿白酒，北岛提议要办个文学杂志，于是《今天》诞生了。北岛的笔名也是因为《今天》的创办而来的。当时北岛和芒克创办《今天》杂志，觉得自己应该有个笔名。有一次两人在晚上骑车，芒克无意间想起北岛是个南方人，但是一直生活在北方，那时候北岛出了一本诗集叫《陌生的海滩》，里面也提到很多岛。他是那种外表看起来挺冷、挺独立的人，芒克觉得叫'北岛'非常合适。"现在看来，"北岛"这个名字依然恰如其名。尤其是在诗歌大海之中，北岛的成就已经成为一座岛。

我们常说四十不惑。此时的人阅历已经很丰富，心智上已经成熟,风雨与彩虹都已看过,一切似乎有了路有了收获。但在这一年龄段,人生又是最困惑的。预期的梦想没有实现,人生的爆发力开始减弱,所有的稳定都值得怀疑,所有的收获都隐藏着巨大的失落。这时候的北岛,更是如此。度过了青年期迈入中年期,北岛开始漂泊。这样的漂泊不仅是肉身的,更是精神上的。年轻的锋芒开始模糊,脚下的路看似有了方向,其实处于迷茫之中。漂泊,是一种寻找的方式,寻找世界的真相,寻找自我的心灵安放。这时候的思考大都处于迷乱状态,想了许多,也想得很深入,但总是无法让自己通透。在诗歌的书写上,经历了一定时间的创作实践之后,也面临着突破。所以,这个时期北岛的诗歌是庞杂的,带有明显的各种尝试。当然,这样的尝试比他早期的个人化更有诗歌上的充足准备和积累,因而更具自觉意识和主动的文学性。

结束了漂泊,北岛进入从容之地。一切都在回归之中,回归被风尘荡涤的灵魂,回归安静的自我,重新审视人与世界的关系,在平和之中思考人生之要义。北岛的诗豁达起来,但这样的豁达并未减弱其情感和思考的深度。情感上的空灵,哲性的通达,在对母语的深度体验之中得到另一种境界的诉求。诗歌与人生依然相互浸染,诗歌的力量在辽阔中更重探察,在柔和中更有韧劲。如烈酒般的诗,可令人亢奋,增添勇敢和豪放之气。这样的诗,我们自然需要。而似茶一般的诗,只要怀着真情去细品,会让心境平和、静谧,步入开阔之境。当我们焦灼时,被各种烦恼纠缠时,读读北岛的诗,是一种极好的情绪舒展和心灵按摩方法。

读到许多北岛的名句,大多都出自《北岛诗精编》,也是很好的佐证。有些诗人的诗,我们读一首便可。面对北岛,我们显然做不到。他的诗有时代的缩影,这样的缩影与人生的不同阶段形成呼应。他的诗，时时都贴合生命的回响。这样的回响是他的，也是我们的。年轻人读北岛中年以后的诗，可以在词语中抵达人生可能的未来，也可以观照当下的境地与心情。同样，中年之后的人读北岛年轻时候写的诗，不仅可以回望自己的曾经，还可以对当下有更多的体味。

近些年，北岛诗写得少了，散文写得多了。如此一来，这本2014年出版的《北岛诗精编》，对于了解北岛，乃至回望当代诗歌都显得特别重要。研究中国当代诗歌，我们无法绕开北岛。爱读诗，甚至喜欢读书的人，不读北岛的诗，总会少点什么。这样的少，包括经由北岛的诗，给自己一些空间，展开自我的交流。

书名	爱在流火七月
著者	蔡诗华
体裁	诗歌
版别	中国国际广播出版社 1999年10月

在爱的圣土上踢正步

战争是军人的冷血父亲,军人的生命自始至终依附着它(眼前的和明天的)。狂啸厮杀的战场上,血是冷的,兵器却是滚烫的,生与死的抉择是冷酷无情的,战壕里流动着血腥。即便是和平年代,军人的表情也写满了冷峻、庄重与神圣。这让一些人片面地认为军人的情感似枪管一样冰冷。那就读一读蔡诗华的诗集《爱在流火七月》吧。这本诗集是蔡诗华和千万军人在情感圣土上的操练时,飘荡在空中的吟唱,是渗入坚土的泪血。

军人,首先是人,然后才是军人,"军装/便衣/只是人的外形的粗笔/绝不是刻画人的重要标记"(《我还想创造我自己人》)。军营是雄性的世界,颇有些阴阳失调,战争让女人走开,军人却无法让女人走开,军人在经受战争洗礼的同时也在渴望爱情的滋润。如此一来,爱情成了军人情感战场上的主攻目标。只是更多的时候他们的双手需要紧握钢枪,正如"自古英雄无不有着一种卑微的情感/只不过他被崇高的理性与神圣的光环遮掩"(《爱,更是鼓动太阳图腾的摇篮》)一样。《爱在流火七月》,以军人特有的粗犷、炽热、激昂、坦诚、勇敢地在枪林弹雨中冲锋的秉性,淋漓尽致地抒发了军人对爱情的渴求、向往,在爱情之路上的瞄准、拼杀、挺进,尝尽像爬雪山过草地那样的艰难,依然执着地坚信"青山不老,缪斯不移"。

军人这棵绿色之树离不开爱情的养分,爱情是军人披挂上阵抑或军旅行走时必备的干粮,因此军人急切地想拥抱爱情,"缪斯的无声血泪哟／一次又一次地飘浮着／飘浮着／我的人生航标／并慢慢地驶向／你我情爱的海洋／去享受自我的阳光／自我的月光"(《爱你,是别无选择的》)。为了收获一份爱,"军人可以抛弃功名权势走进你的黑暗与梦幻"。这是一种率真、质朴,更是视爱情为生命、为灵魂的忘我与超越。在这里,我们读到了诗人和军人一体的心灵的内页,让我们为自己只是看了军人这本书的封面,而不愿或懒得翻开这并不太厚的书页,用心灵去触摸军人生命的原生质感到羞愧不安。

军人一旦得到爱情,便会站到情感的制高点,迎着阳光、迎着山风舞蹈欢呼,"苛刻我吧,我的知音爱人"。他们会像枪忠诚于自己一样忠诚爱情,"会把你的红颜吻成像章／戴在我胸前／别在我的心中"。这份痴情,这份迷狂,在这物欲横流、爱情被折价大甩卖的时代,显得尤其清澈、纯净和珍贵。

爱情犹如一枚硬币有着正反两面,一面是欢快愉悦,一面是挣扎痛苦。诗人蔡诗华和许多军人一样,在战场上可以所向披靡,在情场上却常常手足无措。爱情无法像枪口那样浑圆,子弹也常常威力甚差,非但射不中那高傲的心,反而使自己身上留下了一个又一个爱的枪伤。备受煎熬的军人,在苦痛的沼泽地里力搏,有过消沉、失落,但军人永不言败,决不会停下脚步。抚摩伤疤。军人没有怨言，没有仇恨，心中升腾的是祝福、是祈祷，"从而，我只好粉碎／变成一片诱惑的森林／只愿心中的日月星辰／早一刻在我肩上升起"。

捧着《爱在流火七月》，她与我无言地交谈。她的倾诉，时而喃喃自语，时而高声呼喊。我只是默默地坐着，因为我被击中了。我仿佛看到诗人在深夜用闪着寒光的刺刀挑破血脉，热烈地注视着鲜红的血喷涌而出。这不仅仅需要勇气。

"我以为真正的诗是生命与灵魂被外界刺激、撞击后浑然一体的飞练，创作是无意识的冲动，其灵感是以后找也找不到的美丽而尴尬的梦幻"（后记《永远的感激永远的念想》）。是的，好的诗不是正襟危坐写出来的，而是从生命深处自然流淌而来的。真正的诗人，不是那些手握一支笔铺开一页稿纸时说自己是诗人的人。我们有着太多太多写诗的诗人，而不写诗的诗人太少太少；我们有着太多太多会写诗的诗人，而不会写诗的诗人太少太少。

我走进《爱在流火七月》，蔡诗华却像鱼滑进河里一样消失了。在我的面前，一个赤裸裸的灵魂在爱的圣土上踢正步，一步一动间飞扬着虔诚、真挚、坚韧和坦荡。

书名	拥抱你贺敬之
著者	蔡诗华
体裁	诗歌
版别	中国文联出版社 2002年4月

繁华落尽现真醇

　　诗歌进入多种话语共存的时代，一个最明显的路标莫过于平民化。当年，周作人在《平民文学》中说："平民的文学正与贵族的文学相反。但这两样名词，也不可十分的拘泥，我们说贵族的平民的，并非说这种文学是专做给贵族或平民看，专讲贵族或平民的生活，或是贵族或平民自己做的，不过是说文学的精神的区别。"不可否认，诗歌的多话语凸显，正是向诗歌精神探寻的指向性姿势。诗人们在巨大的思想危机和生存危机阴影之下，以自己的心灵和各具个性的方式，在寻找诗情、诗心、诗性和诗魂，重新营构已失落无几的精神家园。应当说，蔡诗华的诗集《拥抱你贺敬之》是一个值得关注的个案，让我们触摸到诗人跋涉在找寻诗歌精神之路上的目光、足迹和来自心灵的血性。

　　一位诗人以102首诗为集来拥抱一位当下的诗人，这在我的阅读视野内，蔡诗华首开先河。尽管诗人当以勇气为先，尽管失去了勇气和力量内核的诗歌就是一堆腐烂的文字，但仅以勇气来理解蔡诗华的这种超乎寻常的行为，显然是苍白无力的，更难以抵达诗人的内心。诗人作为时代最高处的代言人和时代的远眺者，需要更多的智性，更强的对生命本质的洞察力，更深切的终极关怀。

"拥抱一个英雄诗人，更是拥抱一个英雄时代。"这是诗集的题记，也是诗人先声夺人的独白。我不知道这是诗人创作前的动机，还是在写诗过程中感悟出来的。初读此语，我感觉这样的独白是多余的，尤其是放在题记中作为安民告示，恰恰说明诗人或多或少对自己的拥抱表示犹豫和不安，诗人的底气尚有虚弱的软穴。当我随着诗人进入他的词语丛林，聆听他的呼吸，他的心跳，他的血液流动的声音时，我想诗人是在动笔前写下这个题记的。我坚信这个判断。创作前的酝酿，诗人需要一个路标，是的，一个引领他走下去的路标。他是怕自己迷失了，还是担心到达不了彼岸，我不得而知。我所知道的是，诗人启程后，渐渐地让负担和不安从心头淡去，直至将它们远远抛在了身后，随风而去。这一刻，诗人的动作不再是拥抱，而是畅游在另一位诗人（自我）的精神海洋里。投入，自如，自信。

我不认为这部诗集是由102首诗篇结缀而成，在我看来，这是一首长诗，一如一江春水向东流。是的，是一江春水，无论是平缓还是激荡，总是深含高昂的情绪。情绪在流动，发出叩击灵魂的声音，迈着奔向大海的脚步。在这强劲的生命力中，我更多地体味到春水的骚动和不安，这来自诗人的焦虑。进入全球化的时代，焦虑进入我们这个社会，这个时代和文化场，更冲击着生存其中的人们。我们在阐释焦虑，在焦虑中阐释。当蔡诗华在焦虑中拥抱贺敬之时，焦虑越发强烈且肆虐。他因为焦虑而拥抱贺敬之，拥抱贺敬之后，又产生了更大的焦虑。如此一来，蔡诗华由拥抱转为诉说。拥抱是一种亲近，一种渴望拥有的举动，这样的精神皈依是单向度的移植。

而诉说则是在寻求对话，以获得对精神的理解和汲取，进而让精神与自己的生命和灵魂融为一体。

是的，《拥抱你贺敬之》并非为贺敬之歌颂。当然，作为一个时代的精神强者，作为影响了几代人灵魂生活的诗坛大将，对贺敬之以一部甚至几部诗集或其他样式歌颂都不为过。至少我是这么认为的。蔡诗华是在接近贺敬之的诗歌精神，是在以贺敬之的诗歌精神为参照和良知指数，清洗和重塑自己的诗歌精神。在这部诗集中，除去极少的几篇提到贺敬之，并表达了一个晚辈诗人对长辈的敬仰和爱戴，其他的都是蔡诗华对世界、对社会、对民族、对国家以及对人生的情感的极限体验和理性追问。贺敬之的诗风潮湿了他的生命，贺敬之的诗歌精神滋养了他的灵魂。如果非说这是拥抱的话，当是精神与精神的亲密接触。

让诗歌进入日常生活，或者参与日常生活，这远不是什么平民化的举动。诗歌的平民化是能自由地进入日常生活，而后从容地走出日常生活，摆脱"小我"，越过人类的头顶，进入哲性的思索，最终再将诗性的光芒洒向人间。蔡诗华曾说过："我以为真正的诗是生命与灵魂被外界刺激、撞击后浑然一体的飞练，创作是无意识的冲动，其灵感是以后找也找不到的美丽而尴尬的梦幻。"是啊，诗是人类最大的梦，生命最纯粹的梦。梦，是虚幻的，涌动其中的是精神，一种人类不可或缺的精神，是真实而坚硬的。

《拥抱你贺敬之》给我的整体感觉是，如果你崇拜贺敬之，那么你一定会为蔡诗华的真情实感而震撼，自然也就对《拥抱你贺敬之》有一份期待已久的感动。

书名	祖国之秋
著者	曹宇翔
体裁	诗歌
版别	人民武警出版社 2015年3月

诗歌其实可以很生活的

不管有没有诗歌，我们生活里常伴有诗意，或显或隐或浓或淡地与我们相依相伴。诗歌与诗人的关系，那是诗人和评论家的事，与我们无关，我们只关心诗歌是不是愿意做我们生活中的亲朋好友，诗歌是否还保持着作为诗歌的那些品质。曹宇翔以《祖国之秋》告诉我们，诗歌一方面很高贵，另一方面又能亲密地走入我们的日常生活。他以对传统文化、人性力量和母语之美的极度信任，坚定对美好的挚爱，在怀旧和寻找中与现实生活展开持久对话。曹宇翔怀揣博爱之心和虔诚之意，唤醒文化之灵；以寻找的姿势否定固有的定位，重建精神之塔；以诗歌的行动参与生活，回报生活。质朴、纯美的话语，清新、空灵的意象和对乡村无尽的依恋与赞美，构筑其诗歌的外在。文字之下流淌的是其真性情、真精神，纯美之下略带伤感的情绪体现了他对生活的亲近，灵魂的倾情吟唱犹如乡村那自然温柔而又清脆美妙的小河流水声。

《祖国之秋》几乎汇集了曹宇翔所有的诗歌精华，记录下诗人的心路历程和一路走来的创作理想。在诗人中，他相当具有个性。

他不热衷于在一个又一个诗歌圈子里晃来荡去，也不打造热闹的诗歌江湖，只关注写作本身，只关注诗歌本身。在他看来，诗歌许多时候应该是安静的，不需要做咋咋呼呼的旗帜。他的诗歌就像一个淘气的孩子，在一个人的时候，是那样地安静、清澈和朴实。他不玩玄奥和晦涩，也从没有高高在上的张狂，只努力地让诗歌与日常生活知心而和谐地相处。在主题诗《祖国之秋》中，他任由心灵与祖国进行自然而真诚的对话："用歌声迎接大地起伏的歌声／在澄明的秋天你看见所有人民／城市、乡村、太平洋的波浪／甚至看到你远逝的童年，祖母／干草垛，一个孩子摇响铃铛。"新鲜的生活气息之中，又有着诗歌独特的情感和内涵。当我们高声朗读时，这仿佛已不是曹宇翔的诗，而是发自我们内心的话语和向往。他的诗歌就是这样朴素通透又不失明亮与雄劲，其语言朴实无华，不故作雕琢，一如乡野的庄稼，自自然然地生长，美妙丰盈。他凭借深厚的传统文化之功，以心灵养护诗歌，那些词句应和生命的节奏，从心田深处悄然流出。在看似易识好懂的背后，他的诗语其实有很强的张力，并由此营造了化境之美。同样，但凡诗歌的种种韵律、修辞、象征等技艺，无时无刻不驻守于他的诗行之中，只是因为浑然一体，不事炫耀，常常让我们难以察觉。

　　画面感和众所周知的意象，是曹宇翔诗歌最为显著的特点，也是他对诗歌本质性的阐释。他以强烈而通感的画面，让我们感受到诗歌贴着大地飞翔的姿势。"翠谷底，拉萨河碧蓝的映照里／盛开的油菜花，金黄一片／羊群，花母牛，细小的炊烟／村庄五颜六色的布缕临风招展／宛若平原农民在麦场翻弄麦子／似乎要把世上的风一一找遍／你说，那叫经幡。"（《名叫油菜花的驿站》）曹宇翔的诗歌定位于生活的原生态再现，以写实性的手法精心抚摸视野之中的天地万物，芸芸众生。"我听到我一颗游子心怦怦跳动／干草垛，在寒冬的原野上／一阵暖意抱住了我。"（《干草垛》）成长的风景、生活的细节，因他的用心、用情而得到清晰的还原，既精练又不失真。而当我们进入意象之城，这样的诗句又让我们解读出更多的滋味。生活之中的感动和碎片，由于他的有心和敏感，在他的心灵上烙下了无数的印迹，并在时光中得以永恒。

与曹宇翔的诗歌相拥，我们就如同回到大自然，没有人造景观，没有生硬的钢筋水泥，有的只是在阳光下的植物和生灵、原生态的色彩和线条以及青山秀水般的情感，与我们的心灵和文化根系和谐共处，美得那样的天然而饱满。以诗化的语言讲述日常化的生活，用诗性的思维处理世俗之事，需要很高的艺术把握力。曹宇翔显然具备了此种能力，这才有了他凝练、通畅的审美与真实、富于质感的生活讲述。而那些熟悉的意象直达我们内心的审美，这样的审美是文化的、民族的，也是中国的。这样的诗歌让我们真切地体会到，诗歌其实可以很生活。

书名	母亲的北京城
著者	陈克锋
体裁	诗歌
版别	中国文联出版社　2022年2月

肉身的漂泊与灵魂的故乡

　　读陈克锋的诗集《母亲的北京城》，倍感亲切，共情是自然而然之事。这源于我俩都有乡村人的根脉和异乡人的漂泊。我相信，生活者陈克锋、诗人陈克锋以及其诗彼此共生，却又各自独立。不需要质疑，因为所有的诗歌写作本质上都是如此。问题在于陈克锋的诗歌态度以及表达的方式和内核，是建立在质朴与真诚之上的诗意，并在日常生活的不经意时探入生活的内部，直至省察某种本质性的存在。陈克锋的写作鲜明而诚实地表达诗人与现实生活的关系，这与其说是一种技艺，不如说是遵从了情感的指向，并由此荡漾诗性。

　　诗总是从生活而来，这应是无可否认的事实和文学规律。我们需要考察的是诗人书写的过程和呈现的品相，最终感受诗人对生活的个性化表达和审美精神。而对于陈克锋，我们更要关注其创作与生活的关系。换而言之，作为生活者的陈克锋对于其诗歌的意义显得尤为重要。我没有见过陈克锋，也没有读到过与其相关的生活资料，我读到的只是这些诗。但这已经足够了，至少我是这样认为的。

陈克锋是一位背着故乡的生活者。他的故乡是亲情的化身，是宽容且细致、渺小且温暖的载体。无论是可触及的具象生活，还是走进诗歌的梦境生活，他一直在生活中，感受并感恩生活，他随时随地都融在生活里，无论在什么状态中，他始终与生活平等相处。他来到了远方，但他的内心仍在故乡。这样的人生，不是他自我边缘化，而是对自我最为本真的指证。他的诗歌写作，不是所谓的"精神还乡"，而是在抒发和清晰这一指证。我相信，他写父亲、写母亲、写大城市背景的小生活，是在与故乡，也就是内心深处的"我"对话。虽然他也常常遥望家乡，但更多的时候，家乡就与他生活在一起，或者说，他和家乡一起来到了远方生活。

陈克锋如此的生活性情以及由此动力生长的诗歌，其语境和情境有了清新脱俗之品格。在他的诗歌中，没有虚构故乡当下的焦虑和转身之后的乡愁，也没有与现实的激烈对抗或格格不入。不可否认，隔岸或怀旧式的乡土叙事，漂泊中遭受的挤压和排他，以及上升到文化层面上像油与水的分离状态，不仅是诗歌书写的现代性场域，也是现实的真切。对原生的无奈阉割甚至彻底的弃绝，漂泊如利刃在肉体和心灵上随时制造伤口，乃至在文化浪潮中喘息或窒息，已经带有一定的普遍性。诗人的疼痛和呻吟，增加了诗歌的尖锐性和深刻性。诗歌在呼救，在呐喊，在撕裂那些从未愈合的伤口。生活仍然在继续，也只能继续。是不是可以这么说，这样的诗歌，是在释放焦灼和不满，获取心灵的安宁；是在振臂高呼，寻找他者的支援。这当然是诗歌的重要使命之一，也是诗歌极具要义的价值所在。但之于生活、之于诗歌，应该还有别的指向和担当。如此，陈克锋的诗歌如和风清流。《迷路的孩子》是一首极好读的诗，有着易懂但又不乏深刻的寓意。我愿意把从乡下来的萝卜看作进城的陈克锋，那些泥土本是乡村大地的一部分，也是生命和文化的精魂实体。在这里，没有小人物的哀叹，没有底层叙事的纠结与愁绪，日常生活以本来的面目登场。这是日常化写作的平常之处，不平常之处在于诗人的情绪与释怀，还有历史观照之下的绵延与重生。陈克锋几乎不做宣泄或抗争性的言说，只关注如何将现实打开通道，为背井离乡的生活探求出口。这不是对现实的屈服，而是怀着积极之心行可做之事。黑暗中的星光，陌生里的温暖，压力下的鲜活，我们总是要与生活和解，积攒和受用点滴幸福。正如那些破碎的玻璃，在阳光下依然是一片又一片的明亮。生活当如此，诗歌也应有此奉献。正因为如此，陈克锋才会从"我经过馒头摊点／看到她望着缥缈的远方／轻轻地，笑出声来"。这笑是"卖馒头的女人"的，也是陈克锋的，这时的陈克锋是生活者和诗人的合体。他自信地书写个人经验，坦然地进入公共生活领域，精神或神灵已化入生活之中，他可能随心地从生活中发现和描述那些久违的神性与灵性。我们可以说他是在缝隙中发现和品味阳光，也可以说他能够处理生活中的疼痛与温暖，并将带有体温的诗歌传递给我们。他不只是"为千万北漂者举笔／写下一小片阳光"，更是为所有的我们柔化了坚硬。这正是陈克锋的脱俗之处。离开当下诗歌世俗的表达，回到生活俗常的精要。

爱尔兰诗人谢默斯·希尼曾说："我愿意把技术定义为不仅包含诗人处理文字的方式，他对格律、节奏和文字肌理的把握，还包含定义他对生命的态度。"我们无法回避诗歌的"言说"，尽管有些尚处于神秘地带，无法言说明了。可以肯定的是，诗人的言说，是相对独立的生命体，有着个性化的文字腔调和行走姿势。这涉及异化想象力等天赋，也关联到生命的特质和与众不同的阅历与体验，等等。路径极为复杂，甚至随处可遇黑洞。但言说的面貌以及抵达的可能相对容易体察，因为这得益于我们阅读的直接感受和深度体味。陈克锋的"言说"颇具返璞归真之风，富有情怀的生活真实感和沐浴现代性的责任感。在雅与俗、清澈与深奥之间，陈克锋不动声色地展开了言说的冒险之旅。因为阅读上的偏爱和情感上的自然认同，我喜欢这样平易近人又内涵隐约的言说。相信这样的言说，来自陈克锋对于生活的体验以及内在情感、精神的随性策动。他所做的是凝视或回味生活中的某个瞬间、某个细节、某个场景、某个片段，然后平实而又艺术地再现。是的，他将进入生活与进入写作进行了有情有意的统一，发现、提取、保留或呈现了生活原生性的神性和意境，我们感受到他对生活和对诗歌同样的敬重与膜拜。他的诗歌注重叙写情节和画面，充满生活表层和潜藏的动感。好的诗歌有很多种，清汤寡水抑或虚无缥缈的神迹，再或难读难懂的晦涩，固然有其价值，或不具价值，但质朴之中有厚实的，总是美妙的。读陈克锋的诗，总会让我想起乡村里的智者谈古论今，言语平实，看似波澜不惊，可以像过堂风一样飘过，但又经得住琢磨，像田里的庄稼、河边的野草，感觉俗常，但停下脚步，感动会随之而来。我相信陈克锋心怀敬畏地打磨过词语，斟酌过语气，他这样做的意义在于，找到了与生活的内在如血脉般的联系，在乡村的过去、自我的当下与生活的明暗这三者之间，发现了共通之处。这样的共通，是一种坚守般的承继，也是豁达的接纳与融洽，还有那一片亮色的宽容与悲悯。

我无意对陈克锋的诗歌做出评价，哪怕是纯粹个人化的阅读评估。当下的诗歌面临着诸多挑战，一片喧嚣中的沉浮，既有诗人的突围或自我玩味，也有读者接受的纠缠与调整。就像陈克锋的诗歌，再客观或私人化的认同,似乎意义并不重要,并可能带来无法预测的不屑或指责。重要的是我们以什么样的观念或情绪来阅读,既走近陈克锋的生活,又走进自己的生活,用他的诗在可以实现的安静中与自己如实地对话。可以提出的是,面对这样的诗歌,我们只当"北漂诗"来感受和解析,是不完整的,也会在更广阔的视野丧失或遮蔽陈克锋所做出的努力。我在意的是陈克锋这样一位诗人对于生活与诗歌共有的性情和态度,绕至疼痛和悲伤背后,有时也是直视疼痛和悲伤,真诚而积极地寻觅和咀嚼星光般的温暖与乐观。相信当我们在日常生活和诗歌生活中找到属于自己的交汇点,陈克锋的诗歌写作在一定程度上,就是我们所向往的。

书名	天是真的
著者	陈雨吟
体裁	诗歌
版别	百花洲文艺出版社 2021年5月

月色美好，月光如刀

在我的阅读体验中，"90后"诗人的成长显现出"早熟"的迹象。这里的"早熟"源于我们在年龄层面的经验性认知，是中年人面对措手不及的现状时自以为是的表达。不得不客观地说，他们有着超乎我想象和超越他们年龄的沉稳与深邃。对此，我曾有过片面狭隘的思考，或者说从诗人的成长环境推演他们诗歌的表象与内在。"90后"的成长时代，世界多种文化交织相长，但我们之于文化的自信日益增强，传统的精华，古典的大美，重新充实我们的生活。一切都不再断裂，而是在融合中坚守。他们双脚立于大地，张开的双臂呈飞翔姿势，拥抱着整个世界。应该说，这有别于前几代人尤其是"80后"。当然，这是一个体量庞大的课题，具有现实和诗学双重意义的探讨价值。是不是普遍性的存在，不可急切地下定论，但如果循着这一方向分析和追问，至少陈雨吟的诗歌写作是一个极好的呼应。

天是真的，这是对天的一种自然而又充满诗意的审美表达，又是将"天真"拆解之后的重构，寻常且极富哲理。从词语到书名，陈雨吟的《天是真的》在直白与隐喻间展开无处不在的对立与互化，并以此书写和思考诗与生活的关系。黑夜与白天，现实与虚幻，轻盈与厚重，温暖与尖锐，童真与复杂，美好与疼痛，一切都是如诗的，一切都是生活的，就其本质而言，诗与生活终究是一体的，是两种生命的重叠。显然，这是陈雨吟的自觉意识，并如阴阳相生相依一般体现于她的写作之中。这是她智性与诚实、清醒与勇敢互动性的收获，或许这才是诗与生活共同的本真。

诗集分为三辑，即"天空的记忆""天真在云上"和"语撕裂了言"。在我看来，第一辑其实是这部诗集的序言。诗化的散文，注重于表达的明确和直白，诗意隐于文字背后的灵魂里。第二辑更接近于陈雨吟这个年龄的化境，一个年轻的江南女孩，时而身着旗袍手持油纸伞注视水中莲花，时而素衣装扮行走于人潮中感受那些匆忙。在江南雨中，在断桥上，在青石板铺就的幽深的小巷里，现实生活中的画面源源不断地涌入。而在人群中，诗人又守住一份纯净，滤去喧嚣，浮现的是如心跳般的雨滴和脚步。这里有成长的愁绪，爱的美好与忧伤，以及生活与梦幻的互为言说。诗人在漫步，在转身，或经由天空再回到人间。这样的美好，是情感任性的身影。这里的诗人，多半在自我的人间，执着于自我的成长与感受。而在第三辑里，诗人走进我们共有的人间。不再是独自游走，不再是观望现实，而是进入生活内部，撕开那些困惑、悲愤以及疼痛，直视从缝隙中闪出的锋芒。通透，不是一览无余，而是能看到背面，看到明亮之中的阴暗。陈雨吟的天真在于以词语拂去生活的失真，力图以对抗的方式呈现温柔的另一面，即以温柔之心期望某一天可以与生活达到真正的和解。这样的温柔，是感性与理性的复合体，是有暖意的柔韧。天是真的，暗藏人间所有的真实，关键在于我们能不能看到这份真,并大胆且艺术地言说。因为喜欢诗而写诗,因为热爱生活而进行解剖,珍贵在这一刻得以显现。

  我没有对陈雨吟的某一首诗进行具体的解读,也没有提及她的书写风格。因为在我看来,《天是真的》是一个整体,从装帧到内容,从文字到图画,从质感到重量,如此完整,构成了我们某种想象性期待的诗集。封面上蓝色的天空和洁白的天鹅,很轻很柔,而硬质的封面和内文用纸,捧在手中,沉甸甸的。带有童话般气质和青春气息的一幅幅插图,确实很"天真",但词语的丛林里,处处布满荆棘,那些月光,最终也落在荆棘之上。我知道仅从一本书的外在来言说,有些不够理性,但我又偏执于书的面容来自作者内心的映象,有时是有意之举,有时是潜意识在主导。

  陈雨吟的才华显而易见,之于诗歌的努力也有可圈可点之处。可我认为,这些并不重要,至少不是唯一重要的。诗人的品质和对于诗歌精神的纯真追求,不容我们忽视。准确地说,天赋和责任,当是诗人的双翼。陈雨吟有着某种纯粹,一种真正意义上"天真"的清醒者。对自己、对人生、对现实以及诗歌,始终保持清醒的状态,无论是开始还是结束,都首先得做一个清醒者,这之于人、诗人、生活以及诗歌,都同等重要。

书名	静物的声音
著者	崔岩
体裁	诗歌
版别	长江文艺出版社 2024年1月

像光一样的声音

好的诗歌都有独特的声音,心神的澎湃带来词语间的撞击。诗人,寻找这些声音的使者,感受其重量、色彩、温度以及无所不能的穿透力。最终,这些声音游历人间后,重回万物的沉默里。静物拥有无声的巨响,就像静止是最永恒的流动。或许,这就是诗歌的本质所在和意义之源。因而,当我们从诗中走出,合上诗集,诗集便成了一片羽毛或一块石头,收藏了声音的涌动或休眠。

崔岩诗集《静物的声音》卧于我书桌之上,是真实的状态又有难以言尽的意象。我与崔岩认识的时间并不短,但从未谋面也没有以声音交谈,一直在社交软件上以文字来往。这属于典型的无声交流,如果非要说有声音,那也只是敲击键盘、手指划过屏幕的声音,以及难以察觉的心跳声和呼吸声。如此一说,两人的交往真有诗之境,但似乎又非多数诗人间相处的常态。

崔岩身居南方的浙江衢州,那里的山水将喧嚣揽入静寂之中,细腻是少不了的,山水之情、之意境随处可见。真正的诗当在密林溪水的空白处,正所谓虚空是最丰实之地。他在《空山》中写道:

群山静寂，仅遵从我的脉搏。
然而
此刻无我。
或者，于烟云墨色中
从未有过山，也从未有过我。

这样的诗句，不需要吟诵，在默念中坐忘即可。静寂的群山已如烟云墨色，现实幻化为境，无我，便是真我。在评及另一位诗人的《空山引》时，崔岩有感而发："有一种面对空山、面对被大雪覆盖的山谷，犹如面对一张大部分留白的宣纸的既视感。在这幅图画上，未被雪覆盖的部分成为虚线，让人有在留白部分随心所欲的冲动。"他在别处以评他人之诗的方式给自己的《空山》做了最好的注解。诗与注解之间这样的空白，应该是他写诗前与写诗后的声音栖居地。

中国诗歌的传统，或在朴素的生活里，或在同样朴素的意境之中。崔岩接续了这样的传统。他的诗歌带有很强的及物性，所有的情感和思绪，都从物开始，都有物作为基础性的支撑。他又以精练的语言对物进行了最大限度的简洁化书写，只凝视物最具诗意之处。这样的诗意，有时与物有关，他在物中发现了属于自己的参悟；有时与物无关，只是他心绪的投射。换而言之，物上的一道光划过他的心空，或他灵魂中的一道光落在了某物之上。物我相遇，再至物我相忘，诗就产生了。在崔岩的目光中，物并不是独立的，而是在天地的辽阔之中。某物是具象的，在其周围的空旷或虚幻，参与了物的丰富与表达。这也是中国诗歌意境的神奇所在。在调用和延展意境之时，水、墨、水墨之象之意，是崔岩所钟爱的。水这样的江南之神，在他的诗中或如雨滴滑落，或如潺潺溪水，或如雾气缭绕，又或如人的静观与默坐。墨原本为山石，又是世界之原色。水与墨，柔软与坚硬，白天与夜晚，这是我们平常生活的平常之景之情，更是中国哲学的精髓之所在。水借墨形，墨随水势，水墨相融，汉字之美惊现，诗歌之哲闪烁。

崔岩的诗当然有痛感，无所不在并挥之不去的疼痛，是他写诗的原动力之一。只是，他的痛感穿过丛林来到水边，不再尖叫或呻吟，而是陷入沉思。他的诗一如中国大写意的山水画，挥洒如烟的淡墨，"借松风，将陷落俗世的半缕灵魂细细研磨／再加清泉七钱、浊酒二两／调和成墨"，然后"以草叶捆成松针，山岩作画／饱蘸薄雾，寥寥几笔绘一纸净土／有人经过。清白如我"（《淡墨》）。这样的情绪，没有吼叫或撕裂，却如丝线一般缠绕心头。渐渐地，柔软之力胜过刀砍针刺。崔岩引导我们和他一起坐在水边，清水如镜，将一切隐于透明之中。流水代替时间凝视我们，一切都在似水的时间里，一切又不为我们所左右。"凌晨，楼上的钝器仍在钝器上行走／仿佛是我拖动自己，并竭力从体内抽离／那种难以割舍却不得不去／沉闷的摩擦声"（《钝器》）。如隐者般的疼痛，看似尖锐性不强，但在生命中最具杀伤力。

与疼痛相比，崔岩更关注哲性之思。在他看来，疼痛是哲思的起点和终极，是哲思中最为显要的一部分。《静物的声音》中有一辑题为"另一个崔岩正在发生"，这可以看作是他的诗歌宣言。诗人，需要沉浸于生活之中，又要能从生活中抽身而出。一切的表达都是生活本身，但又悬浮于生活之上或沉淀于生活底部。"另一个崔岩正在发生"，诗歌需要有独特的表达。提及崔岩的诗歌哲思，我还是要用"水墨"来表述。他以水来调度与喻义叙述的节奏，让水在诗行中或有形或无形地参与甚至是明示思索之念和哲思之蕴。也就是说，无论是诗歌的外在形态还是内在肌理，都是在水相和水念之中。在他的诗中，水是通透的，其他的一切交给墨。轻盈或沉重，瞬间或永恒，墨可全部代言。只是，水墨一体之后，我们已经无法分清哪是水哪是墨。我们有关人生的思考，其实就是这样，看似条理分明，其实混沌一团。

  回到最初的声音之说，以"静物的声音"这首诗为诗集命名，这首诗当是诗集的诗眼。"我在说专属于静物的那一种。／是静物在成为静物的刹那发出的／最后的声音"（《静物的声音》）。静物成为静物前的最后的声音，属于静物吗？是，也不是。但我们能确认的是，离开崔岩的诗集，不再属于他——生活者崔岩和诗人崔岩，属于他的只有我们打开诗集前发出的那最后的声音。

书名	塔树之恋
著者	邓太平
体裁	诗歌
版别	中国文学出版社　2000年1月

灵魂在阳光中飞翔

打开《塔树之恋》，我嗅到了阳光的味道。清纯，淡雅，我恍恍惚惚中饮着诗情这杯好酒。读诗需要心境，写诗似乎也离不开心境。青春的年华，是一首诗；营区，这个男儿的世界，是一首诗；思茅这个地方，更是到处飞扬着诗。思茅在云南，那里草木成群，沟河成网，气候温和，寸土皆绿；那里有众多文化含量深厚的人文景观，多个民族过着诗一般的生活。有了诗心、诗性、诗境，何愁诗不来？"诗人是天生的不是造作的"，邓太平，该成为诗人。

读邓太平的诗，如潮水般的激情撞击着我的心灵，在这个无风无月的夜晚，我沉闷的心空迎来缕缕柔风，一种久违了的感觉回到躯体里。邓太平有年轻人的热情、自信和自由，这使他的诗明快、飘然，富有纯净如水、浓烈似酒的诗味。诗本如性情，可惜，如今矫情虚意的诗人不少。他们以扭曲一切为快感，以粉碎一切为乐事，诗成了一只可怜的羔羊，任由他们用迷途的语言和同样迷途的情感宰割。破碎的天空下，是一片荒漠，这些诗人却在纵情高歌。邓太平！让自然而来的诗情自然地流淌，捍卫诗歌的清纯，邓太平与诗歌保持平等——

> 我用饱含深情的汗水与泪滴／汇成一条湍湍急流的小溪／那是埋藏在心底长长的思绪／谱成一首美丽而理想的晨曲／她带着一双憧憬的眼睛／充满纯洁天真与好奇

普列哈诺夫曾言:"任何一个民族的艺术都是由它的心理决定的,它的心理是由它的境况造成的。"之于诗人个体,此语依然适用。正如朱光潜先生所说:"美感是性格的返照,是我的情趣和物的情趣往复回流,是被动的也是主动的。"被动是感性,主动是理性。我们从邓太平的诗中,当能看出他的性情和诗性是同样的清爽、透明,没有任何世俗的污染。这对于一个诗人,是十分重要的。

邓太平是位军人,火热的营区是他的家。钢枪与诗,该是一个完美的组合。这不单单因为军人爱读诗爱写诗,诗行里有着军人气质般的微粒,我总以为钢枪与诗间有着某种神秘的关联,比如飞离枪口的弹丸与喷薄而出的诗句,相似的不仅仅是一种姿态,而是有着内在的不为常人所知的感应。这当然需要有心人加以探讨研究。我要说的是,正是如此这般的神秘,使钢枪与诗常结伴而行,以至于军旅诗独成一道风景。在邓太平的诗中,我感受到了一个风华正茂的军人的理想和心灵。他的诗和我们千千万万的士兵一样,平淡中掀动激情,简洁中蕴含哲理,质朴中不乏新意。他身在营区,灵魂却在四处寻觅。我看到他灵魂的翅膀闪着太阳的光芒,智慧的词语纷纷扬扬。他的灵魂是属于诗的,更属于军人——

> 我是一只鸽子／花是母亲的容颜／箭是卫士的喜讯／我是一名

士兵 / 花与箭同在 / 绿色与士兵有缘

  如此的诗句,我们怎能不心领神会?在这里,我们看不到故作的艰涩,朴素之中似乎还有些平淡,但当我们随同诗人一起进入时,眼前将是一个湛蓝的天空。

  诗人年轻,年轻的诗人,而且他的心不因体验、知识而失去真切。那么,诗人的诗定会在年轻的大地上走向成熟。

书名	世间万物皆亲人
著者	龚学明
体裁	诗歌
版别	上海文艺出版社 2020年4月

诗从万物生

龚学明的诗相当平易近人，质朴之美令人可亲。诗情在诗境中自然生长，有生命的词语和有灵性的叙事，源于心律的颤动，更如万物的呼吸一般，自然随性，又极具神性的日常化和日常化的神性。龚学明这部诗集的名字为《世间万物皆亲人》，这透露出他的诗观，清晰且真诚地传达了诗人与世间万物的关系。从这个意义上说，龚学明在小情境中展开大抒情，诗的生命力因此鲜活且富有与人生最大限度地共情同振。

以心魂及物，坚信并尊重万物皆有灵，龚学明的诗歌写作延续并拓展了传统。传统，是我们文化心理结构的外化，更是生命与情感的本质所在。龚学明的写作带有强烈的转身意识和溯源行动，以撤退的方式前行，鲜活岁月的沉淀，擦亮久远的诗心。如此，原生的古典性成为龚学明诗歌的底色。这样的古典，是一种情怀，是一种审美，是龚学明诗歌的精神内核和叙事伦理，也是我们感受其诗魅力的原点。这是极具难度的写作，尤其在当下，这不仅需要诗人的才情，还需要诗人的天职和良知，更需要诗人的大爱和既世俗又高雅的境界。

在具体的书写中，龚学明倾心于情境之美之力，醉于发现和激活。精确地说，他注重作品的代入感。在他的诗中，作为诗人的他，并不是在自以为是地描绘或言说，而是以引导者的身份带着我们走进日常与神秘交汇之地，启发我们用心感受，尽情体味。我们很容易感受到龚学明以自然式的描写所营造的意境，如唐诗的品性，如中国绘画中的神来之笔。有时是工笔般细致描述，有时是写意般追求神似，质地坚实而灵动的画面感，就在我们的日常生活之中，在被我们忽略的隐伏地带。将唯美化为平实，把神奇归于可亲可感可及，他对众生万物的书写，是真心实意的，甚至是无功利的。诗歌的抒情，其实现的主要过程先是"触景生情"，之后是"融情于景"，最后是"情景交融"。客观上，他的诗或借景抒情，或触景生情，或咏物寓情但主观上他已经不是将自己置于景与物之中，而是早已融入其中，生活的时时刻刻都在从景和物中触摸和感受大情大意。这样的创作，来自他对大自然的理解，即人是大自然的一分子，不再是物为所用。所谓天人合一，我即万物，万物即我。这是自然观，更是生命观，而对诗的认识达到这样的层面，诗与世界、与人生就有了奇妙的共生性。

在现代文明中，乡村成为离我们生活最近的大自然场域，承载着那些渐行渐远的文化身影和情感形容。龚学明显然意识到这一点，将乡村叙事作为他与大自然相守的表达和见证。与大众化的乡村书写不同的是，他在面对乡村和叙述乡村时，以寻觅本真与呈现遗落的双线书写为根本，将品鉴和倾诉融为一体。不做简单的欣赏或批判，也没有极端的自得其乐或撕心裂肺，目光是交织缠绕的，情绪是复杂的。表面上他很从容，情感的冲击也不是凶猛地迎面而来。

实质上，他讲究入境，有关诗歌的复杂性和尖锐性，具有持续的坚韧之力和生生不息的增强之势。一个很有意思的现象是，龚学明把现代性的意识和叙事与古典的情怀做了艺术性的交互。这本身就是一种象征和隐喻。真正的古典，已经不存在，已经或多或少地被当代化。诗歌如此，我们的生活同样如此。要重回或捡拾古典，也需要现代性的加入。写作是一种对话，他将时空和文化搓揉于一体，形成大格局的生命交流。

写大自然，就是在写人本身；徜徉古典，就是在重构当下。龚学明多写亲情，其实暗藏构建大爱图景的雄心。亲情，是人间最真挚最纯粹又最不可或缺的情感。换而言之，如若不看重亲情，那么其他情感都是不可信也是不可能真切存在的。从这个意义上说，亲情是我们最基本的情感。事实上，看似以写亲情诗为主的龚学明，从没有唯亲情，而是从亲情出发，辐射世间众多的情感指向和成色。如同诗是为了让我们取暖，亲情是一束光、一盏灯，能照亮我们内心的幽暗。无论是"修身齐家治国平天下"，还是"家国情怀"，个人是一切的起点，亲情是大情怀的衣胞地。当我们把"小我"和"尽情"写透时，其实就能进入大爱之门。更何况，他的许多作品，也具有更辽阔的抒情空间和跃至山顶的精神高度。如此，古典情怀与亲情重墨，都是龚学明诗歌写作的点化之灵。当然，万物是亲人，亲情需不断地吟哦，也是对我们生存态度和境况的反向言说。以柔软的方式对抗某些坚硬，以颂扬之声控诉人性的阴霾。力量没有减弱，诗意却在旺盛。

诗从万物生，一方面是龚学明写作的心理认同和情感支撑，另一方面也是他诗歌叙事的本质性路径。把诗歌看作生命体，是万物之中的一种，像万物一样的自然生长。这时候，龚学明就像老农深情而老到地种庄稼一样培育自己的诗歌,最大可能地尊重诗内在的生命形态和外在的自然闭合舒展。诗的节奏、诗的内涵、诗的风范,不再只属于诗,而是呼应了万物的潜藏和表情。他的诗,如同我们身边的自然之物,很多时候看似寻常,仔细一品,意味油然而生,并能感觉到许多难以通透的玄妙。这与隐喻无关,因为在龚学明看来,与其说"拒绝隐喻",还不如说一切的隐喻都是万物本身。好读,有品,当是龚学明诗歌审美的基本品质。

书名	龙都短歌
著者	韩彦军
体裁	新古体诗
版别	团结出版社 2022年7月

在千古文脉里展开时空对话

当下,有"古诗词热"一说,其依据是电视里与诗词相关的节目持续走红,新媒体上的古诗词传播流量处于高位。其实,这只不过是一种外化性的指数,在我们的内心,古诗词一直在,与我们的生命有同样的体温。古诗词是中国传统文化的结晶,是我们文化心理和精神审美的坚实内核,始终流淌在我们的血液里,并时刻参与我们的生活。古诗词创作在文学领域和日常生活中同步普及并旺盛,这是其他文学体裁所不能比拟的。当然,创作古诗词,随着时代的变化,我们遭遇的困境和挑战越来越多,其关键在于如何将古韵与新风有机融合,如何集聚有现实感和时代性的意象和意境?这些既指涉书写的技巧,更关乎我们对于文化深层次的理解和对当下审美性的观照。许多创作者为此在进行持续性的努力,韩彦军就是其中一位。他的诗词集《龙都短歌》令人耳目一新之处在于,以当下的存在向远古溯源,在历史和文化轴线上,以地理为支点,进行勾连式的对话。

韩彦军的家乡河南濮阳,又称龙都,是中华民族发祥地之一。

据史料记载，上古时代，五帝之一的颛顼及其部族就在濮阳活动，濮阳故有"颛顼遗都"之称。这里是许多历史名人如颛顼、舜、仓颉、吕不韦、商鞅、吴起等的故乡。漫长的历史岁月，在这片土地上留下了仓颉造字、晋文公退避三舍、柳下惠坐怀不乱等历史佳话，还有春秋时期诸侯14次会盟、晋楚"城濮之战"、齐魏"马陵之战"、宋辽"澶渊之盟"等历史遗迹。韩彦军将此作为古诗词创作的巨大丰厚资源，以今日之目光和心灵投射这些历史与文化的硕果，融合大量史料和民间传说的叙述，重返往日现场，探寻和捡拾岁月深处的脚步与话语。这其实是一个"化"的过程，化开时光的沉淀，化开自己的心核，只为获取更多的感性之味和理性之悟。而在创作时，他又充分利用古诗词所浓缩的意味，再行凝实之叙述。这是一个"结"的过程。这样的创作，犹如先将墨在历史的长河中洇开，细致观察揣摩，感知其形神，而后又以自己之心魂凝结为墨进行书写。在这一"化"一"结"的过程中，他对古诗词所内蕴的文化坚核和宏大气象进行了深切的体悟。如此，古诗词外在的表情和内在的温度与他的生命得以合体。这种回归式的前行，正是当下古诗词创作所应有的路径。

古诗词的创作，是一个时代性的课题，其核心在于如何在继承中发展。作为中华文化的基因，古诗词既有历史和文化进程中的年代感，又具有超越时空的共通性。我们与古诗词有天然的亲近，但并不等于我们熟知其内在审美和外在形式的寓意。其词语有约定俗成的意绪，其形式有自身的章法，如果我们不得其精髓，只满足于词语的堆砌，那根本无法前行。如果我们无限制地突破，完全背离其审美特质，那就是另一种文学形式，而非古诗词。忽视其如晶体般的博大和深邃，无真切领悟而进行的重新排列组合，是创作之大忌。一味地强调古诗词要走出历史走进当下，所谓的去古求新，也会损伤甚至毁坏古诗词的独特价值。时下，如此为古所困和去陈出新的两种极端认识和创作行为确实存在，并在一定程度上让许多人认为古诗词创作并不难，呈现浮夸式的、没有古韵新意的创作。韩彦军的创作，给我们带来了启示。对古诗词要怀有敬畏之心，古诗词创作的关键不是技法而是文化，这对当下创作古诗词大有必要，但也是极难之事。要真正让历史与现实亲密互动起来，让古诗词在当下获得新的生命力。《龙都短歌》并非韩彦军在古诗词创作中简单地寻找的可书写题材，而是在面对龙都这座历史文化名城时，产生了全方位书写的冲动，而后经过深思熟虑，认为古诗词这样的体裁更能表现龙都前世今生的气质。如此将体裁、题材以及个人的创作特长三方联动的行为，或许是古诗词创作无法绕开的。

《龙都短歌》，以"人物篇""古迹篇""村镇篇"和"成语篇"为构架，充分体现了韩彦军的宏阔视野和以古诗词这样凝练的方式叙述的自信。每个篇章，各有侧重，从而形成有关龙都的叙述整体。"人物篇"走进历史人物，感受他们在历史中的坐标，提纯他们的人生价值和历史贡献；"古迹篇"以同样古老的词语擦亮记忆，鲜活其文化生命；"村镇篇"让历史与现实交汇，显现其前世与今生的关联；"成语篇"以诗词的古性与成语的古性相互碰撞，进而在我们的心头迸发今古同在的意味。古迹、村镇，是坚实大地的一部分，是可以触摸的历史与文化；远去的人物，背影可以模糊，但精神一直清晰，我们不能忘；那些成语，是历史与文化既通达又极富隐喻的灯盏，伴随我们的记忆和想象的灵性存在。韩彦军的创作是激活式的，既激活了我们身后的历史与文化，又在现实中激活了古诗词，从而让古诗词当下性的生命得以鲜活。之于龙都，之于我们对历史文化名城的再叙述以及形象的文学化构建,是一种互为激活。相信,这在龙都的文学史上,这样的叙述具有首创性的意义。

激活,当是韩彦军《龙都短歌》的关键词。以古诗词激活我们当下的心灵,以我们当下时代的生活激活古诗词的精神。这是古诗词创作极有价值的参照,也是在历史与现实、文化与生活等诸多方面可以践行的。

书名	那些云朵
著者	花盛
体裁	诗歌
版别	四川民族出版社 2018年6月

在旷野的孤独中辽阔诗意

花盛在西部，在高原，在藏区，是位藏族诗人，其诗歌如一朵格桑花盛开。对于从小生活在高原的人而言，特殊的自然状态，是他们习以为常的。高原，终将进入他们的性情和人生。作为诗人，花盛已经将心灵的成长、文学的行走与地域文化精神有机结合在一起。诗人与诗歌相互搀扶，一同前行，身后的足迹闪动着诗歌精神的光芒。这样的诗人以及由此而来的诗歌精神，在当下诗坛，是值得我们关注的。

临潭所在的高原群山簇拥，虽说这些山不太高，但因为它们已经站在高原这个巨人的肩膀上，绝对高度还是很厉害的。有些敦实的矮山几乎没有树木，像一个秃顶、富态的中年男人。身处其中，旷野之感扑面而来，在身体里鼓荡。高原以一种温和的表情，让人自发地生出渺小的感觉。一个人来到这里，我就是高原的主人。高原上只有我，又是怎样的孤独与无助？看似热闹的县城和小镇，都在狭小的山谷中，如一朵格桑花一样，安静且微细。空旷的高原，给予我无限的自由。而这样的辽阔，又在挤压我的内心。这就如同我坐在繁华城市的路边,陌生的人潮涌动,反而会让我倍感寂寞与惆怅。

孤独,是盛产诗人的沃土。无论是环境给予心灵的孤独,还是人生态势衍生的孤独感,比如苦难、激愤,最终都会在灵魂上划下孤独的印痕。诗歌,是情绪最直接也是最快捷的表达路径。写诗是一种释放,诗歌是可以取暖的烛光。如若是这样,就比较好理解为什么西部诗人众多,抵近诗歌精神的作品灿若星光。甘肃如此,甘南如此,临潭也是如此。

"我不想就此写下一个人的孤独／不想说出飘满雪花的高原上／难以抵抗的严寒和无边的荒芜"。花盛在山村长大,后来到县城的县级机关工作,本职工作干得很出色。他的诗龄远超过工龄,属于年轻的老诗人,写出了很多有力度的诗作,在诗坛上有较好的影响。读他的诗,能体悟到人与高原的相处。走出小山村,他是幸运而幸福的。小山村外的世界确实精彩,但一想到父母还在深山之中,自己那无忧的童年还在小山村,乡愁的忧伤如一条河在花盛心中流淌,时而似潺潺小溪,时而似浪花飞溅。身在小山村,心却可以飞过群山。而来到更广阔的世界,方知自己的羸弱。从乡村自足、单向度的生活走出,花盛进入了两难的境地。丰富与苍白、希望与无助、快乐与忧愁,似一杯混合果汁,五味杂陈。他喝着这样的人生饮料,在清醒与迷茫中行走。这是人类共有的一种生存状态,花盛只是更深切地品尝到其中的滋味。走在高原的山间,一年四季都伴着苍凉和纠缠,山谷的幽静,使自己的脚步声更加寂寞。一切都被山路所掌控,那弯弯的山路,如同一根绳子套在脖子上。挣脱吧,甩开山路,登上山顶,脚下是沉默的群山,鸟儿在脚下飞翔,头顶是无尽的苍穹。短暂的兴奋之后,世界还在,我消失了。登高望远，一下子化作有气无力的叹息。"前不见古人，后不见来者。念天地之悠悠，独怆然而涕下。"这一刻，他与这首诗拥有同一个灵魂。

这不是探险，不是旅行，而是日复一日的生活。再美丽的风光，再神奇的景观，也禁不住日常化的消融。高原热烈的阳光，可灼伤皮肤，却常常不能温暖心灵。花盛写诗，倾诉并不是他最需要的。他用诗歌燃起篝火，暖暖身体，抚慰灵魂，以诗歌的方式，把遥远的星光拉到自己跟前，照亮孤独的影子。

"草原""山""雪"，是花盛诗歌中出现频率最高的词语，也可称为其诗歌写作的关键词。这三个词语，有着鲜明的象征意味，带有强烈的延展性。而花盛又将中国文化的意境与西方诗歌的现代意识进行了交融，把藏地高原的神秘风情与大众化的人文艺术性地互通，形成了自己的诗歌个性和品质，生成了富有特色的诗歌情感与精神。

在花盛的诗歌里，草原是旺盛生命力的代言人。这里格桑花绽放，绿草遍地，诗意流淌，真实的画面中，极富想象力的元素。广阔的草原，可以尽情放飞美好与愉悦，但也能让人产生渺小之感，顿生孤寂之意。这里的草原，是高原上的草原，也是高原上藏区的草原。有一个世界在草原的尽头，无边的草原，让视线无限延伸，但又困住了远行的脚步。是的，花盛站在草原上，被这两种完全相反的情绪所包围，真的是"痛并快乐着"。这也正是他诗性的力量所在。他在审美中抵达哲学性的回味与呈现。

山，是花盛仰望和倾诉的对象。事实上，他总认为山是孤独的，无助的。所以，他许多时候既为山的雄健、冷峻所折服，又心甘情愿地视山为亲密朋友。他赋予了山与他相通的情感，在内心与诗行中，某种神性的语言一直存在。我们可以感觉到，他不在意山的形态，不着墨于山的面目，只把山呈现为一个巨大的背影。这本身就隐含着巨大的隐喻。

至于雪，更是花盛所偏爱的，更为准确地说，他偏爱雪花。他所在的甘南地区，降雪量很大，积雪随处可见。然而，他似乎对满地的白雪和高高的雪山视而不见，只在意那纷飞的雪花。"片片雪花隐藏了整个草原广袤的心事。"晶莹的雪，却有满腹的心事，这是他的想象，也是他对雪花的另一种解读。透明之极，便是大隐之士，无限轻盈，但又极其沉重。"每个冬天我都会像雪花一样漂泊。"自在飞翔，或无奈坠落，都不是他所感受到的，只有漂泊才是他对雪花的感悟。由此，他的诗歌具备了雪花的别样性情，明亮、纯美，带着淡淡的伤感，某些无助的背后，又有坚挺的支撑。

花盛与藏区、与高原，有着某种内在的联系，诗意与他的心灵一同成长，一起行走于高原之上。"草原""山"和"雪"，是他生命的外在环境，又是他灵魂的内循环。他把"万物皆有灵"化于血液，放牧于字里行间，在生命体验和文化感染中，以诗歌的方式拓展古典的意象，扩容现代的意识。

辽阔的高原，静若处子。群山无言，神情憨厚。它让你孤独中有感动，渺小中有坚韧，静寂中有温暖。花盛真的已经把写诗当作了生命行走的方式，诗歌与他一起生活，一起品味人生。他的诗在笔下，更在他的灵魂里、血液里。他属于真正地为自己写诗的诗人。与高原一样，他不趾高气扬，也不卷入汹涌的喧哗，只让自己的诗歌静静地流淌在心中，和高原风一起与群山默默相守。

诗人花盛和花盛的诗歌，都是纯净的、真诚的。这不是每个诗人都能做到的，或者说，能如此的诗人，其实并不多。

为此，我得向花盛致敬，并希望他可以初心永在，以纯粹的诗歌精神屹立于诗歌的高原。

书名	怀念一种声音
著者	李皓
体裁	诗歌
版别	白山出版社 2017年1月

重逢在自己的背影里

回到岁月深处，诗性在丛林般的历史感中游走。诗人李皓总是这样的转身，凝望近处的身影、远处的足迹以及更远处的往昔。他关注的似乎不是日常生活和景观事物的动感，而是被无数目光和体温缠绕的光泽，暗色之中的光芒，沉默之中蕴含的无尽喧嚣。他在处理现实和心灵之时，寻找到一条暗合当下军旅生活的路径，抵达内化后的现实和人生的时间纹理，继而从现实表面发现某种永恒性。在《怀念一种声音》中，面对自己的军旅生涯以及由此展开的军营日常生活和军人集现代与古典于一体的精神，李皓表现出相当的谨慎和敬畏。同样是可读性、可感性很强的军旅诗，李皓不是神采飞扬地"喊歌"，而是将复杂性、神秘性化于心灵，而后让诗自在生长。如此一来，他的军旅诗不再是子弹飞离枪口那样的呼啸和火光迸发，而是如枪刺一般无声且弥漫着不易察觉的光影。

李皓的诗多为怀旧式的，但在场感又是那样的清晰。有一种说法是，"70后""80后"乃至更年轻的军旅诗人，只是纠缠当下生活，而缺乏历史的重负。至少在李皓的军旅诗中，这样的说法是不成立的。历史的重负依然在，力度非但没有减轻，还有增强之势，表现形式出现了巨大变化，大有举重若轻的叙事之功。李皓在行走，左边是历史，右边是现实，汇聚其身，深入其心，在营区时如此，离开部队后依然这样。他是在书写军装之里的生命，无论后来这军装在还是不在。不是简单直白的日常化生活，也并非无限潜进历史深处不能自拔，而是以对话的方式穿越时空，同构情怀，指认当下。在场感不再是眼前物象的硬性叠加，而是心灵呼吸的自然流露。英雄主义、家国情怀、别样人生，不在表情上，早已潜进血液。因而，他的诗力不再是外在的、正面强攻式的，而是两次射击形成的后坐力的中间空隙。看似虚空，但无比的真切，强劲力已经消失或将要来临，但后坐力一直在肌肉记忆和情感心跳的上空回荡。生活化的崇高，诗性化的日常，成为李皓军旅诗的审美诉求。这样的审美，是真诚的，是艺术的真实，更是生命和情感的真实。

李皓的军旅诗写作有其个性化的射击姿势，舍弃与现实的短兵相接，而是在当代性话语之下关注时间经验和生命体验。现实感是经过时间淘洗和生命浸润的，如此"对岸式"的写作，在军旅诗中并不多见。在人们的期待里，军旅诗当时刻处于冲锋状态，就像军营里的拉歌，不在于歌声美不美，嘹亮是最鲜明的表达和标准。同样是真实的声音，李皓的诗是内在精神与营区景观相互观照之后的自在且略显平和的吟唱。作为同样有过军旅经历的我，很容易想起有那么一些老兵，不事张扬，甚至沉默得如同训练场上的器械和锁在军械库里的枪。然而，那淡淡的可又挥之不去的兵味，无处不在，绵长而充满令人可敬的韧性。

在过去和未来之间，军旅诗与现实的军旅生活以及军人精神同样面临挑战，外在的话语，内在的诗意，处于背景的战争和前景的战争之间，一如处于诗的古典与现代、生活与书写之间。李皓写军旅诗，就像一位老兵在擦拭手中枪一般。或许，这是军旅诗可能的前行战术和审美路径。如此，李皓的写作，既是对军旅诗的本质探寻，又具标兵式的意义。

书名	海色映天
主编	李其文
体裁	诗歌
版别	南方出版社 2020年5月

远方，因诗而驻于心间

　　《海色映天》是有关海南陵水的一部诗集。一个边远之地，一个小县城，随诗来到我们眼前，走进我们心中。诗人来到陵水遇见了另一个自己，遇见了隐于灵魂深处的诗，并为陵水的诗意所浸染。这不是习以为常的山水诗集，也不是一般意义上的地理诗，而是关乎心灵和家园的精神图景。陵水作为诗的地理坐标，引导诗人进入日常生活里的诗性远方，铺展诗与生活的奇妙而又俗常的相处。也正因为如此，许多著名诗人心甘情愿地为陵水歌咏。不再是命题作诗，而是任由心绪汹涌，踏浪吟哦。不同审美追求、话语体系和情感语境的诗人，竟不约而同地聚焦陵水的"海洋文化"，感受"生态之美"，品味"家园之境"。诗与远方，在陵水得到共时性的完美呈现。更为重要的是，诗的品质因陵水而得到提升，为我们书写当下生活、言说地域文化，提供了可供借鉴的路标。

　　《海色映天》是海洋之诗。陵水黎族自治县位于海南岛的东南部，东濒南海，南与三亚市毗邻。大海是风景，也是生活的依靠。游客看海，劳作的当地人也成为风景的一部分。诗人漫步于海边生活和风景的双重属性之中,情感在不断地变换,但海浪一直在眼前,涛声阵阵入耳。正如游客到陵水必看海,诗人写陵水必有海。海在诗里有具象的质感,也有波浪之上的岁月回响。李其文的《渔排之上》,直写渔民生活是一幅画,也是生活的片段,更是一种生活的浓缩。张执浩《为疍家渔排而作》,"一个男孩坐在舱内/灯火在他头顶摇晃/一个女孩托着腮帮看月亮/海水暗涌着/浪花死去活来",是生活的朴实写照,也是梦想的美好闪现。李少君的《海之传说》,因大海的博大和自在,让人有渺小和流浪的忧伤。符力的《大海帮我们记住》,则把大海当作了时光之器和存储记忆之地。熊炎的《大海是我走丢的故乡》,一语道破大海之于人生的意义。他们把大海还原为生存之物,感受其无私的奉献和辽阔的大爱;他们将大海作为心灵之镜,注视自我的人生,倾听暗藏的自言自语。面对大海,诗人之心骚动的同时,也渐渐明晰起来,词语如浪花一样洁白而轻灵,而情感和思想走向大海的深邃。从生活到风景,从物象到意象,他们在现实和梦想的交叠中建构朴素与神奇、写实与想象的大海情境。

《海色映天》是生态之诗。从四面八方而来的诗人,都为陵水自然大美的山水和干净清洁的环境所折服。在这部诗集里,近百位诗人的诗作都极具美感。陵水扑面而来的本真之美,荡涤了诗人的心魂和诗句。几乎每位诗人都以写真式的手法提及陵水原生态的和谐,并以此结构和点化诗作。以纯净观照纯净,以自然之意滋养诗歌之韵。我们能明显感觉到诗人来到陵水写陵水,诗风变了,诗的外在面貌和内在审美与陵水的生态风范和人文情怀达到了令人感动的同构。常常是诗人在忠实地写真,意境却不由自主地生发,生活之景就这样在一个转身间成为艺术之象。一般的地理诗和抒情诗,多是以独特的景观和瞬间的情绪为诗性爆发点,注重"我"与"它"的对视和交流。"陵水"之诗则不同,诗人在生态之外,又在生态之中,融入陵水的天地之间。有与无同在,"我"与"物"共生一体。有对大自然的敬畏和向往,更有"我"成为大自然一分子的自得。"在分界洲岛。天空的情书正在撩拨海水的这张薄纸,我是字落在纸上的动静。带着体温的动静。像是一朵南方的茉莉。"(龚学敏《在分界洲岛》)这样的互动,在虚实之间显现意味。"就在那一刻,碎银般的无边山丘／成为我的肉体。"(李元胜《吊罗山记》)诗人特别的心绪色调,早已是大自然生态里的原生性呼吸。这时候"天地境界"其实已经失去意义,一切都在生态的共同生命体之中,平和且亲近。

《海色映天》是家园之诗。胡弦的《和江非在海边抽烟》中,海是海,也不再是海,而是久违的故乡。"我们抽烟,滞留在出发的地方,像被遗弃者摸索身上的火柴。海滩,也许是孩童们欢笑声的产物。……我们就要抽尽各自烟卷里那中年的沉默。"北京的师力斌、东北的桑克、山东的蓝野、甘南高原的阿信、蜀中遂州的胡亮、广西南宁的陆辉艳等等,本诗集里的诗人来自四面八方,拥有不同的地域文化和人生经历。《海色映天》的副标题为"诗咏陵水作品精选",在我看来,与其说是诗人咏陵水,不如说陵水为诗人提供了回归自我的时空。通读《海色映天》,有一个印象相当特别,诗人来到陵水抒情,都把陵水当作了现实和梦里共处一身的家园,这种现象很有意思。我们尊重诗人处理不同素材和题材的能力,但内在精神的共通,似乎与诗人的才能关系不大,而应是陵水的魅力所致。陵水的人间烟火味浓郁而真切,平凡之极后的纯美,或许不在我们的日常生活里,但一定蛰伏于我们的心田。这不是乡愁式的写作，而是诗人回到家园后平实的心跳。诗和远方在家园般的陵水，诗人们共同完成了对于陵水的精神营建，也发现了生活之诗的更多可能。

《海色映天》，之于诗人书写现实，尤其是采风式的写作，有着诸多的参考价值。所有的生活，所有的景象，都可化入诗行。然而，只有听到人与物同行的脚步，并深情而审美地表达，才有可能成为好诗。从这一意义上而言，《海色映天》是陵水与诗人的一次情投意合的相遇。

书名	岁月青铜
著者	刘笑伟
体裁	诗歌
版别	中国言实出版社 2021年10月

军旅生活的诗性表达

　　这些年来，刘笑伟一直致力于军旅诗的创作，诗集《岁月青铜》集中展示了他正面强攻军旅诗的当代叙事。在审美路径的继承与开拓、情感的激活与强度以及精神图景的考古与续建等方面，他做出了许多有益的尝试。在和平年代的军旅诗中，刘笑伟的诗作呈现独特的话语方式，参与实践生成诸多新意象的可能，丰富了当代军旅生活的诗学。

　　《岁月青铜》指涉了诗歌创作，特别是当下军旅诗创作的一个根本性命题。这就是现实与诗的关系。之于军旅诗，诗人与实际生活没有主次之分，也不存在平衡的妥协，而是共生性的关系。之所以要着重提出这一点，其实是基于当下军旅诗的现状。实践证明，只有丰足的生活体验，或只有对军人情感和精神由心而生的敬仰，或只有写作的悟性，都难以写出好的军旅诗。这也是目前的困境所在，只是许多写军旅的诗人，并没有清醒地意识到这一点。我们欣喜地看到，刘笑伟在这方面具有自觉性的体悟和良好的诗性素养。他的军旅人生既有个性化的深度，又有公共空间的广度，而这一切又统一在他对于军人的热爱、崇拜以及真诚的书写中。对他而言，营区不再是某一具体的军营，军人不再是某一单独的个体。他的诗视野相当开阔，能够进入天南海北的许多军营，而每一个具体的军人都是聚焦的对象，也是他整个诗歌生命体的一部分。对于诗歌本身，他在感性的创作和理性的批评上都有很强的能力。同时，他不断汲取古典诗歌营养的同时，始终把自己融入军旅诗的传统，再充满信心地前行。正因为如此，他的军旅诗有着可以谈论的价值，而且这样的谈论，已经不仅限于军旅诗，可以通达当代诗歌创作的某些路径。

刘笑伟个人经历丰富，对军旅生活有广泛了解，真切地进入和平年代军旅语境，积极体验并积累军旅诗的当代写作经验。远离血与火、生与死的战场，当代军人的生活多了一些日常性和大众化。军旅诗所特有的生命临界冲突和情感强烈冲突，在平常性的生活景观之中呈现，显然难度很大。军人是人，但无论何时总有军人应必备的军人品性和精神。因此，军人的行为之下总是潜伏着军人意识，更别说那些特有的行为规范和训练，都是对战斗的模仿和强化集体记忆。这种简单之中隐藏的复杂，在当代军营越来越普遍。平淡无奇的生活，给诗人提出了更为复杂的写作能力的要求。好在，刘笑伟能够拂去生活的表象，在日常细节中发现亘古不变的光亮。"阳光猛虎般进击，大地上色彩斑斓。可见落日照大旗，可见铁马踏秋风。我的诗歌追求这样的气象。即使是夜晚，也要光如白昼、月照花林。即使是冬天降临，也要汗珠滚动、暗香袭来。"（《我的军旅诗》）沉浸于生活现场，将心灵经验和现实经验共时互动，重新凝视营区，精确瞄准那些看似寻常的细节，将现实生成为现实感。

"我在等着／等着一首不一样的诗／从枪膛喷薄而出／击中那个圆

圆的靶心。"(《不一样的诗》)是的,刘笑伟每一首诗的创作就如同是一次实弹射击。现实生活是子弹,个人的情感和对军人的理解是撞针,为的是命中当下军人精神形象的靶子。有意思的是,瞄准时总要排除缺口上的虚光,而在军旅诗创作中就是需要"去蔽",以诗歌的方式呈现军人平凡之中的奇崛。

刘笑伟对军旅生活有着独到又极富本质性的认识,并在创作中审美性地表现。营区里的行为规范和各种训练,特别是非战斗技能的那一部分,其目的相当明确,就是努力打造军人的精神和形象。比如队列训练,极严格甚至是苛刻的动作要求和无数次的重复,就是为了培养令行禁止的服从命令意识。而整齐划一的标准,既有冷兵器时代排兵布阵的军威余温,又是整体如一人的团结力的强化。军旅生活的意图十分明显,就是锻造,军人一直处于被锻造的状态。不同之处在于,和平年代这样的锻造多了许多暗示性的元素。

和众多军旅诗一样,刘笑伟也重视叙事的及物性和行为性、对军人生活的宏大场景和微细碎片以及兵味浓郁的言行举止进行描述。与众不同之处在于,他无意以此展现军人的生活景观。在写法上,他既不做纯粹的写实,也不行扯着嗓子抒情之事。所有对军营和军人的描摹,常常带有小写意的笔法,都是为了营造某种意境。这是刘笑伟所追求的。他的描述,不在描述本身,而是力图通过描述来显现其背后的意义和意味。这个时候,他的描述就如同撞针一样,点燃我们心中的激情,直抵他所建构的军人精神图景。这样的写作,不是简单化的触景生情,而是进入"景"的内部,让心灵接受感染和点化。不是以力度来抒情,而重在启发和唤醒。我们可以把刘笑伟这样的写作称为"现实的回音"与"审美的凝视"的相互借力和推动。

以战争为题材的军旅诗，因为被战争强悍压抑，故多为恐惧、凄凉和悲伤等情绪。这样的情绪话语，在书写军人的奉献和崇高时，具有另一向度的审美力量。20世纪80年代后的一段时间，军旅诗试图回到大众化的日常生活，看到军人作为普通人的一面，以现代性的精神结构观照军旅生活，关注军人作为人的俗常。另一路则转身潜入历史深处，在回望中咀嚼军人的"精神乡愁"。共同的心态在于，回避当代军旅生活的意义和当代军人的崇高。随着诗歌的发展和时代的变化，军旅诗当然可以八面来风，四面出击，但主阵地不可丢。军旅诗的核心价值在于其特殊性，如同军人作为特殊人群过着特殊生活，以特殊的情感和精神应对特殊考验，这是军旅诗的硬核所在。具体到刘笑伟的军旅诗，从俗常中发掘并持久书写军人情感的刚性和精神的硬度，一直是其创作理想和实践。

历史感在当下的生活里，而现实以隐秘的方式与历史对话。刘笑伟将当代军人内蕴的情感和精神安放于现代诗歌的话语体系，但竭力张扬其明朗畅达的风格，保持并拓展军旅诗与军旅生活内在的同构和外在的张力。从日常生活的细节和瞬间进入，从平常之事切入，以干脆利落的动态美感表现军旅诗的阳刚和血性的美学风格，飞扬军旅诗特有的宏阔气象。刘笑伟将此作为自己军人和诗人双重身份的共同责任和使命。将现场目击和军旅生活内化于心，将自身的军人情怀投射于现实，他这样的责任感和使命感是关于军人精神的，也是关乎军旅诗气质的。

刘笑伟军旅诗这一英雄文化的审美范式和典型文本，关键词是强军梦。"如果一个当代军旅诗人的诗作中，看不到迈向世界一流军队的矫健身姿，听不到先进武器装备竞相列装的蓬勃心跳，感受不到浴火重生的军队实现强军目标的感情迸发，还奢谈什么军旅诗的突破？谈什么军旅诗的地位和作用？用诗讴歌和记录这个伟大的时代，是军旅诗人的神圣使命，也是军旅诗人的庄严答卷。谁的答卷回答得好，谁才会在诗史中留下自己的身影。"在谈论军旅诗时，刘笑伟发出这样的追问和思考，这是在与诗人交流，也是在向内自省。

我们有必要特别提出刘笑伟军旅诗中所倾诉的生命共同感，以及人类生存所共有的情感和精神遭遇。军人的使命是时刻处于准备打仗的状态，平和的生活内部也充满着绝对性的"抗压"和"绝境"体验。置换为大众生活，就是在磨难中所产生的危机感和挫折感。换而言之，刘笑伟的军旅诗暗合我们共有的情感频道和精神体验。军人的阳光、坚韧、顽强等精神品质，正是我们所需要的，有时这样的需要源于我们严重的匮乏和虚弱。从这一层面而言，我们很容易解释为什么刘笑伟的军旅诗总能让我们提神醒脑，在震撼中感动，在明快中体味深意。或许我们对军旅生活是陌生的，对军人是不了解的，但经由刘笑伟的军旅诗，我们能感受到那在我们心灵深处的情感表达和精神脉络。这是诗歌的经验，更是人生的经验。

不得不说，诗集《岁月青铜》既可以让我们更为用心地关注当代军人的奉献和崇高，也能从中领会许多人生之思。或许，这当是军旅诗独立性与社会性共为一体的最好例证。

书名	青藏旧时光
著者	牧风
体裁	散文诗
版别	河南大学出版社 2019年12月

漫步在高原上的诗意

牧风的《青藏旧时光》，充满清新自然之气，文字干净，叙写从容，诗意浓郁又恰到好处，确实让我们有熟悉又陌生的阅读体验。在牧风的笔下，高原一如我们的故乡，遥远而又时刻驻守于我们内心。一切都是生命与大自然的对话，其间的原生性和纯净，激荡我们的灵魂，宏大我们的精神空间。高原，不再是那一片固定的土地，而是一个巨大的心灵意象和精神叙述场。如此，《青藏旧时光》在很大程度上，就是文化映象和心灵读本。

散文诗作为新近发展比较迅速的文体，有其独特的文本力量和存在价值。在我看来，散文诗首先当是诗，内在必须以诗性支撑，只是在形式上有散文的面相。换言之，散文诗应该是诗在分行和内容等方面的拓展，本质上归属于诗的范畴，是诗在行文上的一种变体。牧风的散文诗，尤其是《青藏旧时光》很好地应和了这一特性。牧风在散文诗创作方面有很多收获，并成为重要的散文诗写作者。读他的作品，特别是《青藏旧时光》，如同在高原上且行且吟，心中的诗意与高原迷人的诗性同频共振。是的，高原本就是位伟大的诗人。或许这有助于解释许多诗人出自高原，许多诗人在写高原的诗绘景观。事实也是如此，如果从题材而言，故乡与高原，似乎备受诗人们的青睐。例如牧风所在的甘南，就有不少诗人，而且他们中多数同时也在写散文诗，甚至从写诗渐以写散文诗为主。牧风自然是其中的重要代表之一，并一直扎实地前行，不断拓展写作的疆界和深度，取得了很好的成绩。

《青藏旧时光》清晰地展示了牧风的创作理想，这就是家园气质。之于他，家园是高原，更是万物有灵的大自然和生生不息的原乡文化呼吸。立于高原，天空之下，大地之上，身后的历史，眼前的生活，远方的未来，这样的场景和状态，就是他写作的场域，当然也与他的日常生活和灵魂高度融合。诗性与神性相依相生，是藏地风情的一部分，更是牧风作为写作者拥有的灵气和财富。对我们而言，高原是陌生的，而之于牧风，高原是他的家乡，是他再熟悉不过的地方。牧风以生活者和写作者的双重身份深度体察日常生活，既尊重和考量生活的本相，又从生命存在、历史积淀、文化血脉等诸多方面展开思考和表达。高原上的众生万物，都是他的抒写对象。比如草原、牦牛、鹰、石、水等，之于他，首先是生活的本真，具有工笔画式的细致，也成为他文本中的底色纹路。他的文字就像工笔的线条，既真实又带着韵味的飘逸。《青藏旧时光》就是这样的写实性高原巨幅长卷，能从中找到与现实生活的准确对应。这样的诚恳是他体验生活和创作表达的能力体现，成为他写作的重要品质。正所谓脚踏大地行走，展开双臂飞翔，《青藏旧时光》在坚守生活质感的同时，怀抱厚实的文化精神意象，不断发现和收获生活的诗意，丰富诗性的表达可能。在物象与畅神之间，牧风找到了属于自己又极具文学的结合点，并在写作中艺术性地呈现，处处可见大写意之风。在大地上的是牦牛，飞在天空的是鹰；近处是低吟细语，远处则是嘹亮并带些野性的歌谣。这不是转换，而是我们追求的一种境界。也正因为如此，当我们进入《青藏旧时光》，感觉与我们走上高原几乎是完全相同的。换而言之，《青藏旧时光》是高原的纸上世界，高原是《青藏旧时光》的现实文本。

《青藏旧时光》并不只是写青藏，"青藏"也是牧风辽阔视野的喻体。他写作所指向的青藏，其实是他所在的甘南，属于青藏，也在青藏的边缘。这与牧风个体的成长有着密切关系，并参与了他的文化气质和写作品相。牧风出生和成长于甘南的临潭县，与他现在生活地甘南藏族自治州的州府所在地合作市相距也就几十公里。临潭，素有"高原深处的江淮人家"之称，自古尤其是近六七百年，藏文化与汉文化在此相互浸染，共同繁荣，形成了独特的藏汉合体的文化。牧风是藏族，从小说藏语，而写作用的是汉语，藏汉两种语言统一于他的生命之中。在《青藏旧时光》中，一部分是甘南篇章，还有一部分是甘南以外的平原大山，收录着牧风近年来创作的128首散文诗作品，共分为四辑，第一辑"甘南时光"，第二辑"青藏书札"，第三辑"古风苍茫"，第四辑"域外行吟"。因而，这部书也是大合体，是牧风生活的真实图景，也是对文化的诚实倾诉。

无论是甘南，还是甘南以外更广大的世界，牧风的书写总是"乡愁式"的。在我看来，这当是"青藏旧时光"中"旧"的含义。不是简单的怀旧，而是在以心灵之光擦拭某些锈蚀。这样的乡愁，处处可见人与自然共生的文化气象和生命印记。与追忆式的乡愁不同，牧风的"乡愁"更多的是从当下生活中捕捉那些散落的但又闪光的碎片，揣摩那些依然在身边，更是在血液里的日常性珍贵。他在以文学的方式唤醒晕睡，针灸麻木，积聚美好。不得不说，《青藏旧时光》犹如灯盏，照亮着牧风行走的过往今来的路，也在安抚我们灵魂里的某些失眠。就我个人感觉，读《青藏旧时光》是读高原，也是读我隐于内心的那些宁静。

书名	帕男诗选
著者	帕男
体裁	诗集
版别	团结出版社 2021年7月

锄镐的乡野之气与刀剑的破风之力

  帕男身处边地，以身边的俗常事物点醒诗意，抑或捕捉生活之物的诗性之光。其诗集《帕男诗选》所呈现的陌生又熟悉的错位感，源于我们之于生活的浮皮潦草，以及遗失和抛弃。边地，是诗人站立之地，但进入他的诗歌，我们感受到的是文化和精神的中心源。显然，诗人在远与近、虚与实、烈与柔等诸多方面，以相互言说的方式，力求诗歌的高远视野和深度的精神追求。坚守生活的本真，忠诚于及物性的写作。帕男在缝合一些撕裂，也在虔诚地向生活求索，并由此集聚文学之于生活的某些本质性的价值。

  帕男是瑶族人，且已在云南楚雄工作、生活了三十多年，但其创作的身份意识和地缘界别并不明显，多半成为作品中隐秘的存在。这当然有多种的考量，比如他所从事的新闻工作，已经与世界建立了直接的、生活气息浓郁的对话关系，诗歌可在另一个维度中前行；比如故乡一直是他心灵的土壤和创作的本源，并以诗歌的方式维护着与故乡的紧密联系，一解乡愁之渴。诗歌的实时爆发点和现实冲击力，终究是来自内心的潜藏和积攒。显然，这只是表层的猜想或可能的理由。其内在的真实是，帕男致力于回到生活与诗歌之间最为平常又极其高远的精神层面的关联，以返乡式的行为，进行集体意识主导的写作。如此的返乡是回到成长时期的乡村，但又剔除了外在的缠绕，进而解剖生活的真相。比如人与大地与万物的关系，比如人与日常生活器物的关系。他诗中的乡村，是我们所有人生活的原生态呈现。因而，真正意义上的返乡，是精神之乡。帕男在书写的第一层面，特别的质朴，没有修辞，不作有意为之的诗意，尽可能地保持现实的本相。读到如此这般的诗句，我们仿佛是从墙角拿起镰刀，走过乡间小路，走到田野之中，为庄稼也是为自己的生活劳作起来。当然，这有时需要我们进行感觉或情感上的转换，因为帕男的真诚和真实，常常会让我们有陌生之感。在诗歌阅读上，我们已经很少遇见这样不加粉饰但又在不断提升诗性力量的语词和口吻。我们写作中的生活感在日益衰减，所谓的写作技巧愈加成熟和圆滑。我们的生活，也因种种的尘土飞扬，离最真切的动作和场景越来越远。一路走来，我们身后的足迹已经随风而去。甚至，我们对一些原生性的、平常中闪现的微光已经视而不见，无动于衷。这样的麻木，正在无休止地蔓延，并在淹没我们的目光，吞噬我们的灵魂。我们失去了返璞归真的心灵之力和稳健的步伐。之于诗歌创作，也同样如此。当然，相对于幻象、高深和晦涩，返璞归真式的诗歌写作，难度更大，挑战性更强。幸好，还有帕男以及一些诗人依然在坚守。

在帕男的诗歌中，像庄户人家干农活一样的动作随处可见，尤其是锄头的清除之功和铁镐的深挖之力，尤其引人关注。清除有碍凝视和思考的繁杂，深挖表象之下的本质，这是帕男一直在做的事。他没有埋头于此，而是同时仰望天空，潜进历史深处，辽阔视野，以哲性为支撑，在光明中透视黑暗，在黑暗中寻找光明。这时候，他手中是刀剑，动作平实又极具披荆斩棘之力。在他的诗歌中，我时常读到乡村里那些智性人物的神形，亲如邻居，沉默如水，平常之极，说出的话像庄稼那样天然，可其中的智慧和哲理一如他额头跳跃的阳光。深扎于日常生活之中，在现实和历史的根部展开当下性的对话。从寻常之象抵达寻常之道，这需要与日常生活不离不弃，需要纯粹的诗歌精神。在这样的道路上，帕男一直在努力。其执着值得我们尊敬。

同样寻常的还有帕男的诗歌语言。我习惯把他这样朴实的语言称为"贴着生活大地飞翔的话语"，没有蛮横拿捏的比喻，也不是淡之又淡的口语。帕男其实是洞察了汉语某些自在的价值，善于召唤字词闪现自身的光泽。这些词语时而如锄镐，时而又如锄镐刨出的泥土；时而如刀剑，时而又如刀剑下的疾风。我们单纯地谈及诗歌语言，其实意义不大，因为只有当语言与诗人的灵魂色彩、精神特质以及叙述所及之物之间统一为一个整体，语言才能展现其生命的力量。帕男努力在物、词和义三者之间建立起没有违和感的诗歌生命体，并持久地寻找如此的诗之道。回到诗人和生活的本真，保持内在的生命性和外在的整体性，这样的写作当是真诚且有力的写作。同样真诚的还有帕男一直之于诗歌的努力，从其体量巨大的诗歌中，我们感受到他总是不断地尝试和突破，其指向是让叙述越来越平易近人，让挖掘越来越有力度和深度。他以朴素之心和文化之力，寻找并建立诗与生活既平凡又奇崛的互文关系。

从《帕男诗选》中，我们可以得到一些启发，其中最触动我的是，诗歌创作首先取决于自己特有的心性和血性，或者忠诚于自己所期待拥有的心性和血性，保持自我生命与诗歌的底色一致，当是我们所要努力的。有关诗歌和文学的真诚，其实是一个根本命题。

书名	东方的太阳
著者	谭仲池
体裁	长诗
版别	人民文学出版社 2011年5月

诗歌在生命之树上绽放力量

谭仲池的长诗《东方的太阳》，是诗人生命情感的一次真诚诉求。诗人行走于宏大叙事中，激荡着个性化的诗意浪花与人生吟唱。时下，诗人们或与政治抒情诗保持相当的距离，或竭力挣脱传统束缚，试图从西方诗歌中寻找书写的突破，而谭仲池反其道而行之的姿势十分醒目张扬。更让我们惊讶和钦佩的是，他是那样的从容、真诚和自然，诗人的精神和诗歌的力量在《东方的太阳》中得到了充分展现。这在当下诗坛，不能不说是别样的景观。

政治抒情诗，是一种形式，也是对诉说对象的一种指称。但真正的政治抒情诗，绝不该是丢弃或丧失自我的非个性化书写，而应当是诗人以私性的心灵与公共的话语展开真诚的对话，从而让诗歌在抵近生活现场的同时，也飞翔在自我的心空。政治、抒情与诗，三者互为支撑，是统一的有机生命体。那些缺乏真诚，个体只沦为无生命的书写工具，从公共话语到公共话语麻木流动的政治抒情诗，其实并不是真正意义上的政治抒情诗，至少游离了政治抒情诗当有的特质内蕴。《东方的太阳》只是以政治抒情诗为外在呈现，其内里是诗人借助历史上的重大政治事件回望和检索人生历程，梳理情感与思绪的脉络，张扬源于心灵深处的诉说。诗人以生命的体验在政治话语与自我情感之间建立起诗性且真实的通道,风景中是历史，也是诗人自己，诗人与历史成为不可分割的整体。正因为心中蓄有的诗意和纯真的情感，诗人才会看到延安，"有一条诞生思想和诗歌的河流"，才会感觉到西柏坡"是诞生他诗歌的故地"。

与谭仲池其他的诗作不同，也与当下许多诗歌有别之处在于，《东方的太阳》并非诗人一时灵感涌现、心绪澎湃之作，而是诗人水到渠成的收获。这得益于他是位有诗心的诗人。诗心是一粒种子在他的心田里生根、发芽，茁壮成长，而他俨然是个收割者。他从小习诗，写作不止，诗作不断。生他养他的湖南大地，本身就洋溢着漫山遍野的诗意，还有那不羁的斗志和奋勇浴血的追梦者，无时无刻不在滋养和感染着他。他与新中国同岁，丰富的人生经历，使他比许多诗人更有深刻的生活体验。可以说，这么多年来，无论是祖国还是诗人的成长，都生发了许多以诗抒怀的节点，令许多诗人心潮澎湃，诗兴大发。可他知道自己心中的那首诗还没成熟，他要做的就是静静地等候，用心地守护。如今，六千行长诗《东方的太阳》在一个阳光灿烂的季节横空出世。诗人成为一名采撷者，在生命之树上采下片片树叶，化作行行诗句，凝成诗人对于历史同时也是对于自己的回想与歌唱。谭仲池以自己真诚的信仰和纯粹的精神，以诗歌的表情、灵魂的呼吸和情感的律动完成了一次独具力量的生命绽放。

我们无须怀疑年逾六旬的他怎会有如此饱满的激情，怎会有如此充沛的精力完成这一巨著？我们能做的就是把深深的敬意送给诗人谭仲池。

一、文化的力量

《东方的太阳》以"东方之梦"开篇,中华文明的源远流长和一个民族在屈辱下对于强盛的渴望,浓烈而悲壮地向我们走来。历史向着民族复兴一路前行,而灿烂的传统文化一直在《东方的太阳》中时而引吭高歌,时而低语轻吟。阅读《东方的太阳》,我们时常会与中国诗歌那些古老而年轻的"精灵"不期而遇,比如屈原、杜甫、李白、李清照等诗人;比如《击壤歌》《采薇歌》《关雎》《离骚》等诗词歌谣。这些是我们诗性国度的闪光明珠和丰厚财富,也是中华民族优秀文化的代表,更是一个个烙上华夏文明的文化符号。谭仲池在古老的诗歌密林里穿行,携醉人诗风步入《东方的太阳》。在这部处处荡漾着新诗风格的作品里,诗人镶嵌了许多各个时代璀璨的诗句,看似信手拈来,却又是那样的浑然天成。这是他对于传统诗歌的继承,又是对新诗的有力开拓,更是为被人惯性地贴上标签的政治抒情诗活泛了诗意。让新诗,尤其是政治抒情诗在中国经典诗词歌赋的海洋里畅游,新语境中闪烁着古词佳句,谭仲池真正打通了新诗与古诗的疆域。这是诗歌的力量,也是诗人心智的大美体现。以诗歌的方式抵达心灵家园,我们的心性一下子饱满灵动起来。我们体味到了诗人积淀于生命之中的那份经传统文化浸染的心爱和审美,那份去除诗性之后依然饱含大爱大美的心地。

不仅仅是与诗有关的,那些古寺、石窟、彩陶、竹简、丝绸、瓷器、壁画、弓刀、化石、旧石器、甲骨文、古长城、周口店的猿人头骨、火药、指南针、造纸、活字印刷等,以及盘古开天、女娲造人、钻木取火等远古神话传说,如朵朵浪花在《东方的太阳》里跳跃闪现、飘逸起舞,挥洒着独特的气质。在这样一部长诗里,汇聚了如此众多的文化形象，多少令我们有些意外。非但如此，这些文化意象如一条山脉贯穿整个《东方的太阳》，成为一种力量的支撑。显然，文化是《东方的太阳》生长的土壤，换言之，文化赋予了《东方的太阳》最具光彩的诗性纹理，成为《东方的太阳》独具魅力的底色。

让政治抒情诗插上文化的翅膀，文化焕发出新的活力，政治抒情诗有了坚实的大地和丰满的质感。在植根于血脉里的文化的引领下，我们可以轻易地突破政治抒情诗惯常的语境，在诗意的文化中感受政治那平易近人的一面。这使他的诗歌在张扬个性的同时，最大限度地包容了诗歌艺术的精华。他在诗歌历史上，以自己的肉体和心魂在传统与当下之间架起属于他自己又给人启发的桥梁。谭仲池让诗歌在回归中前行，对新诗尤其是政治抒情诗的发展做出了积极的而富有成效的尝试。我们认为，谭仲池如此正视诗歌的传统与当下的态度，是所有真正的诗人应当揣摩的。诗歌的发展需要冲突甚至是解构，但整体之中当有和谐作为基调。革命的目标是发展，是开掘诗歌新的生命力，而非野蛮地切断人类文明的脐带，以打碎和颠覆获取快感。

在政治抒情诗这样的体裁中，谭仲池将文化的渲染做到了极致，对于文化的膜拜也达到极致。他在中国的文化里，讲述中国的故事，倾诉中国式的情感。这源于诗人对于传统文化的深情感恩，更在于他真正参悟到文化对于一个民族、一个国家乃至一个政党的滋养。正如他所说："中华文化，东方文化的伟大作用和无穷力量。曾几何时，在雾都重庆，在乱云飞渡的日子，就毛泽东一首《沁园春·雪》的锦绣辞章，竟产生了泣鬼神、动山河、唤民心、扭乾坤的伟力和磁场。历史和现实，乃至未来都会证明，有了文化，历史会走出沉重、悲凉、迷茫；有了文化，冷酷、浮躁、平庸会变得温情、平静、激奋；有了文化，物欲和贪婪会变得理性节制；有了文化，空虚、脆弱、狂妄会变得坚强、仁爱、充实；有了文化，阴影会变成光明，单调会变成丰富，颜色愈加灿烂。文化是太阳光辉的内核和原点；文化是冲决思想牢笼的精神风暴；文化是润物无声的细雨春风；文化是滋养心灵的神丹妙药；文化永远是人间生命的雨露和阳光。"谭仲池对于文化的这种领悟，参透到中华民族解放与复兴历程中文化所特有的强大力量，使得《东方的太阳》具有了与众不同的诗意和感染力。

二、叙事的力量

"谨以此六千行的长诗献给中国共产党九十华诞。"是诗人谭仲池创作的原动力，也是《东方的太阳》叙事情感的基点与目标。长诗由"序诗""东方之梦""喷薄日出""悲歌狂飙""辉煌沉重""春潮澎湃""不落的太阳"和"尾声"共八个章节组成，气势恢宏，场景纷繁，人物辈出，时空跨度大，叙事缜密明晰，可与一部长篇小说媲美，完全具备史诗的品格与风范。

长诗循着中国共产党成立九十周年的前进步伐展开叙事，线索清晰，视野开阔。历史人物与重大事件既并列呈现，又有机互联。这是一部诗意化的党史，尽显党史里的诗意，而其中的真人真事、真情实感又最大限度地还原了历史。诗人是在忆往事，又潜进岁月，走到历史现场，回到历史的本源，处于历史的真实时空，敏锐而满怀深情地抚摸历史的细节。他时而讲述，时而分析，时而评判，时而坦然地表达自己的敬仰、憎恨等情感。他义无反顾地表明自己的立场,坚守自己作为诗者应有的情感、态度和精神。他在以自己的心灵解读历史的同时,用自己的价值标准和理想回复历史的种种疑问。换言之,他清醒地意识到自己叙述历史的目的和意义,没有避讳和做作。这需要的不仅仅是勇敢和自信,更重要的是对历史的真正负责,以己之力发现和表达历史的价值。我们也随着他时而热血沸腾,时而痛心疾首,时而会心一笑。他以诗意的胸怀、纵横的笔意和爱憎分明的态度,赋予了那段几乎人人熟知的历史以崭新的生命。

党的九十年历程,风起云涌,曲折传奇,那些重要的人物和重大的历史事件,各种文本和文艺样式早已全方位展现,谭仲池将党史作为长诗的叙事线索,可谓是真切的勇敢行为,是实在的挑战。他以自己个性化的审美为我们呈现了一部新鲜灵动、韵味十足的党史。列宁、斯大林、陈独秀、李大钊、瞿秋白、毛泽东、周恩来、邓小平,还有刘胡兰、方志敏、江竹筠、雷锋、焦裕禄等数十人,这些耳熟能详的名字汇集为光芒四射的人物长廊。鸦片战争、甲午海战、洋务运动、辛亥革命、创建井冈山根据地、"九一八"事变、红军长征、解放战争、"文革"浩劫、改革开放、百年奥运、土地承包、港澳回归、"98抗洪"、千年飞天梦、汶川地震……这些或是我们生命中永久的背景,或是我们亲身经历过的重大历史事件,在谭仲池笔下的诗中让我们熟悉,让我们新奇。在这里,他大胆而智慧地以诗心、诗性、诗意、诗情,用大写意的手法走近人物、叙说历史。"这个读书人的名字和他的思想一样深刻鲜活 / 陈独秀 / 也像一丛火焰在燃烧自己的灵魂 / 去照亮正在开辟的道路 / 陈独秀又像饱经风霜的秋菊 / 撑着瘦瘦的身子 / 去迎接暴风雨的洗礼 / 陈独秀更像一弯新月 / 在碧海凄清地蹒跚。" 这当是一种陌生化的描写，但分明又是那样的确切而熟悉。清新的写意之下，画面是那样的真切瓷实，犹如一幅神形俱备的水墨画。面对"遵义会议"这样的重大事件，谭仲池又以纤细的写实，还原和放大了当时的一个片段，以小见大，举重若轻："毛泽东从木藤椅上缓缓站起身子／他从容而深情地面对二十双睁大的眼睛／他分明听到了大家的呼吸／他也清晰地看到了窗外那古老的槐树／片片树叶都在风中抖动／窗棂上晃动的影子／没有挡住他心中奔涌的激奋与凝重。""98抗洪"震惊世界，谭仲池只是撷取一个小得不能再小的场景："妻子抱着婴儿来到了堵口的险堤／瞬时周围筑起了一道绿色长城／他吻着妻子怀中的儿子，仿佛在吻自己的灵魂／记者感动地问军嫂／此时你要对丈夫说什么／什么都想说／什么都不说／最后妻子对着怀中的儿子说'长大了，学你父亲／做个好军人'。"这是一个稍纵即逝的瞬间，可诗人却用诗句留下了永恒。我们再次与感动相遇，原来，感动的诗歌还是存在的，我们的心弦还是可以被感动弹拨的。这里只有质朴，只有最为质感的一幕，但谁又能说这不是可以见到抗洪全景的一滴水？

三、哲理的力量

谭仲池在后记中写道："写这部长诗，或许会有人误解，这一定是一部充满溢美之词的浅薄，充满概念说教的呆滞，充满空泛虚脱的苍白的政治诗歌。然而，我要告诉我敬重的读者，我的心和血，我的情和志，我的魂和梦，都一直在叮嘱我，该怎样表达我们共同的期盼、愿望和祈祷！"走进《东方的太阳》，我们能明显感觉到谭仲池是诚实的，也是极为自信的。

饱满的诗意,纯美的感恩,源于灵魂深处的浓情大爱,艺术化的叙事,使《东方的太阳》具有非同寻常的意义。这部长诗回肠荡气、激情奔放,豪迈之下有细腻,人与事、诗与史有意味地融合在一起。长诗的全文记叙了中国共产党成立九十年的风雨历程,展示了中国共产党取得中国革命和建设成就的必然,讴歌了中国共产党为中华民族的伟大复兴所建立的丰功伟绩。在此基础上,还有情与思的骨肉相连。换而言之,《东方的太阳》集史、情和思于一体,感性与理性并肩而行。谭仲池在触摸历史的细节,燃烧如春雷般的激情,每每又能沉稳安静地思索。正如有评者所言:"对康有为、梁启超、谭嗣同、孙中山、胡适、张学良等作了点评,对共产党人中的李大钊、陈独秀、周恩来、胡耀邦等也作了中肯的评价。对党的历代领导人的文治武功也作了深情且有见地的回顾。特别是对新中国的缔造者毛泽东,以及改革开放的倡导者邓小平,仲池可谓投入了他全部的爱与忠诚。"

谭仲池对历史有着自己的思考与判断,而他与祖国共同成长的经历,又让他积累了丰富的人生经验。他有古典诗人的气质,又偏好现代性的哲思。应该说,他是位责任感极强、富有思考精神,又善于分析总结的诗人。"大海懂得了壮阔与奔腾/湖泊学会了思考和宁静/云霞变得斑斓轻盈/炊烟也有了高蹈的哲思/苍山更知道深邃和凝重/ 即使是哲学 诗歌 宗教 抑或羔羊 蝴蝶/都知道拥抱尊贵 崇高 纯洁 优雅 博爱 自由和美"叙事和抒情里,他是参与者,与历史一同走来,而在思考时,他又是位旁观者。他牵挂国家和民族的命运、政党和人民的命运,立于历史的潮头,面对湛蓝的天空,不停地追问,中国历经磨难而不衰,中国有今日,中国能够在面临诸多挑战和严峻考验的世纪之初,实现腾飞,靠的什么?

什么是中国的灵魂和精神？中国的道路和未来在哪里？什么是中国的经典和创造？就是这样，他"去采摘诗的花朵，诗的情愫，诗的哲思，诗的苍凉，诗的妩媚，诗的壮烈，诗的血性，诗的缤纷，诗的慧香和诗的幽远空灵、禅定与诗的凝重、冷峻"。然后，向着彼岸进发，"循着古代遗物和古籍指点的迷津在寻觅／寻觅五千年文脉的履痕／寻觅龙的化身和精神／寻觅生动表意的象形文字和骨骼／寻觅西方人永远不能破解的东方神韵"。

是的，谭仲池的思考是冷峻且多面多层次的。他以信仰者的身份，对党的历史进行反思与思考；站在民族的高度，对真理和信仰进行观照与思考。他寻找的结果没有出乎我们的意料，或者说是我们共同的思想指向，思考是那样的真实有物，让我们有亲近的感觉，让我们由衷地信服。这当是他生命本真的力量，是他诗心生长出的诗歌力量。

更为可贵的是，谭仲池在民族历史、国家历史和党的历史的映射下，从自己的成长史起步，回到人的存在与生存，对人生、对人的精神、对人的信仰进行深刻拷问，并勇敢地表达自己的心灵图景。

由此，我们可以说诗人谭仲池和他的《东方的太阳》，真正登上了诗歌的精神高地。

书名	敬礼，以生命的名义
著者	谭仲池
体裁	长诗
版别	湖南文艺出版社 2008年6月

驻守公众生活现场的写作

近些年来，诗歌急速衰退，已经沦落到边缘化的地步。诗人远离了公众生活现场，公众生活视野也冷漠了诗歌的存在。诗人与读者的关系日渐紧张，诗歌与公众生活彼此不屑一顾，相互指责对方的背叛。也就在似乎归于平静之时，汶川大地震突然袭来，国殇时刻，全民悲伤，诗歌与公众生活握手言和了。有关抗震救灾的诗歌，一时间铺天盖地，以诗歌所特有的方式加入抗震救灾的行列。迄今为止，一部部诗集也激情问世。其中就有谭仲池的诗集《敬礼，以生命的名义》，或许这还是第一部抗震诗歌的个人专集。当然，是不是第一并不重要，重要的是《敬礼，以生命的名义》完成了一次诗人心灵与抗震救灾同步的情感旅程。这是一部诗人灵魂叙事的诗集，是诗人作为公众生活现场一员的创作理想和实践的情感体验。我们可以触摸到诗人血液的温度，感受到灵魂的颤抖与舞蹈，体味到诗歌在累积人类情感经验的特殊才能和艺术审美。这又是一部全程记录抗震救灾壮举的诗集，诗人在震后的第三天就开始创作，以诗人特殊的视角和诗歌特殊的叙述，对抗震救灾中的诸多细节和情感变化进行实时叙写。抒情与状写艺术地凝聚在一起，流动的情感和行走的足迹一同以诗歌的方式存入记忆，这也使得《敬礼，以生命的名义》可以成为透视和回望汶川大地震的重要文本之一。

谭仲池是位创作颇丰的诗人，但近年来很少写诗。才情横溢的诗人陷入失语的沼泽地，绝非词语匮乏，技法荒芜，多半是内蕴的激情达不到燃点。这样的燃点依仗自我升温是无济于事的，需要的是内心与存在对话所迸发的能量。显然，谭仲池是诚实的，没有借助于凌空蹈虚的词语喋喋不休，而是虔诚且耐心地守候生活与灵魂的强势互动，让情感冲破饱满的临界点自然倾泻。尽管在苦苦期待，但当这一刻来到时，他有些不知所措。他想写诗时，已经难以写出，没准备写时，诗歌的词语却在他疼痛、哭泣和祈祷之时悄然落下。诗人的身份随风而去，一个灵魂在贴着生活的地面飞翔。一首首诗，没有隐喻，没有惯常的文化象征，却处处充满力量，这力量来自诗人和诗歌，更来自生活现场本身。我以为，这就是《敬礼，以生命的名义》的诗性品质和精神气韵。

《敬礼，以生命的名义》是全景式的叙事，既视野开阔又目光细腻。从领袖到百姓，从瓦砾下不屈的身躯到与时间争夺生命的双手，从灾区到中华大地……诗人时而抽身远望，时而站在废墟前。我们在诗性文字的引领下，阅读着这个世界在震后的变化，体味着那些永远不变的生命意志和对生命的极度尊重。诗人以情感洗涤文字的杂质，以文字最为纯真的色质抒写那些或令我们悲伤、或令我们惊叹、或令我们振奋的现实场景。在这样一个传媒高度发达的时代，有着太多的记录和传播信息的手段在聚焦地震灾区，然而，当我捧读《敬礼，以生命的名义》时，还是真切地感受到，诗人的叙述是独特的，其价值是诗歌以外的样式无法替代的。诗人的叙述是写实性的，但击中的是最为坚硬的情感内核。浓缩的话语精确到位，毫不拖沓，营造了叙述背后巨大的生发空间。某一个事件，某一种行为过程，某一个人物，结晶而成的只是一行诗句。简短，却是记忆中最富有力量的。与一般的叙事诗不同之处在于，《敬礼，以生命的名义》在客观叙述中，不再是结构和描述景象，而旨在于生成意象。当然，更为准确地说，在他的诗行中，景象十分清晰真实，并经由诗性的滋养自发地生成为意象，凝结为坚实的记忆点。当我们阅读这些诗时，这些点会在我们心田生根、发芽，直至成长为丰盈的具象与情愫共存的世界。这是中国古典诗歌共有的质地，是由传统文化打磨而成的。由此可见谭仲池深受古典诗的润泽，并自觉地承担起传递传统人文精神的责任。事实上，当今天成为历史，岁月会永无休止地淘洗这曾经强悍的生活躯体，最后留下的多半就是记忆结点。这是人类潜回历史的支点。当然，这样的结点，可能是某一个画面，某一个动作，某一句话。谭仲池正是以这样的叙述，让《敬礼，以生命的名义》拥抱着震后的大地、阳光和废墟内外的身影。诗人与灾区人民同行，自我的心灵与灾区人民的心灵同频共振，叙事在真实时间流变中展开。一切从灾区现场的细节出发，言之有物，凸显生活本身的原生质感。一首诗是一个个片段，一个个瞬间，在《敬礼，以生命的名义》统领之下，就是四川省汶川县5·12大地震的完整叙事。是的，我很乐意将《敬礼，以生命的名义》看作一部长诗。

地震发生后，谭仲池一直在湖南而非地震灾区的第一现场。因为工作的关系和现实环境的差别，他的日常生活与灾区有着本质性的区别。他了解灾区境况和在那里的人们，借助的是报纸和电视这些媒介。他所驻守的公共生活现场，只是受到从灾区源源不断传来的信息熏染的场域和情境。当然,他是诚实的,丝毫没有隐瞒这一点。然而,我们从《敬礼,以生命的名义》中又难以体察到这样的距离感。应该说,他做到了肉身在此地,灵魂却神游至远方。客观上,举国悲怆,山河呜咽,天地欲泪,灾区成为全国人民关注和牵挂的焦点。具有诗人敏感、赤诚之性情的谭仲池的内心自然备受感染,他还有出色的想象力以及对于现实的还原和修复能力。但,这还不足以使《敬礼,以生命的名义》犹如在灾区瓦砾中生长出的生命体。不在现场,再多再丰富的话语和讯息,都已经历了有意或无意的过滤,现场的真实和真实的现场不可避免地在无休止流失。再者,我们相信,身在灾区的诗人,有些也是无法诗兴大发的,或者难以将感受到的一切化为较高质量的诗作。这就不能不提及"激活"这个关键词。从谭仲池以往的诗歌中,我们可以轻易地查探出其创作的原动力。他的创作没有寄生于某个大师的阴影之下,也没有成为那些所谓一波波诗歌浪潮的追随者,而是始终与生活亲密相守。他可以称得上是诗人中的生活者,生活者中的诗人。他坚守内心,坚守生存现场,坚守生活本身,时刻以生活考量人性、生存的困境与苦难。如前文所述,他并不匮乏生活的细节和体验,也不缺失心灵对于人性、苦难和纷繁情感的感知、思考和记忆,他渴求的是被激活。一旦被激活,那么所有的积蓄便会喷涌而出,一如河水那样自然流动。是的,当休眠的生命被激活后,一切都是生机勃勃的天然之体。如此说来,谭仲池并非有置换之举,而是灵魂与现场的真情相拥。

《敬礼,以生命的名义》中的抒情,有其个性化的品格。许多时候诗人不是在倾诉,以求宣泄的快意,而是建立一种对话体系,与叙述对象进行心灵的交流。当然,能够将抒情推向极致,也是一种审美。但谭仲池显然不满足一味抒情的自言自语，或者说，当他的灵魂贴在灾区的每一寸土地行走时，已不可能让他自言自语。《孩子，天堂冷吗》《我知道你们会来救我》《你能给我时间吗》《映秀，我来了》……仅从这些诗歌的标题，我们就可以知道，他的交流不是慰问式的，而是捧出自己的心与他们真诚而平等地对话。他在努力地倾听每一个人心灵的律动和情感的呼吸。这不是诗人的姿态，而是他的心灵与灾区人们在一起时情感的自然流露。我们看不到诗人谭仲池在刻意地变换身份，察觉到的只是他作为普通人的坦诚与亲和感。当诗人不再自命为诗人，而是成为人流中的一员时，诗歌就朴素起来。朴素，并不意味着没有崇高。就像被压在瓦砾下的生命，就像那些救援人员的身影，无一不朴实无华，但又无一不闪烁着崇高的光芒。从这一角度而言，与其说《敬礼，以生命的名义》是诗人的作品，还不如说是流动在灾区人们内心和唇齿间的朴素词语。一段时间以来，知识分子写作者和民间写作者在诗坛上拼杀得硝烟弥漫。我以为，这多半是在写作立场和精神上争吵不休，而少有对诗人当以什么样的身份写作的追问与思索。当身份不在场时，又何来立场与精神？近年来，平民化的话语，底层叙事成为人们议论的热门话题，并试图累积某种理论。平民化是划分出阶层后的语境；底层则是居高临下的俯视。看似是在操守某种立场，其实只是话语的物质化，而不是心灵的本真出场。在我看来，所谓的平民化，绝不是我们以平民为叙述对象，一味地仿制平民的话语。也不是将自己的身份演化为平民。同样，底层叙事也是如此。我们首先要解决的不是为谁写作，而是作为谁在写作。这样的作为又非有意而为之，而是心灵的自然取向。只有当我们心中没有平民与贵族之分，没有上层与底层之别，生命与情感真正融入公共生活之中，小我与大我的灵魂合二为一时，我们无须着意浓郁平民意识，操作底层叙事，我们作品的内在精神便会和人类共有的生活相通。在这方面，《敬礼，以生命的名义》可以给我们一些启示，至少可以引发我们进入这一向度的思考。从《敬礼，以生命的名义》中向我们走来的谭仲池，如果说与公众生活现场的人们有什么区别的话，也只是他多有创作诗歌的能力，有以诗歌言说的才华。因为被激活，那些功利和知识的外衣已经随风而逝，他回到了生活的内部，回到了内心的本源，回到了灵魂的栖息地。《敬礼，以生命的名义》是如此的朴素而真诚，我们看不到谭仲池的存在，倒是时常会以为这是一本由灾区现场的人们合写的诗集。

我们说《敬礼，以生命的名义》是抗震诗，是以题材来指认的。当然，就诗人的创作状态而言，大地震也是他诗句飞流的直接诱因。对此，谭仲池有过如实的表述："自从2008年5月12日14时28分汶川发生地震后，我们整个家庭的生活被打乱了，沉浸在悲痛、惦念、抗争的精神状态和悲悯、祈愿的感情旋涡里。带着这种心情，妻子守着电视，边看边流泪。我也不时地看电视，但更多的时间我在读报，从各种报纸上了解灾区的受灾情况、救援情景和各种各样的信息。我的心是苦涩的，有时流泪、有时流血、有时哭泣、有时呐喊。当读到一些震撼心灵，特别感动的报道和事件、人物时，我会立即在报纸的空白处，写起诗来。有时干脆剪下报纸坐在书桌前写起来。就这样每天读报、剪报、写诗。写心中的悲痛，心中的震撼，心中的感动，心中的振奋，心中的祈祷，心中的思考，心中的祝福！就这样写着，写了一大本。这本名叫《敬礼，以生命的名义》的诗集的初稿上滴着我的眼泪，那是我一生中真正诗的心声。这心声是带泪带血，沉重而理性的。我要将它们编织成一首悲歌唱给汶川灾区的父老乡亲，远去的遇难同胞；唱给我们无限崇敬的救援大军；唱给党和共和国的领袖和祖国人民。"我之所以摘录于此，是以此方式向诗人致敬，向他在诗集的开篇就向我们和盘托出创作的状态和过程的真诚表示敬意。这份真诚，表明了他的创作与时代近距离的关系。诗人无法将时代弃之不顾，更不可能让时代气息在诗歌的身体中消失。总有些事，是诗人无能为力的，让诗歌轻盈如此，使诗歌厚实也是如此。这样的关系是因地震而呈现的，但又是他创作坚定的理想，所以他才会认为"是我一生中真正诗的心声"。大段引用这番话，还有一个更重要的原因，诗人在进行地震题材的创作，带给我们的是远比这题材更有深度和广度的精神作品。如此从题材出发，又超越题材的创作成果，自然是诗人深厚人文精神的内力驱动。与众多的抗震诗歌相比，苦难叙事是这部诗集的个性化表情。突如其来的特大地震，是人类极端化苦难之一，也促使人性、情感等进入前所未有的井喷期。说到底，地震只是苦难的一种，只为书写而书写，终究无法使作品有经典品质的可能，也在很大程度上失去了书写的终极意义。谭仲池叙述了苦难之下的种种不幸和大爱，并深入苦难内部，探求人类如何应对苦难。他这种解读苦难并思考出路的方式，具有哲学的意味。在承受着地震灾难的重压之时，谭仲池心中那份长久以来对人类生存困境的思索非但没有迷失，反而愈加坚韧。这部诗集，是以生命的名义在向生命敬礼，在向面对苦难的不屈精神敬礼。谭仲池在地震这一灾难的刺激下，再次回到人类基本经验的领地，从物质性的苦难进入精神性的苦难。人类的生存史就是与苦难拼斗的历史记忆，有些苦难，人类是无法突破的，有些是可以避免的。对此，谭仲池提出了不同的诉求。那些人类无法绕开和击碎的苦难，我们需要什么样的精神依靠，需要什么样的精神家园来温暖？我们躲避不了苦难，但我们可以在精神上自我拯救。遭遇地震这样的苦难，我们是可以挺过去的，关键是我们该有怎样的精神。而对于因人类的漠视和残害导致的大自然的报复，我们应当做的是像尊重我们自己的生命一样尊重大自然。他看到了苦难面前所激荡的人性的光芒、纯真的情感、生命的意志力和阳光般的乐观，但他更希望在苦难悄无声息地尾随我们时，我们能将这种因巨大苦难而激发的精神元素常态化。《敬礼，以生命的名义》在警醒我们，生命之困境无处不在，我们的精神应该时时处于警觉和战斗的状态。

这或许才是《敬礼，以生命的名义》带给我们最丰厚的精神大餐。

书名	啊哈嗨咿
著者	武自然
体裁	诗歌
版别	百花文艺出版社　2020年4月

风过草原，或马头琴

  武自然的诗更多的是对生活余音部分的接续和再生长，也包括余音结束后的那短暂或者长久的静寂。这源于诗歌的起源和传统，也彰显了诗人之于世界的态度和诗歌精神的本质性的建构。武自然的诗集《啊哈嗨咿》就是这样一部以声音为内核的诗性乐章，把声音回归到日常生活，同时又再现了声音的神性。大自然的平实与神秘，日常生活的活力与深沉，在那些记忆深处的画面里，更在以情感催化的音节里，在那些没有实质性词语的韵律之中。这其实是一个可作无尽解读又看似澄明的隐喻，这是诗歌的，更是世界和人生的。武自然的写作揭示了生命中某些微弱之中的宏强，辽阔了文字与画面间那音乐本性的疆域。诗再次与声音紧密拥抱，深邃的思索得以达到我们习以为常的流畅。轻与重的灵魂性合拍，成为他诗的独特表情和内在掘进。

  "啊哈嗨咿"是在有蒙古族后裔生活居住的地方都能听到的、穿插于歌词之中独特的艺术表达，是一个民族母语中最动听、最具精神穿透力的声音，历经千万年，从未间断。结合武自然的诗歌，我们很容易想到马在草原飞驰而过留给天地间的记忆。诚然，那雄迈的身影，草丛里深深的马蹄印，总有刻骨铭心的悸动。然而，马的嘶鸣，掠过草尖和撕裂空气的声音，更会在我们的呼吸里凿下印痕，最终汇入血液流动的节奏之中。单纯的节奏，没有词语的参与。是的，片段、细节、画面等，构成了我们的人生那逝去的部分，并坚挺地证明"我"的存在。但那些简单的音节，只以高低快慢强弱结合而成的声音，潜藏了人生所有的密码，而表达时，又是那样直白，并直抵人心和人性。极简之中蕴含最丰富的信息，极具大隐之意。

余音部分，看似是终了前部的状态，其实是前部的沉淀。正如歌曲之中的过渡，没有歌词只有旋律，甚至只有声音遁入之后的空无。但就是在这空无之中，有着最具密实的部分。如此，武自然的诗歌是在真正呼应诗最初与生活的关系，呈现诗最初来到人间的模样，也是在聆听草原之上经久不息、日夜相伴的歌谣。本真地书写，注重节奏之中的明示和喻义，成为他诗歌最显要的特点。他的诗歌也得以既能浅读畅饮般地吟唱，又能细细品味熟悉之中的陌生。

身在天津的武自然，一直以书写家乡内蒙古为创作主旨。以远方关照近处，以记忆擦拭当下，诗在他与家乡之间来回穿梭。追念故乡，以及与故乡关联的情感色彩和文化意趣，这是通常的创作理想和行为，关键在于我们如何在真实故乡和故乡意象之间建构诗性表达的指向和图景。对于武自然而言，他是故乡远飞的一个音符，在他与故乡之间，有着余音都无法抵达的遥远。这样的遥远，对于能够发现价值的诗人而言极具价值。显然，武自然体察到这空白之中的无限存在，极虚之里的饱满。读他的诗，总能感觉到诗人是在倾听"我"在草原上歌唱，唱天唱地，唱像风一样的马，唱像马一样的风。那把马头琴可能在手里，也可能横卧于草丛中或小河边。

他关于故乡的记忆和情感,就在风马横扫之后归于平静的草丛里或小河边。何时回到故乡？在武自然的灵魂和诗里,静下来体味生命律动般的节奏,身心就已经回到了故乡。进入他的诗行,我们会迷失,不知道他究竟在天津还是内蒙古。进一步来说,这样的迷失,正是他对于故乡和远方最清晰的表达。

不需要在《啊哈嗨咿》中寻找关键词和书写元素,因为有关内蒙古和草原的一切,既在词语之上闪耀,又在文字之下窃窃私语。我们可以以此来考察地理诗的外在强音和内在沉默。因为日渐激烈的流动和漂泊,地理诗已经成为一种题材的类型化写作,这是对人生的回应式的互动。动与静,总是相依相偎,互为转化。地理诗不仅是对身体和生存之处的"动",也是在关注文化的交互和精神的坚守与重塑。因肉身而产生的动,只是浮光,真正的动是在静的纯净之中。就地理诗的书写特质而言,地域性的人文和个体的淘洗与捡拾,显得尤为重要。如此,地理诗既关乎大自然与生命,又观照情怀与精神,并最终成为诗意栖居地和人生血脉相连的衣胞地。武自然显然把握了家乡最具个性的本质,一切在"啊哈嗨咿"之中,又在其外散漫开。声音,是诗歌生命性的表达,也是内蒙古草原最鲜明的质感。草原是具象的,淹没了我们的目光,而声音是强势的,联动所有的画面和画面之中的所有。一切由声音引发,一切又将归于声音,而无尽的沉默,当是声音最具内容、最具神韵的一部分。

《啊哈嗨咿》是一部有关声音,特别是余音、节奏以及节奏中那些无音部分的诗集。这些诗,平实之中有险峻,让我们感受诗的质朴和灵动的含蓄。这种自在的歌唱,离我们很近又很远,在生活中又飞翔于我们的想象里。我们可以阅读那些画面,更可以让心灵应和其节拍。许多时候,深思和解读,是多余的,让灵魂跟随这些节拍，便能跨越千山万水，便能感受到体味与悲伤、思念与想象的节奏之性。应该说，《啊哈嗮咿》有着直观式的现代感，并与当下的生活节奏高度重叠，但诗的古意和永不磨灭的神性，若隐若现中不失韧性，具有草蛇灰线的品相。如此，武自然的《啊哈嗮咿》是值得我们关注的诗作，可以引发我们多向度的深层次的思考，并能有一定的启示。

书名	巨兽
著者	西川
体裁	诗歌
版别	广西师范大学出版社 2023年12月

从星空到巨兽

西川是中国当代诗歌的有力见证者和重要参与者，一直与当代诗歌并肩同行，但又有意识保持一定的疏离，让他成为独特的存在。《巨兽》共分为六卷，卷一收录了西川二十世纪八十年代的部分作品，卷二至卷五则以诗人中后期的长诗和组诗为代表，卷六多以随笔的方式纵谈诗歌内外。全书所收作品创作时间自1985年至2022年，横跨近40年，集中体现了西川诗歌风格从转型到成熟的过程。如此，《巨兽》勾勒出西川的诗歌创作史，彰显了他的创作变化，也描摹了他诗歌立场的不断迁徙。所谓的"西川体"，其实已经从二十世纪八十年代精确指向个人风格所形成的特征，进化为他对诗歌的持续突进和拓展。也就是说"西川体"不再只是一种创作流派，而是一种创作态度，而且是不断变化中的态度。换而言之，西川几乎是以一人之力不断撬动中国当代诗歌重新出发的可能。从这个角度而言，以《巨兽》来观察西川诗歌的一路而来的确很重要。可以说，诗人西川有关诗歌的一切都与《巨兽》密切相关，当然不仅限于《巨兽》，但《巨兽》一定是特别意义之所在。

《在哈尔盖仰望星空》这首诗不出意外地收在《巨兽》里，这是西川的成名作，也是早期最具代表性的作品，似乎也是最为广泛传播的作品。在陌生、空旷之地，诗人在静寂之中感受到自己肉体的无限渺小，心灵却得到空前的激荡。在那一刻，生命的卑微与宏大相互纠缠，互为彼此。"我成为某个人，某间／点着油灯的陋室"，这样的想法其实与现实的人间生活无关，只是对哈尔盖火车站情境的另一种表达。摆脱世俗，进入纯净之地，是诗人的向往。所以，这首诗其实是对尘世人生的对抗。在这样的对抗之中，诗人获得了与天地对话的契机。青草、马群、风都已被星空净化，不再是人间的日常之物，而有了某种神性。一切都是及物的，但与日常生活其实并无太大关系。这样的诗，犹如酒一样，可以让我们暂时忘记身边的烦恼和忧愁，也能给予我们思考生命和人间的空灵瞬间。现在读来，这首诗依然新鲜灵动。那份对大自然的敬畏与膜拜，大自然给我们的丰盈与自在，依然很亲切，也很受用。诗歌的节奏、修辞以及赋予词语的体温与灵性，让我们倍感熟悉。

这首诗创作于1985年，是22岁的西川游历青海时所写。时隔这么多年，这首诗持久旺盛的生命力令人惊叹。在称赞这首诗的同时，我们的忧虑也由此而生。前文说到"熟悉"，因为包括我们当下的许多诗歌还停留在这首诗的情境和语境之中，有太多诗与《在哈尔盖仰望星空》属于近亲关系。在写这首诗的7年之后，即1992年，不满30岁的西川就意识到了这一问题："我们仍然在用50年前或更早的概念来描述世界，即便那些概念的核儿早已被掏出来，丢掉了。"因此，他开始"脱胎换骨"。

《致敬》创作于二十世纪九十年代初，被普遍认为是西川创作转型的标志性作品。他创作上的转变源于诗学观念的转向，在重新思考诗与生活的关系后,他认为诗的使命是处理时代和生活,且是当下的并不断变化的时代与生活。"如果你不处理时代,你的语言、文学意识都是别人的,都是学来的。"《致敬》中的繁杂、斑驳总是与生活相对应,处处充满矛盾、悖论、奇幻、虚实无界。这些都是生活的感受,也是生活本身的内在与态势。分行不再短促,时常呈段落之相。评论者多把这样的写法称为"散文体",在我看来这值得商榷。散文的段落更多的是依内容、视角等叙述的需要,而诗歌的分行则多了节奏的调度之功。音乐感,是诗歌之所以为诗歌的一个重要元素。《致敬》中的段落其实是长行,以此或延缓或拉长或密集地体现节奏。而《鹰的话语》则干脆以序号分成99个小节,既可独立存在,又有内在的关联。有时是推进,有时是回旋,有时是并列,有时则是混沌的,并以此生成一种集束式的叙述。

西川在《小老儿》中写道:"小老儿需要8000万个小老儿。8000万个小老儿分赴各地。8000万个小老儿相互之间靠打喷嚏联络。"这是他对诗人的深度理解与重新建构的一种表达。"在古代中国,诗人们很有可能同时也是学者,也是官员,也是隐士,但现在,诗人、作家们基本上仅仅是诗人,仅仅是作家……'一个人就是一群人',我希望自己也是如此。"显然,这里的学者、官员、隐士,已经不只是身份,更多的是代表不同的知识结构和生活体验。从中,我们可以看出,他对"知识分子写作"这一指认既认同又反对。在他看来,诗人要有处理生活的能力,就必须有与生活相适应的素质。"和大多数诗人不一样,我跨着不同的行当,诗歌占了我三分之一的精力,我还在美术、学术界做了很多事情。"他喜欢远游,国内的大多数地方,世界上的主要国家,都有他的足迹。从小喜欢习画的他,长期在美术学院教学,在学术上,他也涉猎许多领域。他的文化理念和存储一直是与时俱进的，之于生活的体察和思考也是同频共振的，更为可贵的是，在这一过程中，他始终是开放和包容的，并一直葆有青春般的激情。西川在诗歌理论方面一直没有停止脚步，但他并非要在学术上有所建树，而是以理论的方式考察自己的诗歌创作，推进自己诗学观的前行。如此，诗歌理论的研析与思考，是他作为诗人的一部分。可以这么说，他是一个有文化积累的大文化者和丰富生活体验的大生活者，而这些都是"一个人就是一群人"的具象化。

西川与当代诗歌保持着极为广泛的关系，这方面尤其体现在他对世界诗歌的关注与交往。"新诗是一种世界性的诗歌写作，它的资源也是全球性的。这种全球性的资源，反过来能够刺激我们重新认识中国的传统。我毫不讳言，读中国古典文学必须有世界文学背景。"对于他而言，全面且深入地了解世界诗歌，意在整体性的诗歌背景下观察中国当代诗歌，进而为中国当代诗歌建立清晰的坐标，并进行更为精进的诗歌实验。与此同时，他又返身回到中国古典诗歌的现场，既重新观察诗歌发展的一路印迹，又在根源处探寻。这一切，他都是为了获得诗歌的再生之力。在他看来，汉字和汉语的独特性是中国诗歌的命脉，意象、修辞、表述乃至思维都是在这基础之上构建的。他认为中国当代诗歌的发展，不是简单地向外学习和向内继承，也并非从古至今的接续关系，而是在当代生活的浸染中获得重生。这一切都是为了诗歌在生活里开花。"开花就是解放开花就是革命／一个宇宙的诞生不始于一次爆炸而始于一次花开／你若快乐就在清晨开呀开出隐着血管的花朵／你若忧愁就开放于傍晚因为落日鼓励放松和走神／或者就在忧愁里开放苦中作乐／就在沮丧和恐惧和胆怯里开放见缝插针……"于2015年2月在《上海文学》发表的这首《开花》，鲜明地体现了西川的澎湃激情，一个人的体验和一群人的体验统一于诗人之中。

诗歌多是瞬间的迸发，讲究的是精微与浓缩，看重的是点状的爆发力。当然，叙事诗尤其是叙事长诗不在此列。西川的诗歌美学在这方面有重大突破。他认为诗歌应该是无所不包，当如生活一样复杂甚至是混杂。一首诗不该是生活的某个切片，而应是生活的全部。这里的全部，至少是生活的某个时间段或某种情势。他说道："历史的每一个时段都是一个当代，它是由不同的此时此刻构成的。当我们回头看时可以发现，不同的历史上的诗人，每一个人都生活在他们的当代，每一个人都生活在他的历史逻辑当中，'短暂'忽然变成一个像'永恒'一样大的概念。" 他追求的不是永恒，而是对当下的直面与追问，并以诗的形式呈现。瞬间，不再只是孤立的瞬间，而是历史与未来同时汇聚在当下。

"那巨兽，你管它叫什么？没有名字，那巨兽的肉体和阴影便模糊一片，你便难于呼唤它，你便难于确定它在阳光下的位置并预卜它的吉凶。……没有名字的巨兽是可怕的。"（《巨兽》）西川提出"诗歌需要重新定义"，关键在于我们要重新打开诗歌，提高诗歌处理时代、处理生活的能力。这当然是个巨大的命题，对诗人的素质与才能，对诗歌的内蕴与外在形式而言，既厚重又庞大。这一切都如巨兽般存在。

如此，《巨兽》是一部诗集，又是带有多种意象和意味的诗歌生命体，更是中国当代诗歌史上的巨兽。

书名	玉清茨
著者	杨清茨
体裁	诗歌
版别	作家出版社 2019年12月

文化与心意共生的禅性

写诗当属于意气之事，心生意，气凝神。诗，是心灵的隐约显影，关乎诗人的意气，以及日积月累的文化。杨清茨的诗，有其心灵与文化相互浸染所汇聚的意气。她的诗以中国传统文化，尤其是绘画艺术为场域，讲究生活与意境的映衬，以禅性牵动人生哲学。她的诗重古典情怀蕴人间哲理，又十分好读。能够自在轻松地进入，又有探寻可感的幽径，这样的诗有举重若轻之感。她的诗有她的个性之处，又与我们的感觉保持天生的熟悉，我们在读杨清茨的诗，同时，又在读我们内心的图景。如此的画意诗情，是杨清茨的诗歌气质所在，也使她的诗辨识度很高。

诗歌自然来源于激情和灵感的涌动，具有独特的情绪性。在杨清茨的诗歌里，我们发现这样的策动和情绪多半是深藏不露或经过了理性的淘洗。一切尽在尘埃落定之后的重新叙述，梳理情愫的步伐，回响灵魂的音节。可以想见，在创作中，她总是会先将自己置身于某种画面感极强的情境之中，而我们也被她引入其中。绘景入境，为的是更为丰盈和精确的表达。在她的许多诗章里，心意是墨，一点点洇开，轻轻勾勒，云淡风轻，诗的重量恰恰在这"轻轻"之中或背后。这样的洇，从诗歌的标题就已经开始，诸如《流沙劫》《南风起》《江南惹》《画荷》《云山入画》等，这样的标题，其实是整首诗的基调，更是类似药引子一般的诗核。她的"气"以古典气质润泽当下呼吸，让我们可以感受到从传统一路走来的足迹和形神。应该说，这是中国当代新诗前行的一个重要选项。新诗要突破，要加速发展，回望是必不可少的。检索并重温中国古典诗词的创作方法，可以有，但并非核心。真正的传承，当是"气"的贯通。比如古典的情怀、高蹈的精神，以及对于文字的敬重，等等。对此，杨清茨找到了当下与远古对话的方式。所谓的"功夫在诗外"，是她个性化方式中的重要举止。她喜爱古典文化，对书法和国画有理论上的理解和具体的创作行为，还涉足古体诗的写作。这是她积淀的文化，也是她诗歌创作最为重要的背景。这也说明，一个优秀的诗人，或一个向往优秀的诗人，除了诗歌天赋外，全方位地强化和提高文化修养是必不可少的。

如果要点出杨清茨诗歌的一个关键词，我认为是"润"。她的语言是现代性的，是将古意融入后的现代性。思考，也是现代性的，同样也是以古典发酵的现代性。如此一来，她诗中的传统之力既无张扬的踪影又无孔不入。常常，她的诗带来了这般感觉，但我们想验证时，又多难以着手。这很容易让我们想到水之润，光泽中有水之气性又有阳光闪现。水润之功，在于隐含之下，看似平和，却张力强大。润物细无声，这样的力量，以低调的韧性为主。杨清茨的诗，少有极强的对抗性或大悲大喜，内敛的同时，十分注重气息均匀。就像一条大河，看似平静，涌动的暗流无处不在，又生生不息。显然，这也是中国传统文化一种极为重要的品质。坐而品禅，无限的静之中拥抱无限的动。杨清茨将生命体验、内部思考、现实面貌、历史向度、文化精神等泽润于心、泽润于写作,不是为了呈现而呈现,丰富思考的手段、提升思考的质量,才是她的用心所在。在她的诗中体现的"禅性",其实是一种我们身边的人生哲学。将日常生活诗意化,将诗意栖居于日常生活,在这双向互动中,彰显美的细节,探索存在的意义。杨清茨对人与物、当下与历史、文化与心灵等诸多关系的理解,相当地清醒,并自觉地成为她诗歌写作的品相和肌理。她的清醒,还在于对自己诗歌理想的认识和努力。这一切都艺术性地统一于她的文本之中,难以分割。如同中国传统文化中的圆,相对完整、和谐和无限。这是自我的空间,也是世界的身影。

可以说,杨清茨以《玉清茨》为代表的诗歌创作,大有江南之韵、古风之力、现代之象。这样的诗歌一直有储存于我们血液之中的亲切感,也是我们所希望看到的。让诗与心灵、与文化一起回家,怀揣家的温暖和营养再动身踏上征程,这样的创作,其意义已经远大于她的诗歌本身。

书名	岁月划痕里的断章
著者	易湄
体裁	散文诗
版别	中国文联出版社　2016年7月

以古典情怀抚摩河流的声音

　　散文诗的生命力在于将生活质感的厚实与心灵诗意的轻盈自然合体，生长个性化的审美力量。易湄的《岁月划痕里的断章》，正是在着力书写这种世俗呼吸与神性吟哦的互动，在庸常的生活场域开拓唯美而丰饶的精神空间。阴柔与坚韧、细腻与高远，经由易湄富足的想象和深邃的思考，形成绵远而震撼的爆发力。《岁月划痕里的断章》恰如一幅水墨长卷，生活的细节被精确捕捉，如工笔般纤毫毕现，其间流动的心绪与情感，又具写意之韵。因而，我们可以感受到真切的生活和涓涓而流的诗性，体会到易湄入世的生活态度和出世的创作理想。之于她，散文诗不再是一种书写文体，而是她与自己低语与世界对话最为恰当的方式。

　　时下，浮躁生活，浮躁写作，一切都是滑行式的，飘忽无根，是一大通病。如此一来，所谓的为生活写作，在写作中生活，往往都呈心虚气弱之态势。我们不缺少才情，缺乏的是对生活的尊重。对于写作者而言，在场体验生活，抑或打捞人生记忆，诚然必不可少，但最为重要的当是要宁静地聆听生活，细致地触摸生活的纹理。易湄显然是强烈地意识到这一点，并竭力从与生活的亲密相处为起点来行走其创作之路。《岁月划痕里的断章》的厚实源于那密集性的日常生活细节，那种印刻于我们生命又常常被我们或忽视或漠然的真实场景和无处不在的体验。这些细节如同散落在麦地里的麦穗，好似树叶飘落水面隐现的波纹，非我们不能察觉，而是我们缺少那份心境。易湄笔下最日常化的生活细节，让我们惊奇地发现，原来生活是如此丰富，写作可以如此亲近生活。原生之力、朴素之美，让《岁月划痕里的断章》的质地坚实且充满美感。

"一条河流在我思想的深谷里蜿蜒流淌，我随波逐流，来到了祖先开垦过的荒原。"易湄怀有浓郁的古典情怀，在炽热的现代意识观照中，竭力挖掘和舒展汉语的原生态力量和现代语境之下的进化空间。那些日常化的生活细节如同墨在宣纸上洇开，渲染出千般景象万般意味。她将质朴的生活细节和宽厚的汉语魅力智性地融合在一起，叙事因而显现出纷繁的人文意味和丰富的生命意境。她以遍地开花的想象力，挥洒汉语的文化底蕴和多重意旨，密实的生活细节得以诗性飞扬，华美的诗意呈现生命自然性的品相。文字的呼吸、灵魂的颤抖、思考的远行，不再是缥缈的风，而是触手可及的柳絮花瓣。那些既天马行空又如纹路明晰般的画面，一如水墨画一样，看似寻常，却有极强的张力和多层次的意蕴。恍惚间，那些篇章，犹如清纯的少女翩翩起舞。

易湄的目光沉浸于生活的俗常，足迹漫步在小情境、软情绪那般多愁善感的斑驳里，然而，心魂时时在守望精神的标高。这有别于多数散文诗，看起来很美，其实平庸而无力。正如她在《把酒喝进心灵的深巷》中所言："总有一个人，在水墨深处，悄悄然，和你推杯换盏，静听你杯中流水的声音，一直听到心海里。她是能够捕捉到寂静里的细微浪涛，并且轻轻拍打着心壁，发出清澈婉转的回音。"在河边驻足的她，不是在消遣时光，不只在释放心绪，而在从水花和涟漪里探求河流的秘密，追问生命之道。她一直对写作怀有深深的敬畏，虔诚地探寻写作内在的精神驱动力。散文诗最初创造者之一的波德莱尔认为，散文诗这种形式，"足以适应灵魂的抒情性的动荡、梦幻的波动和意识的惊跳。"易湄在用心实践这"动荡、波动、惊跳"的同时，用心体悟"文学的哲学，哲学的文学"①的写作气象。那些或粗粝或柔细的日常生活，那些似展翅飞翔的想象力，那些张扬审美力的词语，都只是她的叙事足迹，问道才是她行走的一个又一个路标。

《岁月划痕里的断章》里的篇章是细碎的，与我们的日常生活极为相似，但内在的追问是坚定而持久的。那些小情调、小心事的背后，总有灵魂深处的震颤和思想高点的寻觅。《岁月划痕里的断章》在细微之中表达厚重，以现代意识吟唱古典情怀，在写作中抵达生活本质。

《岁月划痕里的断章》荡漾在生活的怀抱，细品人生的五味杂陈，又与尘世展开对抗性的搏斗，继而得以潜进生活的深处，与生活的本质血脉相连、浓情相依。这是写作者的智慧，更是我们当有的人生智慧。

"我要解开俗世沉重的背囊，只做一个纯粹的独行者，走羊肠小道，吹着很筋道的东北风，唱着最原始的歌谣，接着地气的双脚磨出硬硬的老茧。"相信，易湄会自信地走下去，走出自己独特的风景，丰满我们共有的情怀。

---

① 庄子是战国时期道教代表人物。他的作品被称为"文学的哲学，哲学的文学"。

书名	千年之后你依然最美
著者	张国领
体裁	诗歌
版别	人民武警出版社 2008年6月

洁净的浓情大爱

　　《千年之后你依然最美》这部长诗是张国领的新作。我不能隐瞒我的感觉,在读这部诗时,我的脑海里总是出现荷花的身影,那出淤泥而不染的荷花总在我眼前摇曳,到后来,我仿佛划着小船飘游在一池荷花之中。这是一部让我很感动的诗作,也该是一部让诗坛感动的作品。或许,还会让许多诗人为之汗颜。

　　时下,物欲横流,许多原本美好的东西都离我们而去,甚至被认为是幼稚的,沦为嘲笑恶搞的对象。爱情如此,人与人之间纯真的情感也是如此。同样,诗人与诗歌也在这浊流中堕落。有关这方面的论述已经相当的多,我们的焦虑、担忧和呐喊与日俱增。然而诗人们似乎依旧我行我素,不为所动。张国领以《千年之后你依然最美》告诉我们,总有保持纯真、富有良知和责任感的诗人在抗争和跋涉着。

　　在《千年之后你依然最美》中,我读到了诗人的勇敢和大我。我们每个人都有浪漫的恋情和美好的记忆,不同的是有些人被物欲淹没了,有些人藏在心底羞于表达。在很大程度上,如此羞于表达,已经不是性格的问题，而是被社会、被人情冷暖影响所致。我们都在渴望真诚，自己却躲在厚厚的面具之后。有时想想，现在的情形真是让人费解，人们可以赤裸裸地宣称对肉欲对物质化的两性向往的渴望，却失去了对纯洁的、高尚的、爱的表白。人们可以对下流无耻大言不惭，却在真正的爱和美面前懦弱。也正因为如此，听到张国领对爱坦坦荡荡的宣言，我们感动之下是惊讶。诗人在作品中坚守着对艺术和爱情的纯粹品质，真诚而大胆地呈现个人情感的浪漫率性。

这部长诗是古典的，有古典的诗意美，更有古典式的爱之美。古朴的文本格调，清晰熟悉的意象，自然勃发的情感流露，既有着深厚的民族文化底蕴，又有着浓烈的现代生活气息。诗人与其说是在写诗，不如说是在空旷的草原上时而仰天长歌，时而自言自语。因为这份自然，诗人成了可靠的心灵叙述者。一份全心全意的没有功利的爱，一份清纯的没有杂质的爱，一份仿佛来自久远但分明又在我们心中的爱，就这样萦绕于我们耳边心田。

好诗，尤其是好的爱情诗，并不是写出来的，而是诗人心灵的自然生长，是心性的诚实呈现。"百年之后我们一切都可以舍弃／百年之后千年与万年都无须忧虑／即使是再过上千年万年我依旧会将你／追随，爱你如今天在普天之下流溢甜蜜／因为千万年之后你依旧是天下最美的啊／让我心醉让我痴狂让我兴奋让我着迷／不要问那时我在哪里，我永远伴你左右／在你的最需要相携相挽的时刻／我会随时伸出坚强似泰山般可靠的手臂"在炽热的向往和不加掩饰的表白之中，我们发现，张国领对于爱情是那样无私，不求索取，只在乎奉献，把物质性降到最低限度，对精神之爱顶礼膜拜。诗人渴望轰轰烈烈的爱，更看重爱之花盛开千年。如此神圣的爱，让我们怦然心动，让我们感慨万千，又让我们对诗人不得不倍加尊敬。

或许是张国领用情过深过烈，或许是人们以为若心中没有一个真实的情人，当下是没有人会写如此的情诗的，所以有人认为《千年之后你依然最美》有着特定的书写对象。而在某种程度上，诗人也在为这样的误解提供了可证之词。在诗的开始，他说道："这支歌是从你带着五月的激情，以完美和纯粹走进我的视线，并用你精神的高贵将我心灵深深打动的那一刻起，就在我心中诞生的，这就是我要唱给你的永世情歌。"而在后记《美的期待》中，诗人更是以纪实手法叙述了一个与她相遇的故事，从而把为特定情人写下这部长诗的行为营造至极致。我们无法去考证诗人创作这部长诗到底有没有这方面的动机，更重要的在于这样的考证是对于解读诗歌是没有多大意义的。

在我看来，《千年之后你依然最美》是以爱情诗的面容问世的，内质却是对人间大爱大美的抒发。以爱情为笔，书写出大爱大美的形神质地，才是这部长诗的要旨所在。东方式的天人贯通的诗学境界，所表达的"诗者，志之所至也。在心为志，发言为诗。情动于中而形于言"的诗美，心是核心，是生命力爆发的原点，志、情、意都由心来统辖，最终达到的是"登山则情满于山，观海则意于海"的诗学效果。同样是在后记中，张国领写道："我再次出发的时候听说喀纳斯湖已进入秋季，随时会有大雪封了道路，整个冬天湖水只能是一面冰镜。但我没有犹豫，向着传说中有水怪的地方前进。深秋的景色把道道山梁涂染得像一幅水墨画，我在这画中翻山越岭，在弯弯曲曲的山路上上下盘旋，我不敢肯定你就在那个地方，但那里有众人向往的风景，而你是美的化身，美与美的结合不正是人们追求的美丽无双？赶到喀纳斯时太阳正在西下，几头黄牛在湖边啃食着最后的青草，我登上每一个观景台去找你的存在，可看到的只有山的倒影在湖的怀抱里沉默不语。我问那些起伏的峰峦，我问那些茂密的松林，它们似乎在说只有天池才配得上映照你的完美。"显然，诗人看似是一心一意地为爱情在吟哦，胸中满是对爱与美的感悟。

　　虚拟一个情人，制造一个美丽的误会，只是让诗人心中有一个具象。诗人在不经意中从爱情出发，从小我中跳出，让一个虚拟的情人化作了大自然和生命。一旦这样进入《千年之后你依然最美》，我们的视界大开，心性一下子饱满灵动起来。我们体味到了诗人沉淀于生命之中那份经传统文化浸染的心爱和审美，那份去除诗性之后依然饱含大爱大美的心地。

书名	白马藏银
著者	赵琳
体裁	诗歌
版别	敦煌文艺出版社，2024年1月

耐心而深情地注视生活

  读赵琳诗集《白马藏银》时，我如同面对一条安静的河流。这是一条低调而又亲切的河，相信我们每个人都遇到过。河水缓慢流动，波纹在水面，也在天空，可以看到清水之下的一些水草和鱼儿。日常化之中有隐喻有秘密，有些需要我们的想象力，有些需要我们用心寻找和品味。读这样的诗，感觉是湿润的，可以抵抗生活的喧嚣和灵魂的燥热。外表质朴，其中有着寓言化的内蕴和浓淡相间的隐喻质感。那些悸动和参悟，具有柔韧之力和持久之力。诗人用真诚体味生活，以诗歌的方式处理素材，对生活和母语进行有意识的开拓，正在有理想地建立属于他自己的写作经验。

  《白马藏银》，读起来有意味，在于赵琳注重情节的巧妙置放。换言之，他注重营建诗歌有意味的结构。因为情节的运用，有些诗既浓缩性地讲了一个故事，又勇敢地"留白"。《火车经过德令哈》这首诗尤其如此。同在火车上，"我"与邻座大叔不断地交谈美好，相信气氛也是同样的美好。"我"自然是在去往美好的路上，旅游地点的美好，未来人生的美好。而在诗的结尾，我们才知道，邻座大叔是患病之人。他"对我语重心长地说，今晚的星空真美"。对"我"而言，路过德令哈也好，经历今晚也好，前方还将有无数的美好。而对于邻座大叔而言，这样的美好，恐怕是生命中的最后一个。再回想前面"他说起家乡海西，你不知道牛羊出栏时，草地上就飘着白云，你不知道它们眼中装满星星"，我们的感受更加复杂，诗的力量陡然加大。这样的结构，是经由赵琳有意识地设置而成，但又十分地应和生活。因为现实中，我们常常遭遇这样的"恍然大悟"或"如梦初醒"。而因这一情节，车厢里俩人的交谈，是可供我们无限想象的画面。"邻座大叔"，这样一位人物居然立了起来，这在诗歌中是相当难得的。

赵琳的诗多数可谓以细节化见长，这样的细节化以精确性的临摹呈现。作为诗人的赵琳，不是介入生活，而是就在生活中写诗。对于日常生活的敬畏，取决于生活与写作的双重态度。在这一点上赵琳是朴素诚实且智慧的。《白马藏银》中的诗作，多半都有日常生活的一个片段或一个切面，在很大程度上没有疏离感和陌生化。我们在阅读时，可以轻易地还原并抵达现场。"我和邻座大叔，聊到了拉萨，他从未远离青海大地，没有去过布达拉宫"，这是一个极普通的生活场景。"一年之间，这座小镇打伞的女人走丢，卖肉的屠夫失手把人打成重伤，街角捡垃圾的流浪汉，他能去哪里？放学滚铁环的孩子穿着花棉袄，在冬天敲打着火花，他的奔跑带我又一次回到温暖的童年。"有人物，有故事，有岁月的情境。从容而平常的叙述中，浓郁真实的生活气息，又散发某些不可言说的幽深。赵琳将独特的想象力和中国古典的意境之味作用于对词语的挑拣和书写的潜动力里。

对于诗歌而言，细节可以是能见太阳的一滴水，也可以是加强寂静的鸟鸣，还可以是深山里若隐若现的凉亭。赵琳对于以乡村为底色的生活的叙述，基本品质是写实的，但属于经过记忆淘洗和心灵悟化后的写实。既深扎现实，又辽阔视野，"贴着地面飞翔"，运用了有节制且艺术化的小写意。"我们靠着墙，院子里两棵燃烧的槐木，火焰跳跃，像祖父提着两盏不说话的马灯在黑夜里和一群羊相互对视，从未厌倦对方。"如此平常的画面，经由赵琳叙述，便有了难以固化的意向生发。相信，不同人生体验的人，读出的滋味总会有不同之处。就我个人而言，我欣赏这样的书写。初读寻常平实，似乎谁都可以写出，但终究此前还没有人写出。再读，这些文字就化入心田，涌动自己的记忆和情绪。可以这样说，赵琳强化自己作为目击人，为我们如实提供和再现生活，好读，易读，但又有些许的隐伏。这样的隐伏看似是少量的甚至是不经意的，但内在是巨大的。就像安静的河那样，更丰富的世界在平静的水下。

"去理发店，黑发沾着火花，剪刀夹带古老的技艺，我把时间装进镜子，借用光的一生，照亮自己"，依然是极日常化的生活，无须过多的费心劳神，便能读出熠熠闪光的纹理，这是思绪的脉络，也是通向幽深的小径。理发店，是公共空间之下的个人生活，也是我们生活之中普通且日常的基础节点之一。在这里，镜子以及对于镜子的描述，显然带有现代意识的语境和审美诉求。而"剪刀夹带古老的技艺"，则表明了诗人对于本土经验的回望和体验。如果出于单纯地臆测，甘肃陇南人的赵琳，取了笔名"小小贝"，本就是一种暗示。从语言层面上，赵琳正在进行某种蜕变的尝试，接受西方现代诗歌关乎语言的节奏、表情，但内核是本土的。如此，我们发现了他诗中处处显现的现代性语感之下的汉语意蕴和张力。

赵琳对于本土资源的吸收和致敬，是全方位的，我们甚至能从他的诗中看到这样的创作理想。"乡村""祖父""父亲",这是他写作中常见的对象。"我能听懂它哀号的每一声,正在回忆祖父亲手擦拭过的生活,与他活着时一样清晰。"在这里,直接表明了他对于祖父的怀念。作为"95后"的年轻诗人,赵琳充满活力,在奔跑中会经常回望,这是相当知性的。顺便说一句,在我的阅读经历中,有实力表现的"90后"的诗人、作家,对于传统文化的敬重和之于本土经验的挖掘,远远超乎了我的想象。"90后"的他们在转身和后撤中直面现实、冲向未来,这应该是一个很有意思的现象。赵琳当然也在此列。在《白马藏银》中,表现得相当充分。从乡村到城市,从祖父、父亲到诗人,其实就是从过去到现在。"擦拭过的生活,与他活着时一样清晰",在这里,赵琳表达的不再是我们常见的"照亮",而是"擦亮"。我们并不怀疑赵琳之于现实的对抗性写作的诗歌精神,然而这样的对抗是建立在精微的熨帖的生活写作之上,不断地擦拭自我的灵魂,寻找前行动力源。

"贴着地面飞翔",有大地和生活的坚实,也有天空和想象的飘逸。赵琳的《白马藏银》清静、清醒,平易近人之中有许多我们所期望且值得细品的共鸣。

第 三 辑

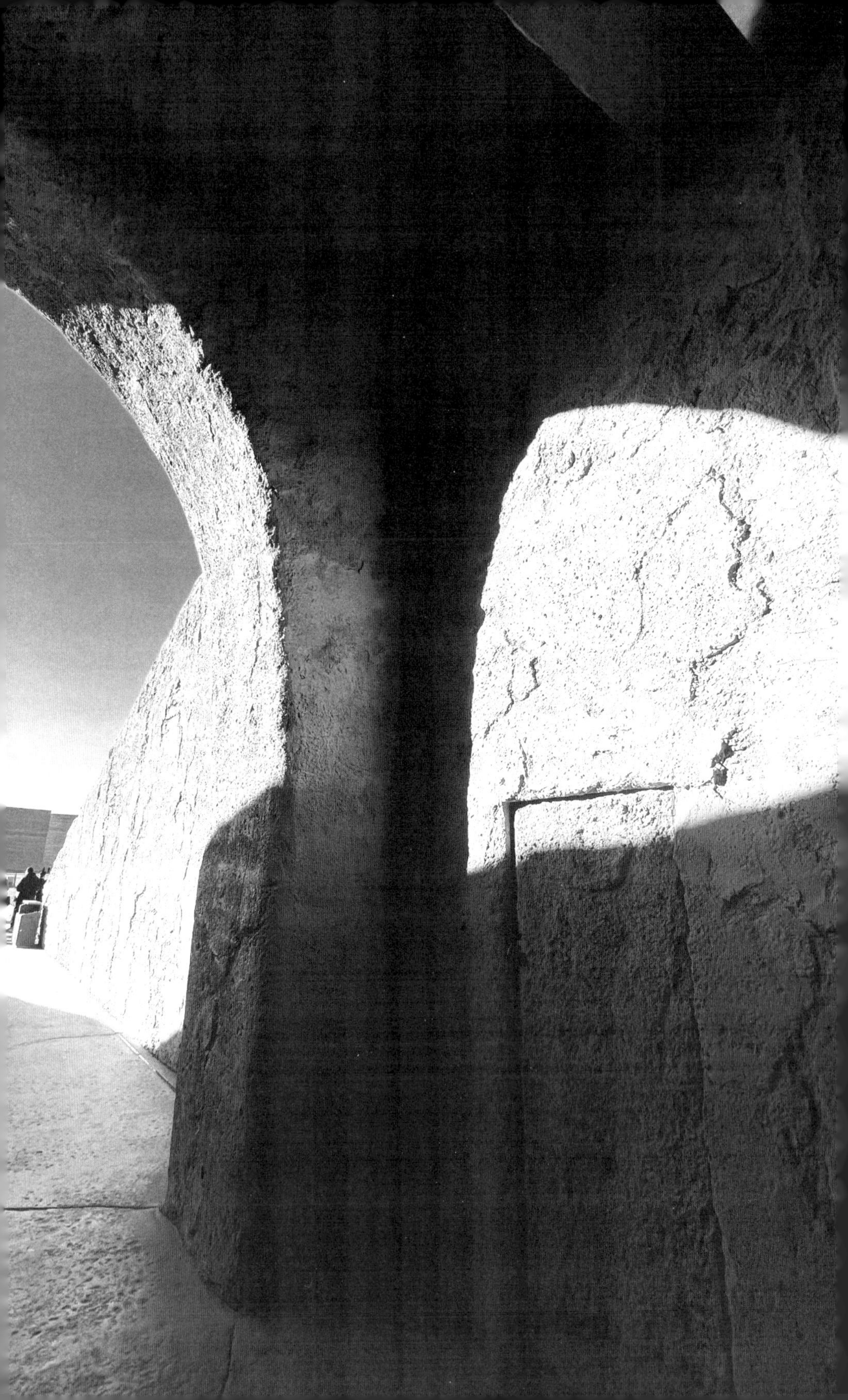

书名	大地的语言：阿来散文精选集
著者	阿来
体裁	散文
版别	四川文艺出版社 2023年9月

大地的声音与温暖

阿来是位对大地满怀深情的作家，他心中的大地，是人类的生存之根，也是世界的来处与去处，更是一个博大深沉的生命体。《大地的语言：阿来散文精选集》正是集中表达了阿来对大地的敬意与思索。

我最早读到的是阿来的长篇小说《尘埃落定》，看到书名的那一刻，我想到的是尘归尘，土归土。是的，这部小说中的尘埃，更多的是其意象之味。被生活纠缠的人们，终究远去，生活的态势和人生的行走如同尘埃。一个旧世界消失了，就像尘埃一样归入大地。给我印象很深的还有中篇小说《蘑菇圈》，小说讲述了阿妈斯炯与蘑菇圈的奇缘及其一家四代人的人生经历，并以此反映了六十年的时代变化和社会发展进程。在阿来的笔下，蘑菇是人的一种文学表达。人与蘑菇在生活中相遇，既独自生长又相互映照，人与蘑菇和土地都有着近乎完全一样的关系。阿来情绪饱满地书写大地的传奇和自然界的神性，进而回应人们的生存斑驳。《尘埃落定》首次出版于1998年，我是在1999年年底读到的，那时我在解放军艺术学院文学系学习。2000年,《尘埃落定》获得了第五届茅盾文学奖。《蘑菇圈》于2018年8月获第七届鲁迅文学奖中篇小说奖,我是在其获奖后才读的,那时我正在高原上的藏区临潭挂职。

当然,我读阿来最多的作品还是散文,尤其是我在高原的三年,在我所有的阅读中,阿来的散文占比委实不小。就像《大地的语言:阿来散文精选集》中的篇章,在出版前我都读过,有些还反复读过。根据相关介绍所言,"《大地的语言:阿来散文精选集》收录了阿来从早期到近几年的重要散文作品,包括旅行、文化考察等过程中的随笔,展示了阿来的散文创作面貌。他将目光聚焦于大地、群山、星空和历史,文字中无处不在地洋溢着和广阔天地的交流和私语,透露出他对自然与人文的思索"。在我看来,这本书以及阿来几乎所有的散文都是在聆听大地的声音,感受大地的呼吸,体味大地对人类的恩典,参详大地之道。未到高原,觉得高原很神秘,在高原生活,会发现高原更神秘。与我们的日常生活场域相比,高原当属极地,是不适合人类生存之处,但与人类的关系又非比寻常。在高原,我们可以更为深切地感知大地对人类的恩养,对世间万物的包容。到高原,可以让我们的灵魂安静下来,清澈起来。在高原的三年,是我集中阅读高原的三年,读那里的山川河流、人文风情,读有关藏区的书和文章。当然,也在一个特殊的时段阅读我自己。

与我作为高原短暂的过客不同,阿来与高原、与藏区血脉相连,能真正读透读懂这片沉默的大地。他以生命在读,同样以生命在书写。人类的生存大地,高原只是一部分,而阿来以"这一部分"极大拓展了文学表达的疆域。换言之,阿来以高原之地连接了我们共同生活的大地。大地的语言,在他的字里行间,更在大地之上与大地之下的那些隐秘里。这些隐秘潜藏于我们的日常生活之中,也融入我们的血脉之中。阿来以"大地的语言"来指代自己的书写以及问世的文章,表明他对大地的膜拜。作家的精神立场,也当是我们所有的精神指向。

时下,散文创作十分活跃,甚至可以说,近几十年来,散文创作就人数和数量而言,十分热闹。散文为写作者所钟爱,多是因为散文可以随性地记录生活,抒发情思。散文有着特别的亲和力,对写作者特别友好。也正因为如此,我们似乎低估了散文的难度,降低了对散文品质中重量性的尊重。写日常生活,写小我小情,并非散文的原罪,也不一定会损害散文的质地。阿来的散文也是多在写人们的日常生活,但他的叙述里有感人至深的细节,纹理清晰的生活图景和令人深思的命运。他进入世俗内部,又能抽身而出抵达神性之境。他的书写从坚实的大地出发,一路登至精神的高地。在他的作品中,散文的重量得以充分显现。

《大地的语言:阿来散文精选集》是精选本,意味着这是阿来对散文创作理解的地标性之书。书中的文章,不再只是高原藏地,而是天南海北,城市乡村,山区平原,几乎涉及我们所有的生活之地。视野开阔,思路同样开阔,在他的文章中,当下与历史交流,世俗与精神交互。这一切是人间的喧嚣,也是大地的静默。我们很容易发现,无论走多远走多快,阿来的灵魂一直紧贴大地,笔端在大地上刻出深深的印痕。他从大地走向天空,最终又回到大地,也就是说,他走向天空,是为了更好地行走于大地之上。

好的散文,当是耐读的,可以自发地反复读。好的散文,可以常读常新,不同的年龄段,经历过不同的人生,就能读出别样的滋味。好的散文,应该是从大地里生长出来的,甚至是大地本身,有着大地的体温与情感,有着大地的深厚与丰富。从这个层面而言,

《大地的语言：阿来散文精选集》中的作品都是好散文。

有意思的是，在高原的三年，我读过《大地的语言：阿来散文精选集》中的文章。回到北京后，这些文章汇编成集，从一个个小生命聚成巨大的生命体，就像散落的阳光重新聚到了一起，更加明亮，更加温暖。如同我在高原的三年，那些点点滴滴正在慢慢集结，融入我未来的生活里。

好的作品，好的书，就是这样。当我们用心进入，就能在阅读中有所收获。这样的收获，有的会像路标般立于我们的生命里，有的会渐渐地内化为我们生命的一部分，感觉不到它的存在，但必会参与我们的人生。

书名	我在旧中国十三年
著者	埃德加·斯诺
体裁	纪实
版别	生活·读书·新知三联书店 1973年3月

时代的忠诚书写

  坚守客观的立场,注重在生活第一线的细致观察,对现实做出真切的判断和超前性的思考,这是一个成功记者所必需的。埃德加·斯诺做到了,因此,他成为一位具有重要影响的新闻记者。他的新闻报道、评论以公正、客观、诚实而见著,其作品融新闻性、政治性和文学性为一体,成为撼世的经典之作。他对中国的理解、认识使新、老"中国通"们相形见绌。他对事物有敏锐的观察力、深邃的推断力、高度的分析力,其结论往往是独特的、正确的和预见性的。而这些在《我在旧中国十三年》中得到充分地展现。

  此书为《旅行于方生之地》(或译为《复始之旅》)的摘译本。《旅行于方生之地》副标题为"对当代历史的个人所见"。《旅行于方生之地》的写作从1951年开始,到1958年完成,内容主要是回忆作者1949年以前的生活旅程,为其前半生漂泊的记者生活和报道作了一些注脚性的解释,以表明心境。他没有为自己作辩护,更多的是客观地介绍当时的采访情况,如何认识中国共产党和苏联,美、中、苏关系如何等。

这样一本极具文献价值的书，因文字质朴，行文真诚，而成为自传中不可多得的经典之作。埃德加·斯诺既是新闻记者，又是许多重大事件的参与者，这使得他能够真正立于生活第一线。与此同时，他强烈的正义感又让他能够敢于说真话和敢于报道真相，加之这本书写于中华人民共和国成立之后，有许多隐秘之事可以公开，使得这本书能让我们获取许多鲜为人知的历史细节。

埃德加·斯诺于1928年来到中国后，深入中国百姓的日常生活，穿梭于各个阶层的活动领域。"九一八"事变后，他亲赴前线采访，写下了一批颇有影响的有关中日战争的报道。特别是他撰写了轰动世界的《红星照耀中国》——不带任何政治偏见和党派色彩，通过亲自采访所得的第一手资料，得到了中国人民和世界人民的信任。抗战期间，埃德加·斯诺作为中国人民的朋友，把中国的事业当作自己的事业，组织、发起、宣传"工合"运动，支持中国的战时经济；如实报道中国抗战实况；展开大量的国际宣传，极大地支持了中国的反侵略战争。他把一生最宝贵的年华献给了中国人民的解放事业，他以自己的行动，在中美两国人民之间架起了一座友谊的桥梁。

《我在旧中国十三年》中的一行行文字，不用华丽的文采，不取叙述的技巧，埃德加·斯诺以最为自然的讲述，再现了1928—1941年旧中国十三年的诸多片段。他以自己的行走轨迹为线索，真实地记录他所了解到的一切。而在这之中，他把自己敏锐观察到的生活细节忠实地书写出来。在他笔下，有太湖上的美丽岛屿，扬州城里优雅的渡桥，有水道纵横、游船如梭、歌女成群的"东方威尼斯"——苏州；有南京的明代城墙，雄伟的紫金山、中山陵；有孔、孟故里；有北京的金色屋顶、大理石祭坛；等等。但更多的是中国当时民众的苦难和官僚阶层的腐败以及战争下人的悲惨，租界地的粗暴警察随意驱赶、殴打被奴役的人们；饥肠辘辘的饥民；寻欢作乐的殖民主义统治者；高利贷者和投机商的趁火打劫；地方军阀、官僚政客任意扣留救济物资；饥荒和起义并发，官逼民反。埃德加·斯诺同情贫苦中国民众的苦难遭遇，也开始怀疑国民党政府的业绩和效能。东北之行，埃德加·斯诺又注意道："在满洲的每一个日本人思想深处都有一种信念，即日本决不会停止行动，一直到它的太阳旗独一无二地升在南部满洲的每个角落。"通过沿铁路线的考察，他看到各地方实力派之间的对立，与中央政府之间的隶属和相对独立的关系；救灾物资被地方实力派和军队所占用。埃德加·斯诺感到："这个国家远不是统一的，并且疑心真正的革命才开始。"

在去延安的路上以及在延安的日子里，埃德加·斯诺详尽撰写经历的一切，不加工，不粉饰，为我们展示了许多源于生活本身的真实细节。他不加点评，只以这些细节来说话，来向外界报道。正如他为中译本《西行漫记》初版写的序文里所说："这一本书如果是一种正确的记录和解释，那就因为这是他们的书……读者可以约略窥知使他们成为不可征服的那种精神，那种力量，那种欲望，那种热情。——凡是这些，断不是一个作家所能创造出来的。这些是人类历史本身的丰富而灿烂的精华。"

《我在旧中国十三年》中没有多少对战争的正面描写和细节铺陈，而是以个人的小视角体察中国社会的方方面面，给予我们的是一个宏大的视野。在这个性化的宏大视野中，抗战叙述的特殊方式下，我们感受到抗战的另一个剖面，有助于我们更加全面而深入地了解那一场痛彻心扉的战争。

书名	粮民
著者	爱新觉罗·蔚然
体裁	纪实
版别	复旦大学出版社 2010年8月

读着让我们惭愧和揪心

进入信息时代，庞大的世界已经被浓缩成为地球村。世界变小了，我们的视界开阔了，大家自认为可以触摸到地球每个角落的信息，对于中国的乡村以及生活在那片土地上的人们，我们似乎更是相当了解。许多写作者的自信心尤为强悍，纷纷宣称自己是乡村和农民的代言人。当我们读爱新觉罗·蔚然的《粮民》，我们会汗颜，原来自以为熟悉的竟是那样的陌生，之前我们阅读了太多"伪乡村叙事"。

作者蔚然于2004年在上海创立了幸福发展促进会（民间公益社团），并开始专职帮助农民脱贫、解困、发展，由此开始了帮扶"万村行"，同时也致力于农村、农民问题研究。他于2006年启动帮扶"万村行"工程，立志用25年走遍全国贫困农村，帮助贫困家庭走上健康、良好的发展之路。显然，他不是那种为了写作而进入乡村的体验者，也不是那些早已远离乡村只是凭着记忆叙述乡村的创作者，他是真切地进入乡村，走到农民中间，参与他们的生活。他以平实的心态与姿势，以朴素的情感与真诚，赢得了乡村和农民的信任与亲近，得以近距离地观察乡村。乡亲们在交流时已经不把他当作外人，使得他可以听到乡亲们内心的倾诉和拉家常式的话语。

蔚然走访了上千户村民，写下百万余字的考察日记，拍摄了近万张实景照片，真正掌握了第一手真实的资料。他的写作也是原生态的，基本上是纪实性的叙述，不作粉饰，不预设标准进行评判。在叙述中，他保留了行走中辽阔的视线，以农民的话语为主体，以口语化叙述为线索，以散射性的叙事手法，呈现乡村风貌和农民质朴而真诚的生存状态。乡村的落后与现代文明并存，农民的苦难与快乐同在，我们可能从中最大限度地感受到了乡村的真实。农村留守儿童的苦涩，农民养老、教育、医疗的尴尬，乡村美丽的破坏，农民家庭的艰辛……大量难以言尽的贫困状况，是我们始料不及的。而农民面对苦难的从容淡定及他们的人性常常闪现出的智慧等细节，又让我们更为惊讶。

全景式的记录，真实的再现，让我们得以尽可能地真正走近乡村，去注视和聆听那个离我们既遥远又亲近，既熟悉又十分陌生的世界和人们。更为重要的是，蔚然的《粮民》让我们警醒，我们应当以怎样的方式去了解乡村，去了解那些支撑我们生活的人们。其实，蔚然已经告诉我们，品察乡村，了解农民，绝不是仅靠方式方法的问题，而在于我们的责任感，在于我们是否真心去走近，去直面，去关注和热爱他们。

当然，《粮民》只是为解决"三农"问题做出了上篇文章式的贡献，我们需要走的路还相当远，但这毕竟是坚实而真诚的一步。

书名	结婚吗
著者	安顿
体裁	纪实
版别	九州出版社 2011年9月

"剩男剩女",或其他

《结婚吗》是"剩男剩女"在诉说爱情婚姻的经历与困惑,每个人的故事各有不同,所遭遇的精神撞击和心灵体验也形态各异。然而,就其深层意义而言,这是内在文化心理蠕动下的现实体现,爱情婚姻只是生存态势众多表情中的一个。应该说,这14位男女的讲述所折射出的文化心理在本质上是一致的。广而言之,所有的"剩男剩女",甚至包括当下有伴侣的人们,或许都在某个方面显现了类似的文化纠结和精神症候。

《美少年与丑男人的PK》一文中,她的初恋,是梦幻的,也是十分自我的。她将心中的梦想投射到现实中找到一个寄托载体,以自己的情感方式走进恋爱。后来,因为要高考,她一厢情愿地试图将恋爱间歇冷冻保鲜。这样的选择,是单向性的,是从自我出发的。情感的流动是双向的,而非单向度的。我们无法说她的选择是好还是坏,也不可简单地认为初恋时不懂爱情,但就情感和人性而言,即便她的选择再理智再高尚,也无法消除她对他的不公平。

与"四有新人"的相处,是她的第三次恋爱。在她的叙述之中,他自私，过度敏感，并有些变态的迹象。她的叙述，已经对我们的阅读产生足够的倾向性影响。我们不得不佩服语言的力量，经由她的话语，这个男人确实太过分。当然，就情感的方式和个性化的心理，我们虽然无法接受或赞赏他的做法，但可以理解。不过，我们对她这方面的叙述持怀疑态度，总觉得她带着情绪放大或夸大了某些细节，至少是隐藏了与此共生共存的某些细节，她只是抽取了有利于她的生活细节。因为这方面的缺失，我们很难把握他们的相处出了哪些问题，缺乏细致准确分析的可能和价值。

她的第二次恋爱，进入了真正生活化的情感。她是把他当作第一个男友的替代品，这是她情感的延续，但也表明她飞翔的梦幻未能着陆到坚实的生活大地。尽管如此，她对生活中的他还是相当包容的，俩人相处得还算恩爱和谐，她在些许的不安和不满中，还是感觉很浪漫。问题出在她的收入提高，他的收入下降，这是他们相处的分水岭。此前，他种种奇异的生活方式、大大小小的毛病，她是能接受的，有时还主动找出一些理由来说服自己。可当她成为生活的主力时，她渐渐无法容忍他的那些缺点。她可以为自己找出很多的借口，也在竭力表扬自己是如何的善解人意，但她以金钱为支点的改变是确实的，而且幅度相当大。

女性不是附属物，当然应该有自己的事业，有足够的生存能力。在两性之间，虽然传统文化强加了生理之外的性别差异，但这样的影响力正在日渐消解。女性不以男性为生活支撑，享有独立的人格和生活主张，这无可厚非。只是，他们最后的分手，看似是钱在作怪，其实是内心在动摇。我们需要追问的是，她的话语权为什么是随着经济能力的提高在加强？这与男权或女权没有任何关系，话语权附着在经济能力和生存能力之上，折射的是本质的人性图景。

在日常生活中，我们谈及女性的这种变化时，大家基本上都习以为常，相当多的人还认为这是女性应该有的行为，尤其是女性更觉得这是理所当然的。殊不知，问题就出现在这里。不只是两性之间，人在群体之中，常常也是如此。尊严、精神、立场和生存情感，没有自身的高度和强度，而是如同浮标，随着权力、金钱等物质性因素聚合成水面上下波动。这已经成为普遍性的人格病症。

显然，她是以弱者的身份呈现的，或者说，她把自己说成了弱者。穿行于她提供的生活细节，我们很容易为她的遭遇叹息，欣赏她对于爱情和婚姻的个性化坚守。或许，我们还会替她鸣不平。

与其他人一样，她的叙述尽量在还原生活的真实，但我们还是发现，我们看到的都是他的不足，她把自己的缺点隐藏起来。她如同一个导游引领我们参观"他"，并适时地做些解说。她只是一个感受者，而且试图让我们体验她的感受。我们可以接受她对他的那些指责，他的一些缺点，我们也很难不在意。只是，她不可能是完美的人，既然不完美，就会有缺点，我们不能大度地接受自己的缺点或者认为别人应该宽容我们的不是，却无法接受他的缺点。套用一句我们再熟悉不过的话"对人马列主义，对自己自由主义"。这已经不是公平与不公平的问题，而是如何正确处理自我与他人、个体与社会的价值观问题。

现在的"爱"字已经没有了"心"，或许有些人过于防备，把自己的心深深隐藏了；或许有些人过于张扬，让心飞向了遥远的天空。但不管如何，"友"还在。友，就是相处的一种状态。可是，她的情感生活中，只有"我"，却不在意他者。男性、女性，都是人，都是要参与生活的。我们生活在社会中，总是要以牺牲一些自我为代价，进入与他人的相处之中。一味地抱守自我，那只能是宅在自己那个最为窄小的空间里。如若一方面要抱守自我,一方面又要求他人改变;或者只向社会索取,而自己不愿意有所奉献,那么,如此过于突出自我,说到底是有违人性的,也是不人道的。当我们无法与社会相处时,我们的存在其实是无从谈起的。这绝不是大道理,而是最为真切的人生命题。

我们身边的"剩男剩女"日渐增多,对于他们,我们却很少了解。安顿的《结婚吗》给我们披露了他们的情爱行走之路,也触发了我们对于爱情与婚姻的深度思考。

被称为"中国第一情感隐秘女记者"的安顿,擅长让受访者最大限度地丢弃心灵的面具,并把她当作倾诉对象。她以生活中最为醒目又难以言说的现象作为选题,带着我们走进受访者的心灵世界,倾听他们个性化的呼吸。她这一次将目光聚焦在队伍日渐壮大的"剩男剩女",听他们真诚地讲述在婚姻大门之外的故事,回味在爱情路上的跋涉。让我们读懂了这群熟悉而又陌生的"剩男剩女"的爱情故事和心灵话语,也为我们审视爱情与婚姻提供了最为鲜活的生活片段。

《结婚吗》汇集了14位大龄单身男女怀揣爱情走在婚姻之路上的个人讲述,如果把结婚当作一种成功的话,那他们无疑都是失败者。面对安顿,他们坦诚地承认了这一点。他们不是抱怨者,也没有以讲述来寻求发泄,因而他们的讲述心平气和,力求还原生活的真实状态,感性之中不乏理性的解剖和反省。尤其是对于恋爱中的对方,他们更多的是描述生活,不做过多的定性。仅从家庭条件、个人地位以及相貌品性等常规性的标准来看,他们应该都可以顺利地从爱情地带步入婚姻殿堂。然而,他们偏偏"剩"下来了,这正是"有意味"之处。尽管他们"剩"的经历各不相同,但有一点是相似的,那就是他们对于爱情和婚姻那份自主性的追求。透过他们的讲述,我们很容易发现,他们向往爱情,也向往婚姻,这份真诚与热切,甚至超过了一般人。但他们又不愿放弃自己对于爱情和婚姻的准则。换句话说,只要他们稍微降低标准,或做些迁就,他们就会与我们许多人一样进入婚姻生活。可他们却坚守着自己对于爱情和婚姻的理解,而这份坚守与房子、金钱和地位,又都没什么关系。他们有一个共通点,就是对相处中的某些细节特别挑剔,或者看重某些非物质性的东西。他们不是怪人,他们其实也不另类,平常得和我们一样,只是他们不愿意得过且过,不愿意被某些东所西迷惑。在许多人婚恋观严重错位之时,却有一群人如此纯净地面对婚姻,如此关注日常生活的质量。在他们成为"剩男剩女"之后,他们依然没有对爱情和婚姻失望,依然深情地爱着生活。

面对他们的人生经历,我们会发现,他们很可爱,很普通,与我们内心的自我十分相似。我们欣赏他们,并有某种无法言明的赞扬。同时,我们对于他们的生活又有些许的遗憾,可能还会有丝丝的责怪。总是在想,只要他们稍稍改变一下,他们会有很好的婚姻。然而,他们要改变的似乎并不仅仅是对于生活细节的淡化,对于择偶要求和标准的软化,对于相爱那一方的宽容,在他们看似平常的生活之下,其实有着更深层次的原因。这一点,他们没有说,或许他们并没有真正意识到,或者无法用语言表达。但他们表达了自己的困惑,其中或多或少也掺杂了一些悔意。对于他们拒绝婚姻的种种原因,我们的态度十分复杂,有赞赏的,有支持的,也有认为小题大做的,或过于认死理,太刻板。也正因为如此,《结婚吗》让我们感受生活丰富性的同时,带着自己的体验去回望我们的生活,去思考:两性究竟应该如何相处?我们的生活到底是在哪些方面出现了问题?

安顿和她的受访者们的本色呈现,让我们可以读出不同的滋味,对"剩男剩女"的处境有不同的理解,进而也会在不同的方向上去反观我们自己的爱情与婚姻,甚至是人生。

只是如实讲述,将阅读和思考交给了我们,这正是《结婚吗》的魅力之处。

书名	活在当下
著者	芭芭拉·安吉丽思
体裁	随笔
版别	华文出版社 2010年4月

用心品味生活的每个瞬间

安吉丽思博士是当代个人成长与灵性成长领域极具影响力的导师之一,美国知名的人际关系专家,也是重要的畅销书作家,所著的《活在当下》《爱是一切的答案》《男人都该知道女人的秘密》《女人都该知道男人的秘密》等书,均在《纽约时报》畅销书排行榜上位居前列。25年以来,她出了14本书,被译成20余种文字出版,她传播爱、快乐与追寻人生意义的讯息,影响了全球数千万人。出版至今全球累计销售2100万册的《活在当下》是一本可以当作朋友间分享心得的书,这源于作者真诚、平和与大爱的心灵。时下,励志性图书可以说是如雨后春笋,也能称之为泛滥成灾。许多读本只是拼凑一些故事,或居高临下、或虚情假意、或复制变通一些所谓的人生哲理,好看的表层之下,其实对我们的生活并无多大实际益处。《活在当下》则不同,这本书是作者回到内心倾听自己的生命脉动,进而自我倾诉,首先是为作者自己而写的。正如作者所言:"身为作者,之所以写这本书,是因为我知道,最有效的自我发掘过程,始终是先静默,并倾听静默,然后写下我所听到的;而所有透过我的笔端刻书在纸上的文字,我总是第一个受益者。"进入阅读,我们不是在听作者说教,仿佛是悄悄地潜听到了她与自己心灵的私语。作者在宁静安详的回味和反思中得到了人生充实与幸福的密码,讲述只是为了与大家分享。

当下,我们的生活丰富多彩起来,可心灵日渐荒漠与孤独;我们可以感受的东西越来越多,可感官正走向麻木;我们在追求在奋斗,可脚下愈加虚空。是的,我们可以醉于回忆往事,可以激情想象明天,唯独远离了今天,漠视了现实的生活。是的,我们珍藏着过去,憧憬着明天,偏偏冷落了今天。《活在当下》显然是察觉到了我们生活的这一怪异现象,所以引领我们寻找、发现和感受让生命富有意义的"真实的刹那",以及探讨我们如何拥有更多"真实的刹那"。作者努力在每一个生命的片刻、每一段人生经历中都带着爱、带着欣赏、带着觉察去全身心地品味。保持这样的生活态度,必然会在生活中体会到许许多多别人未曾发现的美妙滋味和人生领悟。作者以优美的文笔,带着心灵的温暖,讲述她是如何在喧嚣中回到内心深处,如何在浮躁中触摸和体味生活中稍纵即逝的瞬间。只有活在当下,用心而深情地抚摸生活的质感,咀嚼生活的原味,我们的人生才能脚踏坚实的大地,生命才会有滋有味。《活在当下》中的许多瞬间,或许是我们生活中无法遇到的,但作者对于生活的热爱,对于心灵的极度尊重,以及坚守生活现场的态度与方法,是值得我们深思和参考的。

《活在当下》告诉我们,生活的快乐,生命的精彩,时时都在我们身边,我们的人生总有许多可以幸福、可以充实、可以深情相拥的瞬间。我们需要做的是,给自己一份宁静,一份勇气,细致而果敢地寻觅,全身心地品味当下生活的每一个细节。当下,才是真实的人生；此时，才是生命的美好。我们不应过多地守望幸福，而应多多地亲近我们身边的快乐。只要我们能够虔诚地与当下握手，与心灵交谈，我们就可以真切地知道我们需要的究竟是什么，幸福怎样才是实在可感知的而非缥缈的传说。

"活在当下"是一个书名，更是一种生活的态度与姿势。走进她，其实就走进了我们的心灵深处，走进了我们生命的当下，让我们可以与自己对话，可以与自己的生命倾诉，进而调整生活的方式，更多地感觉幸福，让人生之路更从容、更坚实。

书名	中流砥柱
著者	蔡桂林　王霞
体裁	纪实
版别	解放军文艺出版社　2000年12月

较量岂止在战场

这是一个近乎老套的话题，之所以常说常新，是因为社会、人生的较量更多的是在战场以外，而且此类的较量从本质上讲比炮火连天、硝烟弥漫的阵地更让人惊心动魄，这是其一。人的想象无羁无绊，享有高度自由，因而想象具有神性。可我们往往忽视生活，其实生活才是最花哨的，常常超越了想象的极限，此为其二。这些，在蔡桂林、王霞合著的长篇报告文学《中流砥柱》中，得到了充分体现。

全方位披露"9898"湛江特大走私受贿案（下简称"9898"大案），是《中流砥柱》的出发点，而正义抗击邪恶则是其要旨。在被走私狂潮淹没的湛江，上起市委、市政府主要领导，下到街头"小混混"，有点能耐、有点歪心的，都蹚进了这蹚浑水。仅从使国家损失上百亿这个惊天大数中，我们就难以想象这一行为的猖獗程度。

客观地说，此类题材的报告文学以及所谓的"大特写""大纪实"，说不上泛滥成灾，恐怕也是数不胜数了。相似的内容之下，是雷同的写作路数——扛着反腐倡廉、警戒世人的旗号，以"灰色的行为""黄色的调料",进行低品位的堆砌。不客气地讲,那些害大于益的细节也是一股浊流。

我以为,《中流砥柱》不在此列。

"9898"大案涉及人数之多,牵扯高官要员之众,波及范围之广,在新中国的历史上,是不多见的。这样惊天动地的大案,写作素材自然铺天盖地,扣人心弦的故事情节比比皆是。然而作者冷静且智慧地撷取了"较量"这一极具火药味又极有内涵的剖面。读来畅快淋漓如饮醇酒,发人深思赛品佳茗。

在叙述这场较量之战时,作者将武警湛江市支队的官兵推上了主角之位,以他们参与秘捕、拘传、押解、看管等行动为故事主线,展示了一场场没有硝烟又惊险刺激的战斗奇观。作者书写了支队和中队干部力阻走私潮侵入警营的无私无畏、年轻的武警战士与在官海商潮中摸爬滚打数十年的头面人物间的斗智斗勇,笔法时而凝重时而轻盈,开张闭合有张力、有弹性,完全是一种战斗样式的写作招数。换句话说,权力上的防守与反击,人性上的正邪厮杀,智力上的频繁过招……作者不动声色地抛出了一个又一个颇具戏剧性的战斗故事,使《中流砥柱》较同类作品有了一个崭新而独特的文本切入点。比如列兵赵红银与原副市长杨衢清,一个年轻质朴、不谙世事,一个久经官场、老奸巨猾,二者的较量是那样引人入胜、欲罢不能。

大是大非、生死相搏面前,并不排斥或情趣盎然或意味深长的生活小镜头。在这方面,作者的采访态度是严谨的,触觉是敏锐的。令人难忘的当是刑场上那不易察觉的一幕:"五名罪犯并排站着,枪响之前的一瞬,李深偏头看张猗,一直到枪响都在注视着她,是在等她转过脸来看自己最后一眼,了结从香港到湛江的数年情缘?

然而，令李深绝望的是，张猗最后时刻偏头看的是曹秀康……曹秀康没有看她。他谁也不看。他始终低垂着头。"这可能是人性的最真切的裸露。《中流砥柱》中，这样的小镜头不在少数，从而构建起人作为人的那片独具个性的心空。大与小的衔接，面与点的承传，拽出一条人性的轨迹。

"人生，就是一方面与自己较劲，另一方面与对手较劲的漫长过程。与自己较劲的结果可以获得超越，获得升华；与对手较劲的结果可以获得斗志，获得力量——当然，这是正剧人生的一面；悲剧人生的另一面写满的则是与自己较劲和与对手较劲的过程中的斑斑污垢。"显然，作者在叙述中已有意识地做了方向性的抽离，从对大案脸谱化的描写中果断抽身潜入人性的底层，寻找堕落或升华的本质因素。

如此一来，《中流砥柱》在波澜壮阔、跌宕起伏的层面上，生出无数通往各色人等的内心世界，为阅读延伸了更多的情调和耽思。这也使得犯罪分子丑陋的嘴脸更加不堪入目，英雄的形象更加饱满诚信。

有了这些，长篇报告文学《中流砥柱》使20世纪末中国打击走私反腐特别行动的一份记录变得尤为厚重。

书名	士兵格言
著者	冯远程
体裁	随笔
版别	中国戏剧出版社 2001年7月

军人的精神殿堂

不可否认,近些年来,军营文化受到了强有力的冲击,不断有"解构""颠覆""消解"之类的话语在搔首弄姿。人欲横流、理想丧失、人文滑坡、拜金主义甚嚣尘上,社会的开放性,文化的多元性,对铸牢军魂提出了更高的要求。当今的军人,虽远离了战场和枪林弹雨,但面临的考验并没有削弱。因此,"不变质"已非一个话题,而是一场军人只能赢的战斗。作为一线的文艺工作者,冯远程显然深切地意识到了这一点。他在思考并有所作为,这才有了《士兵格言》的问世。

格言,因其精练、易记、哲理性强、思想含量大,历来受到人们的欢迎,称得上是劝诫和教育的轻骑兵。在营区里,一代又一代的军人从现实中总结了许许多多集思想性、文学性于一体的格言,在唇齿间滑动的同时,成为军人塑造心智的养分和行动的指南。

品读冯远程的《士兵格言》,仿佛是在军人的精神殿堂里漫步。那一行一行的文字,分明构建起军人独特的精神世界。那一条条朴素之中蕴含哲理的格言,该是军人行走的路标,更是军人之所以为军人的心灵折射。

这是一本老兵写给新兵看的书，是老兵在用军旅的精神营养初进营门的新兵。

这里有两层含义。从军数十载的冯远程，从上一代军人手中接过飘扬的旗帜，在风风雨雨中一路高歌走来，军人的理想和操守已融入他的生命。如今，他用笔书写下心灵的声音，写下了一代军人的精神风范。我们的眼前，是一个完整清洁的军人精神世界，忠诚、勇敢、奉献……一笔一画写就了"军人"，神圣的殿堂里荡漾着革命军人嘹亮奋发向上的心声。往日那些军人实体的生命虽然消失，可他们的精神有了生长的土壤。他们挺立的脊梁、冲锋的姿势和捍卫信念的呐喊，溢满字里行间。这种震撼力、感染力和亲和力是巨大的。再者，冯远程用《士兵格言》牵着新兵的手步入军人的精神殿堂，让年轻的士兵拥有一份坚守和执着，熏染军人应有的本色。从普通青年到合格军人，时间和军装并不能代表什么，重要的是革命人生观、价值观的确立，具备真正的革命军人应有的精神财富。其中，继承和发扬优良传统自然是必经之路。《士兵格言》算得上是一座富矿，虽不是唯一的，但含金量不可低估。它以信念、理想、荣誉、职责、训练、纪律、军容、情感等八个专题为主体框架，内容涵盖了军旅生活的方方面面，说其是军人精神的大观园并不为过。

一个刚入伍的新兵完全可以《士兵格言》为参照，确定成长的目标，修正进步的航向，打造新时期军人不可或缺的心灵之舟。《士兵格言》让从未谋面的战友、处于不同时代的军人进入一个共时状态，进行着无声的交流。当下军人在认识无数先辈的同时，感知了自己肩上的重任，找到了前进的方向。因此，我们可以说，《士兵格言》的桥梁作用是显而易见的。对已有多年军中生活的军人来说，《士兵格言》的意义在于镜子作用，照一照，便能看到自己的方位。而在那些从事政治工作的军人那里，《士兵格言》是一份绝好的授课佐料。上课时谈心间，信手拈来一条两条，可以浓缩精华，可以意犹未尽。如此一来，《士兵格言》该是所有的军人都能看的书了。

  《士兵格言》并不是靠对格言简单的收集、筛选而来的，绝大多数都是原创或适度加工而成的。冯远程一直与普通士兵生活在一起，丰富的人生阅历和敏锐的眼光，使他这个有心人获得了原汁原味的军营语言。在此基础上，他做了大量的对接、提炼、润色等工作。扎实的生活体验，加上深厚的理论功底和一定的文学素养，使得《士兵格言》成为名副其实的士兵的格言。正因为如此，当我们徜徉其间时，扑面而来的是个性化的品位、浓郁的生活气息和醇厚醉人的兵味。兵味，充盈于书里，也是《士兵格言》最大的特色所在。众多的格言烙上了军人的鲜明印记，散发出军营文化特有的魅力，军人读来少不了一种亲切感，无意间消除了原有的障碍。从这一角度看，《士兵格言》还展示了军营文化的一个剖面，为我们解读军营文化提供了一个不可多得的蓝本和视角。

书名	远航记
著者	傅逸尘
体裁	纪实
版别	解放军出版社 2011年8月

乘"远望号"去远航

登上"远望号",来一次出海远航,定是一次神秘神奇之旅。然而,这样的梦想,只能飞翔在我们的心空,平常人难以实现。好在有傅逸尘的纪实文学《远航记》,可以让我们在阅读中圆梦。这是一部来自生活现场的第一手报告,作者以亲历者的身份,用平实的语言,生动的细节,带领我们走上"远望号",走到那些"远望人"的身边,去体味他们鲜为人知而又鲜活灵动的海上生活。可以说,这是迄今为止,有关"远望号"和"远望人"最生动全面、最丰富翔实、最具现场感的作品。读来有趣有味,又具有较高的史料价值。

在今年七月,傅逸尘以解放军报记者的身份先后登上中国新老两代远洋航天测量船——"远望五号"和"远望三号",从长江出发驶向茫茫大海,经过南中国海,穿越赤道,西跨印度洋,东进太平洋,参与执行数次卫星海上测控任务。在140天的时间里,他亲眼见证了"远望号"测量船队有史以来单次出海时间最长、航行里程最远、连续执行任务数量最多的诸多记录的创造,并有幸成为第一个在同一次任务中先后登上三艘"远望号"船的记者。在这些日子里,傅逸尘既是采访者,又是"远望人"中的一员。他走遍了"远望号"船的每个机位,与"远望人"交朋友拉家常,全方位、全过程地参与他们的工作和生活。他带着全景式的构想,敏感细微地观察远望人的言行举止,触摸"远望人"的心灵脉动。他利用零碎的时间实时记录他的所见所闻和所思所想,让生活的气息最大可能地还原于文字中,从而使《远航记》具有强烈的生活质感和现场感。

与一般的纪实文学不同,《远航记》没有宏大的叙事,也没有故弄玄虚的结构,而是以时间为记述线索,以生活中的人和事为支点,一人一事,或以某天的活动为单元,在散点透视中,作者最大限度地忠实于事实,真诚而完整地记录下整个远航的点点滴滴。71篇文章既单独成篇,又融为一体。五次测控工作的神秘披露,既展示了"远望人"的智慧与奉献,又让我们对"远望号"测量船的任务有了清晰而生动的了解。《远航记》写出了数十个"远望人"的生活、情感以及他们的人生,以饱满的个体形象使"远望人"的群像得以鲜活地呈现。我们阅读着,仿佛就在他们身边,看着他们工作和生活,听他们聊天,亲近得就像是我们身边的朋友。船上丰富的业余娱乐文化活动,也远远超出了我们的想象,他们的欢声笑语深深地感染着我们。作者还着重写出作为"远望号"中途休憩、补充驿站的岛国斐济特有的迷人风景和风土人情。

更为难能可贵的是,作者在作品中浸染了自己独特的体验和心灵感受,状写了一名首次远航者所独有的情感心绪和所思所想。他如实地写下了自己面对浩瀚的大海、瞬息万变的海景、汹涌的海浪时的复杂心理体验,也以抒情的笔法描绘了大海的神奇与绝美。抽取这些文字阅读,《远航记》又似一部笔法细腻、情趣盎然的游记。与此同时,作者动用自己的文学和文化储备,一方面与"远望人"

交流各种时尚文化话题,品味当代文学作品;另一方面,又时常抓住在"远望号"、在大洋深处这一人生难得的妙境,思考文学、思考文化、思考人生。既有闪光的灵感、独到的见解,又有信马由缰的玄思。难怪作者会感叹:"难忘的海上生活,不舍的远望时间,我从不写诗,却体验了最富诗情的生活,我从不画画,却见证了最浪漫奇崛的自然画卷……"

《远航记》是作者完成大量新闻报道任务之后的副产品,是触及心灵柔软之处的旋律。这才有了最个性化的观察视角,随心随意的文字,富含情感和意趣的记述,最为真实的生活与心灵。如此,《远航记》当是作者个性化的生活历程与心灵体悟,是从心底忠实流出的文字。之于生活的真实和心灵的诚实,可以让我们最大可能地走进那原本陌生的生活现场,最大限度地体验那份神秘与神奇。

书名	在低处，在云端
著者	高丽君
体裁	散文
版别	阳光出版社 2013年8月

身在低处，心在云端

高丽君的写作是纯粹的，一种源于对文学的挚爱和对生活的忠诚的纯粹。她用心体味生活的诗意，质朴地进行书写。她的作品有着个性化的品质、对生活的深切体验、对人生的细微感知、对人性的不断探寻、扎实的文化修养、强烈的人文关怀，如此种种。这让她的创作如一泓清泉吟唱于散文世界，似一缕甘泉滋润我们的心田。她的散文有着一种独特的力量，源于生活的文学审美力，以及文学之中的生活朴素力。

几乎所有的生活，都可以在高丽君笔下化作或朴素或华丽的文字。她如同走在百花丛中，信手便能拈来一瓣娇鲜的花影。在这个意义上说，她既在生活中写作，又在写作中生活。她散文中的诗意是原生性的，是生活的自然流露。她的质朴与诚实，使得她可以真切地抚摸到生活表象与内部的肌理，并不自觉地生发朴素的情感和回味。她的创作，既让我们惊讶平凡生活的诗意，又让我们感受散文与生活的关系可以如此亲密。

她以写作这一方式，坚守于生活现场，关注生活的细节，探寻隐藏于集体记忆之中的个体世界，她的激情、敏锐和细心，总能给我们出其不意又源于真实生活的惊奇和感动。因为是倾诉和交流，她的讲述或吟哦平实而质朴，尽可能地还原生活细节、镜像和情境的原生态。阅读她的作品，我们很容易进入这样一种情状：她带我们回到她的现实生活和精神世界，面对生活琐事或一片叶一朵花甚至一棵野草，讲述她成长的遭遇、生活万象和精神多维。她时而是生活者，时而是思想者，时而又是吟唱者。

高丽君心怀如此的真诚，在生命与生活的互动下，以一颗真诚之心回到生活的现场，进入生活的内部，既真诚地面对生活，又真诚地展示生活。她为我们打开了生活的另一扇门，引领我们进入了一个陌生或很少顾及的生活空间，触摸生活的内质和人性的肌理，质朴之中韵味悠长，生活的本真与散文的醇厚共同构建起阅读的力量。

高丽君的散文，是其个性化诉求极强的产物，并尽可能在自然自在中抵近极致。她将外部世界内化，以话语外显她的心灵世界、精神场域和人格品质。是的，她实践着离心灵最近的创作行为。她把创作当成一种极富个性化的生命和情感介入行为。以情动人，彰显作品的外在表现力，蕴于其内的是心灵与世界、与人生的真诚对话。显露心灵，需要的是勇气。发现表达的审美对象，则源于她对生活具象的艺术感受力。而作品的清秀、空灵、诗性的品质，归根结底是她心灵情感的真诚迸发和人格精神的高度凝练。

高丽君的散文，可以映射其人生足印、心灵之景和思想纹理。作品中随处可见撼人心魂、发人深省的思想火花，这不是一己之思，不是自作多情，更非故作深沉，而是源于她生命深处对真善美的向往，是由历史感和责任感而生的反思人性、感叹人生、忧虑人类的悲悯情怀。高丽君以其散文创作让我们远离喧嚣，走入清静的后花园，生活的风雅清纯悄然来到我们身边。我们的灵魂随之清澈，情感随之空灵，继而以另一个角度、另一种姿势去审视我们的生活和我们的人生。是的，她以才情提升了生活的质量，催化了文学的力量，让散文向更高的精神高地进发。

  高丽君的散文有着日常生活的朴素清纯，叙述如流水般流畅自然，娓娓道来，内在丰盈的情感，真切的人生感悟，聚合作品的内在动力，结晶为艺术质量。好读，耐读，读来故事感人心动，情感纯粹真挚，体会浸入灵魂，将外在的阅读兴趣与内里的思想互动很好地结合在一起。作为散文能达到这样的地步，我们还有何求？

书名	诸葛亮成长之谜
著者	韩春鸣
体裁	历史随笔
版别	新华出版社 2007年4月

和诸葛亮一同成长

诸葛亮这样一个神话般的人物，已经成为文化基因的一分子，植入我们的血脉之中。但凡中国人，总能神采飞扬地就诸葛亮其人其事说上几段。当下，有一些人开始翻历史的老底，兴致勃勃地揭秘，进行所谓的历史还原。对此，我总是有些不敢苟同。是的，我们需要真实的历史和历史的真实，但除此之外，我们面对历史似乎还有事可做。比如韩春鸣对于诸葛亮的探求和解读就是一件十分有意义的事。确实，对于诸葛亮的身世、成长以及用兵如神，有着太多版本的故事，也有着林林总总的考究。但韩春鸣的出发点显然是与众不同的，他看重的是历史对于当今的启示，感兴趣的是诸葛亮的成长对我们的成长可能有什么样的帮助。因而在《诸葛亮成长之谜》中，寻找和考证诸葛亮的成长经历只是一个铺垫或者最基础的准备工作，作者的着力点用在了诸葛亮是怎样成长起来的、他的成长历程对现时的我们有什么教益。所以我才会说，阅读这本书，就是作者给了我们一个机会，一个可以与诸葛亮一同成长的机会。这也是此书最鲜明的特色和阅读价值所在。

诸葛亮的故事早为我们熟知，历史的，传说的，总有他的神奇之处，神秘之处。我们在谈论他时，有着太多的敬仰，愿意把他神化。当然现在也有史学家在试图还原诸葛亮的本来面目，给我们一个真实的人性化的诸葛亮。韩春鸣当在其中。只是他更倾向于为我们提供一个可供学习的诸葛亮，在诸葛亮的成长之路上收获一些经验。韩春鸣带着诸葛亮来到现实语境，结合我们现在的生活态势，为我们揭开诸葛亮从出生到为相的神秘面纱。而在其中，最让我们感兴趣的应该是诸葛亮如何做人交友，如何发挥自己所长，如何高成效地推销自己。现在的励志书十分火热，背后的原因更多的是我们有些迷茫，不知道该如何生存，如何提高生存的能力，如何张扬我们的聪明才智。韩春鸣给我们找来诸葛亮这样一位老师现身说法。看看《诸葛亮非名师不拜》《诸葛亮退学的得与失》《诸葛亮善于自我包装》《诸葛亮交友三原则》和《诸葛亮自编自演三顾茅庐》等标题吧，因为好奇，我们急切想了解诸葛亮更多的故事。韩春鸣没有让我们失望，他讲出了故事的新鲜感，让我们了解了一些我们对诸葛亮的陌生之处，以他的研究和推理充实了诸葛亮的故事讲述。这故事也很好读，通俗、有趣、幽默。且慢，这只是最基本的。韩春鸣给了我们更多的惊喜。在他的讲述中，我们可以更轻易地走近诸葛亮，知晓诸葛亮为什么要这么做，又是如何做的，有原理，有方法，这让我们的取经之道变得很平实。我们感受到了诸葛亮之所以成长为诸葛亮的秘密所在，也得到了许多具有较强可学性和操作性的"经"。

因而，我们可以说，走进《诸葛亮成长之谜》，能更全面而真切地认识诸葛亮，丰富我们对诸葛亮这位奇人的感知，能轻松地拜诸葛亮为师，学到许多我们十分需要的东西。

书名	万古丹山：武夷山
著者	何向阳
体裁	散文
版别	中国林业出版社 2021年9月

在顺其自然中呈现独特的丰富性

何向阳的《万古丹山：武夷山》以武夷山国家公园为书写对象，给我们的阅读感受是，山还是那座山，山已不仅是那座山。这得益于何向阳以山之厚实丰盈与她的胸藏锦绣，在武夷山和写作者之间建构了内在饱满的关联，注重自然与文学间的同频共振。这种真正意义上的互动性写作，呈现自然文学叙述的有效开拓，尤其是古典性自然情怀与现代性生态文化之间进行互为凝视与观照，表达了整体性的生命意识和传承性的文化情怀。

武夷山的博大精深是显而易见的，武夷山被天下人反复描述，似有穷尽之势。之于当下的写作者，这无疑极具挑战性。更何况，作为"中国国家公园丛书"，《万古丹山：武夷山》还得在宏观与细微之间进行调度和取舍。令人惊讶的是，何向阳的确不走寻常路，以自身的学识自信和对武夷山的真切敬畏，将写山与写自己高度融合为一体。

这本书分为五个章节，且叙述口径很小。一切可从"万古丹山"这样的命名来解读和品鉴，这当是何向阳之于武夷山的核心要义。

在第一章节中,她着力以生命性的体悟和诗性的语言,对武夷山的丹霞生成进行学术性与文学性交融式的探寻和叙写。在漫长的岁月里,丹霞历经纷繁的演变,层次分明,印记显著,继而有了武夷山独特的地质地貌。这是一种连续性的生长,是一种如流水般的继承。万古,不仅指年代久远,更在于表达从远古到当下的一路而来之意旨。自然生态如是,文化与精神也是这样的,"不只是一座碧水环绕的自然青山,而有了文化上的万古意味"。在此引领之下,才有了其后的描写。大地的自然之力、自然中的生命之意、山成就了朱熹之功、朱熹丰富了山之情境以及日常生活与艺术间的相生相依,这五个章节,既从源头一路直下,又各自相对独立,恰如五行之道,又似五线谱之复调音乐。以从容、平和的姿态拓展当下的自然文学写作,闲庭信步间道出了武夷山的平易近人与广博幽深。

显然,文化是《万古丹山:武夷山》的支点和发力点。先写武夷山的成因,而后是武夷山对于生命的启示、文化的贡献,最后落脚于被文化浸润的茶生活。茶生活是日常生活的一部分,又是较为普遍且具品味的生活之日常。这一方面体现了作为学者、诗人以及生活者的何向阳之于文化的尊崇,更映射了她对大自然之于人类福报的深刻感受和无上膜拜。这也就不难理解,她以近一半的篇幅写朱熹与武夷山的前世今生。人是自然的一部分,人受恩于自然,没有自然,就没有人类,这是规律,也当是我们的基本认识,更应该是自然文学的基本态度所在。当然,这样的书写,也以极为巧妙的方式体现了武夷山是"世界文化与自然双重遗产"这一傲人的价值。

自然文学抑或生态文学写作,行走是最为基本的要素。但高质量的行走,不仅仅是在物理空间中移步。何向阳以《万古丹山:武夷山》不动声色地告诉我们,文学意义上的行走,要有田野考察的真实脚印，也要在历史、文化中淘洗，还要在自我的知识储备、生命体验和情感心绪中捡拾。进入写作，当以感性鲜活那些密实厚重，以理性调和人与自然的关系。《万古丹山：武夷山》将一切的写作技巧归于无为，以自然之笔法，述自然之图景和自然之内蕴。比如第五章节写茶与盏，从历史典籍到现实制茶，从山水生态到人文情怀，从眼观之处到心灵颤动，从文化之象到生活之实，应有尽有。诗词之空灵与生活之平实无缝连接，历史的纵深感与现实的立体感同步铺陈。何向阳遵循自然之道，以重构和融合之功，轻松得如聊家常一般。自然的本真，自然的节奏，自然的涌动，看似自然之中，饱含知识和生活的丰沛。如此的自然文学，最大限度地抵达自然的本质，又忠实地说出了自然中的人的存在。

《万古丹山：武夷山》将人带回到自然之中，体味自然的恩德，接受自然的点化。以流畅的节奏和浑然天成的叙述，把陌生变为熟悉，把熟悉赋予丰厚的意蕴。这在自然文学创作的主张和行为方面，都值得我们考量和借鉴。

书名	大师的背影
著者	侯钰鑫
体裁	纪实
版别	河南文艺出版社 2013年8月

个人小视角的宏大历史叙事

  侯钰鑫的《大师的背影》是部真诚之作，可以让我们走进那个特殊年代，在日常生活之中感受大师们鲜为人知的风范和真性情。艺术家的品格、人性的光芒、情感的朴实无华以及诸多鲜为人知的细节得以平实而诚恳地展现。不失语、不粉饰、不淘洗、不故作神秘，一切听从生活的自然。侯钰鑫以亲历者的身份，忠实于生活的本真，饱满了郭小川、李準、范曾、启功、黄永玉、谢晋、吴作人、赵丹和浩然等一大批文艺大师的人生。这部著作是历史现场的真实记录，昭示了作家坚实的良知和对现实生活的极度尊重，更为我们的集体记忆增添了不可多得的鲜活气息。

  "文革"那个动荡的年代，本身就是个极其丰富的文本，为叙事提供了无限可能。然而我们在打捞这份集体记忆时，时常会显得手足无措，有的过于亢奋，有的过于哀怨，有的过于偏执，更多的是沉默无语。那遍地的碎片，无论是闪光的还是灰暗的，都与历史有着或近或远或真或幻的关系，但就是无法让我们看清历史的真实面容，哪怕只是一个侧影。那段历史是斑驳的，我们的叙述更加迷离，甚至是迷失。其中的原因相当复杂，但有一点应该是确定的，就是我们缺乏足够的勇气直面往事，难以与曾经的现实进行无预设概念、无个体功利的交流。抑或是因为我们有着太多的顾忌，有着太多的个性化的希冀和诉求。显然，在这方面，侯钰鑫有着非常的勇气和超脱的情怀。他的姿态和立场相当直接和率真，就是还原生活的原貌，书写真实的历史，让历史的真实向我们走来。他抹去了顾虑，抽空了情绪，努力让自己回到那个年代的生活之中，只忠诚于生活留下的烙印，所有的书写只为记述。这种心灵的勇敢和对生活的极度忠诚，就是在今天看来，依然是相当难得的。

侯钰鑫与这些下乡接受改造的文艺大家的关系，是管理者与被管理者，但更多的是无比亲近的朋友关系，是患难中的知己。这些文艺界的名人跌入人生的低谷，光环不在，前途暗淡，生命与精神都在挣扎中呼号。他们肩负盛名，胸怀理想，心蕴艺术，但这些似乎都成为无法挽留的背影。面对这样一位善良而真挚的"侯专员"，他们尽情释放，用心倾诉，作为普通人的一切都在毫无掩饰地暴露。这让侯钰鑫可以快速走近他们的生活，走进他们的内心。我相信，那时候的侯钰鑫应该没有想过日后要书写这段时光，只是以柔软之心与他们相处、与他们生活。我们同时也可以坚信，像侯钰鑫这样的人，在我们的周围不在少数，更不要说那些经历磨难生活的无数个体生命。也就是说，能够记述那个年代的人不计其数，有许多人比侯钰鑫体验或积累了更多的原生态素材。但是，为什么像侯钰鑫这样的书写者并不多？为什么如《大师的背影》这样诚实的作品罕见？这已经不是文学意义的考量，而是一种人性与民族心理的考问。在如此的追问中，我们更能体察到侯钰鑫和他的《大师的背影》在当下的力量与厚重。

这是侯钰鑫私人化的口述史，是这些艺术大师日常生活的再现。《大师的背影》，其实是让我们近距离全面地触及这些大师。他们既有普通人的性情，又有大师的气节与风骨。我们也可以感受到，即便在那不堪回首的年代，许多人依然保有善良与信念。从这些大师非常态下的日常生活中，从侯钰鑫这位"侯专员"身上，我们可解读太多的东西，而其中有许多是我们当下正日渐丧失的。但这些只是《大师的背影》这部著作最为基础性的意义。当我们将其置于我们身后的历史和不停行走的华夏民族这一视野中，我们会发现，《大师的背影》足可以称得上是宏大的叙事史。其意义是重大而深远的，远不止丰富和清晰了我们的文学史、艺术史和文化史。以个人化的视角，书写少数人的遭遇，这对于我们整理集体记忆，振荡我们在历史面前的失语或臆说，言说民族发展的脚步，让过去、现在和未来和谐于我们内心，有着非凡的意义。

书名	故乡有灵
著者	花如掌灯
体裁	散文
版别	天津人民出版社　2013年1月

有故乡才会有天堂

  与许多书写故乡的作品不同,花如掌灯的《故乡有灵》以朴素而干净的文字,尽可能拂去记忆里的烟熏火燎,最大限度地呈现逝去乡村的本真原貌。他不作诗意的抒写,也未掺杂守望中的思考,只让乡村从时光中向我们走来,写乡村的细枝末节,写故乡的鸡零狗碎,写生命成长初期的耳闻目睹,一切是那样的原生态,一切又是那样的本色纯净。这是他个体生命中的乡村,又是我们集体记忆中的故乡。故乡在我们的心灵里清晰,却在现实中模糊。

  故乡已经在我们的视野和心灵中远去,因而故乡总是写作者无法也不愿意绕开的题材。我们试图通过书写来唤醒我们的情感,更想让故乡重新回到我们的生活和精神之中。然而,我们的许多有关故乡的写作,或醉心于没完没了的抒情,或钟情于结构好看的故事,故乡在他们的笔下因为朦胧而失真,因为浓情而夸张。说到底,写作者以内心的故乡替代了生命中的故乡,作品中的故乡大都是《桃花源记》的现代版,其目的也是或与现实对抗,或成为逃避现实的梦幻。花如掌灯则尽可能地清洗记忆中的尘埃与情感中的激素,只如实地提供那曾经鲜活的画面。真实的画面,真实的生活质感,成为《故乡有灵》最具个性之处。

花如掌灯在时隔40年后,灵魂穿越千山万水回到故乡,回到童年,回到那个叫荒村的生活现场。他就像是在麦地里捡麦穗,俯下身子捡起一枝麦穗,在阳光下端详一番,掸去灰尘,轻轻放入篮子里。这里没有诗意的想象,没有诗人的感慨,只有简单而实在的动作。他安静地待在故乡现场,而不是时常回到现实,以审视的心态去面对故乡,以当下的情感去渲染往日的乡村。与其说他是在写作,不如说他在以文字拽着我们回到他童年的生活,回到他童年时的荒村,让我们注视荒村里的庄稼、山水、田坎、左邻右舍等那些日常化的生活。大地上的一切都在自由生长,乡村人们的生活平淡却有浓浓的人情味,那诗意就似春雨下的麦苗,长在地里,也生长在我们的心田。而乡亲们从不认为这是诗意,只认为生活就是这样的,从早到晚,从生到死,一如河水样平静而鲜活地流动。

花如掌灯将写作行为极度提纯,努力做一个忠实的记录者。他笔法自然,叙述平实,着力于还原。叙述如乡村一样质朴,似庄稼一样平常。可是,有关荒村的一切,让我们如梦如幻,感觉是花如掌灯编造了一个如梦似幻的乡村。我们会在阅读中迷失,渐而认为荒村只是花如掌灯过度美化的世界。这让我们不相信世上曾经有这样的荒村存在过,不相信大自然的一草一木一山一水有那样的淡雅美妙,更不相信曾经有这般清澈空灵的乡村气息和生活呼吸。

其实,这一切都源于我们的目光已经浑浊,心灵已经被漫天的灰尘包裹。错乱的不是我们的记忆,而是我们的灵魂与欲望。把曾经的现实当作了神话,把原本的家园当作虚无的世外桃源,这是相当可怕的,更是可悲的。当我们离故乡越远时,我们面前的天堂之路必然会愈加遥远。相信，花如掌灯的书写，不是为了祭奠逝去故乡的风貌，而是试图净化我们的心灵，唤醒我们沉睡已久的渴望，让故乡重新回到我们的灵魂，回到我们的现实生活。让我们的人生重回故乡的安宁与纯美，远比我们走向天堂更为重要。

其实，花如掌灯的《故乡有灵》最具价值之处并非重现昔日故乡之美和提醒我们重建故乡之魂，而是他写作本身的行为价值。他能够在物欲横流、浮华喧嚣中抽身而出，以安详淡然的心魂走向回乡的路。这份超然，这份宁静，以及这份向往，是我们企望不及的，可如若我们要让曾经的故乡回到我们的生活，我们又该怎样做？我们应当停下脚步与灵魂去回望被我们远远抛在身后的故乡，捡拾那些被我们丢落在路上的土地与故乡赋予我们的秉性。没有了实在的故乡和精神的家园，我们看似目标精准，其实愈加迷失，纵然我们走得再快再远，终究无法步入快乐的天堂。

书名	天才的裂变
著者	蒋泥
体裁	随笔
版别	西苑出版社 2013年1月

真诚解密大师的隐秘情怀

绕到作品的背后，走进知名作家和学者的日常生活，探寻他们的成长历程、情感经历以及个性化的人生情怀，总是令人兴奋的事儿。蒋泥的随笔集《天才的裂变》，正好可以让我们踏上轻松有趣而不失感悟的阅读旅程。本书涉及林语堂、季羡林、莫言、贾平凹等诸多知名作家、学者的鲜为人知、真实可信而又精彩纷呈的人生经历，极大地满足了我们的好奇心，也丰富了他们的形象。尤其是沈从文、老舍、金庸、顾城等人与众不同的爱情故事和情感历程，既令人耳目一新，又畅快淋漓。以史料和文化为底蕴，看似是在猎奇，其实是在求真求实，这让《天才的裂变》成为文坛逸事的真诚而趣味盎然的读本。

蒋泥是一位学者型的作家，又是极具独立精神的评论家，视角独特、文笔犀利，曾以酷评声名远播，是当下勇于展现真诚力量的为数不多的评论家之一。他广泛研读史料，发挥其与众多作家、学者有实质性交往的优势，悉心倾听文坛人物的动态，进入他们的生活现场，获取了许多直观感受和第一手的体验性资料。他既关注各式各样的观点,又毫不掩饰自己较为独特的看法,许多还是十分尖锐的看法,尤其是对这些大家,他有超越常人的冷静,不狂热,不盲从。可以说,蒋泥是在以作家、学者和读者等多种身份与这些名家大师进行直接或间接的对话,既让自己感性地参与其中,又适时理性地抽身而出,这使得《天才的裂变》既不是一味地示好,也不是无底线地抨击,而是最大限度地接近真实生活,同时又将大家的平常生活与他们的作品有机交融在一起,饱满了人物,为我们推开了一扇又一扇意想不到的窗户。《无尽的莫言》《"邂逅莫言"》和《莫言小记》等有关莫言的篇什以及叙写金庸、贾平凹、阎连科等人的文章,当是最具"蒋泥风格"的。他朴实地描写与他们的交往,如实地记述所听到的相关生活细节,真诚地表达对于他们作品的评价与内心感受。比如莫言,蒋泥与他是校友,是文友,也曾将莫言作为酷评的对象,对莫言的一些作品发表了不少一针见血的评论。现在,他将这些批评巧妙地糅合在一起,让莫言的形象具有强烈的立体感,让我们遇到了一位既陌生又熟悉的莫言。

　　蒋泥著有《老舍传》,可以说对这位大师有着全面而详尽的了解,从中也能看出他十分敬重这位文学巨匠。《老舍情事:生命中的两位女性》直面老舍的情感生活,不回避、不遮掩、不迂回,更不拔高,这实在是需要勇气的。蒋泥以严谨的态度分析各类史料,利用自己作家的感性进入老舍的作品世界,又以普通人的感受体味老舍的心灵。因而,这才有了我们所读到的集文人与普通人于一身的老舍的情事。蒋泥对季羡林很是敬仰,有过近距离的接触交往,但这并不妨碍他对季羡林的学问态度提出自己的看法:"季先生给我的印象,却不是那么过分冷静的学者,他似乎比较乐于把学问做得热热闹闹,做成显学与俗学,心志离着俗谛较近,有一些不太自然的表演性成分,其境界与陈寅恪、钱锺书等是不可同日而语的。"而在《巴金的底线》中,蒋泥对众所周知的"巴金的真诚与敢于说真话"提出了质疑,而对于重建人文精神和知识分子精神健康的关切,又让我们对蒋泥产生了敬意。

或许,《天才的裂变》因为过于强烈的"蒋泥风格",也使得在某些史料的取舍、辨析上有模糊或不当之处,在对人物的认知上有一定的主观性,但这并不影响这部书真诚而有趣的质地。它为我们全面认识名家大师提供了一种有价值的可能,更为我们如何书写名人实践了一种有生活力度的途径。

书名	中国人民解放军士兵阅读丛书
著者	李存葆 等
体裁	随笔、故事
版别	解放军出版社 2007年11月

融合传统与现代的军人启蒙

社会青年自从跨进军营那天起，就步入了人生全新的成长历程。从普通百姓到合格军人的转变，从合格军人至优秀军人的跃升，军人将在一个特殊的世界里，铸造具有军人特质的价值观、世界观和人生观，将忠于党和人民、无私奉献的使命感和责任感融入血脉里，成为生命的一部分。军人成长的驱动力，说到底是文化的力量。这样的文化，其实是军旅文化的完整体系，由中华民族传统文化精髓、我军光荣传统之魂以及当下先进文化结合而成。如此的军旅文化，是我军的灵魂之所在，是敢打必胜的战斗力的源泉，当然也就是军人成长必备的营养。新近由总政宣传部组织有关专家学者编著、解放军出版社出版的《中国人民解放军士兵阅读丛书》，由《军旅楷模》《军旅传统故事》《军旅格言》《军旅诗词》《军旅歌曲》《军旅生活指南》和《军旅短信》等7部书组成，内容丰实，定位准确，指涉军人特别是士兵军旅生活的多个层面，完全可以称得上是军人成长的启蒙读本。

这套丛书的作者，既是从军多年的老兵，又是所编图书内容方面的专家。他们是在军旅文化滋养下成长的,行走的脚步始终应着军旅文化的节拍,因为军旅文化的浸染,他们才在军中迈向了成功。其成长经历和收获,本身就是一本书。他们又是军旅文化建设的参与者,以自己的生命体验、学识和努力,丰富了军旅文化。这些浓郁的感性体悟和理性思考,最终化于字里行间,增加了丛书的现实感和亲近感。书中的思想是前人的经验,是一代代军人成长的阳光、水和粮食,是一种普遍意义上的精神食粮和心灵之光;又是编著者经过切身过滤后的结晶,处处呈现个性化的色彩。他们已经不是在编书,而是在向我们道出自己军旅生涯中感受最深、个人成长进步最受用的军旅文化。编著者们是以撷取经过自己成长验证的军旅文化反哺于读者。如此互动而成的丛书,自然更贴近当下军人,更能对军人的成长起到实质性的沐浴和催化。当我们阅读丛书时,看到的是老兵把今天和昨天联结成一个整体,我们仿佛是在听老兵讲传统、说故事、谈体会。

巨大的容量,极强的实用性,是这套丛书又一鲜明特点。在这里,我们不妨将这7本书的内容做一简单介绍。王宗仁、李俊编著的《军旅楷模》以土地革命时期、抗日战争时期、解放战争时期、抗美援朝时期、和平建设与改革开放时期为脉络,44位英雄人物形成了一个榜样群。榜样的形象是可观的,榜样的力量是无穷的。我们可以品味英雄的成长,追寻他们的足迹,设计我们的军旅生活内容和目标;也可以积攒一肚子的英雄故事,做一个军中英雄故事大王。李存葆编著的《军旅传统故事》,由理想信念篇、听党指挥篇、服务人民篇、英勇善战篇、爱国奉献篇、艰苦奋斗篇、尊干爱民篇和严守纪律篇组成,32个故事覆盖面广,集军营传统故事之大成。这些故事可以纯净我们的灵魂,提升我们的追求;能让我们走进他人的世界,感受他人独特的军营生活,间接地充实我们的军旅体验。朱向前编著的《军旅格言》,以理想信念篇、爱军精武篇、战斗精神篇、遵纪守法篇、人生修养篇、学习成才篇、人际交往篇和爱情婚姻篇,较为全面地构架出军人政治教育、战斗训练、日常生活和为人处世的格言谱系。格言是话语的极度浓缩和思想的精华,能助我们顿悟,拨开我们心中的迷雾,清晰我们前行的方向。程步涛编著的《军旅诗词》,从荆轲的《易水歌》到毛泽东的《长征》,共144首,提炼出军旅诗词的要目。这些诗词辅以作者简介、注释和解读,从中我们能较为全面而细致地领会诗词所特有的韵味和审美,起到提高思想境界和文学修养的双重功效。李双江编著的《军旅歌曲》共112首歌,分列于军歌嘹亮、烽火年华、鱼水情深、戎装异彩、颂歌抒怀和神圣使命等篇章中,是军旅歌曲的精华聚集地。各个时期、不同风格、不同审美特性的歌曲,甚至每个军兵种之歌都收录其中,配以详细的词曲,使此书已经不是简单的读物,而是一份难得的资料。周国泰编著的《军旅生活指南》,仅从心理调适、训练防护、社交礼仪、自我修养、婚姻家庭、保健营养、特情处理、野外生存、涉密涉法和退伍安置等这些篇目,就可以看出军人有了全能型的生活顾问。官兵们生活中有了麻烦有了困难,基本上都能从中找出解决的方法。陈先义、曹慧民编著的《军旅短信》中晨光短笛、军旅短曲、人生短语和祝福短波,让军人们在发手机短信时,总能找到合适的内容,真有一册书在手,有了发军人特色的短信再无忧的感觉。

　　文化总是在发展着,军旅文化同样是在坚守中行走,在积淀中吸收最新的最先进的时代文化。与此同时,每个时代的军人在接力传统的同时,都有这个时代的气息。显然,丛书的编著者们充分意识到了这一点,并在编著实践中尽可能地体现这一发展中的变化。首当其冲的,自然是军营短信。短信,本就是新生的文化,而军营短信出现的时间更短。应该说,短信,是群众智慧的结晶,是生活第一线的讯息。如此一来,《军旅短信》一书真正做到了从群众中来、到群众中去。作为一种崭新的文化载体,军营短信已经实在地参与军人的生活,军营也需要这样的积极向上、军味浓醇又与时代脉搏同频共振的文化样式。在《军旅生活指南》中,编著者是真正站在士兵的角度,以走进现代士兵生活的态度,从士兵当下生活所需出发,细心地考虑到了现下士兵的生活现状,实时性地为士兵生活出谋划策。《军旅格言》同样将传统与现代有机地汇聚在一起,既有传统之精要,又有刚从现实生活中采集的新鲜格言。《军旅楷模》和《军旅传统故事》虽说是在讲过去的人和事,但编著者无论是行文叙事结构,还是对于故事的重新解读,都烙上了醒目的时代印记。尤其值得称道的是,这些故事,在编著者的精心梳理和艺术铺陈中,语言自然朴素,讲述的语调平和亲近,注重了故事的结构和节奏,尊重了现代士兵的阅读口味,可读性强。

丛书前言中说:"着眼于履行新世纪新阶段我军历史使命,培养有理想、有道德、有文化、有纪律的革命军人,采取青年士兵喜闻乐见的形式,集萃了反映我军优良传统和革命精神的生动故事、英雄楷模和诗词歌曲等,是广大青年士兵学习革命理论、接受先进文化熏陶的重要读物。"在我看来,这套丛书不只达到了这样的目的,而且还有所突破。如前文所述,这套丛书虽是思想政治读物,但丝毫没有讲大道理摆起面孔给人上课的感觉,倒有似朋友相处般的亲近之感,这是许多同类读物所没有达到的。再者,虽说对象是广大青年士兵,但就我的阅读体验而言,这其实是一本值得所有军人读一读的丛书。士兵读一读，有士兵的感受；军官走进丛书，同样可以获得自己所需要的东西。也就是说，这套丛书的品位一点不低，看似通俗的背后有着可以让我们悟读的知识和道理。一套丛书，文化程度低的、生活经验少的读了不觉得深奥；有相当文化和体验的读了，不觉得浅显，这也算是一种雅俗共赏吧。说实话，这是我以往阅读此类读物所没有的感受。

书名	雨水抵达故乡
著者	李皓
体裁	散文
版别	中国经济出版社 2020年1月

淘洗时光也是生活的一部分

生活,总是过去、当下和未来三个维度的共时。走过的路,经历的日子,常常隐秘地参与现实生活。回味生活的背影,淘洗时光里的质感,浮现某些细节或画面,是人生之所需,也是散文写作的重要选项之一。问题在于,日常生活题材的散文写作要避免对往事追忆的同质化,警惕无深度的讲述,而要写出自己个性化的体验,提供可以思索的"日常诗性",并与当下生活共生温暖之意。李皓的散文集《雨水抵达故乡》中的"故乡",不再是地理上的概念,而是过往生活的心灵印记和情感意象。由此,他的散文是在捡拾和打磨那些有意味的岁月印痕和生活碎片,寻找生活本身的诗性价值和书写意义。

李皓一直在追求散文的有情书写,在散淡之中营建共情。散文集《雨水抵达故乡》分为"烟云生花""遇见人间""叹息桥上"和"碎影流光"四辑,连缀了李皓的个人生活经历,勾勒了他人生的行走轨迹和心路历程。他出生于辽宁大连的小山村,当过兵,做过电业工人、机关秘书、编辑记者,是一位颇有成绩的诗人。丰富的生活阅历，成为他忠实的写作资源。对日常生活的真情观照，则让他回到生活内部去感知。抚摸生活的纹理，吹皱记忆的水面，他在饱含深情又从容的叙述中追求自己的文学气质。

生于乡村，长于乡村，乡村自然是李皓重要的书写场域。以成年人的视角回望自己成长期中的人和事，这本身就是很有意思的事。在散文写作中，这样的回望式写作，底色和表情常常都是乡愁。与遗忘，与现实，与当下的生活，这样的写作常常又是对抗性的。李皓并不如此，而是转身寻找人生路上的一个个路标，擦亮内心深处的记忆，品味那些"曾经"之于生命的意义。在具体写作中，他又将这样的"品味"还原于平实的细节和场景之中，进行原生性叙述。他将写作者的身份转换成引导者，以文字的方式引导读者进入生活现场，直观地感受生活。我们在阅读时，经常会看到一个叫李皓的孩子在一群乡村孩子之中。而写作者李皓也会和这个叫李皓孩子进行些许的对话，偶尔还点评乡村的人和事，点到为止，淡定又相当节制。其实不仅在乡村，在所有的过往中，他一直如此在场。这时候，作家李皓也是读者，是自己逝去的生活的读者。他似乎不是在写作，也不是在回忆，而是在与生活对话，与身后的岁月交流。两个"我"同时在场，但不处于分裂状态，并非出于技巧性的书写选择，而是以"有我之境"表达对生活的尊重。

以个性化的视角实实在在地写，注重密度和质感，一切的写作技巧都隐于其里，不事张扬。作为诗人，李皓严格区分了散文与诗歌两种文体的叙述姿势，保持其独立性。在散文写作中，他讲究文字的素朴，一如生活的清新。他拒绝隐喻和象征，注重最为直白的表达，将诗性完全化于无形。如果说他的诗在竭力拓展想象的空间，那么他的散文则在平常之中隐奇崛，坚守生活本真之于散文的湿润，始终与日常生活保持同构。在《我的大学，我的军旅，我的诗》一文中，有一个细节耐人寻味。"我"在军校的一次点验中，学员队教导员严肃而认真地检查"我"的每一本书，甚至一页页地翻。最后，他认为几本《海燕》杂志的封面露腿露胳膊，有些伤风败俗。"我"反驳道："这个可是世界名画呀，难道你不知道？"教导员开始犯浑："我说不行就是不行，我认为这就是黄色读物。""我"辩解："这可是公开出版物呀！"教导员眼睛瞪了起来："哪来那么多废话？服从命令，立即没收！"教导员强行拿走了那几本《海燕》，当作"战利品"交到系里。这个细节以简洁的对话忠实还原了当时的情景，现场感特别强。这是一个细节，是人生的一个片段，完全可能会被岁月淹没。事实上，教导员早已忘记了这件小事。然而，李皓是无法忘记的，甚至在心底留下了阴影。当事人不同的身份和处境，就这样左右了真实的存在。所以在30年后军校聚会时，他遇上已经转业到地方，业余时间专注于国画创作的教导员，特别说道："我现在就是你当年没收的《海燕》杂志的主编。"从30年前的针锋相对到30年后的平静如水，一切都已释怀。李皓重提旧事，更多的是参悟到了人生的某种哲理，但他不明说，任由读者去悟。他的散文看似很轻，但裹挟其里的厚重，是岁月之于人生的沉淀。

　　他的散文多是叙事，但人才是他所要关注的。他不是在讲自己的故事，而是在思念曾经遇见的那些人。以故事带出人物，或以人物引出故事，一切都是平常性的描写，但感恩之心从未离场。在社会层面上，他笔下的多是些小人物，但就他的情感而言，他们都是大人物。我们可以轻易地发现，李皓真切地认为人生之路是由众多的"他者"引导和铺就的，一直不敢忘却。从家人到邻居，从志趣相投的朋友到同事，这些人被他视为生命中的发光体，一直珍藏于心，共同凝练成李皓的精神故乡。淡淡的忧伤和浓情快意，都是美好的。过往的一切，成为过去，又依然与当下生活形影不离。如此转身性的写作，是对人生的真诚认知，又切合真情的内在结构。他写下的是"小我"，带有强烈的个人色彩，但又是我们每个人心灵上的纹路。这是他散文的品格，更是他情感的品格。这成为他个性化的散文写作伦理，也是我们应该加以关注的散文写作追求。

书名	天风水雅
著者	李晓东
体裁	散文
版别	上海人民出版社 2021年10月

以故乡之情擦亮曾经的远方

李晓东的散文集《天风水雅》，呈现了一个人与一座城之间的凝视与对话。在曾经的远方工作和生活，李晓东以外来者的身份，怀拥故乡般的情感，用自己的过往人生和人文积淀观照历史的现实表情和当下烟火气里的岁月印迹。宏阔的视野、深邃的探察和实时的体验三者联动，在细腻的质感之上建构天水整体性的文学表达。《天风水雅》以故乡性的深情和全景式书写天水的厚意，拓展了在场性散文写作的边界。

《我的乡愁是一碗馓饭》是李晓东天水书写的开篇之作。他在天水遇见了与家乡几乎相同的馓饭，得以一解乡愁。他描述了当年在故乡有关馓饭的种种往事，尤其是做馓饭的详尽过程和吃馓饭的诸多细节。馓饭开启了有关故乡的记忆之门，但这样的回忆有着更为重要的用意，那就是"他乡遇故知"，淡化了他在天水的漂泊之感。故乡与他乡经由馓饭得以置换和融合，其实是对天水这异地有了情感性的认同。因为馓饭，他开始用心体味生活中的天水，并激发了他的写作动力。如此，凝结了生活与文学双重意义的馓饭，成为一种意象。我们可以看到,《天风水雅》诸多篇章中,李晓东都会在有意或无意中提及家乡,表面有某种对比的需要,其实更多的是因为故乡一直在他眼前的天水里闪现。这时候的故乡,不再遥不可及,而在日常生活中与他形神同行。换言之,他已经将天水视作故乡的替身,并在心理和情感上形成了同构。如此,他可以真正走进天水现实的大街小巷和历史的阡陌纵横。身心俱在其中,才能有亲和的感受和与灵魂共振的力量。这对于在场性散文的创作,显得尤为重要。正因如此,文中的天水,有着李晓东故乡的生命呼吸和触手可及的人文纹理。一切都在日常生活中,或现或隐,这是历史与现实的共谋,也是一座城市生态文化的基本品质。显然,李晓东通晓此道,因而天水街头的馓饭,在李晓东的笔下,从天水久远深厚的历史中走来。厚重的历史与灵动的生活、古典的韵味与现代的气息,在这篇文章中如河流般融为一体,而正是李晓东之于天水的叙写路径,成为《天风水雅》的个性化气质。

天水历史文化悠久,是中华民族和华夏文明的重要发祥地、"三皇之首"伏羲氏的诞生地、伏羲文化的发祥地、国家历史文化名城,有8000多年的文明史、3000多年的文字记载史、2700多年的建城史,有"羲皇故里"之称。以伏羲文化、大地湾文化、秦早期文化、麦积山石窟文化和三国古战场文化为代表的"五大文化",构成了天水丰富的历史文化资源。这也是极为丰实的文学资源,之于散文创作,更是可遇不可求的幸运。然而,历史与知识在散文创作中是把双刃剑,过于倚重打捞历史和张扬知识,会让散文失去智性化的审美。这也是当下散文创作面临的重要挑战。李晓东本人对历史文化和古典文学有深厚的积累,如果只是穿梭于史料之中,或对历史与知识进行粗放性甚至生硬化的取舍与组合,那么其创作将十分轻松。可贵之处在于，李晓东对此保持高度警惕，并积极进行探索。"但我想，还是要从一个天水人的角度，从内部，从身边看天水，写天水。"这其实表明了李晓东在散文创作中的身份意识和文本自觉。这里的"天水人"自然有李晓东情感合体的虔诚，是对故乡情感的真诚确认和忠实表述。同时，"天水人"具有天水历史文化的内在，更是天水历史文化的鲜活呈现。这意味着李晓东会以自身的文化生命与天水进行互动，其要旨不是梳理和对接，而是生命性的激活。进入具体的创作中，他以天水的历史文化唤醒其生命中的文化，又以自己的文化呼吸去感受天水的前世今生。他没有钻进故纸堆中，而是从正在进行的日常生活中去体会一路走来的历史和文化。这其实是一种互为激活式的体察与书写，在文章中，历史与知识不再是支点或元素，而是流动其里的血液。在《天风水雅》中，历史掌故、古典诗词、文化标识等占比较高，但不再僵化，而是活化的、灵性的。这给我们散文创作的启示是相当明显的，当我们试图进行散文创作尤其是历史人文的散文创作，在当下的现场，回潜历史深处，做足案头功夫，固然相当重要，但更需要我们自身学养在醇厚与密实的同时，具有生命的体温。这样的学养，当如我们之于故乡的记忆。所以，我们可以说，李晓东以故乡性的情感进行散文在场性的创作，更体现在感性之趣与理性之哲的个性化追求。

《天风水雅》以"天水风光""天水民居""食在天水""人文天水"和"天水人，天水情"五个章节组成，在纸上整体性地营建天水的风雅和风雅之中的天水。这得益于李晓东广博的学识、扎实的生活，更体现了他对这座城市的热爱和因此而来的责任感。以挂职干部的身份在天水两年，他要以文学的方式给自己留下人生记忆，更要用散文创作为天水做出与之匹配度很高的贡献。两年的天水生活，可写的自然很多，比如个人的酸甜苦辣，比如一些人一些事，不过，李晓东更看重那些永恒的存在，参与且呈现的天水情怀和精神。以己之力，对天水进行日常化的书写，抵达审美化的留存，为天水增添一张厚实且生动的名片。如此，李晓东以高蹈的创作理想和丰饶的作品收获，践行了作家为一方水土"文化润心，文学助力"的理念。

书名	漂泊的月亮
著者	李英淑
体裁	散文
版别	大众文艺出版社 2007年9月

心灵书写的力量

　　李英淑的《漂泊的月亮》语言平实亲切，生活气息浓郁，真情实感自然流露，质朴之中显现出深厚丰富的人生底蕴。我们为她的坦诚所折服，因她的非技术化的写作而感到欣喜。这一切，均源于她所表现出的一个作家当有的勇气和信心。一个散文家应当写什么，其实并不纯粹是由其主观意识所决定的，创作的风格及题材被太多的因素左右。但我们相信，写自己最熟悉的，在生命中烙下最鲜亮记忆的，与心灵最能同频共振的那一部分，当是散文家的首选。同样，一个散文家是不是敢于将心灵晾晒于阳光之下，让生命的脉动化作一行行文字，在很大程度上决定了散文的品质。李英淑以她的创作实践再一次做出了注解。

　　《漂泊的月亮》与其说是一部散文集，不如说是李英淑内心倾诉的话语场。她以时间和情感修辞的双重叙事，从容而朴实地引领我们走进她的生活领地和情感世界。她是在以个人最真切的行走作为创作的资源，细腻而充满激情地描写她的人生，纤毫毕现的实写相当多，专注于细节的笔法随处可见。一个对文学极度虔诚的女孩儿，心中始终荡漾着文学的召唤。她的身影在世俗的凡尘中确实有些渺小飘忽，可留给我们的是清晰而闪亮的足迹。因为文学，她的人生一下子变得复杂而沉重起来。这是一个为文学而生、靠文学而活的生命行者。因为心灵中有一个不灭的精神故乡，才有了她灵魂与身体的漂泊。漂泊是一种行为与姿势，更是精神的操守和灵魂的纯粹。文学让她远行，赋予其漂泊更多形而上的意义。她在生活中思考，在探求中生活。而这一切，被她如实地叙述。我们可以近距离地感知她的欢笑与泪水，向往与挫折，坚守与挣扎，成功与挫败，幸福与愁苦。身体与心灵的同步在场，她以最大限度的诚意，给了我们最大可能的真实。

真实，是散文的命脉所在，这一点存有争议，然而，我们更应该关注如何面对真实，呈现真实。那种囿于小我，沉湎于身体的暴露，过于自我的宣泄，钻入并无多少意蕴的生活，看到细枝末节就喋喋不休地写作，终究难以支撑散文的骨架，达到好散文的境界。词语暧昧、身体自恋、精神软化、理想缺失的散文创作，虽然存在，也有不低的受众率，但我们需要警惕。显然，李英淑意识到了此种所谓"真实写作"的危险。这得益于她心中对文学有一个美好的梦想。文学，首先是她人生的风向标和营养剂，是她精神世界的脊梁，然后才是与世界相处的途径。她是在倾诉个人与文学的相遇，描写纯真灵魂与当下世俗的角斗。她是一位理想主义者，对现实又怀有极大的宽容。她的情绪在感性地释放，却又十分理性而客观地讲述周围的人们与文学相遇时的情态。文学，是许多人生活中的一部分，参与了他们的人生，但也是一面镜子，如实地展露他们与文学间的爱恨情仇，多层次影射人性。面对人们对于文学的功利，一些人以文学为面具伪性生活，李英淑有愤慨，但更多是尊重他人的选择。

当现实与她的追求相差甚远，当她的艰难跋涉化为泡影时，她依然无回头之意，一路顽强地前行。作品自始至终张扬着一种不屈的力量，一种现今让我不易见到的对理想的执着。李英淑在小我与大我，个人与世界间找到了一个属于她自己的话语通道，从而以一己之力勾画了人类生存的一种窘境，抒发了弱小生命遭遇强大阻击力量时的潜能爆发。从这一意义层面而言，李英淑对于散文真实的内质和作家如何从身体到心灵写作，做出了自己的努力，并在我们心里激起朵朵浪花。

书名	宣传队，运动队
著者	林那北
体裁	散文
版别	作家出版社 2014年6月

生活远比小说精彩

　　读林那北的长篇散文《宣传队，运动队》，心中五味杂陈，又惊喜连连。实在是没想到，她会这样写，会写成这样。她把个人成长期一个侧面的生活经历写得真诚鲜活，有趣好读而又极具意味。这里有时光泛黄的色泽，有集体记忆的斑驳身影，更有生活本身的纤细质感。在某种程度上，她不是在写作，也不是故意打捞往事，只是停下了现实的脚步，等待记忆自然而然地追上来。这么一来，《宣传队，运动队》就不仅是林那北个性化的陈年旧事，而且隐含着厚重的历史感，还让我们读到了生活本身。这样的生活本身，已经超越了时代和个人，让我们每个人都可以从中看到自己的影子。所以读这本书，我们既可以窥视林那北的成长片段，感受到那个时代特有的温度和众多人的坎坷命运，还能唤醒我们对于往事的兴趣，让我们惊奇地发现，其实我们每个人逝去的生活都具有浓重的文学性，远比许多小说更有故事味。

　　小说的以假乱真，考验作家的叙事能力，而把实在的生活书写得真实可感，似乎比创作小说更难。难点在于除了需要扎实的智慧叙事之功，更需要对生活的真心热爱和自我的本能忠诚。叙事能力可以享受天赋之福，也可以通过训练提高，但热爱与忠诚，许多时候是无法通过外力获得的。更何况，许多人的忆旧掺杂了太多的想法或功利。铺天盖地的回忆录、忆旧散文，可谓声势浩大，但常常处于失真状态。此类文章很好写，即便写作能力极差，也可以用口述的方式完成。但很不幸，现实中，这类文章写不好竟是一种常态。《宣传队，运动队》恰恰是难得的真诚与真实的好文。

《宣传队，运动队》是一种自言自语式的叙述，保持着生活的本真和记忆的诚实。随着阅读的展开，我们很快就会忘记这是一个作家的写作，因为我们真切地感觉到就在生活的现场，或者说其中的许多场景、细节或情感，就是我们经历过的。这与林那北本人似乎很相像。如果不涉及写作或文学相关的话题，我常常会忘记她是一位有相当成就的著名作家。她邻居般的亲和力，阳光般的心态，更多的是她对生活的极度热爱，让我浓烈体味到日常生活的美好与有趣。平实与灵动、活泛的现实感与深邃的历史感，她能在不经意间自如切换。当然，她的小说也是这样将现实与历史智性地融合在一起，散发着独特的审美气质。就我个人的感受，林那北只在写作时才是一位作家，而离开书桌，她便是一位如阳光般平常的生活者。是的，平常的阳光，其实并不平常。同样，在《宣传队，运动队》中，林那北又回归到那年那月那个俗常生活中的小女孩。当然，她也没有回避现实回忆者和叙述者的身份。她的态度很明确，充分尊重记忆，任由记忆像鱼儿一样活蹦乱跳，而她只做守在岸边的观鱼人。这样一来，《宣传队，运动队》是在写林那北自己，可说得多的又不是她自己，而是在如实地记叙她成长期印象最深的事和人。文字是当下的，可目光和感受是往昔生活现场的，她在如实地重现不扭曲、不渲染，还借助查阅档案、寻找照片以及重返故地的方法来验证此时的记忆、温习当年的情绪。这让我在阅读中时常出现一种幻觉，总以为是林那北带着我潜回过去，悄无声息地观看她曾经的生活画面。说实话，以往我阅读此类的文字或作品时，很少有这样的感觉。

真实的生活最具文学的价值，这一点在《宣传队，运动队》中得到了充分体现。林那北或素描、或速写、或工笔地回放着她的成长足迹和风景，以宣传队和运动队这两个生活领域，展现了三代人的生活细节和命运轨迹。平常的生活不乏传奇的色彩，个体的人生熏染着时代的印记，而现实与历史又是如此浑然一体。林那北不是在怀念、铭记、思索，而是在寻找。是的，我们总专注于当下的抉择，思考明天的方向，偏偏忽视了对于过去、对于历史的寻找，我们怀有太多的欲望，却少有纯真明净的寻找。可以说,《宣传队，运动队》在这方面显现了独特的价值。

书名	将军与士兵的对话
著者	刘灵芝
体裁	纪实
版别	长征出版社 2000年10月

心与心的交流

仅从《将军与士兵的对话》这一书名看,就知这是一本值得一读之书。

将军、士兵,可说是军营人物中的两极。将军肩上的金星,让士兵神往;将军的戎马一生,对士兵来说,是一座神秘的宝矿。因而,将军与士兵心贴心对话的形式,本身就很抢眼。

谈心,历来是我军经常性思想政治工作的"法宝",是官兵友爱的生动体现,但由于工作岗位的不同,并不是每一个士兵都有机会与将军谈心的。因而,《将军与士兵的对话》的问世,是一道鲜亮的风景线,有着不可替代的价值。36位将军与36名士兵,鸿雁传书,笔墨溢情,热点的话题,真诚的诉说,让我们在许多方面受益匪浅。

将军的成长经历,本身就是一本教科书。我们看到,将军们总是围绕自己从士兵到将军的历程,有情有理地娓娓道来。将军们以老兵的身份,从自己初入军营时的事说起,给我们的感觉就是一个个老兵在回忆当兵的岁月。读完此书,我们心中已有了36个版本的将军故事。说这是一本将军讲述自己的故事的书，一点也不为过。将军们的独特人生体验，无疑是士兵成长的丰厚营养。当将军，是每个士兵的梦想，读一读将军们当年的士兵生活，对当下的士兵来说，其意义已远远超出了听故事本身。

将军们在信中，一改往日的威严，走到士兵的身边，和风细雨般的话语，让我们拥有了一份感动。这已不是简单的对话，而是推心置腹的交流。一书在手，将军们仿佛就在我们眼前，就在与我们唠家常。因是书信体，我们看到了与主席台上讲话完全不同的将军们，一封封饱含深情的信，宛如一封封来自故乡的家书，读来是那样的亲切。作为普通读者，可以说，这样的机遇是不多的。

军人在从军中，总会遇到这样那样的问题，心中有一个个解不开的结。那就读读这本书吧。可以说，这是一本几乎涵盖了一个士兵成长道路中需要面对和思考的所有难题，容量是巨大的，信息是丰富的，内容是全面的，完全称得上是"军营成长指南手册"。编者在选题上，将重点定位在普通士兵常遇到的困惑和挫折上。书中36封士兵来信提出的问题，具有相当的广泛性、代表性和现实性，而将军的答复又注重从小处入手，一把钥匙开一把锁，把大道理和士兵的实际情况有机地结合起来，读来真实可信，能够帮助士兵们拨开云雾见天日，有拿来就能用之效。

这不单单是一本士兵要读的书，对于从事思想政治工作的同志，也是一份不可多得的教案。将军们凭着广博的知识、丰富的经历和娴熟的释疑明理的艺术，向我们展示了种种的思想工作方法。我们读了这本书，一方面，可以更详尽地了解现在的士兵心里在想什么，需要什么；另一方面，对工作中的难题可以找到现成的解决思路和多种处理途径。由于是将军与士兵的对话，相信在基层与士兵摸爬滚打在一起的带兵人，会从书中学到许多现成的行之有效的带兵之道，从而使自己如虎添翼，在实际工作中更加游刃有余。

总而言之，《将军与士兵的对话》是一本集生动性、思想性、艺术性于一体的不可多得的教材，给予我们的阅读收获会是多方面的。

书名	花间词外
著者	刘琼
体裁	散文
版别	北京十月文艺出版社 2021年10月

文化基因与生命美学的双重显影

在集体性话语和日常化生活中，散文最具交相辉映的特质，一切可化于其里，一切又可质感毕现。散文能在有限的篇幅里，呈现集写实与精神于一体的审美切片。刘琼的《花间词外》正是努力实现这一可能的范本，在文学性与生活化的双重层面书写文化与生命或隐秘或张扬的关系，日常化的文化和审美性的生活互为浸染，使得文化与生活同等高贵又极富平实性的品质形成共振。

"花间词外"，可以有多向性的理解，我更倾向于字面的朴素。花，既是神性和俗常之美的物化，又是具有无限可能的意象。花，又具果腹之功，为生命最本真的营养。花间，花香飘逸，或如从岁月深处走来的风，或是烟火气的幻化，虽无形，但又实实在在。花影如交替的明暗，是模拟白天与黑夜的色彩，更是虚实相间的诉说。花间，还有无数的足迹以及隐于寂静之中的花草呼吸和生长的声音。这是最为本真的现实，又是玄妙之极的意境。花间，其用意在花之外。词外，是文化的溢出，之于当下生活的投射，浮现俗常中的文化肌理。词外，其着力点在于向内。花间与词外互为虚实指涉，是及物后人与文合一的生命体。

《花间词外》是典型的沉浸式写作,词、生活与作者三者构成互依共生的沉浸关系。花若笔,词似墨,一切由刘琼的性情差遣。如墨结晶的词,经由刘琼心灵的研磨,泅入我们生活的日常。落在纸上的文字,其实是书法上的各种字体,线条是言说的主体。我们得以在日常中看到了词的身影,在词中看到了血液里的文化,在字里行间看到了叙述者刘琼。我们可以感受到其独立的姿态和表情,但其里的文化生命无法拆分。是的,刘琼写出了我们共有的文化河流、生活河流和灵性河流。我们每个人都是这河流本身,又是守望者和传承者。如此的表述,没有任何修辞成分。

在散文的疆域里,可让自己的才情自在飞翔。散文之"散",有众多的观点,但形散神不散几近共识。而所谓的形散,涉及写作姿势的无拘无束,调动素材的智性灵动,以及畅然之下的高密度。我们惊诧于刘琼对于古典文化精髓诗词的熟稔,进入写作状态后闪展腾挪的灵巧,而其叙述本身又是那样的亲和,犹如好友之间的聊天。这是她过人的才华和对生活极度热爱的共谋,是对散文通达的理解与实践。更为重要的是,她真诚而智性地将散文带回了生活现场,回归散文应有的生活气质。我们每个人心中都有《花间词外》所呈现的图景,或过于隐秘,或已被喧嚣稀释,更是常被我们匆忙且功利的脚步丢弃,但这样的精神家园一直坚实地存在,刘琼的写作,是在写我们人人心中都有的文化气息和生命印记。"让古典诗词活在我们的日常生活中",这其实是需要我们的唤醒,让背影转身,与我们迎面而来。这里的"活",是指我们要活在以古典诗词为代表的优秀传统文化的呼吸里。至此,我们可以说,《花间词外》是一部令我们既熟悉又陌生的作品。我们的幸运在于,刘琼以其活性的文化散文，让我们在陌生中渐渐靠近，直到走近我们本该有的熟悉。

　　刘琼将心灵之藏与散文之道完美融合在一起，展现了散文外在的磅礴和内在的细绵。仅从阅读的路径而言，《花间词外》的复调手法，可以让我们跳跃式地阅读。比如我们可以只读有关诗词的创作与品读的部分，也可只读花事，还可只读家常式的生活，甚至还可只读有关文学艺术的见解或家长里短的描写。这是《花间词外》的奇妙之处，也是我们日常生活的折射，或者说，生活本来就是如此的共时空。值得关注的是，刘琼对诗词的赏析、文学艺术的感悟和世态的描摹与抒发，最终抵达的是生活之纷繁和人性之境，从而使《花间词外》成为文化气质浓郁、花木知识丰厚的人生大散文。

　　《花间词外》共收录了《兰生幽谷无人识》《落梅横笛已三更》《正是榴花出短垣》《丁香空洁雨中愁》等12篇作品，兰草、梅花、荠菜花、海棠、樱桃、石榴、芙蓉、槐花、桂花、菊花、丁香、水仙12种花，或仙风或高洁或家常，但都在参与我们的日常化审美和审美的日常化。诚然，《花间词外》有浓郁的花意词味，但刘琼真正的用意在于，携花与词开启生活的大门，引领我们进入生活的内部，瞭望其辽阔，微观其细腻，感受其或黄钟大吕或轻歌细吟。其中，有对当下生活敏锐的反映和评点，更有一以贯之的乡愁。是的，在我看来，乡愁是《花间词外》的底色和原动力。如此的乡愁，醒目的是刘琼对童年和故乡的回望。正如她所言："我是安徽人，成长在长江边上，那里自古以来产生了许多的诗词。在我四岁以前的记忆里，我生活的城市和我成长的环境，周围全部都是桃花、梨花、苹果花，还有特别有名的漫山遍野的映山红，这些东西在早年的时候成为记忆的符号，形成我写这本书的基础。"这自然是她原生的创作向度,且赋予她纯真的美好和感恩。然而,此种强烈的外在,内蕴无从释怀的文化乡愁。她在优雅且从容地诉说诗词的古典美和花草的生态美,其实是饱含深情地传达对于当下文化和自然的焦虑与担忧。这是作为生活者、学者和作家等多重身份的刘琼之于《花间词外》的精神担当。或许,这才是《花间词外》最值得我们关注的价值。

书名	沉思录
著者	马可·奥勒留
体裁	随笔
版别	中央编译出版社 2008年2月

做一个内心和谐的人

原本私密性极强的著述,却得以长久而广泛流传,这应该是《沉思录》最大的特点。马可·奥勒留(121—180),也叫马可·奥勒留·安东尼,原名马可·阿尼厄斯·维勒斯,具有学者与皇帝的双重身份,既是斯多亚派著名的哲学家,又是古罗马帝国皇帝。他生于罗马,父亲一族曾是西班牙人,但早已定居罗马多年,并从维斯佩申皇帝那里获得了贵族身份。马可·奥勒留·安东尼幼年丧父,是由他的母亲和祖父抚养长大的,并且在希腊文学和拉丁文学、修辞、哲学、法律甚至绘画方面得到了在当时来说最好的教育,他从他的老师那里熟悉和亲近了斯多亚派的哲学,并在其生活中身体力行。斯多亚派哲学是一种伦理学,其目的在于为伦理学建立一种唯理的基础,它把宇宙论和伦理学融为一体,认为宇宙是一个美好的、有秩序的、完善的整体,由原始的神圣的火演变而来,并趋向一个目的。人则是宇宙体系的一部分,是神圣的火里的一个小火花。他自己也可以说是一个小宇宙,他的本性是与万物的本性统一的。所以,他应该同宇宙的目的相协调而行动,力图在神圣的目的中实现自己的目的，以求达到最大限度的完善。为此，他必须让自己的灵魂清醒，让理性统率自己，正如它统率世界一样。斯多亚派对人们的要求是：遵从自然而生活，或者说，按照本性生活。

而马可·奥勒留·安东尼之所以能成为皇帝，一个重要的原因是他的坦率真诚得到了赫德里安皇帝的好感。在他统治的大部分时间里，尤其是后十年，他很少待在罗马，而是在帝国的边疆或行省的军营里度过。《沉思录》这本自己与自己的十二卷对话，大部分就是在这种鞍马劳顿中写成的。

性格上的真诚坦率，对于斯多亚派哲学的喜爱和用心践行，以及只是记录下自己与自己对话的写作动机，使我们完全有理由相信，这样的书可以称得上是真正意义的自己写给自己的书。事实也是如此，马可·奥勒留·安东尼回到内心深处，坦诚面对深藏的心灵，犹如低低细语的自我交流，化作了一行行文字，《沉思录》处处闪烁着著者袒露灵魂的诚性光芒。这位位高权重的皇帝远离喧嚣，抛开权力的外衣，回到一个平常人的内心，诚挚而平等地与自己倾诉，自省心灵，思考灵魂高度、审视自己的缺点和识别自己的优秀品质。《沉思录》来自作者对身羁宫廷的自己和自身所处混乱世界的感受，追求一种摆脱了激情和欲望，冷静而达观的生活。他在书中阐述了灵魂与死亡的关系，解析了个人的德行、个人的解脱以及个人对社会的责任，要求常常自省以达到内心的平静，要摒弃一切无用和琐屑的思想、正直地思考。而且，不仅要思考善、思考光明磊落的事情，更要付诸行动。这是一本属于他自己的道德书，也正因为没有高高在上的说教，没有煞有其事的著书立说，《沉思录》才经久不衰，成为一代代人自觉的心灵之书。

《一生的读书计划》的作者美国教授费迪曼认为《沉思录》有

一种不可思议的魅力,说它甜美、忧郁和高贵。这部黄金之书以庄严不屈的精神负起做人的重荷,直接帮助人们去过更加美好的生活。它的高贵,也许是来自作者思想的严肃、庄重、纯正和主题的崇高;它的忧郁,也许是来自作者对身羁宫廷的自己和自身所处的混乱世界的感受;而它的甜美,则只能是由于作者心灵的安宁和静谧了。前总理温家宝说:"这本书天天放在我的床头,我可能读了有100遍,天天都在读。"

可以说,有关《沉思录》的评价实在是太多,人们从中获得了各式各样的人生营养。而在我看来,《沉思录》最大的价值在于倡导人应当成为一个内心和谐的人。捧起这本书,我就不由自主地安静下来。正如著者所说,"宁静不过是心灵的井然有序",是的,一切因心而起,一切终将回流到内心。人与人的相处,人与世界的相处,只要有一颗平常心,总能宠辱不惊。这与中国的"道"有异曲同工之妙。和谐社会是人们共同向往的,而社会的和谐,理当先是个体的内心和谐,一个个和谐的心灵才能撑起和谐的社会大厦。2006年8月6日上午,前总理温家宝到解放军总医院病房,向时逢95岁生日的季羡林先生祝贺问候。俩人饶有兴趣地探讨了"和谐"这个话题。 季羡林说:"我们讲和谐,不仅要人与人和谐,人与自然和谐,还要人内心和谐。"温家宝也说:"人内心和谐,就是主观与客观、个人与集体、个人与社会、个人与国家都要和谐。"内心和谐,实际上是一个美学命题,它要求的是人的心灵的圆满与统一。它描述的是人在处理物质与精神、主观与客观、情感与理性、心与物、功利与现实的关系时,所保有的一种平衡的心理状态。在《沉思录》中,随处可见著者对于内心和谐的思考,这十分有助于我们滤去浮躁,拂去虚火。要达到内心的和谐,自然要时常回到内心,回到自然化的精神家园。"如果你走正确的道路,正确地思考和行动,你就能在一种幸福的平静流动中度过一生。"马可·奥勒留·安东尼告诉我们,实现内心的和谐,让自己的思想内化的同时,行动的参加是必不可少的。当然,一切的一切,都是要从我们和谐的内心启程。

　　是的,《沉思录》的确是一本可以放在枕边常读的书,每一次地走入,都会有新的启示。走进它,就如同走进了我们的精神后花园。

书名	像恋爱一样去工作
著者	茅侃侃
体裁	随笔
版别	长江文艺出版社　2010年11月

还原传奇的日常生活质感

  茅侃侃的确是个传奇，12岁，他成为尽人皆知的计算机"大拿"；16岁，他成为史上第一代BBS（网络论坛）技术论坛版主；17岁，他成为亚洲最年轻的微软三项认证获得者；23岁，凭借创意和技术吸纳3亿元投资，跻身国内亿万富豪榜。他仅仅用了10年，成功实现了从打工者向创业者的转型，经历了从高中肄业到身家过亿的蜕变。当然，我们阅读过太多成功者的传奇故事和葵花宝典般的成功之道，但像茅侃侃这样如此亲和的讲述，如此轻松的诉说，如此接近生活现实的实招，很可能是第一次，至少也是最为自然而受用的。

  在多次与年轻的大学生、求职者以讲座形式沟通后，茅侃侃多了一个有趣而令他兴奋的发现：那些对他们来说不具备感性认识的职场话题，一旦与"恋爱"中的经验联系到一起，会突然激起兴趣和共鸣。一切需要在实战中领悟的经验，一旦与"恋爱"相类比，他们便无师自通。因此，《像恋爱一样去工作》应运而生。把工作与恋爱结合，发现了工作与恋爱间隐秘而自然的通道，是他的创举，也是这部书最具魅力之处。他坚信，只有看到别人的失败，才能令自己迈向成功的步伐更加坚实，因此将自己多年遭遇的坎坷与教训全盘奉上，与自创的恋爱法则相结合，现身说法，给年轻读者的就业、创业带来生动切实的启示。

这的确是一部与众不同的励志书，茅侃侃以"80后"特有的话语方式，在嬉笑调侃间揭开了传奇的面纱，让"就业"与"创业"回归日常生活的本原。本书既有年轻化的语言表达，时尚的理念，又有远高于同龄人的经验和眼界。全部文章都从年轻读者尤为熟悉、感兴趣的事物切入，如夜店、QQ、偷菜、写情书、搞定客户、找老板谈加薪、蚁族现象、细节决胜……从各个侧面反映职场和情场心得，幽默、有料、实操性强，紧扣年轻读者内心的渴求。

该书每一篇章，都旨在解决某一项职场中的实际问题。"活着就得沟通"是教读者善用语言，巧妙表达，变不可能为可能。"偷菜和贴条都很重要"讲的是如何利用社交网络在最短的时间里建立起最广的人脉资源，达到"凡事有求必应"的境界，并且以"最和谐"的方式搞定客户。"会花钱才会工作"则通篇传授控制生活成本、提高工作待遇之独门绝招。此外，"写日志：让老板知道你确实值这么多钱""独家秘籍：让你的简历永远第一个跳出来"等，读来都十分的受用。

《像恋爱一样去工作》的面世受到了诸多名人的关注，很多与茅侃侃有过合作的成功人士，都对这本书赞不绝口。

想知道年轻人该如何工作吗？请从茅侃侃的这部新书当中找答案吧！它带你进入"就业"和"创业"的内部现场，捡拾那些极具生活质感的碎片，感知原来过于严肃的理性面孔之下的亲近细节。在听着茅侃侃海说神聊之时，你在快乐之中不知不觉就有了收获。

书名	历史盲肠
著者	南帆
体裁	随笔
版别	上海文艺出版社 2013年3月

在回望历史中检索个体的成长

许多事，需要一定长度的时空阻隔，经过岁月的沉淀和人生经验的积累，还有客观平实的心态，才能还原其真实面目和理性线条。比如知青下乡，当年的生活日记、其后一段时间里的回忆以及由此产生的非虚构性叙事，都因视角、情绪、心态和身份等因素的拽扯，会在不同程度上或多或少地偏离真实。当然如果出于某种功利性的动机，那么言说就会更加失真，甚至是严重扭曲或变异。在这方面，南帆似乎是感觉自己已经到了可以回望那段历史的时候。当然，更确切地说，南帆是以现在的他与那个时段的他进行隔空对话，如实、清晰那段生活场景和心理质感的同时，梳理一路走来的风尘以及当下对于那段生活的理解。

南帆是在借助这一特定的历史片段，作为成长路上的重要路标来凝视和思考自己的足迹。之于历史，这个时段是盲肠，但具体到南帆的人生，这绝对是重大事件，对他后来的人生产生了巨大影响。刻骨铭心，加之超强的形象记忆力，南帆对当年的许多细节依然记忆犹新，历历在目。尽管如此，他还是自觉地尽可能剔除可能的想象、情绪的左右，以朴素的笔法和真诚的心灵回到生活现场。但这并没有影响他给我们呈现许多质地分明、鲜活真实的画面。这些画面有的是生活具象，有的是情感骚动，也有思想的脉络。这些画面过滤了相当多的烟熏火燎，散发着当年的体温，震动着现场的呼吸。我们知道，深深打动我们的是画面背后的那份诚实与坦荡、责任与自信。

知青的亢奋与失落是不可避免的，也属人之常情，问题在于我们之前常常对它过度神化或丑化。而在南帆看来，比如失落，更多的是城市与乡村的巨大反差，让知青难以适应和接受，心理上的失落首先来自生活环境的恶化。知青的生活艰苦，也是经常被反复言说的。南帆却告诉我们，与当地农民相比，知青吃得好、穿得好、干活少。在他们心里，农民生活的艰辛是天经地义的，他们这些原本的城里人不该遭这样的罪。狭隘的出生论和天然的优越感，扰乱了知青的心魂，生发出许多不平和怨恨。农民很厚道、很善良，但有时也很势利狡猾；知青很阳光、很健康，但有时也很猥琐、很流氓。如此种种，南帆只是如实地说出当年是怎么想的，现在又是怎样看的。这里没有预设的立场，没有道德或政治的绑架，只有心灵的对话和人生的体悟。

南帆没有纠正、修复或重建集体记忆的企图，也没有重新评价历史的崇高意识，只是还原个体记忆，让自己抽身而出回到当下的生活，然后将这段历史置于自己人生路上进行系统的观察。其实，他进行的是双向式的行走，从当下出发抵达逝去的那个时空，从历史起步走向现实。行走的目的，不在于到达目的地的快感或欣赏路上的风景，他是在追问自己是如何走过来的、现在的他对过去的那个他又是怎么看待的。对他而言，那段突如其来的人生经历，是故事，也是事故。曾经的伤痛有侵入骨髓的，也有伪性虚幻的。那里有泪水、有汗水、有苦水，但也有快乐的泉水，这一切共同滋养了心灵，参与了生命的成长。换句话说，南帆不是在以自己的方式叙述历史，只是求解知青生活之于自己人生的作用与意义。

《历史盲肠》呈现的是个体的记忆与行走，将历史大景象化为个性的私人化。然而，实质上这种私人化的呈现又有助于纯净集体记忆里的杂质，让我们的双脚能够软着陆于历史现场。南帆是在检索个体的成长，又是在表达对待人生和历史的态度，寻找个人与集体、历史与现实的可靠通道。

是的，盲肠功能退化，之于人体已经没有生理作用，但它毕竟参与了人类的进化，已经融化于人类的进化中。知青年代之于浩瀚历史，知青生活之于个体成长，也有盲肠这样的意味。看似无用，但我们依然需要追本溯源，寻找其参与和影响历史进程和人性成长的力量。在我看来，南帆以《历史盲肠》来命名那段历史，或许用意正在于此。

书名	马江半小时
著者	南帆
体裁	随笔
版别	海峡书局 2012年8月

微观历史人物的真实质感

马江海战，也称马尾海战、中法马江海战，是中法战争中的一场海上战役。1884年8月23日下午1时45分，远东舰队中国海分舰队司令孤拔率领舰队突袭位于福州马尾的福建水师，福建水师损失惨重，剩下的战舰也在日后法舰追击下陆续被击沉或被迫自沉，乃至于全军覆没，中国东南沿海与台湾海峡海权拱手让给法军。1884年8月26日清政府被迫向法国宣战，中法战争正式宣告爆发。而法方参战的中国海舰队在该年8月29日与东京湾舰队合并，东向攻打台湾，并占领基隆夺取该地煤矿，作为封锁台湾海峡的动力来源。这使得法军得以封锁台湾，占领澎湖，甚至北上威胁清朝政府，迫使其与法国重启谈判。

清朝末年的马江海战，就其规模、战术运用和对抗程度，在战争史上远算不上显赫的战例。然而，区区半小时的战斗，对历史进程的影响无疑是巨大的。在历史意义的向度上，这不是一场战斗，而是完整而又意义非凡的历史事件。南帆的历史随笔《马江半小时》，舍弃关注事件宏观走向和人物重大举动的剖析历史的常规手法，竭力回到历史的现场，寻找和陈述历史的微观，捡拾那些不为人重视的碎片，饱满众多被集体记忆忽视或淹没的细节，让人物真正从历史中站立起来，真诚而扎实地寻找历史人物的生活质感。可以说，他在关注历史事件的同时，目光更多投向了人物的生活状态与人生命运，将历史尽可能地还给生命个体。《马江半小时》让我们尽情感知历史的趣味和意味。

作为极具历史意义的历史事件，马江海战有着太多的神秘，其前因后果以及个中纷繁的线索，着实令人着迷，似乎还有一些待解的谜团。一般而言，回望历史，史学家和作家等众多陈述者喜欢纠缠于事件走向、重要节点以及起重大作用的人物等宏观性的话语，而南帆的兴趣则在于游走于历史的缝隙中，寻找那些遗失或不引人注目的细节，端详参与其中的人物的言行举止。这看似是放大某个局部或细节，其实是试图走进历史的真实现场，带着我们近距离地注视那段历史。在这里，南帆坚实而灵动地走进史料故堆，以过人的学识和带有节制性的想象，拂去历史的尘埃，触摸历史的脉搏。换言之，他将理性与感性进行了有机的互动与互补。这样的好处在于，既保持了历史的严谨，又让那些曾经模糊的情景清晰起来，复原了那些曾经的残缺。因而，《马江半小时》散发着鲜活的气息，让历史的形容在真实的基础上挥洒迷人的气质，横生出许多意想不到的阅读快感。比如，史上有罗星塔兴文运之说，而且也确实出现了严复、林纾和冰心等文豪。而南帆却敏锐地发现，这些作家都与马江海战以及马尾船政存在种种挥之不去的联系。比如严复毕业于马尾船政堂，甚至在马江海战中的张佩纶，日后有了个孙女，竟然是作家张爱玲。这样的发现，带给我们的是对于历史神秘感的惊喜。

是的，"关联"，是《马江半小时》最为出色的关键词，也指代了南帆进入历史的独特视角。南帆厘清了各色人等在"马江海战"中的细微举动，以及他们对于事件发展的影响力量。更为重要的是，南帆将人物此后的命运作为叙述的一种主动力，用心梳理"马江海战"对于这些人日后命运的影响。如此一来，把历史真正地交还给了一个个血肉之躯，在历史中立起一幅幅立体图像，真正实现了历史与人生的交织相映。历史，不再是事件的累积，不再只体现风云人物的擎天之力，而是回到日常生活之中，尊重个体的人生之路。就像张佩纶，几乎所有的人只盯住他在"马江海战"中的所谓过失，没有体味到他尴尬和两难的境地，更忽视了他因"马江之战"而彻底变异的人生之路。南帆却冷峻而耐心地将历史角落中的蛛丝马迹汇聚在一起，显现出其凄凉的身影。其实，这些因马江海战而发生重大人生变化的人物，又在很大程度上让我们可以更好地反观事件的原点，体察事件中的那些微妙因子，以及事件之于历史的余波。这与其说是南帆叙述历史的个性策略，还不如说是他体悟到历史的某些玄机，修正了我们对待历史的某种固化抑或异化的态度。

南帆以学者的学识阅读史料，以普通人的心理体味历史人物，以作家的才情言说一段历史，成就了《马江半小时》集知性、智性与趣味于一体的独特品质。它带给我们的启示不仅仅是我们该如何进入历史、如何叙述历史，更多的是我们该怎样尊重那些芸芸众生，又该怎样在回望历史中发现启示或警醒现实生活的药引。

书名	20几岁，决定女人的一生
著者	南仁淑
体裁	随笔
版别	南海出版社　2007年6月

二十几岁的女人，你准备好了吗？

人生如同一条河，在流动中感受风景，也在流动中经历坎坷。人的成长可以分成许多的阶段，很难说哪一个阶段更为重要，因为每一个阶段，我们所遇到的有关成长的问题是不一样的。我们只能说，在某一个成长阶段，有我们需要最为关注的事情，有我们需要着重解决的问题，有我们需要加倍吸收的营养。二十几岁，其实是一个十分微妙的年龄段。这时候的我们，要离开父母，走向社会；要与少年期挥挥手说再见，开始独立地面对生活的一切。到了二十几岁，不管你是否情愿，你都得放下天真与幻想，踏上阳光与风雨交织的人生之路。正所谓好的开始是成功的一半，对于二十几岁的女人而言，这一特殊的成长期之于她们的一生，自然尤为关键。《20几岁，决定女人的一生》一书显然洞察了其中的玄机，来到了最需要它的人面前。这是我所阅读的第一部定位于某一个年龄段的成长之书。如果与之相配的《20几岁，决定男人的一生》能够同时面世，或许会更有意味。

近些年来，有关成长励志、为人处世之类的图书真是如雨后春笋，形成了一股热浪。然而我们细加盘点，便容易发现，这些图书有三大特点：一是内容上多是泛泛而谈，即使针对某一类专业人群的，也是看似面面俱到，其实是凌空蹈虚，真正应用到生活现实之中，实用性并不高；二是这些书过多地注重理论，讲究谋略，动辄就是原则戒条之类的；三是行文居高临下，大有我教你如何如何的架势，看似亲和关爱的背后是指手画脚的训斥。相比之下，《20几岁，决定女人的一生》展现了其独特的魅力和价值。

二十几岁的女人需要的不是老师，而是一位大姐姐似的朋友——可以有丰富的生活阅历，对生活有着鲜明而理性的目标，处理各类难题颇有章法和可操作性，经验是老到的，态度是平等的可亲的。《20几岁，决定女人的一生》没有充当人生大宝典的雄心，只是想和二十几岁的女人们私语一番。与其说是作者选定了特定的交流对象，还不如说是作者因为充分体验了二十几岁这一年龄段女人的生活，有着太多的感性体悟和理性思考，产生了与当下正处于二十几岁女人诉说的冲动。在书中，作者称读者为"你"，常常将故事中的人物称为"她"，语气温和亲近，就像与知心的朋友在聊天。这样的叙述姿态正是二十几岁的女人所需要的。书中确实有形而上的大道理、为人处世的条条框框，但作者并没有要求必须这么做，只是说可能如此这般会好一些，舒缓与商量性的口吻，尊重"你"选择生活的自由，以减少不必要的对抗情绪，"你"得以轻松而愉快地考虑作者的建议和指南式的话语。作者深谙谈话的方式，所以更多的是将法则性的道理化于故事之中。说是故事，其实是众多二十几岁女人的生活遭遇，其中有快乐之事，有失败之痛……故事种种，现今二十几岁的女人总能从中找到与自己接近的故事、碰到过的烦恼或即将迎面而来的困惑。因为只为这一成长期的女人传经解惑，所以作者可以从容地把话说得很到位，可以将许多硬如铁的道理化于好读的故事之中，更能把如何做一个"好命"的女人、对幸福的定义、二十几岁是明确人生方向的年纪、二十几岁应该如何开始提高交朋友的水准、为了改变命运如何开始投资、积极的想法会带给你什么以及对美丽、对婚姻的阐释等面面俱到，又不失深度。

这是一本专为二十几岁的女人写的书，我们没有必要把这本书当作宝典，但足可以将其当作一位可以信任、知心的朋友。

二十几岁的女人，面对眼前不可预知的人生之路，你准备好了吗？如果你想准备得更充分，那么你试着读一读《20几岁，决定女人的一生》这本书，会让你对未来比现在更胸有成竹。

书名	北漂者说
著者	全秋生
体裁	散文
版别	黑龙江出版社 2022年1月

有根的漂泊是一种飞翔

　　散文在言说方面具有独特的优势，可以在自言自语与建立对话两者之间有效互动。更为重要的是，进入散文写作，我们可以收拢并真诚地打量那些无处不在的碎片，继而给生活一个安放之地。这里的生活，既是写作者自己的，又极可能是许多人可以入驻的。全秋生的散文集《北漂者说》，将故乡与他乡进行相互观照，对故乡是深情回望和潜入式的抚摸。直面当下北漂生活的现场，对自己异乡生活进行全景式的扫描和细微化的凝视。全秋生着力于从漂泊中寻找人之根性，在故乡与异乡之间构建共有的情感力量和精神维度。如此，北漂者这一身份其实是通达当下众多身处他乡生活者的样本，《北漂者说》让我们在感受亲近的同时，有了生活上的启示和文学上的思考。

　　故乡的人和事在《北漂者说》中占有一半的篇幅，并以"故乡碎影"和"远去的背影"两辑排在书的前面部分，这是对生活的真实排序，又是一种隐喻。无论走到何方，故乡总会在生命里。在漂泊的人生中，故乡始终如坚实的大地。因为故乡，我们才知道自己是谁，才知道如今在哪里。在北京的全秋生，不再需要遥望故乡，那里的炊烟总似微风缠绕他，闭起眼睛，听着自己的心跳，小河老屋、父老乡亲就在眼前。这当是所有远离故乡者的共有心境和情感波澜，乡愁常常就是如胎记般印在我们的心灵上。《北漂者说》所建立的对话式叙述，不仅是时空视角的新鲜处理，更是清晰了故乡或显或隐的情感体温和人文精神的纹理。

全秋生以童年的自己和当下的自己双重身份重回故乡，在极其宏阔的视野中回味故乡之于自己的成长。与一般的故乡叙事不同之处在于，全秋生总喜欢绕到自然景观和生活风俗背面，进入历史深处，让单一的场景形成共时性的效果。在"故乡碎影"这一辑里，童年的他，走在青石路上，站在桥头，进进出出于老屋，游戏于山间乡野。这是我们许多人有关童年、有关故乡的记忆，是关于故乡最为鲜活和心动之处。全秋生的意趣在于，成年的他时而与童年的他如影随形，时而立于远处观望他的童年。天真背后的忧虑，纯净之中的斑驳，烟火气里的理性之光，他看到了文化，看到了故乡之所以为故乡的传承。感性的生活者与理性的书写者，经由全秋生的叙述糅合在一起，就像现时的目光与古老的青砖相遇一样。这得益于他极强的叙事能力，更是他在纸上建构故乡本有的整体性的真诚和真情。回忆，不再是与现实的对抗，也非为北漂状态的肉身和灵魂解渴充饥，而是更加全面且深刻地了解自己。其实，这指涉了我们生活上忆故乡和文学上写故乡最为重要的路径和意旨。如此故乡性的写作，全秋生做出了有益的尝试。因为漂泊，他更真切地感受到故乡的丰实；因为漂泊，他更如实地读懂了自己的心魂。全秋生将之于故乡如乱麻般的繁杂思绪融汇成一条河流，让一切自然且顺畅。呈现故乡的明朗与隐秘，让他意识到自己不再只是自己，也是故乡的一部分。作为故乡微缩生命体的他，就不再有漂泊之感。

浓浓的血脉亲情和淳朴仁厚的乡情，其实是故乡令人难以忘怀的本质所在。"远去的背影"这一辑集中叙写乡村人物，呈现故乡所特有的人物情感，以典型人物立起了个性化的故乡人物群像。阿松这样一位光棍汉，是众多乡村标志性的人物。全秋生看到的是他以亲情为重的忍辱负重以及在孤独清苦生活之中的那份乐观。"阿松砍柴时的山歌却是唱得有滋有味的……歌声嘹亮动听，高亢之时穿云裂石，震得群山回音袅袅，久久不绝；低沉之时如泣如诉，哀怨缠绵，令人落泪，神情黯然；俏皮之时则诙谐可笑，让人忍俊不禁，差点笑破肚皮！"文中阿松以山歌的丰富性冲淡了生活的单调，这是人生的态度。全秋生也在以"阿松"提醒自己，生活可以荒芜，但内心一定要充满阳光。在写父老乡亲时，触手可及的生活质感和音容笑貌，是全秋生沉醉的。他也偏爱将人物置于命运轴线上，展陈大开大合的观察和体味，追问人生的沉浮悲欢。这些只是表象，他的真实用意在捡拾并聚合旺盛生命的情感。爷爷、奶奶、八叔、班主任、老夫子、艄公、铁匠、捕鱼的源氏兄弟和光混汉阿松，等等，显然，这些人物是全秋生印象最为深刻的，但他更在意这些人物之于成长期乡村生活的情感和力量。他无意于一般意义上的乡村人物书写，而是侧重于自己精神谱系中那些重要人物的呈现。换言之，他是以这些乡亲为镜透视自己的内在，参详北漂生活的他从乡亲们的人生中得到了什么样的能量。

远离故乡，却以在场性的姿势写作，对于当下的北漂生活，全秋生反而刻意保持了相当的距离。"在生命长河缓缓流动的岁月路上，每一段往事都是由时间的珠子串联而成，在这条时间项链上，每一颗珠子都沾有一段令人难以忘怀的记忆，每一颗珠子所发出的迷人光芒都是记忆在大脑深处的绽放映现。"这并非因现实疏离感所致，而是全秋生试图从感性生活中抽身而出，对自己的"北漂生活"进行理性的提纯，进而强化生活的当下感和身心俱在现场的人文存在。异乡有着太多的陌生和无法安放的无助及委屈，这是地理性的，物质性的，更是文化和情感上的人为荒漠化。"北漂记忆"这一辑，全秋生写尽北漂者的生活所困和情感之虚，那些凌乱的脚步似树影一样幻动，无比真实又无比虚空。原本平常的呼吸，已成为苍白的喘息和时刻侵入骨髓的疼痛。但他深知，这不是北漂者所独有，也非异乡所导致，而是生活固有之意。他从灰暗中寻找明亮，用缝隙里的微光照亮心灵，温暖疲惫的身影。他所写的北漂生活，更多是在写遇到的各式人等，进入他们的生活，参与他们的人生，《北漂者说》呈现的是集体性生活的酸甜苦辣。因为背井离乡，他深感情之切；因为北漂，他深感情之重。有情在，柔软且敏感地感受人情冷暖，那么漂泊便不再是流浪，而是在故乡怀抱里的远行。

在《北漂者说》中，故乡是生活性的，也是文化性的。在全秋生看来，他的故乡与异乡，其实也是本土文化与外来文化的寓言化，是小我与大我的化身。我们可以敞开心怀拥抱世界，但必须有根性的坚守；我们可以纵横四海，但肉身与灵魂都当有家的形神。我们在听全秋生这个北漂者说，更是在倾听我们生活中的守与攻、变与不变。

书名	你的故事我的歌
著者	宋结胜
体裁	纪实
版别	中国戏剧出版社　2001 年 9 月

敞开的门

　　早春的北大未名湖，坚硬的冰层上可以任人恣意地行走蹦跳，四周树木萧瑟。我坐在木椅上望着白得晃眼的冰面，遥想当年王国维自沉未名湖的事。电话响了，是宋结胜打来的，他说让我为他的《你的故事我的歌》写序，要求是写得好一些。天呐！他也不想想我待的地儿。

　　我与宋结胜是多年的好友，都钟情于文字，都嗜烟，俩人在一块儿，少不了"云雾满山飘"。打牌，我不是他的对手；喝酒，他不如我。我们无话不说，无事不帮。可这一回，我为难了。准确地说，我难堪了。那天，我在北大、在未名湖边，接他的电话时大气不敢喘，说话像蚊子叫，我真怕惊扰了那么多逝去的老先生。

　　接到书稿时，恰好是个星期天，我所在的解放军艺术学院里，阳光灿烂，春风软酥，到处可见身着彩装的俊男俏女。这里是艺术的殿堂，充盈着艺术气息，比一般的营区少了许多兵味。应该说，书中的大多篇章，我早已在各类报刊上读过，然而，当我再一次走进书中时，带给我的阅读感觉还是那么鲜亮。我仿佛走进了熟悉的营门，回到了熟悉的营区，就像和我们可爱的士兵盘腿坐在操场上，抽烟，聊天，嘻嘻哈哈。

真要感谢宋结胜，是他让我又一次沉浸在我无法舍弃、令我心醉的兵味里，这之于我很重要。

可以说，在当下的军人群体中，武警官兵的角色稍显突出。在和平的大背景下，"养兵千日，用兵千日"，他们时刻处于待发状态，时刻会受领生死一瞬间的战斗任务。在一场场正义与邪恶的较量中，有胜利的欢悦，也有鲜血的炽热。

上哨、巡逻、押解、追捕……我们的武警官兵面对的是恶贯满盈的罪犯、杀人贩毒的亡命之徒和带有黑社会性质的团伙。年轻的士兵，迎着凶险的刀枪，绽放忠诚、机智和英勇的气魄。

是的，他们勇敢，他们因为勇敢而可爱。每当想起他们，亲切的感觉总会围绕我周身。他们喊山般的歌声、如潮的呼号和青春勃发的身影，流动着一份份至真至纯的情感。

他们的战斗，他们的生活，他们的喜怒哀乐，是一个个或神秘或惊险或感动的故事，这些故事，在宋结胜的心中和笔下汇成一首首歌，也就有了《你的故事我的歌》这本书。我喜欢这个书名，正如我喜欢士兵们的笑容和赤诚。正因为有了这群士兵和他们的故事，我们才能看到蓝天白云、都市的霓虹、乡村的绿色、老人的慈祥、孩子们的天真……一切才能美如画。

稍稍爬梳，我们不难发现，这些年来，武警部队的作者写出了大量的反映武警官兵风采的作品。总的说来，无论是数量还是质量，纪实性作品明显胜于虚构性作品，有的在可读性和艺术性上，具备了一定的水准，赢得了广泛的影响和良好的评价。我以为，这中间，宋结胜的作品当算一个。

宋结胜与生俱来一个军人的个性是，他爱下连队，爱和基层官兵扎堆。据我所知，他所在的江苏总队，和他有交往的官兵，从校官到列兵，对他的为人和聪慧，皆赞不绝口。这来源于他的谦虚、真诚和才气，这也成了他走进基层官兵心灵深处的一把钥匙。正因如此，他获取了大量丰腴鲜活的素材，觅到了常人不及的视角，汲取了满腹激情。而这些，对于纪实性作品的作者来说，又是必需而至关重要的。

读《你的故事我的歌》，走进朝我敞开的这扇门，我感觉到了宋结胜这位歌者独特的音色和旋律。是的，这里有壮美的故事、栩栩如生的人物、跌宕起伏的情节，更有朴素简洁的语言里折射出的思想光芒。他的语言就像我们的官兵那样看似平平常常，却有着一股强劲的张力。这正是我们当前的纪实性作品需要努力的方向。过于花哨的语言，固然有其美的价值，但之于纪实性作品，该是"嫁错了郎"。再有，就我阅读的视野而言，许多纪实性作品在猎奇、探险等满足于人们感官直接刺激上已走得太远、太过，而将本该是内核的思想抛在了一边。在这方面，宋结胜的作品不能说是最好的，但其中的思想浓度之高，不容我们忽视。

写了不少，但不知写没写好。

书名	玻璃女孩
著者	苏北
体裁	散文
版别	新疆美术摄影出版社 2014年1月

在文学里活出生活的滋味

阅读苏北的散文集《玻璃女孩》，时常会有在文学的纸上世界与生活的现实世界来回穿梭的感觉，有时甚至分不清哪儿是苏北的书写场，哪儿是生活的原生态。这源于苏北寻找到文学与生活共生共长的某种隐秘通道，建立了文学与生活唇齿相依的亲密关系。在苏北的散文中，可以轻易地触摸到生活的质感，感受到文学对于生活的真诚而智性的回报。以自己的生活参与苏北的散文世界，用文学的审美检视自己的现实人生，这是苏北散文给我们带来的生活之味和文学之美。

苏北的散文呼吸于生活的每一个毛孔，为我们展现了一个巨大而丰蕴的生活世界。苏北的特长在于能够随手从生活之树上摘下一片叶子，透过文学之光，叶子的颜色、形态、脉络等都是那样的细腻清晰，生动可人，在真实中摇曳意味。《刮鱼鳞的小姑娘》带我们走进习以为常的菜市场，近距离地端详每天在刮鱼鳞的小女孩。苏北保持自己的观察者身份，写目光所及、耳之所听，如实叙写场景和菜市场中的喧闹。小女孩的勤劳、辛苦、艰难、善良，都是具象的，这让我们倍感温暖。与其说他是在写小女孩，还不如说是叙述常被我们忽略的别人生活和日常生活的纤细与感动。《樱桃肉、烩鱼羹及其他》中，不但把樱桃肉和烩鱼羹这两道菜的做法写得细致密实，而且居然写得有技巧、有情感、有滋味。他在写母亲做菜，更是在写母亲对于生活的虔诚，母爱的自然与浓醇，母亲人格力量的温暖，还有含而不露的亲情的荡漾。他把生活本有的滋味写出来了，把文学中该有的生活性情写出来了。这得益于他用心体察生活，以文学滋养人生。他本身就能在生活中活出文学味，能在文学中参悟生活味。他是个有浓烈文学情怀的生活者，是质朴真切生活的文学人，生命与灵魂中有着一些可爱有味的文人气。他以写作这样的方式，很好地张扬了文学与人生的美妙互动。

当然，更为重要的是，苏北有着较强的用文学书写生活的能力。许多的作家不缺才气，想象力也相当旺盛，生活体验也十分透彻，但就是书写生活的能力不够，在文学创作和书写生活间有着无法逾越的鸿沟。显然，苏北找寻到提高这种能力的一些方法，比如真诚地进入生活，身心愉悦地阅读书籍，悉心地揣摩自己喜爱的以及最接近自己写作风格的作家的写作技巧，参悟某些真传。他将这些化作阳光与水滋润生命、情感和灵魂，提升化境之功。《云片糕》中一片薄薄的云片糕，不但被苏北写活了，而且写出了历史细节、民间风俗、亲情伦理、人文情怀……一切都如同在自然生长，厚实中透着轻盈，灵动中闪烁机敏。最为出彩的当是《午后的黄蜂》，写的是苏北早年与作家刘震云的一次相遇，却让一只不请自来的黄蜂成了主角。行文清澈中不失趣味，文人的相遇因为一只黄蜂而横生了许多的人间烟火。《城市的气味》写的是城市，可能让我们不自觉地读到文化、人生以及众多的情绪。我们可以自然地从生活中进入苏北的文字，也能在文字中读到或隐或现但都是真实可感的生活细节、情感和我们能够参与的思绪。

《玻璃女孩》只是苏北散文百花园的一处风景，显示了他对于散文的偏爱和创作的日渐成熟。从中，我们也能体会到他散文创作的理想和精神。他就在生活现场，就在生活的内部，世俗中有淡雅，丰富中露率真，以当下的生活去对接和传承中国古典散文的传统。他是研究作家汪曾祺的专家，着力于还原汪曾祺的文学人生，阐释汪曾祺的文学世界。更为重要的是，他一如既往地以散文创作的方式向汪曾祺致敬，力求在创作姿态和人文精神上继续和发扬汪曾祺的文学理想。

苏北用《玻璃女孩》告诉我们，生活可以是文学的，文学原本就该是生活的一部分。我们有理由相信，《玻璃女孩》既是苏北散文创作新的标高，又是继续行走的起点。他在文学与生活双重世界里向善、平和、清雅、饱含文化的情感，都是他散文创作的生命，也是取得更高创作成绩的永恒动力。

书名	穿越千年的智慧
著者	孙广远
体裁	随笔
版别	线装书局 2006年4月

智慧的穿越

穿越，作为一个动作，因不同的动机，会呈现不同的姿势，拥有不同的收获。当我们试图回到历史现场，唤醒久远的记忆，那么客观的心态、平和的性情、锐利的目光和理性的认知便不可或缺，但真正起到支撑作用的当是智慧。就像孙广远这一次在《史记》中的潜行，与已凝固成文字的人物交流，其实就是一场智慧的角力。所以，《穿越千年的智慧》，是以今人智慧穿越历史，获取历史的智慧。如此的互动，丰富了我们解读《史记》的视角和途径，也凸显了《穿越千年的智慧》的价值所在。

《史记》凝聚着司马迁的审美品性、人生理想和个性化的人生价值评判，构勒其里的文化心理，将人的本质力量对象化演绎至极致。个中的人物性情、行动和命运，虽投射了司马迁浓重的个人色彩，但总体上是符合史实的。孙广远正是紧紧抓住人物，透过那些只言片语所隐含的丰满灵动的细节，努力实现"在场感知"。我以为，所谓的"在场感知"，也就是竭力回到人物所处的时代、思想氛围、价值体系和政治场域，触摸他们的性情、智慧和文化心理，尽量还原历史人物的本真状态。为此,孙广远既走进《史记》,又流连于历史的各个角落,捡拾《史记》所记人物的遗漏和隐匿,从而为他的分析提供坚实可靠的基础。孙广远摒弃了个人的喜恶之情,回到历史的真实之中,在理性的语境中解读人物,让纸上的人物重新复活,像一个导游引领我们回到历史现场。

在对人物的人生之况进行充分聚合之后,孙广远开始拆解人物的行为和命运,探求其中本质性的因素。在这一过程中,他虽动用了政治斗争、阶级拼杀和权力较量等话语力量,但更多是以考察人物的品性、智力、文化素养和立场为切入点。他以重述历史的方式,梳理人物的成长背景和道路,抽取人物的深层次生命营养,破解出一切因文化而起的人生密码。他不做裁判,不对人物进行是与非的评说,而是力在解析。《刘项之别》一文,正是这一解读方式的集中体现。联手推翻秦王朝的统治之后,刘邦、项羽鏖战三年,最终天下归汉。刘邦由弱而强,转败为胜;项羽由强而弱,转胜为败,这取决于双方的战略、策略、人才、民望等等,但最重要的是取决于双方的智慧。孙广远在考察、对比他二人的智慧构成和高低时,始终以文化为线索,从文化的层面上体味智慧的成色和质量。项羽天性鲁莽、刚烈、嗜杀,但更重要的是他信奉武力取人心,并受传统礼制的禁锢,内心向儒,如此一来,项羽便是一个矛盾体,得不到调和的项羽在自身心魂的冲突中,常常走向两个极端。刘邦则敢于否定传统,不讲什么正统不正统、常规不常规,因时、因地、因势而变,崇尚的是实用主义文化观。不同的文化塑造了各自的人格,也参与了他们智慧的生成。刘项之别,就是文化差异的体现。在《口舌之功》《公子之气》《君臣之间》《小人之心》和《关节之重》之中,我们无一例外地察觉到文化这一线索。人物的功过、彼此间的争斗等等，其酵母就是文化。这让我们看到了文化之于智慧的力量，这种力量不一定是起决定性作用，但在相当程度上制约或激发了智慧的发挥。

在读史中，孙广远体悟到人物命运的焦点和本质就是文化的生发和冲突，不同的文化内质，决定了不同人物在人生之路中前行的姿势，从而张扬文化之于人的影响。当然，他在重视文化力量的同时，没有将文化悬于空中，而是与其他理论紧密结合，与自己的人生经验、心路历程和当下的思考对接，使得他的以史明鉴更具意味。虽然历史总离不开政治，但孙广远并没有将政治立场过多地牵扯到他的视野之中，他回到了历史人物中间，回到了文化里。他平等地对待每位历史人物，不做过多的评定，而是亲和地与他们进行交流，宽容地让历史人物展示自己，着力于人物的性格、智慧等进行考量和剖析。对历史人物的尊重，表明了他对自己智慧穿越历史的自信，也使《穿越千年的智慧》集理论的严谨性和情感的亲近性于一体。我们在《穿越千年的智慧》中，更多的是感受到一个又一个鲜活的人物、由他们连缀而成的历史事件以及孙广远独辟蹊径的注解。的确，只有具备了一定的智慧，我们才能探知到纷繁历史中的智慧。当我们智性地对待历史时，历史才会给我们丰厚的、理性的回报。

读史，有着许多的理念、方法、立场和动机，由此能读出各种滋味和智慧来。孙广远的方法不一定是最好的，但一定是值得我们思考的。

书名	燃情书
著者	孙曙
体裁	散文
版别	上海三联书店 2017年8月

叫醒生活里的文化大隐

孙曙的写作抓住了散文的命脉，在狭小生活场开拓书写疆域的无限可能。他的《燃情书》，捕捉时光的重量，清晰灵魂的质感，打捞人生河流中的阳光碎片。更为重要的是，孙曙以自身的文化触角与现实生活细腻互动，将生活潜流中的文化聚合成不动声色的书写气质。由此，《燃情书》让我们发现日常、琐碎生活中的许多隐秘存在，深切感知到文化参与生活的无处不在，以及迷人的光芒。作为一个写作者，才气掩不住，烟火气无从消弭，唯独文气，可遇不可求。而写作，真切需要文化在场，需要文化在生活气息浓郁的作品中隐约呼吸。显然，孙曙用文化细火慢炖散文创作，《燃情书》燃烧一种文化情怀，作品的文化意味拉展更广阔的视界，聚合更为瓷实的审美力。

《燃情书》中，我最关注那些有关乡村生活、场景的篇章。对我们而言，乡土生活常常处于现实的边缘地带，潜伏内心深处，与乡愁暧昧相处。这样的写作几乎都是重返岁月现场，在记忆中反刍时光。当然，这也是最丰盛的创作资源，写之不尽，乐此不疲。乡村叙事,是我们挥之不去也应该终生热爱的。问题是,仅就散文而言,雷同的书写太盛,总在"小我"的圈子里打转转,自我陶醉,难以真正进入乡村内部,强力展开人类精神画卷。就事写事,浮皮潦草,成为当下散文写作的一大顽症。还有些文章蛮横地把历史、哲学、文化等强行塞进叙述,故弄玄虚,毫无节制地炫耀。这样的散文,成了一个没有人味的仓库,门上贴的"文化"标签,讽刺感格外强烈。《燃情书》遇上我这样的读者,是不好对付的。除了我对乡村题材散文怀有一以贯之的高度警惕性,我与孙曙,虽说没见过面,但我们是同年代人,都在苏北盐城出生、长大。因而,我会调动阅读经历和生命体验双重视线,来审视孙曙书写的真实感和体悟的文学性。出乎我意料的是,孙曙笔下的那些细节、场景、人物、自然以及体验,给予我熟悉的陌生。作为叙述者的孙曙,如同乡间的一位老者。这样的老者,早已与乡村合为一体,他是农夫、是乡绅、是墙根下眯着眼晒太阳的老人,也是藏于民间的智者哲人。话语平实,又让你着迷。陈述的那些往事,让你亲切,又有诸多的新鲜感和厚实感。孙曙的感悟力纤细而热烈,在视界开阔的书写中,低调且从容。在《咸》一文中,他寻觅到苏北人咸味之中的集体记忆和文化品性。这些经盐腌制的小菜,在庭院、路边高调出场,餐桌上不起眼而又从不会离去。它们如同季节一样与人们的生活紧紧相依,那或淡或浓的味道,不仅参与了生活,更是制造了生活。《与一块土地的瓜葛》由土地到生活日常,直至生命和精神的坚守与深思。孙曙着实是把乡村的肌理、日常生活的纹路以及岁月的枝枝叶叶,以文化为盐,腌制成一道可口的文学大菜。也正因此,《江干行》《此身只合同里老》《北》等行走散文,不再是流水账加拍照式的到此一游。孙曙像是一位点卤者,或者他本身就是一滴卤,融入山水,化身于五光十色。经由他心灵的真诚和智性的参与，万物的灵性苏醒，文化现出自然的呼吸。《晚期青春期女人萧红》，回到人物的过往，叙事贴着那个时代，不再是重述历史或盯着传闻秘事，而是还原萧红人生的某些气质。这是孙曙散文的鲜明质地。不是那种张扬式的文化散文，也不是清汤寡水的自说自话，他的散文，尤其是《燃情书》，就是一粒盐，一滴卤，渗入叙事，盐卤相融，不见其形，味道忽隐忽现，清淡绵长。如此的散文，有了别样的风味，浓郁了书写的品质。

孙曙极度尊重文化，一种植于骨髓的敬仰，一个与文化同行的忠诚者。这自然也就生成了个性化的语言。他把民间、学识和文化性的思考，糅进汉语的古典美，以文学视角观照生活现场，又以生活气息浸染文学话语。《燃情书》正是这一风格饱满的文本。语言，不再是浓妆的妖娆，庸常的杂耍，而是从灵魂里自然地流淌，血肉般的生命力随风而长。这样的语言，很像苏北盐城的那些河流。它们在乡间村前默默流淌，倘若你静下心走近它，便能听到河水的私语。同样的一条河，不同的人走近，会有不同的感受和参悟。但不管如何，河流是丰蕴的，潜藏着岁月的脚步和人世间的沧桑。这些河流不招摇，包容一切，滋养生灵，有着它们自己的意蕴和风华。

走进《燃情书》，我们仿佛是在与从小一起长大，但又相当有见识、有文化的朋友，进行亲和而又处处有惊喜地交谈。孙曙精心整理生活，随性对待散文创作，将粗糙的生活与优雅的内心，悟化为生活之上的作品。正如他所说："给躯体和生活的暗默以光亮和声响，给瞬间以深刻和长久，给迅急飞逝的时间和繁杂琐屑的世事中，勒刻存在和存在的意义，于虚无中救出自己的生命个体的'此时''此在'。"我们既可以把《燃情书》当成我们自身的一部分，又可以触摸到作家孙曙之于文学的力量。孙曙以《燃情书》传递了散文创作明亮的气韵,让我们又一次体味到文化力量的坚韧与可亲可爱。

孙曙不但在散文上,在小说、诗歌和文学评论上也有相当的历练。身在院校,对成长期的人生和乡土总拥有一颗初心。而这些,对散文家的成长尤为重要。散文写作的门槛很低,如若想有所建树,写出有分量的作品,综合性的文化修养和文学素质,最终将是无法忽视的原动力。孙曙具备这方面的修为,对文学有高度的真诚。相信,《燃情书》既是孙曙散文创作之路的新标高,又是继续前行的新起点。

书名	正步走过天安门
著者	唐建国
体裁	纪实
版别	海潮出版社 2000年11月

国旗的声音

我相信国旗是有语言的，是每个中国人都能知晓的语言。国旗在蓝天下飘扬，我们分明听到了一种声音。

是的，提起国旗，我们都不陌生。但关于国旗及其背后的故事，我们又能知道多少呢？在这个物欲横流、人情淡漠的时代，我们对国旗到底有没有一份浓情？不要急于回答，还是先读一读《正步走过天安门》吧！

实话实说，在看到这部书时，我并没有过多的阅读兴趣，只想翻一翻而已。对国旗，我自信还是比较了解的；对国旗下的卫士，我也不陌生。然而，我真的错了。

《正步走过天安门》的主体部分为《国旗漫卷》和《等你在国旗下》两部小长篇报告文学——一部国旗历史与一个国旗卫士。前者让我获知了许多闻所未闻的故事，当算见识不少；而在读后者时，我几次不得不中断，一股浓情油然而生，让我不禁潸然泪下。这是我没料到的。

我惊讶于作者对与国旗相关知识和细节的穷尽程度，从陈胜、吴广的"斩木为兵器，揭竿为旗帜"，一直到1992年2月20日晨为邓小平逝世降半旗；从金水桥前八国联军的洋旗，到香港回归时的五星红旗……这是一部横贯中西、纵览古今、点面结合的国旗史。

虽是一部历史性的纪实作品，但作者注重以大量不为人知的细节、故事诉说，使得作品在知识性、趣味性、艺术性上得到了较为细腻的结合。显然，作者的着力点在五星红旗上，从制作第一面五星红旗的立意、上层决策的深思熟虑，到每一次升旗的准备……只要是与国旗有关的人和事，无不在文中展现。作者笔下的国旗历史，实质是"国旗秘史"。毕竟，我们能够知道的事太少太少。而作者却有着极为有利的条件去寻觅，对近十年来的历史，他又是亲历者，这无疑使作品增添了不少新鲜、独到的成分。

当我读过此书后再次从电视里看到五星红旗时，颇为感叹，真想不到一面旗帜的背后竟然有这么多的故事。我从国旗上读到了陈红年、吴其俊、董立敢、孙会军、王俊华等人，他们是历史的见证人，也是参与者。然而，最深深地打动我的，是一个叫陶维革的国旗手。

在这之前，我已在媒体上对陶维革这位国旗手有所了解，他与国旗的故事曾让许多人沉醉。1995年，陶维革成为新闻人物，是人们没有想到的，又确在情理之中，这不但是因为他对国旗的一片真情感染了数以万计的人，更重要的是，因为他，我们对国旗的真情被唤醒，并为我们如此深重的"国旗情结"感到振奋。

这一次，因为《等你在国旗下》，我不但走进了陶维革的世界，而且感知到了一种精神、一种情怀。在物欲横流的今天，人们在谈到"爱国主义"时多少有点羞涩，开不了口，有的甚至根本不屑一谈。其实，我们不能不承认，在我们的血液里，在我们的精神家园里，对祖国的爱的浓度从未稀释。

陶维革曾在国旗班服役五年半，无数次亲手升起过五星红旗。退伍后没几年，他不幸患上了再生障碍性贫血，在生命垂危时，他念念不忘的是国旗。《人民日报》破天荒地以《国旗，镌刻在我们心中》为题，全文刊登了陶维革一封对国旗充满眷恋之情的来信和记者傅昌波的复信，一石激起千层浪，人们在得知有这样一位真情浓厚的国旗手的同时，自己心中对国旗的爱恋也有了喷发的契机。从城市到乡村，从白领到农民，从干部到学生……人们在谈论、关心陶维革的同时，对掖裹在自己心底的那份"国旗情结"感到自豪和痛快。

是的，一种我们共有的情感，并没有消失，只是因种种缘故隐藏在胸。我不想说，读《正步走过天安门》会让我们的爱国主义情感更加浓醇，只想说，读一读，我们会发现有一种情感让我们心动不已。

书名	青藏线
著者	王宗仁
体裁	纪实
版别	青海人民出版社 2022年3月

为青藏线立起精神路标

在报告文学领域,《青藏线》当是一部极为特别的作品。

在《青藏线》这本书里,王宗仁是写作者,而在现实生活中,王宗仁的记忆与慕生忠共同拥有《青藏线》书中人物,以不同的传奇人生,辉映相同的青藏线精神。20世纪50年代,慕生忠带领军民仅用7个月零4天就修建起青藏公路。而王宗仁自20世纪50年代至今已经120多次走过青藏线,且对慕生忠的关注长达50年之久。他俩没有在青藏线面对面地相遇,但彼此的足迹或许重叠过,共同的信念与精神则交汇在一起,在青藏线上,在我们的仰望和崇敬之中。慕生忠在自然的大地上铺就了天路一般的青藏线,王宗仁在字里行间建构了文学世界的青藏线。青藏线一直在王宗仁的生活里,他一直在现场,坚实地践行"扎根生活,扎根人民"的创作理念和态度。《青藏线》写的是以慕生忠为代表的修路英雄和他们的勇敢精神、奉献精神,也是王宗仁心灵的真切投射、情感的浓郁绽放。可以说,《青藏线》因王宗仁的书写,有了更为高蹈的文学情怀和精神意味。

在20世纪50年代，慕生忠将军与"筑路大军"在设备极其简陋、条件极其艰苦、困难极其难以想象的情况下，仅用219天就在生命禁区修通了格尔木至拉萨的"天路"，这是壮举，这是奇迹，更是我们应该永刻于心的历史记忆和精神图景。之于写作，这也是一种挑战。在《青藏线》开篇的序章部分，王宗仁详细描述他采访修路老兵赵强的情形。他深入遥远的川北小山村，这只是他众多采访的一个缩影，有着深刻且长久的生命体验，掌握了太多有关慕生忠及修路的资料和素材。在计划写作之时，他依然找寻当年的参与者和知情人，不断地深挖，不断地丰富创作资料。为此，他还专门三次走青藏线，以慕生忠的战友、以青藏线福报的受益者、以作家的身份，带着当下生活的风尘走在路上，踏雪山、穿戈壁、走冰河，潜进历史里。厚实的亲身体验、扎实的实地采访以及真诚的面对面交流，是王宗仁超乎常人的创作态度。对数据、时间节点以及种种细节，他都会反复考证。赵强老人是曾经的修路人，用王宗仁的话说，"赵老是幸存者"。75岁的年龄并不是太大，只因那段非人般的奋战，许多修路人已经因为疾病缠身而逝去。即使后来与赵老一样执行青藏公路通车后的首次运输任务的战友，多数也已经故去。当年，赵老和他的战友们，从格尔木到拉萨需要24天，一路上时常会经受生死一瞬的危险与挑战。王宗仁是在写青藏线上第一代汽车兵行路如战斗的英雄之事，更是从另一角度告诉我们，修路是多么的艰难。这样的笔法极为巧妙，更具冲击力。"幸存者"当然还有更深层的意义。如今青藏公路越来越好，最初的路已经如历史一样隐于岁月的深处。历史不能忘却，英雄不能忘却，崇高的精神需要永流传，文学书写，可以在另一向度铸就永恒。这位失明20多年、久居尘世之外的无名英雄，向王宗仁说的却是："真正打开通往西藏道路的人是慕生忠,他才是英雄。可是,今天的人能有几个知道慕生忠呢?什么叫无名英雄?他就是!你应该写写他,给他写一部大书!"

重回历史现场,铺展尘封的岁月,是《青藏线》的主叙事。王宗仁既是讲述者,又是体察者。一切从那年那月那日开始,依循青藏公路修建的实时进展。这样的叙事得益于王宗仁数十年的人生积累,缘于他对青藏线上那些修路英雄的敬仰,同时也体现了他非凡的写作功力。更因为王宗仁是他们的同龄人,有着他们共同的青藏情结和相似体味,一切得以保真性还原。进入阅读,我们就在现场,就在英雄们身边。没有粉饰,没有浓墨重彩,最为真实的日常化,拉近了我们与英雄的距离,感动与震撼,自然在我们心中澎湃。质朴与崇敬,在这里得到完美融合。真正的身临其境、目睹其形、心感其情,得到了朴素而真实的呈现。这是文学的力量,更是生活本真的力量。

更细致地说,《青藏线》其实采用的是复调式叙述。我们随着慕生忠的步伐一路走来,仿佛是他身边的一员。读一次《青藏线》,我们就跟着修路大军走了一趟青藏线,经历了一次修路的全过程。其中,作为写作者的王宗仁,从容地闪展腾挪,穿梭于历史与现实之间,灵动地拓展了叙述的时空和内容。比如到达格尔木后,慕生忠带领大家挖坑栽树,这是实时现场。紧接着,时间来到第二年,慕生忠在此观察成活的树,动情地说出"望柳成荫"。接着,王宗仁写道,后来大家根据此意,将此地与另一处取名为"望柳庄"和"成荫村"。继而,王宗仁回到当下,"50年岁月消逝了,这些杨柳树已经出脱成合抱粗壮的大树了,柳梢过檐,杨枝钻天"。再接着,又回到原先的叙述时空。如此的叙述处理,在《青藏线》中十分常见。同时，王宗仁时而只是把我们领到现场，任由我们注视与聆听，时而他以当下讲述者的身份有感而发，或是对往昔的补充，或是作为战友的动情，或是在历史与现实间展开对话。多时空的交错，让现实的天路和精神的心路互动起来，饱满了叙述的内蕴，为青藏线精神增添了立体感和强劲的生命力，更是在言说青藏精神对当代的重要性。

与修建青藏公路这一人类壮举相比，王宗仁的书写更着力于细微之外的鲜活。而这样的鲜活，他常常并不是正面强攻，而多用迂回笔法。在生命禁区修路，到底有多苦，修路大军们究竟苦到什么程度，有时语言的表达其实是极为有限的，甚至是苍白的。那些在内地与高原间跑运输的民工，也称骆驼客，再清楚不过了。所以当希望他们留下来修路时，多数人死活不从，很多人偷偷跑了。由此，王宗仁给我们提供了一个想象和体味的支点。这样的笔法，比他直接写修路如何苦，更有叙述力。写到在唐古拉山的修路时段，王宗仁把笔墨更多地用在断粮16天之久的情况下，慕生忠以及他的战友是如何想办法解决吃的问题，如何抗饿又不影响施工进度。同样，在写身为修路最高指挥的慕生忠时，王宗仁没有过多地写那些大事，而是从细微处入手，写慕生忠在现场与大家对于修路方法的讨论，特别是重写他与修路队员的日常相处。和他们喝酒，和他们聊天，和他们一起叹气一起欢呼，他既是指挥者，又是修路队伍中的普通一员。这重现了慕生忠多面性合成的性格，洞察了慕生忠的人格魅力和温暖情怀，让英雄回到了我们的生活中间，并使得慕生忠这样的英雄更亲近更可信，也让我们的敬意油然而生，情不自禁地在心空激荡。

《青藏线》，因为王宗仁真挚的情感、宏阔的视野和细腻的笔法，得以既密实又流畅，既生活气息浓郁又大气磅礴，处处闪耀理想的光辉、信念的执着、意志的顽强、民族的团结、人性的温暖和精神的高洁。王宗仁写出了我们期待中的《青藏线》，也写出了我们未知但应知的青藏线。这是对现实青藏线的如实书写，又是在历史的现实之上营建了文学性的青藏线，擦亮了新时代精神之中的青藏线精神元素。

慕生忠敢为天下先地修筑天路，是曾经的历史，在当下依然有其独特的精神价值。我们总是在修路和走在路上。当年慕生忠他们遭遇的困难，在当下，可能不复存在，但具有同样内在纹理的困难，我们可能正在遇到，以后也一定会遇到。如此，慕生忠等人的英雄行为和青藏线精神，其价值不但不会过时，还应成为我们前行的重要力量。习近平总书记在中国文联十一大、中国作协十大开幕式上的讲话中指出："广大文艺工作者只有深入人民群众、了解人民的辛勤劳动、感知人民的喜怒哀乐，才能洞悉生活本质，才能把握时代脉动，才能领悟人民心声，才能使文艺创作具有深沉的力量和隽永的魅力。广大文艺工作者不仅要让人民成为作品的主角，而且要把自己的思想倾向和情感同人民融为一体，把心、情、思沉到人民之中，同人民一道感受时代的脉搏、生命的光彩，为时代和人民放歌。"王宗仁正是如此满怀深情虔诚地书写《青藏线》，其写作心境和行为，是真正为人民写作，在为新时代精神的培根铸魂、强筋壮骨，贡献自己的力量。因而，《青藏线》在现实生活和文学创作两个层面都有着示范性和启示性的意义。

书名	医生的一天
著者	肖飞
体裁	纪实
版别	百家出版社 2007年4月

倾听，总会有收获

《医生的一天》以多声部倾诉话语的形式，让50多位医生回到普通人的身份状态，向我们诉说他们工作之中的种种细节与感受。阅读这样一本书，可以让我们随着医生的引导，走进他们的生活空间和心灵世界，感知他们最为真切而鲜活的情感，从而更加真实地了解他们。

对于医生，不可否认有太多的人对他们有太多的怨言和不满。我们同样不能否认的是，我们对医生们的了解是极为有限的，要么是纯个人的单次体验，要么是间接得来的带有浓重个性化情感色彩的叙述，再要么就是媒介上星星点点的披露，而这之中有关医院和医生的负面报道更能刺激我们的记忆。这么一来，我们接收到的信息常常是点断式的，是单向度的，因而自然也是片面的。我们更多的是关注我们在医院遇到了什么样的医生，看到或听说某个医生如何如何，而忽视了医生们日复一日的工作和生活状态，更难有平静之心与医生进行换位思考。

《医生的一天》中的医生们站在我们面前，像朋友聚会时一样讲述他们的经历。他们以朴素随和的话语，如拉家常那样牵着我们的手与他们一道体验鲜为人知却是他们日常化的生活。是的，我们为之震撼。因为在这之前，我们认为我们对医生是相当了解的，对他们的工作是相当有发言权的。可当我们与书中的一个个医生"见面"，听他们讲自己的故事时，我们会感到太多的陌生。与我们众多人的生活总是平淡无奇、无风无浪相比，医生的每一天总是有着太多的未知和挑战，病人的痛苦、生死一瞬间的场景无时无刻不在刺激他们的神经。空气中弥漫着各种药味，充斥着各种病菌，视线里是鲜血是伤口是残肢，耳中是被病魔扭曲的呻吟……医生们的一天是在非正常世界中度过的。我们可以说，医生既然选择了这样的职业，就该有这样的心理准备，应当为之付出一定的代价。然而，医生们也和我们一样，是普通的人，如果有不普通，那只是他们所从事的工作。我们在责怪医生之余，很少想过，如果我们当医生会如何？或者说，当我们像书中的医生那样面对病人时，我们会是什么表现？对此，我们即便做过这样的假设也是徒劳，因为再投入的假设也只是假设。倒是书中那些医生们在从事这项职业前后的感想，更接近于生活和人性的本真。我们也许无法走进医院成为医生，但我们完全可以让医生们回到我们身边，当成我们中间的普通一员。一旦有了这样的心态和目光，我们对医生的可敬之情油然而生，至少我们认同他们与我们有一样的心灵和情感，可以对他们有一个全面的认识。

我们每个人在叙述时，总是不可避免夹带主观性和利己的选择性、倾向性，医生们同样如此。尽管如此，《医生的一天》还是为我们打开了一扇得以近距离观察和感知医生的门，以文字的方式为我们与医生之间构建起沟通之桥。也许这才是最重要的。一切从沟通开始，有了沟通，我们才可以体验他人的生活状态，才可以相互了解，相互理解，从而和谐相处。

倾听，是一种姿势，更是尊重他人的气质，更何况，当我们真诚地甘当倾听者时，我们会发现许多我们目光和言语之外的东西。面对《医生的一天》，我们就当一次倾听者吧。

书名	留守还有多远
著者	谢莲秀
体裁	报告文学
版别	新世纪出版社 2012年8月

朴素的记录与长久的触动

留守儿童，已经成为一个社会问题，受关注的程度与日俱增。与许多报告文学不同的是，谢莲秀的《留守还有多远》，朴素简练，平实亲和，原汁原味地呈现留守儿童真实的生存状态。谢莲秀在三年的行走中，进行了大量细致的实地采访，掌握了众多第一手资料。但她在写作中，选择了远离修饰的本色书写，返璞归真，用心诉说，最大限度地还原留守儿童的生活与情感，给予我们源于真实生活的感动与思考。

据资料统计，截至2011年，我国农村留守儿童约4000万人，平均每4个农村儿童中就有1个以上的留守儿童。这是一个巨大而震撼的数字。个中的沉重、不幸与无奈，更是难以想象，无从体味。《留守还有多远》，有一个副标题："留守儿童采访档案"，这说明《留守还有多远》是倾向于资料性的，重在保持原始的生活本真。谢莲秀走到孩子们中间，以朋友的身份与他们交流，真诚地倾听孩子们的生活处境和内心向往。这些孩子因为父母在外打工，长年不能相见。许多孩子还是单亲家庭，或父母双亡，与祖辈一起生活。他们留在了没有父母的乡村，守着一份苦难与期盼。他们过着同龄孩子根本无法想象的生活，经受着物质与情感双重荒漠的对待，承受着本不属于他们这个年龄的痛苦与无助。

谢莲秀的真诚在于，她并没有将留守儿童的生活书写成一部辛酸史、苦泪史，而是让留守儿童如实地叙述自己的生活。每个孩子，都有物质与情感的严重缺失，可他们身上和内心依然有缕缕阳光。许多孩子在流完泪后，会高兴地和谢莲秀分享他们生活中的快乐，兴奋地表述他们的梦想。正如谢莲秀在前言中所言："这些孩子是柔弱的，可他们又比我们想象的坚强。他们不仅要照顾自己，还要帮助年迈的爷爷奶奶，照顾更加年幼的弟妹。尽管人小力微，但他们却心怀向往，拍打着尚未丰满的羽翼，搏击着风雨，渴望飞翔。孩子们是天真烂漫的，尽管生活无奈，他们依然心存爱恋，心怀梦想。"这多少令我们有些意外。这说明，谢莲秀真正地走到了孩子们身边，真正走进了他们的内心，并极度尊重他们的现实生活。当然，从一个侧面，更让我们感受到孩子们的坚强与乐观，这尤为难得。

留守儿童面临着许多困难，有着无数的渴望、向往和理想。然而，他们最大的渴望，只是希望父母能回到他们身边，哪怕是一年能多回来几趟，多在家里待几天。这在许多孩子面前根本不值一提的事，却成了留守儿童的莫大向往，让我们更加感觉到留守儿童对于亲情的渴求，在远离父母的日子里的煎熬。

读一读《留守还有多远》，可以让我们真切触摸到留守儿童的生活纹理和心灵脉搏，在感恩我们拥有的幸福生活的同时，多一份对留守儿童的关注与关爱。

书名	徐霞客游记
著者	徐霞客
体裁	游记
版别	中华书局出版社 2016年3月

科学与文学完美结合的典范

《徐霞客游记》，无疑是一部伟大的著作。

众所周知，《徐霞客游记》是以日记体为主的地理著作。明末地理学家徐霞客经过34年旅行，写有天台山、雁荡山、黄山、庐山等名山游记17篇和《浙游日记》《江右游日记》《楚游日记》《粤西游日记》《黔游日记》《滇游日记》等著作，除散佚的，遗有60余万字游记资料，后由他人整理成《徐霞客游记》。世传本有10卷、12卷、20卷等数种，主要按日记述作者于1613—1639年间旅行观察所得，对地理、水文、地质、植物等现象，均做了详细记录，在地理学和文学上做出卓有价值的贡献。

有学者统计，徐霞客共考察记录地貌类型61种，水体类型24种，动植物170多种，名山和有名山峰1259座，岩洞、溶洞540多个；在他所记载的景点中，现在有50多处是县级以上的风景名胜地，有50多处设有旅游和文物管理机构；在国务院颁布的第一批44个重点风景名胜区中，他曾到过25个。

在巨大的考察成果背后，是徐霞客坚定、顽强和抵近目标的科学精神,以及对自然生态的敬畏和沉醉。

人们对《徐霞客游记》的地理学价值和所展露的奇人之心之力,数百年前就有了共识。然而,从自然文学这一角度的研究和评价,尚未形成应有的态势,《徐霞客游记》的文学价值,值得我们深入地领悟和挖掘。

虽名为游记,当下的众多游记散文与《徐霞客游记》无法相提并论。近些年来,游记散文呈现井喷式的写作势头,但基本停留在走马观花地看、浮光掠影地写。对大自然的奇美,没有独特的观察之力,写法上如流水账、无个性章法;代入感方面,也只是简单地发几句世人皆有的感叹。这样的散文,千篇一律,远离了自然,也远离了心灵,注定不可能成为真正的文学。

从自然散文的角度来考量,《徐霞客游记》首先得益于徐霞客对于大自然的热忱向往。在每一次远行中,他都怀揣强烈的好奇心、不屈的冒险精神、抵近观察的细致力。名为游览,其实,他把以科学的考察与亲近自然的爱好融为一体,身心与大自然融为一体。

我们可以认为,徐霞客首先是一位地理学的考察者和研究者,然后才是文学的写作者。或者说,他以文学的方式向世人报告他的研究过程和成果,让文学成为科学走向大众化的桥梁。纵观近年来广受好评的自然文学佳作,其实都具备这一品质,如《瓦尔登湖》《寂静的春天》《沙乡年鉴》《醒来的森林》,品相是文学的,内核是专业性极强的科学研究。

我们很容易就能注意到,徐霞客在具体的写作中,表现出很强的文学力。在描摹山水景物的同时,会适时书写途中的琐碎细节和极具戏剧性的故事。看似是闲笔,其实起到了毛细血管的作用。每每这个时候,游记中的叙事效果特别明显。他对于观察、体验的记录,力求精确,又十分讲究根据对象的特点,进行与之相应的描写路径、角度和节奏。

如此,《徐霞客游记》中的每一篇游记,我们都可以从文学层面进行深度的文本细读。

今天,我们重提《徐霞客游记》,是希望从文学出发,进一步领略其丰富的内涵和取之可用的现实意义。

从《徐霞客游记》中,我们深切地体味到,了解、研究生态自然,不是解剖式的扼杀,而是探寻人与自然那种既神秘又骨肉相连的亲和关系。面对自然生态,我们需要足够的敬畏之心和呵护之力。这是我们对待生态自然的基本态度,也是发展自然文学的原动力。文学源于自然,文学又源于心灵。我们只有真正做到全身心相信自然、敬畏自然、感恩自然,才会有高品质的自然文学。这是大自然对我们的馈赠,写作是我们的感恩行动。

自然文学的写作,必然是亲近、体悟大自然后的文学书写。倘若随随便便地走一走看一看,指望事后的想象或查资料,那多半不可能是文学,而真的只是世俗化的"游记"。真诚、用心地对待大自然,我们才能有真诚、用心的写作行为,也才可能有自然文学方面的精品力作。

正如著名自然文学研究学者程虹所言,人们阅读自然文学,从自然文学里提高了对自然的认识,对人自身的认识,找到了解决"后文化"之后的精神良药。由此,我们对科学与文学的"联姻",有着更高的期待。专业性的地理、生态方面的研究,既是小众性的科学行为,也应该通过文学这一方式,让科学更平易近人,让成果不同程度多方向地走入平常人。《徐霞客游记》具有无可争议的示范性,而且在很长时期内,依然是我们普及生态自然科学的理想和行为的标高。

程虹教授还认为，自然文学应当在很大程度上突破文学以人类为中心的传统观念以及传统文学中战争、爱情与死亡那些经久不衰的话题，大胆地将目光转向自然，把探索与描述人类与自然的和谐关系，视为文学的领域并作为写作的主题。

正是基于这一意义，《徐霞客游记》更应引发我们高度重视，把这些年我们在自然文学上的缺课补回来。这是我们之于自然的责任，也是我们重要的文学理想。

承继徐霞客的科学精神和文学精神，让科学与文学在自然文学中生动对话，相互滋润。人与自然是一个生命体，而《徐霞客游记》让我们感受到科学与文学整体性的美，大自然在文学中更显神奇与美好，而文学也让大自然呈现别样的光芒。

重读《徐霞客游记》，我们总能有许多新的发现，而细细品读，我们会发现它更厚重。

书名	东方湿地
著者	徐向林
体裁	纪实
版别	江苏人民出版社 2022年11月

自然伦理与人文情怀的大生态叙事

  盐城黄海湿地是一片古老又年轻的土地,是现实大地上的传奇。作为生物多样性的特殊样本,这片湿地是自然与人类共守家园的和谐个案,在生态、人文等诸多方面显现了典范意义的家园意识和家园情怀。这里也是作者徐向林的家乡,是其祖辈生活的地方,他非但从没离开过,而且对这里的草木万物、父老乡亲和前世今生极度熟悉,满怀深情。家园是炊烟升起的地方,是万物众生的共生所在,更是文化和精神的纷繁时空,还承载了某些如大地一般深沉、如天空一般辽阔的意象。他是记者、作家,在报告文学、小说、影视剧本等领域多有建树。这一切与始终在场的生活者聚合在一起,写作的旅程便有了文学与生活最为密切的互动,生成了生活的诗性和诗性的生活这一双重叙述。日常生活与文学建构、生存诉求与敬畏自然、感性的体味与理性的思考,在叙述的情境中抵达思想的境界。如此,徐向林的《东方湿地》,是一部难得的书写家园、致敬家园的诚意之作。

家乡的湿地，人类情境的书写

对徐向林而言，东方的这片湿地有太多的看似平常之处。在中国黄（渤）海候鸟栖息地（第一期）2019年入选《世界遗产名录》前，作为核心区的盐城黄海湿地，并不为世人所知，只是当地人日常生活的一部分。一代一代人的足迹和言说，看似家常便饭，但也悄然潜入了血液之中。之于写作者，如此与生俱来的优势，有时也是无法挣脱的藩篱。好在，徐向林深扎于生活又具宏大视野。正如文化学者程虹所言："自然文学将人类对自然的热爱和人类之间的亲情融为一体，将土地伦理延伸为社会伦理，将对大地的责任延伸为对社会的责任。自然文学所称道的，是大爱无疆，是爱的往复循环。"湿地再大，徐向林都视如自家房前屋后的菜地河滩，这里的人们，都是他的左邻右舍，他将对家乡的深情厚谊化为写作的元气，将真挚的生活情感智性转化为文学情感，文学得以根系大地，又在历史和人文空间飞翔。

湿地在东方，是地理上的方位，更是人类命运共同体、全球大生态体中的地域方位和人文情感方位，这足可见徐向林书写时的大地理观和雄阔气魄。他立于高处俯瞰人类与大自然，以大视野和大胸怀关注和思考人在生态中的生存以及生态在人类活动中的损益。徐向林的写作带有鲜明的坐标意识，以本真的生活感受、记者的深度体验、集个人行走与学者性的田野调查和文学的气质，构建全视角、全历史、全时空、大情怀的沉浸式叙事。

在具体的写作构架上，《东方湿地》以历史进程为脉络，辅以富有意味的闪回跳跃，完成湿地自古至今的讲述。岁月的纵深感和与此而来的命运感，是大地伦理的真实演绎。与其他的大地叙事不同的是，东方湿地的叙事，盐是核心元素。海水远去，湿地渐现，人们煮海水为盐。从此湿地现于天空下，也迎来了越来越多的人类足迹。之于湿地和人类，这最初的时期其实就是一种"创世纪"。此后的捍海垦荒、植树造林、还湿地之本，盐渐渐从大地上消失，成为大海与湿地共同的回忆，加入人类传说般的叙述，沉淀于人们内心深处，成为永恒的集体无意识。如此，盐一直在，就像"盐城"这个地名一样，依旧浸润海风。盐，属于大海，是湿地的乡愁之心。盐，又是我们生命不可缺少的，是生命智慧与情感的味道。盐在湿地的岁月流转中有着重要的现实意义和象征意味。"以条子泥的生态保护为分界线，'盐城黄海滩涂'由此正式转变为'盐城黄海湿地'。……'滩涂'只是一个单纯意义的地域概念，'湿地'不仅有地域的概念，还融入了生态保护的内涵。"当向大海要盐成为历史后，当地人对湿地的索取彻底结束，并开始修复和善待，人与自然的相处，从这时开始发生了根本性的变化。

在时间的轴线上，《东方湿地》以散点透视进行空间移位，对与湿地密切相关的重大事件和生态地标进行了点面结合、纵横交错的叙述。湿地的申遗过程以及辐射性的事情，贯穿《东方湿地》全篇，描述虽或显或隐，但一直是叙述交响曲中的重要音节。这既将湿地的书写提升至全球视野，尽显人类命运共同体的大格局大情怀，又使得整部作品多了几分大气磅礴、宏大雄浑。珍禽保护区、麋鹿保护区、黄海森林公园、条子泥，是东方湿地的明珠式区域，可从多个角度展现湿地意味性的变化和其独具价值的个性气质。比如麋鹿保护区，全球最大的麋鹿区、拥有全球最大的麋鹿基因库、拥有最多的野生麋鹿种群。徐向林不吝笔墨，纵情抒写，视角可谓是上天入地，纵横古今，既有工笔画似的纤微，又有大写意的飘逸。重素朴式的描述，又善于动用通感之法，为的是最大可能地写出湿地的与众不同，写出湿地的本真，也写出地域性的人文情怀。徐向林从容地将微观的写实和小说调度式的笔法有机融为一体，并将东方哲学潜入成为叙述的底色，多数时候，并不生硬地抛出思考，而是以真触动人，以情感染人，让有关生态和生存的思考成为自然而然。写湿地，也是在写生命的经纬和天地人共有的情愫。如此，《东方湿地》有叙述密度、有哲思深度的辽阔气象，令人关注，并有无从拒绝的震撼。

地气与人气，叙述最为明亮的底色

面对东方湿地史诗性的品质，徐向林在宏大叙事中，特别注重回到生活本身，回到人与自然的现实，以生动有趣的细节、真切的在场感饱满叙述之力。他截取了麋鹿生活中的"鹿王争霸"这一片段，时而从麋鹿的角度去书写，时而从人的视角去描述，打通了人与动物的情感通道，不经意间就将动物的自然天性和人的呵护之情有声有色地展示。而这之中，其实是以巧妙的笔法在表述人们尊重自然，与万物平等相处这一理念之下的真诚行为。随着生态越来越返璞归真，吸引了大量的候鸟在此栖息、觅食、换羽、越冬、繁殖，使得此处成为东亚——西澳大利亚候鸟迁飞路线的中部枢纽型"机场"。每年约有30万只候鸟在此越冬，300多万只候鸟在此过境停歇。在一农户家，徐向林看到几只鸟正在吃晾晒的粮食，并问人家为什么不驱赶，这户的主人说，鸟儿大老远来，吃点粮食，没什么大不了的。平淡的话语中，鸟似乎是来串亲戚的。极平常的细节，极平常的叙述，让我们体味了人们的爱鸟之情。如此极富神韵的细节，徐向林信手拈来，如同暖风细雨泽润于文本中。走进海滨的笆斗村，徐向林以听到的"盘车号""牵帆号""牵篷号""测水号"等渔民号子为引，道出了这个小渔村从当年的向大海讨生活到如今大海送福利的变化，道出了小渔村的自然史、生态史、红色革命史和当下的幸福生活。听人们唱歌，听人们口述，一切都是那样质朴，又是那样真实。其时，徐向林想到一位自然文学作家的话："对于所有热爱大自然的人，对她敞开心扉的人，大地都会付出她的力量，用她自身原始生活中的勃勃生机来支撑他们。"

细腻、素朴的日常生活场景，如一缕缕清流让报告文学的"报告"柔软起来，产生了温馨、愉悦之感，在增强文学性的同时，浓郁了作品的"地气"和"人气"，进而又增强了报告文学的感召力和思想力。

在大视野中建构大生态情怀

《东方湿地》的内容可谓海量，地理学、历史学、考古学、民俗学等在文本中大融合，而这一切都在人的视野之中，在人类生活重度参与中。地理学家段义孚的人文主义地理学以人之生存为核心，研究人与地理环境的关系，把研究重点置于人直接经验的生活世界和环境的社会建构，强调人性、人情、意义、价值和目的，关注人的终极命运，进而发现人类在生态整体中的定位以及人类与环境的本质关系。徐向林基于这一认识，遵从生活现实，以大量的篇幅写人的生活，写人与湿地之间的关系。《东方湿地》不但应和了"生态空间的人文情怀"这一理念，并在生态文学写作实践中有所掘进，探索更贴合于生态核心要义的书写可能。《东方湿地》将湿地之史和人类生活史同步叙述，既彼此独立又丝丝缠绕。在多维度的叙述路径中，人是主角，这是现实生活的事实，是对人类生活行为和价值取向的如实再现。徐向林以大民间的立场，群像式地描写普通人的生活和命运，关注每个生命在湿地上的行走与呼吸，欣喜乡亲们从劳作中收获的每一份幸福与欢乐。湿地，一直在参与人们的生活。坚实于大地的生活姿态和人文风情，是人类的，也是湿地的。从这个意义上说，《东方湿地》也是徐向林之于乡愁的当代性和实时性的表达。将浓浓的乡愁转化为叙述的内动力，使得《东方湿地》处处闪现人性之光和亲切的烟火气。以海盐的最初发现者刘濞为代表的众人，可以说是湿地之先祖，那时的生活不会重现，但可以追忆可以想象。盐民诗人吴嘉纪将那段生活的艰难挣扎，以文学的方式记录下来，成为记忆之中的记忆。范仲淹与范公堤，一人一堤，是心系民众的写真，是精神脊梁的写意。张謇的"治水捍海""废灶兴垦"和创办实业，其实是在与大自然博弈，以通达生活之道。黄海森林的十八勇士，其壮举的背后是人们之于生态崭新的认识。还有那故事不长，但对大自然和丹顶鹤爱之深情之切的徐秀娟。细致检索《东方湿地》中的人物，着实不少，近20万字的篇幅，有百位人物鲜活于其中。"这些人，上下跨越了数千年，穿越了无数个时空，在黄海滩涂上相遇相逢，他们有的贵为帝王将相，有的只是一介平民，有的彪炳史册，有的在历史深处寂寂无名，有的在学术界举足轻重，有的平静地生活在这方土地上。"

有意思的是，如此多的人物是叙述的重要力量，但在《东方湿地》整体性的阅读感受上，他们似乎又是一幅巨大又浅浅的背景。人们活跃在字里行间，那些故事那些情感令我们感动，也使生活的历史情景毕现无遗，质感强烈。但最终留给我们的，是黄海湿地那回肠荡气的无声无息,那安然于东方的巨型身影和浩荡情怀。人在其中,人又隐于其里,例证人是生态的一分子。比如在条子泥,各色人等,但那火红的盐蒿、如海浪般的茅草以及无数鸟儿舞动的翅膀,更为壮观。这是一幅美美与共的画面,也是某种象征。从向大自然进行损伤性的追要到与天地和谐相处,从爱护滩涂万物到自觉地融入生态之中,《东方湿地》复苏了生态里本原性的生命意识。这种生命意识的内质是万物众生平等的凝结,也是生态最为本质性的存在。如果说湿地是大海的故乡,那么湿地同样也是我们之于原乡精神的守望,之于生态这一整体性生命体的情感共鸣。

徐向林以自己的讲述,完成了大生态叙事。这是对黄海湿地历史性全景式的呈现,也是从破到立、从弱到强、从被动到主动的生态意识和人文情怀的最好表达。东方湿地是多样性的中国样本,而《东方湿地》则是生态报告文学多样性写作的积极探索和喜人收获。这对于黄海湿地和生态文学,都具有启示性的价值。

书名	绞刑架上的战犯与汉奸
著者	徐星平
体裁	纪实
版别	中国青年出版社 1995年10月

战犯与汉奸的嘴脸真丑恶

作为一部有关审判日本战犯和抓捕、公审汉奸的纪实作品，《绞刑架上的战犯与汉奸》在宏阔的历史背景之下，撷取几个重要人物的重要事件，深入细致地探究，高密度地叙写。这使得该作品在同类作品中既有着个性化的可读性，又极富史料价值。作者选取了几个大汉奸在日本投降后的挣扎与下场、几个重要战犯在法庭上狡辩等历史细节，深刻揭示了汉奸的自私、狡猾和没有任何人格尊严和民族情怀的丑陋面目，强烈谴责日本战犯的残暴和死不认罪的顽固。这对于我们更加清醒而深入地了解那段历史有着极为独特的意义。

《绞刑架上的战犯与汉奸》最显著的特点就是人物对话成为叙述的主体，这等于是由书中的人物自己表现自己。作者有意淡化了场景的描写和主观性的评语，让人物重新复活，以他们的语言再现他们的生活。这样的叙述，生动性强，更能表现人物最为真实的一面。因而，我们在阅读这本书时，很容易就能被吸引，似乎就在人物的身边。尤其是汉奸和战犯在庭审期间，作者更是充分发挥了人物语言的作用。这些战犯与汉奸在法庭上或振振有词，或百般狡辩，或吞吞吐吐，或满口谎言，恰恰是他们自我性的败露。让我们更能看清他们的丑恶之心和兽性之举。应该说，同类型题材的纪实作品中，像《绞刑架上的战犯与汉奸》这样大量运用人物语言、以对话推进讲述，并很好地达到了精确、鲜明的叙述效果的，确实不多见。

抗战时期，那些臭名昭著的汉奸，丧失人格和民族精神，为虎作伥，欠下了一笔笔血债，留下了无法洗除的耻辱。然而，我们很少能走近他们的内心，了解他们的恐惧与绝望，捕捉他们分裂的人格。《绞刑架上的战犯与汉奸》在这方面为我们提供了可以参考的文本。陈公博作为汪伪政权的第二号巨头，史称"第二号汉奸"。在日本天皇正式宣布无条件投降的第二天，陈公博奉侵华日军总司令部之命，匆匆召开伪中央政治委员会临时会议，宣告结束伪政府。他企图与周佛海达成同盟，但周佛海不但不搭理他，还向蒋介石密报邀功，说陈公博在南京不稳，想投靠共产党；同时又请蒋催促侵华日军总司令冈村宁次逮捕陈公博及其他大汉奸。陈公博感觉到自己被周出卖，怨怒、羞愧、惧怕交集，开完会后即回寓所抱头大哭了一场。在此绝望情况下，陈公博请求侵华日军副总参谋长今井武夫帮助他逃到日本，过着丧家之犬般的日子。被押回国后，他在牢中写下了一份长达3万余言的题为《八年来的回忆》，作为他的辩词。他要求当庭答辩，他先用一个多小时将其《八年来的回忆》读了一遍，交于庭上，然后对起诉书进行答辩，大言不惭地讲了半个小时，无一认罪。不单陈公博，几个大汉奸都没有真正反省过，在绞尽脑汁求生不能之后，他们一方面顽固地找各种各样的理由为自己解脱，另一方面又竭尽所能托关系找后台妄图保命。从他们这些自编自导的表演中，我们看到了汉奸的贪生怕死，没有气节没有尊严。

同样，日本战犯在受审时的猖狂和无耻，更让我们看到了他们占我国土、毁我河山、残杀我人民的暴行，认识到他们的没有反思没有认罪的骄横兽性和冥顽不灵。更为可怕的是，如此的思想现在依然阴魂不散，需要我们高度警惕，必须对日本帝国主义可能复活的危险保持足够的警惕。

《绞刑架上的战犯与汉奸》让我们从历史的一个缝隙中看到了那些肮脏的灵魂，感受到魔鬼的凶残。忘记过去的耻辱，就是明天的灾难。我们应该铭记那些屈辱难忘的岁月，让自己的灵魂得到一些抨击。落后就要挨打，发展才是硬道理，这是惨痛的民族历史给我们的最大启示。我们应该更好地珍惜和维护来之不易的和平，从那段悲壮的历史中汲取伟大的精神力量，自强不息，发奋图强，早日实现中华民族的伟大复兴。

书名	半堵墙
著者	徐迅
体裁	散文
版别	文化艺术出版社　2007年8月

乡野风骨

　　面对乡土这个巨大的书写场，作家的创作实践是多元化的、多向度的，作家的成长体验、文化理解、心灵感悟和叙述立场等共同建构了纸上乡村，由此生长的乡土文学繁花似锦，拥有审美个性丰富的文本空间。这其中，我一直坚定地认为作家进入乡村的动机和姿势，对乡土文学品性的影响最大。我们关注的焦点首先应是我们叙述的乡村是不是亲近了的坚实广袤的乡村大地，是不是应和了吟唱在田间地头几千年的乡村精神。换而言之，乡土文学最核心的品质应当是乡土本真地诉说。徐迅的乡土散文正是怀着这一创作理想，以生命记忆和持续体验的方式，始终与乡村不离不弃。他以乡村之子的身份倾听大地的呼吸，用与乡村一样质朴的话语与大地交流。对他而言，写作已经不是为了叙述乡村或从乡村中索取，而是让自己全身心地与乡村拥抱，感觉大地的心跳，抚摸乡土的欢笑与疼痛。这些，都在他的散文集《半堵墙》里得到很好的体现。

　　海德格尔说："诗人的天职是还乡。"这其实是所有乡土作家的使命，回到生养我们的乡土，回到我们灵魂的家园，作家行走于返回生命与精神之乡的路上。与许多乡土作家一样,徐迅笔下所抵达的乡土是其故乡。故乡是漂泊游子的乡土,因为远离,我们才有故乡。无论我们在故乡生活多久,无论我们的生命对故乡有多深层的刻骨铭心的体验,我们一旦走离,那么我们与故乡就有了距离。日后,我们再度进入,只能是闯入者和体验者,而非真正意义上的生活者。对此,徐迅是清醒而诚实的,尊重这样目光与心灵的距离。更为重要的是,他极为谦逊,深深地知道,即使与乡土血脉相连一生一世,也不可能对乡土有多少了解、敢于说自己读懂了乡土。他没有自负地奢望为乡土代言,只是真诚而虚心地与乡土对话。

一

流逝的时光会经过滤、淡忘、扭曲后生成记忆,生命的多种体验和情感的悟化,会反刍原有的记忆和体悟,改变甚至是重建心中的乡村世界。显然,徐迅深知这一点。心中的乡村是他成长的积淀,久远的记忆是他生命的一潭湖水,但已经不是乡村过去的真实,当下的乡村他又无法真正进入。所以,他不停地寻找。他在眼前的乡村寻找过去乡村的身影,拂去时光的灰尘让已经模糊的过往清晰起来。他与仍然在乡村的乡里乡亲交流,纠正和修复他们的记忆,还原乡村那曾经的面容。他徜徉于田间地头河边树下,让泥土的气息、成熟的稻香纯净他的生命、灵魂和欲望,在轻松而朴素的状态中激活蛰伏于生命中的乡村。这一切并非主动的行为,而一如河水流动那样的自然。他回到乡村,是因为他的根在那里,父母兄弟在那里,探亲访友,是他时常回到故乡的意旨所在。这与他写作者的身份毫无关系。只是,他回到乡村之后,才多了些写作者的纤细和敏感,让他更好地去观察和追忆。这一点至关重要。他不是衣锦还乡，不是寻觅写作素材或激发灵感，只是像孩子般扑进乡村的怀抱。所以，与其说写作是他回家的方式，不如说写作是他回家后的喃喃自语。

因为是倾诉和交流，他的叙述平实而质朴，尽可能地还原生活细节和情境的原生态。阅读他的作品，我们很容易进入这样一种情状：他带我们回到他的故乡，面对老屋或一棵树，讲述他成长的遭遇和乡村的过去。他的神情、动作和语言与乡民指着一块庄稼地细说种庄稼的情形没有两样。是的，他只是在尽可能地叙说，并高度警惕想象的参与和记忆的变形。与此同时，他时常声明他叙说的乡村只是生他养他的那个乡村，只是皖河边的那个小村落。这不仅是因为这是他最熟悉的乡村，更为重要的是他知道每个乡村都有其个性，即使隔河相望的两个村子，有着同样的房屋、庄稼，人们都喝着一条河里的水，操着同样的口音，依循一样的风俗和生老病死，可两个村子就是两个村子，有着太多的不同之处。他所做的是尽力呈现一个村庄的个性和那些闪光的碎片，至于这村庄能够指涉中国乡村的多少内在精神，得由读者去领会参透。我们有太多的作家自以为是地对乡村指手画脚，或自奉为乡村的全知全能者，或雄心勃勃地试图以某个乡村涵盖天下的村庄。我以为，环顾当下的乡土作家，徐迅如此的创作动机和态度尤其值得我们关注。

徐迅的质朴与诚实，使得他可以真切地抚摸到乡村的肌理。面对乡村这个自足世界，他的目光细腻而敏锐，并不自觉地生发与乡村一样朴素的想象。就像乡村大地上的雪，多少文人墨客尽情抒发情怀尽情想象过，真可谓穷尽了天下词语。每到冬天，雪确实拥抱大地，一场场雪，飘落在徐迅心中。融化在眼前心头的雪，童年的徐迅与少年的徐迅感觉到的大不一样，成年后返回乡村看到或想起那纷飞的雪花，又是不一样的。在《有些雪不一定落在河里》这篇短文里，徐迅对雪有实写，有诗人空灵的语言，有着我们既拍案叫绝又心领神会的修辞。然而，他并非沉醉于雪的洁白，雪的清美，借助雪展开他想象的翅膀飞翔心灵。他是将雪当作乡村的一部分，雪其实不再是雪，而是乡村生活的参与者。雪的美丽，乡村并不关心，也难以在乡村受到赞誉。"瑞雪兆丰年"，人们在意的是一场雪可以清洁和滋润庄稼地。这才是乡村对于雪最为精确的理解。当然，徐迅的母亲对雪还多了一层喜爱，腌咸鸡蛋用冰凉的雪水最好。乡村人只关注雪的物质性功能，可能会让许多城里人大失所望，甚至滋生出种种的情绪，但这是不可更改的事实。不仅是雪，对于乡村的景物、农具等与乡村相关的一切，徐迅都极其尊重乡村的认识和传统，直白而不遗余力地将叙说的支点立于其物质性功能之上。我以为，这恰恰表明徐迅是了解乡村的。当某物的物质性功能丧失或被我们抛弃之后，我们才会开发或放大其艺术性功能。比如锄头，诗人、画家等，不需要或从没有用锄头锄过地，才会竭力图解其艺术元素。对于下地干活的乡村人而言，锄头就是锄头，就是刨地锄草的"使唤"。我们可以把锄头当作审美主体，但这只是我们的锄头，而不是依在老屋屋檐下、握在乡民手中的锄头。只可惜，许多作家和艺术家忽视了这一点。我想，当下乡土散文的空虚失血一定有这方面的因素。

徐迅乡土散文的质朴品质还有着一个关键词——"干脆"。对于干脆，徐迅有自己的理解。在他看来，干脆就是直截了当，是不在乎内容和字数的长短，不关乎形式和题材，其中蕴含的应当是作者本身固有的一种饱含个性化的与自然、人生、艺术的对话。他所强调的是叙述的腔调。而在我看来，他乡土散文的干脆性品质，是叙述冲动状态的比喻。乡村给予他的生命与成长，像酒一样越久越浓醇，而一次次的故乡之行，又酿造着这样的浓醇。他对故乡的爱是无功利性的，如血液静静地流动。他的写作如同麦子的生长一般。落种、发芽、出苗、抽穗、灌浆，在某一个阳光灿烂的日子里，饱满的麦穗迸发出浓浓的麦香。麦子熟了，可以收割了。这就是干脆。干是成熟的顶点，脆是临界的爆发。徐迅的乡土散文是干脆的，即不是写出来的，而是在他心中自然生长起来的。也正因为如此，他的作品似乡村一样自然，难寻做作的痕迹。在我们面前，徐迅的作品是乡土散文，而在乡村看来，就是田地里的庄稼。这里没有比喻修辞，是他作品的自然成色。

二

徐迅对于乡村的尊重是发自内心的，也是整体性的，自然也就包括对于乡里乡亲的尊重。这样的尊重不是俯视式或礼节式的，而是自然的平等。他从没有刻意地尊重乡村人，乡村对于他而言，也非民间。他始终觉得自己就是乡村人，在他看来，他的世界里既有都市也有乡村。他的写作也非底层叙事，因为他的心魂从没有离开乡村，一直安卧于别人所指的底层。

皖河出过许多名人，如陈独秀、朱光潜、张恨水等，徐迅主动避开了他们的光芒，一心注视生活在乡村与河边的青草一样默默无闻的乡亲们。也许他认为，大人物有的是别人的关注，而那些所谓卑微的生命常常会被人们遗忘或漠视。在他的目光中，生命没有卑微与伟大之分，生命就是生命，都是鲜活的，都是有血有肉的，都是充盈、丰满、熠熠闪光的，都可以照亮人类与世界。比如他的《瞎爷》中的瞎爷，一个在乡村也是不起眼的人物，没有多少的故事，除眼睛瞎了，他的人生极其平淡无奇。徐迅却写下了专门的文字，字里行间是同样的平淡无奇。可就是这样的平淡无奇，让瞎爷像乡间的一棵树成为乡村记忆的一部分，一个叫瞎爷的人站在了我们面前。我们至少可以感受到，即使是在乡村这个并不大的世界里，瞎爷也是渺小的，甚至还不如一阵风。吹过乡村的风，总是可以抚慰庄稼。然而，对瞎爷本人而言，他的生命是唯一的，世界再大也被他的心所拥有，他有着和我们所有人一样的情感与思想。不过，最让我感动的还是徐迅站在瞎爷坟前的一句心里话："可是我知道，这里埋葬着一个人——曾经记得我生辰八字的一个人。"我不知道当时徐迅是什么样的表情，但我看到了他目光中朴实的敬重与感恩。

《一个人的河流》是徐迅比较重要的作品，许多人提及过，可我还是要再提一次。我以为，这是他乡土作品中十分独特的一篇。本书中有一篇作品题为《半堵墙》，这也是他这部散文集的书名。在他的意识之中，父母是为他遮风挡雨，在生与死间立着的一堵墙。父亲不在了，那他面前只剩下母亲这半堵墙了。而在我看来，每一个人物在这个世界上都是一堵墙，《一个人的河流》中的乌以风——乌先生自然也是一堵墙。乌先生不是皖河人，是地道的外来者，却最终与皖河结下了一生的情结。他为皖河所吸引，又为皖河奉献了他的所有。"有时候一个人就是一条河，一条布满往事的河——尽管它的语言人们不懂。"其实，说乌先生是一条河，是在于他为乡亲们的付出。乡村离不开河流，生命失去河水必将干枯。是的，乌先生的肉身随风而逝，他的功绩却如河水般仍然滋养着人们。就一般的阅读感觉而言，我捧起这篇文章时，觉得相当厚重，行文如河水般舒缓，那么，这当是一次用时不少的阅读。可是，就在我以为渐渐接近乌先生时,徐迅的叙说却戛然而止,只将乌先生半堵墙似的矗立于风中。细细一品,才品出了徐迅老实的叙述行为,也真正读懂了乌先生是一条河的另一层意味。我们可以观察到河水的流动,聆听到河水的声音,但我们无法进入河流的内部,也理解不了河水音律的本真含义。具体到乌先生,徐迅可以看到乌先生在皖河边背着手踱步的身影,可以目睹他为乡村所做的善事,甚至可以与他进行快乐而平静的交谈,可是,他不可能探入乌先生的内心深处。诚实的徐迅当然不愿意合理想象或胡乱猜测,只会如实地写下他看到的听到的那个乌先生。

这真正体现了徐迅之于乡村人物的尊重,也表现出他对于乡土散文写作的尊重。同样,他此种创作理想值得我们尊重。

三

检索中国当代文学的精神谱系,我们不难发现,乡土一直是被言说与启蒙的对象。但是,乡土话语沾染上了极强的遮蔽习性。乡村在作家笔下形成了两个完全对立的世界:此岸与彼岸,极端化的非此即彼。苦难横流,人性丑陋的集散地,或者就是诗意飞翔的天堂。我们理解作家们的悲悯情怀和喷涌而出的普济大爱,也惊叹那些正宗乡村血统作家、乡村生活体验者或瞭望者的尖锐与深刻。然而,我以为这对乡村和生活于其中的人们是不公平的,因为这不是乡土的真实,只是纸上乡村的所谓真实。如果仅就文学个性而言,这样的写作自有存在的价值,但问题是,一旦文学的乡村与现实的乡村对接不上,那么文学本质性的价值何在?无法让乡村接纳的文本还有多大意义?这是一个庞大而深邃的命题,有助于我们追问文学的终极目标,当然也会招致太多的碎语乱箭。

最为直接而有效的方法是让我们重新回到徐迅的乡土散文之中,体味他对于乡村的洞察和认知。

《一九九九年的"双抢"》这样一部长篇散文极具代表性,足可担当解读样本。而"双抢"作为乡村人的劳作生活,同样极具代表性。抢收、抢种,一收一种,是乡村人与土地相处的两个关键性的动作,而一个"抢"字则凸显了他们的繁忙与辛苦。显然,徐迅懂得"双抢"在乡村生活的地位,这才有了他将"双抢"作为叙述高地的行为。他叙说的是1999年的"双抢",勾连的是乡村的全部生活,触摸的却是多个人的一生。比如那位大娘,徐迅就以1999年的"双抢"这个支点,让她在我们面前几乎走完了一生。是啊,一个曾经光彩鲜亮、心灵手巧、快乐健康的新娘子,后来得了"黑头晕",乌黑的头发脱落殆尽,成天病恹恹的。这不是生命的残酷,而是苦难的摧残。

我很愿意把这样的"双抢"看作乡村生活的一个巨大意象,源于徐迅以一次"双抢"对乡村生活进行了可能是最为诚实的叙说。

他这样的叙说不是仅以回忆支撑的,还有"双抢"中弟弟来自生活第一现场的诉说。南方七月的乡村,阳光如火,灼烤着乡亲们的皮肤。地里的他们挥汗如雨,燥热与潮湿共存于体内。徐迅竭力以平和的状态书写大地上的亲人,描述大地上的劳动。在他笔下有亲人的死亡,庄稼的成熟与重生,人与自然的关系,人与人的相处。

"双抢"中,人们与死亡抗争,与老天争斗,他们呻吟,他们呐喊,这其实就是他们生存处境的一次全景展现,是苦难的一次大迸发。有关乡村的所有苦难,我们都可以从这一作品中感受到。尽管徐迅的心在颤抖,与亲人们一起疼痛,但他坚定而勇敢地与苦难正面相遇，并以这样的方式如实地传达着乡亲们的苦难生活，以及种种的挣扎与无助。

然而，徐迅还是从苦难中体味到了诗意。不，准确地说，是乡亲们生活中的诗意同样感染着他。家人间不事张扬却实实在在的亲情，邻里间并不浓烈却无处不在的温情，乡亲们那种对大地对生命的感恩之情，似缕缕春风荡漾在乡村的上空。在艰难之中，他们对生活有恐惧但也有向往，疲惫的身躯承受着挤压的苦痛，但也有快乐缠绕。"笼罩在七月的双抢的烈日下，尽管我们满头冒着豆大的汗珠，一家人却充满了欢乐，连父亲也幽默起来：'这汗淌的，粪水也没有汗水肥啰！'"

徐迅在许多篇章中写到了"双抢"，更是持续深入地关注乡亲们的困境。他了解乡村的苦难，但也从不为了苦难，在话语中剔除乡土大地上一草一木、一人一事的诗性。苦难与诗意一同飞翔，是他乡土叙事的本质所在。为此，我很乐意摘录《阳光照得最多的地方》中的片段："'来！晒晒太阳！'在乡村，尤其是冬天，阳光照得最多的地方，窝聚的老人们也最多。冬天里，阳光以一种最温暖、最明亮的姿态涂抹大地。树上有没凋零的叶片，通体金黄，兴奋得直打哆嗦。地上，一条狗蜷缩在阳光的被窝里，懒洋洋地，像是一只泄了气的皮球或是让太阳烤干的牛粪。老人们开始在阳光里打捞着明灭的往事，交头接耳：谁家的猪崽养得最肥，谁家今年的收成最好，谁家闺女腊月里要出嫁，谁家的小子又有出息了！……他们大口大口地饱食着阳光的盛宴，咀嚼阳光，毕毕剥剥满嘴流油。通常，他们都以为这儿是离太阳最近的地方，是人间的天堂。他们的笑声、叹息声、诉说声像是无数把叮当当的小榔锤，把阳光敲成了金子般的碎片，然后乐呵呵地捂在怀里，俨然一个个财主佬。直到起身离开时，还夸张地拍打着屁股上的灰尘。即使有贫穷的跳蚤，在阳光下也被驱赶得一干二净。"

我想，我不需要将他的这种乡土叙事标定为乡土文学的风向标或大力宣扬的创作目标。我只是认为，这样的乡土叙事可能在尽量多地亲近乡村、亲近乡土大地上的人们。我还想说，乡土是世界的一部分，乡土之外的空间中所有一切，我们都可以在乡村找到对应。

徐迅的乡土散文为我们提供了新的思考视角，至少是提醒我们，他返身回乡的行走之路是值得我们去尝试走一走的。乡土不是只供我们守望的家园，也非任由我们控诉的人间地狱，在那片土地上，有阳光也有黑暗。那里的人们有愚昧和撕心裂肺的痛，但也有快乐充实的一面。

我以为，徐迅的乡土散文应当引起我们的重视，并由此展开对乡土散文的某些考量与反省。

书名	我的曲江巷
著者	薛德华
体裁	散文
版别	中国文史出版社 2023年12月

小巷里的大人间

　　地域性写作，近年来为许多写作者所钟爱，其创作实践和书写经验正越来越被重视。文学的地方性，既是"一枚小小的邮票"，又是令人着迷的窗口。散文的巨大包容性，在处理地域性的历史、文化和生活上有其独特优势，也是成就散文历史感、文化感和生活感的重要支撑。以当下生活为支点，从而或激活岁月深处的记忆，或体味沉淀于生活肌理中的文化，是近年散文创作的一个重要面相。多年来，薛德华坚持以文学的方式和日常生活的经验处理家乡的诸多资源，感受历史和文化的温度，窥见人生和命运的辽阔。他以在家乡写家乡的沉浸式文学姿态，不断地在历史与现实的互动中清晰和厚实原乡的文化与精神。散文集《我的曲江巷》，正是其"地方性写作"的延展和丰富。

　　就书写的动机以及内在的整体性而言，《我的曲江巷》其实是一部长篇散文，一部以江苏东台"曲江巷"为叙述主体的方志文学。一条不足两百米的小巷，本身的物理空间极为有限，一旦将目光向岁月深入延伸，外面世界的风穿巷而过，沧桑的背后便是无数条小巷的叠合。在偌大的世界里，这样的小巷如盲肠般可有可无，微不足道。但对生活在这里的人们而言，小巷便是他们的家园。之于他们，小巷具有唯一性，而在文学上，这样的小巷又有样本性的审美。以一地一物进行及物性的写作，是中国散文的经典传统，尤以抒情性、哲理性、历史性和文化性散文居多。薛德华承继这样的文学经验，并融入自身的生命体验和书写表达。一切从曲江巷开始，一切围绕曲江巷铺陈，但他最关注的是人，是普通人的普通生活。他与曲江巷一同注视着一代代人来来往往，生生不息，以一个又一个人的故事和命运连缀起小巷里的人间图景。

薛德华不但长期生活在东台，而且执着地探寻和爬梳东台文化。生活、工作和写作，让他可以从不同的角度挖掘和审视文化的底蕴并活化为生活的文化。他的创作，非但从没离开家乡，而且都是深度描摹家乡的历史文化和生活风情。比如长篇小说《狐雕》《绣禅》等，都是以家乡为叙述场域。尤其是散文方面，他的《老地方》《老景致》《老掌故》《山蕴》等，对海盐文化、宰相文化、佛教文化、仙缘文化、发绣文化等进行了成体系的回望和书写。在宏大的文化视野和磅礴的历史感中走进曲江巷，走进人们生活的幽微之处，让文化与生活彼此注视，进行生命的对话。人文地理学研究者迈克·克朗睿曾说过："人文地理学的学者们很快意识到，文学作品中的描述同样涵盖了对地区生活经历的分析，在这一方面，我们可以借助小说研究对描述中的地方的感受，或领略用文字描绘出的地方。这些充满想象的描述使地理学者认识到了一个地方独特的风情，一个地区特有的'精神'。"小说如此，散文也是如此。薛德华笔下的"曲江巷"，写尽了每块砖，每扇打开或关着的门，每扇窗口的灯光或暗色。特别是对东台的建筑文化，书写得更为细致和贴切。但他们并不是当作风景来描写的,而是从人们的生活视角来描绘的。博大、厚重的文化浸润于小巷的每一个角落和人们的生活细节里,生活不再单薄。人们又在生活中延续并生长文化,每个人都是文化的受惠者和品味者。如此,小巷成为活性的文化生命体,文化得以真切。而这一切,都闪烁在人物细碎的生活里。这样的生活叙事,让我们既体味了小巷里的斑驳人生,又感受到历史和文化的情怀魅力。

《我的曲江巷》里的人物就是薛德华身边的父老乡亲。他给予这些人极大的尊重,并以敬畏生命的情怀体味他们的人生。虽然属于回忆性的书写,但他充分调用了自己的生活,在童年、青年和中年三个人生维度和心绪走入他们的生活,并尽最大可能从旁观者转为参与者。他深知,对于每个个体生命而言,自己的生活就是天大的事,世界只是他们生活的一部分,甚至只是飘忽的背景。薛德华是颇有成绩的作家,又是极富想法的画家。他的禅画从世俗中来,有生活之意趣、禅性之顿悟。这得益于他对生活观察的细致和通达,对于东台文化的透彻解读。正因为有了这样的精神立场和人文情怀,薛德华写出了人物实实在在的喜怒哀乐,写出了他们的经历和文化滋养的性情,还原了原汁原味的生活场景和人生足迹。《我的曲江巷》里的人物涉及不同年龄、不同职业的男男女女。薛德华对他们没有区别对待,也不做故意的褒贬和评判,而是如实地记录他们的日常生活,展现他们不同的性情和人生。在这之中,最令人关注的是人物间的对话,真实且鲜活,就如同我们在现场聆听一般。薛德华并不追逐传奇或夸张,更不虚张声势,而是回归生活的本真,在平淡中显现细腻与雅致。

《我的曲江巷》不仅写了曲江巷,更是借人物的行为在地理上进行了拓展,这样写保持了曲江巷作为生活场域的相对独立,但又不孤立。这是现实之中的曲江巷，又是极具历史和人文寓意的曲江巷。

曲江巷是深邃的，经由曲江巷而呈现的生活风情、本土文化和人生图景，在细微中抵达宏大。薛德华并不是在写曲江巷这样一条小巷，而是以曲江巷为笔墨，给东台，给地域性的历史和人文留下有温度的档案。在实录性书写下，曲江巷是薛德华的"我的曲江巷"，也是东台历史和人文的一条河流，更是微缩版的大人间。

书名	那当儿
著者	杨建英
体裁	散文
版别	北京时代华文书局 2021年12月

让记忆在当下生活中不断生长

  杨建英的散文集《那当儿》，很好地践行了作家与日常生活的密切关系。这样的日常生活是生命中沉淀的过往与伸手可及的当下之间实时生长的自然体。由外在的浮现到内里的颤动，他将散文这一体裁所承载的宏阔的视野、敏锐的体验和纵深感极强的思考，进行个性化的糅合，试图寻找到属于他的叙事路径。心灵真切，语言朴素，情感有内敛式的饱满，叙述的姿态紧贴大地，他注重的是多时空的互动。而这一切，使他生活者和写作者的双重身份都竭力而又自然地从浮华中回归本相。这当是一种以互动为轴心的沉浸式写作，给予散文以亲切的感受和人文的想象。

  忠实于生活、忠实于内心，对于杨建英有着特别的情感意义和文学呈现。他生在北京房山且一直生活到18岁，后到新疆阿勒泰生活和工作。故乡成了远方，而原先的远方现在就融于生活的现实之中。北京与新疆，已然不是故乡与远方的简单置换，而是一种互为观照的关系，继而凝结为他人生的有机部分。其间有缝隙，但阳光会照入，擦亮生命的表象和沉淀。这两地都是他的故乡，也是他的远方。在另一个角度，这两地又都不是他的远方或故乡。这是对于其人生的本质性理解，也是哲学意义的生活化。对他而言，故乡的记忆不断翻新，而具象的生活是对远方想象日复一日地发现。捡拾记忆，是对当下生活的回应；而最为实时的体察，又是对故乡另类方式的言说。这就形成一种奇特的现象，他深扎于生活的大地，又无时无刻不在漂泊。当然，这也印证了人生的某种无奈，我们从未有绝对意义上的故乡，只有绝对性的漂泊。这是地理性的，更是文化性的。由此，我们的生命行走一直处于撕裂的状态，这是不幸，且我们历来无能为力。但对于写作者来说，这当是难得的资源。当我们清醒并深情地关注这样的不幸与无能为力，写作就会获得强劲的动力和可能的深度。这不是突围，而是我们在对立和对抗之中与生活和解的重要途径。在很大程度上，写作的意义，文学的价值，也正在于此。杨建英或许迷失于地域上的故乡，但心中对于故乡的追寻和建构，从生活和文学两个层面同时发力，一直都在路上，并日渐有收获。这得益于他的生命和情感与纯朴且深厚的乡村人文保持血脉联系。在他的写作中，我们看到了清晰而执着的乡愁图景。如此的乡愁图景，不是对故乡直白的复现和修复，而是基于传承经年的文化和真实的纷繁生活的想象和营建。以文学的方式进行对话，最终抵达生活的细部与宏观。这让他的散文既有诗意，又有烟火气，在写实的行为中，隐含精神性的写意。

一般意义而言，杨建英的散文属于乡村散文的范畴。这主要是指其对于题材的选择和组合，以及叙述腔调的呈现，具有浓郁的乡村气息与生活的本真滋味。很有意味的是，他目光高远，善于抽身而出，立于高处瞭望平常生活，似乎有意以保持足够距离的方式观察我们的日常，但给我们带来的是聚焦之后的细节。无论是写生活中的风俗和程式，还是写山水人文，他写得很扎实，让他们感知常被我们忽视或漠然的那些细微之处。就是这样的不经意，居然让我们从他的字里行间发现了我们本该拥有的生活之趣、生活之道。这显示了他之于生活的用心凝视和体会，更表达了他热忱的生活态度，文学真正成为他内心的映象。他的叙述，很好地汲取了民间日常叙事的精髓，在文学性的温润下，大有返璞归真之感。在阅读他的作品时，我们时常会有一种错觉，仿佛行走于乡村的房前屋后，听老人们在说古讲今。语言平实，表情朴素，冷峻从容间，透露出亲切和温暖。这是一种世俗化的讲述，又是文学化于生活的讲述。可以想到，这也是杨建英将文学与生活共谋之后的写作，只不过他尽可能地抹去了雕琢的痕迹，将技法化于无形。同时，他并没有无节制地与细节纠缠，拒绝只为写细节而写细节。细节只是由头，他的用意是以此牵出生活，既是以小见大，又是以细微展现宏大。这些的细节，不再只是细节，而是整体生活的一部分，丝丝缕缕中都勃发着生活原生的心律和呼吸。

杨建英的散文写作，立足于北京和新疆这两个地域维度，在写作时，多数情况下让两地保持相对的独立。追忆往日的北京生活，我们能读到当下感；而书写现实的新疆生活，我们常生出他是在回忆的感觉。远的拉近了写，近的推远些写，其实源于内在的交互。当下与历史，现实与记忆，一直纠缠在一起，从不可能彼此割裂。当下的生活，总有过往在涌动，而此时此刻，又会对记忆进行梳理和显现。记忆滋养着现时的生活，又因现时的生活而发生变形，当然也有多重意义之中的重生。这既是对于人生的本质性揭示，又是若隐若现的人生隐喻。在理论上，这很难科学论证，但通过文学可以感性地表达。就像我们面临的众多人生难题一样，无法理性分析，但可以心领神会。当然,这也是文学的特殊魅力。杨建英的散文掖藏了这样的理想,在不断前行中努力抵近。

收录于这本书的篇什,我并非集中性阅读,而是自五六年前至今,我有幸在他完成这些作品的第一时间就读到了。为此,写下这些文字,以表谢意。

书名	何曾东风旧
著者	杨清茨
体裁	散文
版别	西泠印社出版社 2022年6月

以书写的方式细品生活

杨清茨《何曾东风旧》，体现了文学与生活真切的互动关系。用文学细致且细微地打量生活，寻找并咀嚼生活的日常。如此生活化的写作，还原又有所提炼，凝视被忽略的细节，回味一闪而过的滋味或心念，在率性和优游中，让文学回到生活，用写作的方法将生活再过一遍。文学成为生活本身，过往的日子不再"东风旧"。

《何曾东风旧》内容纷繁，如生活一样丰富。家长里短、人情世故、点滴感怀、草木之情、山水之象，等等。人生有大事，但更多的是陷于日常中的小事小情。这是生活的俗相，也是杨清茨之于生活的细致与尊重。杨清茨不拘题材，凡事皆可入文，且可以品出其中滋味，并有所思有所悟。品生活，其实重点并非生活如何多彩，而在于我们是否有品的心境。生活，并不只是实时观风景谋生存，身后留下的足迹，心中落下的印记，有时似乎此景此情更有价值。如此，"品"成为《何曾东风旧》的书写要意，也触动了我们之于生活的态度以及浓淡相间的情怀。

杨清茨偏爱将生活的一些场景如画卷一般展开，往日便呈现在眼前，浮于心头。这时候的她，既是生活的经历者又是旁观者，还是时间的掌控者。她总是将原生的生活时间降速，将场景视作一幅幅工笔画，细细地检视与捡拾。这么做，是为了让回味更细腻更充分，也是对冲生活现实里的匆忙与粗粝。原生的生活质感，浓郁的生活本味，在平实的述写中产生极强的亲和力。因而，给我们带来的阅读感觉是淡然和空灵，可以柔化我们生硬的脚步和因焦灼而生的荆棘。《何曾东风旧》并非以铺陈杨清茨个人化生活为目的，而是让我们体会她如何调整心境，如何与曾经的生活相处。对此，她提供的不是方法，而是让我们感受到适时从生活中抽身而出，饶有趣味地品味生活是一件美好的事，也是生活重要的一部分。事实上，这也是我们当下最为缺失的。情况常常是这样的，我们不缺生活，缺的是以质朴心将生活回归到生活的本真。

无论什么样的生活，总是繁杂无序且有匆忙之状。原本应主导生活的我们，为生活所裹挟，甚至为生活所困。尽管每个人的生活境况不同，但常常都是被生活者，不同之处在于，有的被某种巨大的显著的力量钳制，有的则被无数的碎片淹没，也有的在无边的空旷中迷失。詹姆斯·伍德曾有论述："文学和生活的不同在于，生活混沌地充满细节而极少引导我们去注意，但文学教会我们如何留心——比如留心到我母亲在吻我之前需要抿一下嘴唇……文学教会我们如何更好地留意生活；我们在生活中付诸实践；这又反过来让我们能更好地去读文学的细节；反过来又让我们更好地去读生活。如此往复。"散文与生活的关系，有着与生俱来的亲密。以散淡集聚生活之美，以细枝末节的小事意指生活的辽阔，在家常事中展现生活的意趣和特有的宏大，这是散文书写的重要一脉。有时，这样的文学成了生活最有效也是最有意味的拯救者。杨清茨以清爽怡情之姿态擦亮散文之心，让文字在生活中自然生长，"热爱"这一动作得以在生活与文学里共情。在这个过程中，她以"散文时间"观照"生活时间"，在心理和情感上对生活现实重新定义，重新建构自我与本我、个人与世界的关系。贴着生活写，心绪在散文中调度时间的快慢，那些所谓的大事淡化为背景，微观的心念和情感渐渐放大。人间温情、行走记忆，在生活原生态里，也在她的体察与体验中。自我与本我、人与人、人与生活、人与世界，这些关系归结为一点，其实就是生活与生命的关系。瞬间即长久，哲学意义与生活价值展开对话。杨清茨的书写并不是为了永恒，而是将生活中那些原本就可永恒的记忆以书写的形式落在纸上，刻在生命之路上。

生活是表象与内质的综合体，所谓的生活底色，看似隐而不见，其实一直是生活最为可靠的动力。《何曾东风旧》，打破了生活中"新"与"旧"的界限，或者说对新、旧有了重新的认识。新在眼前，而旧一直在心里，就生命的本质而言，并没有真正意义上的新与旧，只是潜于我们内心的节奏时常与生活的现实有着巨大的错位。杨清茨的"散文时间"是属于文学的，又源于我们生活内部的隐地之秘。杨清茨以文学之"慢"直面生活之"快"，试图起到调和的作用。这种对话式的写作，顺从生活伦理，让现实的生活与内心的生活形成同频共振之势，个人化的诉说也在抵近集体性的语境。

在书写和呈现生活底色中，杨清茨努力彰显传统与现代共生的文化质感，将《何曾东风旧》置于密实又柔韧的文化之境中。从当下文化的真实感受到历史文化的心领神会，她在汇集散落于生活中的文化碎片，擦亮岁月深处的文化身影，注视文化之于生活的润泽。尤其是她对于古典人文的挚爱，使得她的生活有别样的气质，笔下的文字也多了一分文气。这是她真实生活的如实表达和用心书写，也是在滤净生活中的杂质,让作为底色的文化鲜亮起来,更是在思考文化与生活的关系。在《何曾东风旧》中,文化是轻盈的,如清风薄雾吹润,文化参与生活,不仅是娱悦身心,更是在讲述文化之于生活和生命的不可缺失。同时,其里的文化又是厚重的,犹如大地一样坚实。我愿意把她这样的书写理解为对文化的敬重,是对浮于生活表面的我们的一种提醒和启发。

书名	穿过拉梦的河流
著者	叶梅
体裁	散文
版别	作家出版社 2013年10月

让文学在生活中绽放

在生活中生长文学,在文学中绽放生活。叶梅的散文创作,真正打通了生活、文学和文化的边界,灵性而艺术地汇成一条拉梦的河流。她消除了生活的俗气、文学的燥气和文化的虚气,以文化的心灵、文学的情感,真诚地进入生活现场,从而给予散文生活的肉身、文学的气质和文化的灵魂。按俗常的观念,我们无法把叶梅的散文归类于生活散文、文化散文或游记,因为她将这些类别散文中的核心要素共生为一棵树,一棵展示她散文气象的独特之树。

《穿过拉梦的河流》这部散文集,集中展现了叶梅散文创作的文化诉求和文学理念,是可以贴上叶梅标签的著作,也是可以称为有分量的散文佳作。

叶梅将生活浸染于文学之中,让文学自然地参与生活,而这一切又审美地流动着文化。她对多彩而丰盈的多民族文化怀有浓厚的兴趣和真挚的热爱,把自觉的文化意识和强烈的文化感与现实直观的日常生活进行多方位的浓情互动,创作成为这一互动的本真性行为。比如在写文学人物时,既写他们的创作经历、创作思想和创作成就，又关注他们常人般的日常化生活。这是文学的生活，是生活的文学。在回望个人经历，梳理生活情感时，又总有文化或强或弱地潜行。她可以体味生活的细枝末节，但不会坠入庸常的泥淖，满足于个人化的小我，而是以文化的眼光，用文学的手法去审视生活，参悟人生，悄然凝聚起大我。在这之中，她没有高高在上的说教，也没有所谓的力捧心灵鸡汤，而是细语轻诉，平和亲近，让你感觉到的是一个有文化品位和情感细腻的朋友在与你聊天。她如此的散文创作，形成了个性的"势"。一种以柔克刚，化技艺于无形，蓄真情于创作的"势"。我们说大气磅礴，或小桥流水，是文章的力势，而非势力。力势，是以心智与情感打动人心，启动思维。而势力，则是强行推进，以势压人。显然，叶梅的创作属于前者。叶梅赋予散文真性情，是源于她生命的真性情，愿意而且极具文学性地传递如此的真诚之美和艺术之力。

就个人喜好而言，我特别偏爱叶梅的行走散文。我之所以没有用游记这一称呼，是因为叶梅这一类的散文重在行走，一种全身心的精神行走。她的行走散文，记人说事叙景，捡拾斑驳的心迹，引领我们聆听多民族的旋律，感受丰富而厚实的风土人情。与那些游记散文有着明显的不同，她不纠缠于风景的浓墨铺陈，不流连于奇闻逸事的聚拢和刺探，更不沉醉于夸夸其谈的宣讲中。她把每一个足迹都深深印在大地上，把每一处目的地都当作自己的家园，把每一次的目光闪烁和心灵颤动都回归于生命的节奏。她不是为了书写而书写，为了讲述而讲述，而是把自己想象成一粒种子，在脚下的土地里生根发芽，自在地生长。这迎风舒展的一棵树一片林，是她，也是她笔下的文字。这让她的行走散文，浸透文化的滋养，挥洒文学的性情，沉淀生命的成长，灵性飞扬，生机勃勃。

如前所述，叶梅的散文创作随心随性，看似随意而就，其实蕴含着极具个性的生活厚重感与艺术审美力。她总能在满地的生活碎片中，发现闪光的品相，触摸人性的光芒，轻抚文化的色泽。她的写作，一如多民族的文化一样，原生态地生长，在朴素中风情万种，在自然中用心歌唱。她把生活、文学和文化融入她的生命中，一篇篇文章油然而生，不粉饰，不做作，不浮夸。这与其说是她对于文学的理想，不如说是她对于文学和人生的双重感悟。由此，我们也得到这样的启示，散文的真，重在心灵的清澈与饱满；散文的品质，重在文化与灵魂润物细无声般的如影随形。

书名	福道
著者	叶梅
体裁	散文
版别	重庆出版社 2021年11月

以节制性的书写丰富生态文学的伦理叙事

叶梅一直热衷于生态文学的创作，在思考与表达两个角度持续发力。在多年来极度用心的创作中，以及在受聘担任生态环境特邀观察员的切实行动中，她注重实地体验，广纳素材，深度沉淀，以平实的方式书写清澈人与自然的关系、考量人在生态中的位置。朴素的笔法，还原万物应有的状态，讲述人与自然之间率真的故事。有意味的节制，敬畏之下的极简，众多的留白，反而增加了文本的密度，提升了叙述的力量。她真诚且如实地寻求人与自然最为本质的关系，探讨从学术性进入日常生活的生态伦理的多种可能，在一部部作品中进化和丰富自己的自然观和生态观，进而在生态文学创作和生态伦理中建构最大可能的互动性关系。可以说在《福道》中，叶梅生态文学的伦理叙事得以进一步清晰。

《福道》这一书名以及主打文章《福道》，讲述福州市经过生态治理后，"水清、河畅、岸绿、景美"，还有与此相依的长长的福道，"让市民们享受到了直通家门口的绿色福利"。《福道》，是生活的真实，又是我们当下以及未来应走之路的启示。福州的生态治理有两个极为重要的关键词，即修复与回归。修复的本质和终极目标，是回归，治愈人类活动之于自然的伤害，重现生态的康健与和谐，让人与自然互为美好。《福道》，是福州人的幸福之路；《福道》，是叶梅生态文学创作理想的真诚外化。

叶梅喜欢在人群里行走与体察，发现并抒写人与自然相生相依的场景与情境。她不过多地张扬人的主体性，不把环境作为人类生活的背景，更多的是在洞悉大自然之于人类的恩惠，体味人们在生态里互动性存在所获得的幸福与安宁。"地球上如果没有河流，也就没有人类，人的踪迹总是跟河有关，又总爱把河水比作乳汁，将家乡的河称为母亲河，给大河小河赋予了生命源泉的意味。"这是她对于大自然的认知和理解，也是她在生态文学中的重要立场。在《根河之恋》中，叶梅用较多的笔墨写到了那位传奇猎手、伟大母亲，不吝啬地赞扬她，并醉于她与驯鹿间那如母子般的相守。但叶梅终究没到部落里去见上老奶奶一面，她说她不想打扰这位老奶奶的平静生活。后来，她倒是去了鄂温克族人离开森林在城郊新建的村落。鄂温克族人的离开，其实是还森林及许多动物原有的家园。真切的行为，如实的书写，看似是随意之举的背后，其实有某种隐秘可供我们猜测或参详。

在《福道》的诸多篇章中，叶梅偏爱坐标式的写作，在时间轴上建立很久前、前些年和当下三个坐标。叙述效果则以U形的架构，让我们看清生态被人类破坏的惨状与恶果。幸好，当下的我们许多时候终于从U型之谷底上来了，便可与大自然美好的过去互为凝望、互为映照。其中，有关人与自然和美相处的过去，她采用了神话、传说、史料以及老人的讲述，但最有意味的是，她时常以自己童年时的故乡为叙述场域。当然，这是乡愁所致，但这样的乡愁，更多的是怀想故乡那山清水秀、人与自然和谐的相处。这让我们体味到她对于人与自然最深情厚谊的表达，并以这样的乡愁式书写，有力提升了文本的感染力。

《神农架的秘密》一文，集中展现了叶梅创作生态文学特别是生态散文的明亮心地和极强的叙事力。这篇散文质地平实，密度厚实，她在历史与当下、传奇与现实、神农架与外面世界、资料文献与鲜活言语等诸多内容间闪回与跳跃，十分从容。一切娓娓道来，时而如聊家常，时而以深厚的素养展开亲和的讲述，内容丰沛，不遮不掩，把自己所看到的、所听到的、所了解到的全都告诉了我们。然而，当我们读完全文时竟然发现，她似乎并没有道出神农架的秘密。标题"神农架的秘密"说得大张旗鼓，又了无痕迹，就如同我们在丛林深处听到高亢的鸟鸣，可得到的是特别宁静的感觉。在我看来，所谓的秘密就在文章的最后一句，"人在神农架，果然与天地近了好多啊。"神农架的生态保持了大自然的本色，实现了众生和谐，美好就在不经意间。这样的秘密，其实是人类当下纷繁生活显得苍白、虚弱甚至百病缠身的根源。原本该是众人皆知的缘由，竟然成为一种秘密，这让我们在震撼中百般羞愧。我想，这是叶梅叙事的高妙之处。

更值得我们关注的是，叶梅在描述天下万物时，尽可收回想象，基本是只注重耳目之所及的直观，我称之为"留白式的书写"。比如《鱼在高原》《蝉鸣大觉山》《一只鸟飞过锦州》《万物生长》等文章中，她的书写多半止步于亲身体验到的现实和已有的科学知识。她不做拟人化的猜想，不试图以童话般的手法去写我们的未知，去为动物和植物代言。这是对于大自然的敬畏，也是坦率地承认我们在整个生态中的地位其实并不特殊，也不应该特殊，这也是"人类非中心主义"生态伦理的突出体现。与当下一些生态散文的纵横恣肆、自以为是地猜想是完全不同的。这样的生态文学，特别是生态散文，虚构和无节制的想象，看似细节饱满了，情节生动了，阅读力增强了，其实或多或少地表明了我们的无知以及之于大自然的极度不尊重，无助于我们正确看清人与自然的关系，端正人在生态中应有的位置。显然，叶梅对此怀有高度的警惕，并努力建构自己生态文学的现实图景和价值愿景。她没有过多地臆测大自然，而是怀感恩之心，以借他者的科学研究成果为基础，以其个性化的观察和深度体味，去感知自然，去显现生态的忧虑，去呈现美中的创伤以及创伤愈合之后的美。正如中国画一样，留白非虚，而是容纳了更多的实。如此，叶梅生态文学的创作，已经初显其独立且独特的生态伦理，而更多的价值其实就在那些留白处。

书名	柴扉集
著者	张国领
体裁	散文
版别	安徽文艺出版社 2021年7月

人生返乡中的现实关怀

柴扉，是军营里一处小院子，有小小的民房。现实，往往有超乎我们想象的隐喻存在。这样的隐喻常常是悄然的，甚至是无意识的，但其里的文化和生活纹理是极度写真的。移步进营区的农家小屋，是无数军人农耕文化生命底色的物象。而张国领所在的营区，在城市的郊区。郊区，城乡接合部，两种文化的临界地带，土地里是乡村的根须，城市的风在天空、在人们的脸庞吹过，时时就会牵绊人们的脚步，荡起心中的某些涟漪。柴扉之于张国领还有另一层意义，那时的他年近30岁，刚提干，完成了农村军人最向往的一步；有了自己的小家庭，开始了文学创作。张国领的人生行走，在一路拾级而上后到了一个平台，若干年后，再回望这个平台，更像是人生的中转点。还有必要指出的是，张国领住在柴扉的那十年，是1988—1998年，逝去的年代，总会隐于心灵，渐渐成为大概念乡愁的一部分。

柴扉之于张国领的意义极为纷繁，但又聚集于一点，这就是一切才真正开始，满心的希望与无限的变数纠缠于一体，而此后的人生，其实在柴扉时光中，已经埋下伏笔，布满预言。

写作，从往事中来，在记忆中生发，但文学并不是对过往生活简单的复制粘贴，抑或只为让记忆在文本中如档案般沉寂。宏观层面是视野和精神，微观层面则需要情感以及从情感中生长出的图景。张国领以柴扉为一个特定的时空和人生路标，以回望者的身份超然性地体味岁月，并与往昔建立一种新的对话关系。他在打捞记忆的过程中，其实进行了复盘和重构，以文学的方式再次体会了一回那十年的生活。

张国领的散文写作经常是两个向度，军营与日常生活。其实对于他这样军旅生涯几乎即人生的人而言，无论是生活还是写作，这两者都不能完全厘清，只是在下笔时做一些物理空间上的切割而已。在散文集《柴扉集》中，他不再分身，完全回到生活那混合性的状态，进行自我人生的写作。

我们每个人在生活中的身份和角色都相当多，有意或无意间，随时随地都在切换。张国领的柴扉生活显然更为复杂，常常是在几个完全不同的世界间穿梭。比如融于血脉的乡村，纪律严明的军营，若即若离的城市。其中有外在可见的追求，有暗藏于内心的向往，更有种种缝隙中或明或暗的光亮，当然也有烦恼、焦虑、忧愁、无助和散落一地的生活琐碎。军人，是一个完整的带有特定指向的词语和身份，但军人又是两种截然不同身份的合体。其实每个人都是如此，工作角色犹如铁壳，坚硬，不容变形。其他的社会性角色，也有其约定俗成的束缚，挣脱，总是要付出代价的。那些个人化的角色，看似可以随性，但我们总是无法自在从容。张国领的柴扉很简陋，是生活朴实且粗粝的直接表达。小小的柴扉，容纳生活万象，如同张国领杂乱的生活内容和无法过多拾掇的日子。这样的生活，看似是实现了一个重要目标，其实是重新站在起点。之于军人而言，当上干部，似乎才真正告别成长期，步入社会，如同走出校门初参加工作一样。生活是清苦的，人生的千头万绪纠缠在一起，但其里的温情和滋味，时常会让心头一暖。多年以后，我们转身注视这段带着青春气息但又完全成人化的生活，仿佛是另一种童年，社会人生的童年时代。也正因为如此，柴扉已被张国领视为故乡的老屋。《柴扉集》本质上是故乡性的写作，张国领以浓郁的情感进行生活的还原，实现人生共有式的再现，进而与当下形成互文。

日常化的生活和本体性的体味，是个人经验的书写，也是普遍性人生的映射。当我们不过分在意张国领在柴扉生活中的军人身份，将其情感波纹、生活感受与我们的心路历程进行无缝转接，那么，我们就会读到我们各自曾经的岁月。我们每个人的生命中类似的柴扉都真实存在过，此后一直印刻于心灵，化于血液里。因而，柴扉既是我们人生想象性的共同体，也是我们人生最为清晰的群体记忆，一如我们生命记忆中的一幅幅工笔画。

《柴扉集》以时光为筛，以心灵为镜，对生活历程进行有价值的淘洗，坦诚检视人生的得失。对于极为丰富的生活，在叙述上可以有多种支点和路径。《柴扉集》放弃了常见的以事为线索的写法，而以人物来结构一个又一个片段，进入生活的细部，让他们成为主角。张国领是在场者、参与者，也是讲述者，从视角到陈述，都是浓烈的私人化。时间只是背景，事情只是人与人之间的连接，显然张国领最在意的还是在他生命中出现过的人。这些人的性情、生活和命运，张国领有所交代，并呈现具有鲜明时代特征的人情世故，折射那时的社会风貌和生活景观，留下了众多的岁月印记和人文足迹，但着墨最多的还是他们之于他人生的感染、启示和帮助。生活是过去的，写作是当下的，张国领在具体的写作中，以人生行走至今的收获为参照，寻找和激活柴扉生活里或近或远的人。他满怀感恩地从记忆中请出这些人，复现当年日常生活中的点滴，反射时下的他。他的感恩是真诚的，并用扎实的生活和具体的细节来书写感恩的来由。从当年的习焉不察到如今的后知后觉，他如实道来。这样的感恩之举，也是一种双向性的观照与体认。

《柴扉集》所充盈的感恩，是张国领的真心实意，也是文学当有的温暖。《柴扉集》为我们分享了一个重要感悟，我们要珍惜生命里相遇的每一个人，实时地感受他们性格情怀中的有益之美、生活里的成功经验和失败教训，欣然面对他们的爱意与帮助，将感恩之情和回应之举同步于当下生活。或许，这也是《柴扉集》的最大意义所在。

书名	大明王朝的七张面孔：朱元璋
著者	张宏杰
体裁	历史随笔
版别	天津人民出版社 2013年4月

说活说透朱元璋这个人

在所谓正宗式的历史著作之外，先有黄仁宇《万历十五年》以独到的视角和书写去挖掘历史；后有当年明月《明朝那些事儿》以当下语境和阅读需求去鲜活历史。与这些相比，张宏杰的《大明王朝的七张面孔：朱元璋》显得更加另类。这部书，并不是严格意义上的历史随笔。用莫言的话说："把这些作品归于某种文学体裁，是一件挺困难的事。这些东西，不是小说，不是散文，也不是时下流行的历史报告文学，甚至还不是人物传记。"这部书是典型的混搭风格，一切的叙写只为通过历史的真实记载，洞悉朱元璋的思想文化、为人处世和权术人生，为我们还原一个立体化、生活化的朱元璋。从史的角度读，张宏杰相当严肃，凡事凡言均有出处，不做无根的想象，不妄加猜测；从思想的角度读，观点大胆而新鲜，刀刀见血，嬉笑怒骂不留情面；从文学的角度读，文采飞扬，语言灵动，就像一个口才特棒的哥们儿在和你神侃狂聊。可以说，张宏杰以多彩随性的语言风格和敏感尖锐的思维触角，为我们提供了一份集史实、思想、趣味于一体的阅读大餐。

我们不得不承认，张宏杰一定是广泛而精细地阅读了众多的史料，甚至把一切与明史、与朱元璋相关的零碎文字都揽入视线。这是一个巨大的工程，强大的耐力是不可少的，繁重的心力更为重要。他以史料为向导，最大限度地走入历史现场，走到朱元璋身边。他没有预设道德标高和政治立场，只用心去分析和洞察朱元璋究竟是一个什么样的人，为什么能从一介顺民到贪权弑杀之人，从流氓到皇帝。在这里，他将许多事件叙述得风生水起，趣味盎然，具有或幽默、或反讽、或传奇、或非常态的极强可读性。但这些事件又只是他考察朱元璋人生历程的入口，他是在从表面的事件触及内在的人物。更为重要的是，他把一些事件的尘埃智慧地拂去，捡拾了不为世人注意或遗落的细节，进行细致而符合史实的放大。

在此基础上，他以当下的社会背景和话语方式，向我们叙述他读到的、思考到的朱元璋。这中间，他解释或澄清了许多有关朱元璋的种种不实，公正地对待朱元璋的美与丑、高与低，还原了一个人性复杂、最接近朱元璋的朱元璋。这就是朱元璋有时农民，有时流氓，有时君子，有时浑蛋，有时智慧过人，有时十足白痴。在其中，张宏杰该赞扬时很直白，该痛骂时很直接，该讽刺时很直爽，真可谓爱憎分明，公正公平。

语言的时尚性、多样性和准确性，是张宏杰又一鲜明特色。他以当下语言为书写基调，处处闪烁着现实语言的生活性和通俗化，让我们感觉他不是在写作，而是喝了二两酒后与我们闲聊。他的语态随着叙述的需要而不断地跳跃，转换得自然。说事时，他用了小说中的叙述腔调，如同一个精彩的小说片段，让说的事听起来有滋有味；谈及他的发现和独到见解时，他的语言又有些学术性的味道；在评价朱元璋时，他的语言时而调侃、时而犀利、时而气愤、时而敬佩。

张宏杰是在以自己的方式揭开历史的许多隐秘，让朱元璋的亦正亦邪真实而充分地大白于天下。但他不是在给朱元璋写鉴定，而是让我们从微观层面了解历史、真实走近朱元璋的同时，参悟朱元璋的人生足迹和成败得失背后的缘由。"一笔一笔写透朱元璋从乞丐到明朝开国皇帝的权术人生，一层一层剖析朱元璋的上位细节、争权手段与政治谋略。读完本书，您对人性的本质、权力的奥秘和中国现状的历史根源会有更深更透的了解！"应该说这样的评价看似过高，其实十分贴切。

"张宏杰是个观察和记录的高手。他冷静细致的手法，把人性的复杂、深奥、奇特、匪夷所思、出人意料又在情理之中，表达得淋漓尽致，原本熟悉的历史事实在他的笔下呈现出完全不同的面貌，新鲜而又迷人，让我们这些历史书页背后的观赏者触目惊心、目眩神迷、欲言又止。当历史扑面而来，我们只好在造物者的深刻面前一再确认自己的浅薄。"莫言的感受与评价，是难得的，也是张宏杰当之无愧的。

书名	永不言败
著者	张雅文
体裁	纪实文学
版别	黑龙江人民出版社，2024年2月

散作乾坤万里春

赛场和领奖台，是体育运动员的高光之地。远离观众、远离聚光灯，艰辛的努力和付出，是运动员日久天长的生活。张雅文的《永不言败》带领我们走近他们，走入他们的训练和日常人生，感受他们所经历的似冰一样的严寒和在精神上绽放出的雪之飞舞。

报告文学讲究走入人物和事件现场，发现并书写现实生活的本真质感。在场或有在场感的讲述，当是报告文学的魅力所在。本着真情实感的写作要义，写作者与写作对象有共情之感，是不可少的。从这个角度而言，张雅文显然有着独特的才情和生活资源。她本身就曾是运动员，且从事的就是冰上项目，这让她对冰雪运动有着比常人更深的了解。从训练器具到训练项目，从训练方法到赛场风云，她烂熟在心。带着这样的知识重新走进训练场，走到运动员中间，她可以采访到更多的细节。"每天清晨4点，李军带着队员开始训练，武大靖瘦小的身影跟在全队最后，总爱摔跟头。队员们开他玩笑，说有武大靖在后面扫冰场，就不用扫冰工人了。"这样的细节，十分生活化，看似轻松惬意。然而当我们仔细品味时，就会感受武大靖训练之初所吃的苦,以及坚持不懈的毅力。"于是,孟庆余就将他宽大的肩膀,变成了摆渡孩子们的小船,把他们一个个地背到冰场上。有时,腋下同时夹着两个小运动员,一只胳膊夹一个。"这是《托起世界冠军的人——中国短道速滑之父孟庆余》篇章中的一个画面,平常得像我们生活中的情形,但就是这样的平常,让我们看到了孟庆余教练对运动员亲情般的爱的一面。像这样的细节,《永不言败》中有很多,看似信手拈来,其实是在相当了解运动员生活的基础上挖掘所得。一个小小的画面,一个朴素的场景,让我们仿佛和运动员生活在一起,亲眼看见他们的训练与生活。细节密实、真切,有许多或鲜为人知的故事,或丰富的人物性情,或极具感染力的拼搏,是《永不言败》的重要特色和人性化价值。

《永不言败》,写出了冰雪之上的激情和温度,运动员的勇敢、坚强和向上的身影如同金色的火焰。读起来令人心潮澎湃,让我们对冰雪运动有了全面且真切的了解,在敬佩教练员和运动员的同时,也爱上了冰雪运动。张雅文以自身的冰雪运动生涯体验为情感支点,展开叙述冰雪运动员的成长故事,为我们呈现了冰雪运动员既独特又具有普遍意义的成长风景。正如书中杨扬所说:"我渐渐进入滑冰的世界,从游戏到事业,从懵懂到执着。我相信,在我为滑冰、为体育不断付出我的拼搏及各种努力的同时,我也踏上了一条汲取收获的旅程!"对于成长主题的浓情书写,显然是这部作品的最大价值所在。

永不言败,是一种信念;冰雪人生,是成长的行走。书中写了一位教练和十二位冬奥冠军,他们荣耀加身的背后,是一个个成长的故事。冰雪运动当属青春性的,训练和比赛是人生之中的特殊经历,但心理和精神历程又映照了我们共有的成长之路。由于训练项目的特殊性，这些运动员从小就开始接受正规的训练，他们的运动岁月正是人生最为重要的成长期。因为有梦想，因为发现了与众不同的才能，他们的人生从此发生了改变。比如实现中国运动员在冬奥历史上男子项目金牌零的突破的韩晓鹏，张雅文用大量的笔墨叙写其走上冰场的人生经历。这是一段既辛酸又充满传奇的生活，从中我们看到了他自儿时的热爱与执着，遇到困难和挫折时的阳光心态。张雅文以细致的采访获得了许多难得的第一手资料，为我们呈现了一个少年多层次的生活。"在懵懂无知的孩童时代，父母的选择常常决定着孩子的命运。"值得我们特别关注的是，张雅文考察了韩晓鹏的成长环境，发现了家庭对于他的巨大影响。从这个角度而言，韩晓鹏的成长又为天下父母提供了关爱和培养孩子的活教材。张雅文不仅泡在训练场了解运动员，更是走入他们的日常生活之中，深入和饱满"成长"这一主题，既呈现运动员的成长风景，又在探讨成长所需的外部环境和所需的帮助。我们常说每个运动员的成功都离不开一个好教练，其实后面还应有一句，都离不开父母的爱。"中国的父母是世界上最优秀、最无私的父母。为了孩子的前途，他们可以不惜一切代价，可以舍弃一切，多苦多累都毫无怨言。"我们注意到，十二位运动员的背后都有强大且温暖的家庭。这里所说的强大，主要还是关爱的力量。这是中国父母特有的亲情之爱，也是中国家庭伦理写真式的表达。

  对于体能的挑战，面对伤痛的折磨，经受失败的打击，运动员有着太多的付出。《永不言败》看似在写运动员的自我挑战和勇敢地接受挫折，其实又有着广泛的社会意义，重在传达"永不言败"的信念和行动。冰雪运动员的经历，有别于我们的日常生活，但其中的心路历程是一样的。张雅文创作这部作品的初心是要让更多的人了解这些可爱可敬的运动员，了解他们为国争光背后付出的一切，了解他们是如何走上人生巅峰的。与此同时，她始终认为运动员的成长对社会大众有着太多的启示。"任何一项伟大事业的成功，都有无数人在默默地拼命，只不过他们没有运动员那么出名而已。想想，没有人拼命，新中国在抗美援朝战场上，就不可能取得胜利；没有人拼命，中国就不会有原子弹、氢弹的成功；没有人拼命，中国就不会有航天的巨大成就；没有石油工人的拼命，中国就不会迅速摘掉贫油国的帽子……"之于普通人而言，这里的"拼命"更多的是要拥有好的心态，正确面对种种打击和遭遇，以积极的情绪和勇敢的精神走在人生之路上。

事实上，张雅文本人就是这样的。她小学没毕业，又因受伤告别了运动生涯，通过不断地学习和拼搏，创作了二十余部作品，先后获得鲁迅文学奖、中宣部"五个一工程"图书奖和徐迟报告文学奖等多项大奖。她在运动场之外的成功，恰恰是承继了运动员敢于拼搏的精神。开始进入这部书创作前的采访时，她已经78岁，还辗转北京、哈尔滨、七台河、佳木斯等地积累素材。在创作阶段，她承受了爱人离世的巨大悲伤，自己又不幸患重病，数次命悬一线。可以说，她的"永不言败"既在这本书中，也在一个作家的良知和使命里。

书名	烟火流年
著者	赵峰旻
体裁	散文
版别	线装书局　2016年4月

在细微处舒展辽阔

  赵峰旻的《烟火流年》有着浓郁的生活在场感,心灵的微妙颤动如音符飞扬,由才情灵化为语言的诗性丰盈,美文的气质扑面而来,清新而雅致。在词语和感觉优雅滑行的同时,她透过生活或粗粝或纤细的质感,探寻一方水土的文化根脉,触摸性情人生的世相纹理。从而,让作品如同六月的麦田,麦香浓浓,麦穗沉沉,醉人的风景与怡心的收获在同一片天空下荡漾。赵峰旻正是这样专注日常生活的审美化,以细腻的情感和丰富的文化内在,拓展作品的生命力。在尘世的烟火味、生命的韵味和灵魂的体悟中寻找个性化的书写,使叙事于诗意的轻盈中饱满文化的厚重和思绪的力量。

  《烟火流年》的优美是显而易见的,灵动的文字闪烁着质朴、清纯之美,如春雨滋润心田。赵峰旻不刻意追求语言的精致和浮华,而用心于激活语言自身的生命力和审美力。她善于在不同的场景和情境中,让语言在合适的语感和语境中自然生长,不事雕琢,也非做作。语言不再是叙述工具,而是从她心里开出的花,花香中有世俗的气息,也有灵魂的呼吸,更有语言不同向度的灵性与张力。《落花自有情牵处》的字里行间花香丝柔纯美，小家碧玉般的心语情愫如轻雾萦绕。《葵园野趣》果然就是野趣十足，泥土、庄稼和乡村人合为一体铺染那离我们很远却始终在心头的乡土味。《禅风茶韵》的行文有坐禅入定之境，阅读时总觉得眼前有一炷淡然空灵的檀香。《此心安处是吾乡》带我们走进草原，叙述也随之广阔而豪迈。《春寒赐浴华清池》携历史的风尘和岁月的光泽，让我们听到已经远去的声音，沧桑中透着清亮。语言如同河水一样因势而行，随情而歌。她摒弃了那种自恋的自言自语或故作呻吟，而是走进生活现场，聆听心魂的律动，亲近地与自己、与他人、与万物对话，内情与万物、心声与天籁成为完整的生命体。她的敬畏与珍爱，让华丽的语言有了血色，让舞动的语言有了质感。如此，《烟火流年》光鲜多姿且内在质地丰蕴的语言，带给我们的是有温度的生命，或秀丽之美、或朴素之美。应该说，《烟火流年》有效地回避了当下一些散文的通病，看上去很美，但往往呈现出没有血肉的苍白与无力。

从《烟火流年》中，我们感受到赵峰旻致力于生活与内心的真诚互动。写作之于她，是真正意义上的与世界的对话。她以平实的态度和敏感的心念，从生活的本相捕捉文学情思。她不做预设性的寻找或所谓私我化的对接，感受在前，寻找在后。如此，她的写作不再是自恋式地摆弄自家的小花园，而是让自己成为一棵树，扎根大地，拥抱八面来风。《烟火流年》远不是小众式的闺房情调或故作呻吟的自我陶醉，而是接纳了生活的广阔图景，飞溅起人文关怀的朵朵浪花。

赵峰旻之于文化的挚爱和潜入式的书写，既坚守本土文化，又满怀大文化的视野。从故乡出发，在生活现场行走，《烟火流年》那种无处不在的文化气息，如同乡村的炊烟，自然飘摇，又风情万种。

这是乡愁的念想，又是文化的咀嚼。东台大地的历史风物和人情俗事，在许多篇章里穿行，比如西溪、安丰古街、黄海生态林、乡愁城事等。这里没有文化说明者的身影，没有一意孤行的说教，也没有借文化的自说自话。历史的背影和当下的喧嚣，岁月的积淀和此时的思绪，在赵峰旻的笔下亲密地拥抱在一起。她不再是写文化，而是以文化之心注视身边的一切，让文化之味在作品中荡开涟漪。在深情诉说故乡文化的同时，她又常常立于文化的制高点，体味文化的辽阔与博大，寻找生命之地文化的那条小河。《开在时间上的花》是日常生活的细密再现，在忙乱的细碎与记忆的厚实的裹挟中，之于细微的感动，之于高远的瞭望，都有文化的涌动。她总能在文化的稳重中体察到生活的灵动，在凡尘俗念中呼吸到文化的性情。

可以说，《烟火流年》中的分辑名，既是倾诉赵峰旻的写作理想，又是重现她写作行走时质感清晰的印迹。清茶皓月照禅心、桑梓耕读、道在日常、一粒微尘、大声小说、诗说中国，在这些路标式的词语下，她将生活者与写作者的个性化融合，把文化书写与书写文化、小我情思与大我情怀汇入了同一条河流。

赵峰旻的写作收获，自然与她的生活状态和写作路径是分不开的。《烟火流年》的开阔源于她虔诚地让心灵问候生活的每一个角落，得益于她内心风景的浓情释放。她是县级电视台的记者，处于外面的世界与乡镇生活的交界地，可谓"左右逢源"。放下笔，她是真诚的生活者，吸纳地气，回到书案前，肉身仿佛离开了现实，但文字依旧在生活里畅游。这与她的那些电视专题片的解说词一样，新闻性中带着体温，离开了电视画面，就是一首首品位独特的散文诗。在写作实践中，诗歌、小说、散文诗、解说词以及文论性文章，她都有相当的收获。女性的细腻、体验的多元化、文化的厚积和纯正的文学理想，让她的散文既细致入微又大开大合。这些，都是散文创作的沃土，让她的散文具有柔美与坚韧同在的品质。而《烟火流年》，正是这一品质的集中展现。

靠近《烟火流年》，处处有烟花的灿烂和花瓣的身形，走进《烟火流年》，我们会发现那漫天飞舞的其实都是有生命有灵性的蝴蝶。它们不是在舞蹈，而是在天地间飞翔，坦诚它们的生命姿态。

相信赵峰旻是以《烟火流年》告白对散文的理解与渴望，让美不再轻飘，让叙述不再腻烦，专注在文化土壤里成长创作，让生活与心灵相互映射。阅读《烟火流年》，我们可以轻松滑行，又可以驻足细品。《烟火流年》让我们看到了散文在轻与重、细微与宏大的叙事中诚实而自信的步伐，我们心中的散文身影逐渐清晰明亮起来。

书名	小荒唐
著者	赵瑜
体裁	随笔
版别	上海人民出版社　2011年11月

左手尘烟，右手诗意

赵瑜的《小荒唐》走近日常生活中的饮食男女，以诙谐幽默的语言，分析两性关系，讨论爱情人生，触摸欲望纹理。他怀抱生活的感性，口吻轻松随性，不故作圣贤，也不一味低俗，而是以一种独特的方式解读爱情心理。这是一本休闲书，是一个可以随意贴心相处的朋友。我们的阅读不再是单向度的感受或接受，不再是观看他人的风景，而是在与自己交谈，开始一次轻松愉快而又颇有收获的心灵旅程。

赵瑜的《小荒唐》很生活，就像个穿着时尚、模样潮酷的小青年，喝了几杯小酒，撒开了性子，假不正经地调侃着。时下，我们可以肆无忌惮地谈金钱、谈权力，嬉皮笑脸地谈美女的性感、帅哥的多情，唯独不愿意谈人性、谈理想、谈爱情，只是偶尔在某个失眠的夜晚或酒至半醉之后独自在心里搅和一番。一些有关人生情感的散文随笔，立意高，很纯粹，很睿智，但都是高高在上的教化，是一位真神在言说宣讲。有些小说倒是离生活近了些，只是那些话里充斥了动物性。说点人话，成了我们的奢求。这有点乱套。我们的语言功能越来越发达，可话语离心灵越来越远。我们不好意思与他人探讨人生中许多绕不开的严肃话题，也听不得别人一本正经地阐述人生观、价值观和爱情观。我们认为，生活是世俗的、肉感的，提及精神层面的东西，尤其是爱情，是荒唐的。相信，赵瑜心里多少还是有些打鼓的，或许这就是他为什么取名为《小荒唐》。

《小荒唐》把两性情感当作了一盘菜端上桌，赵瑜像个厨子，又像个请客买单的食客，站在那儿把这道菜的里里外外说了个透，说得俏皮而深刻，情色而纯净。说事时，他很俗，自己的事、朋友的事、听来的事、从书上读来的事，全被他编排成段子。他说得绘声绘色，唾沫星子乱飞。这时候，他不是作家，不是学者，只是个男人，一个敢于亮出内心的男人。当然，不排除说起自己的事，他有吹牛的嫌疑。其实，赵瑜很狡猾，这些段子只是他抛给我们的下酒菜。他真正的目的是要我们喝下酒，以他的思想、情感和感悟酿出的酒。我们不得不承认，赵瑜肚子里墨水不少，生活的书和纸质的书，都读得不少，思维活跃，思路开阔，常常一不留神就会蹦出些闪着诗性光芒的语句，很有哲理，却又不生硬。没有白酒的浓烈蛮横，没有啤酒的泡沫水性，如红酒般诗意浪漫。这红酒里还溶进了情感的解药，让我们在微醉中清醒，抵达心灵深处。

外表世俗而内心诗性丛生的赵瑜，让《小荒唐》呼吸着生活的气息，表情幽默，姿势性感，骨子里却真诚而严肃。《小荒唐》让爱情的生活回归俗常，让生活的爱情找回诗意，在世俗与崇高之间架起一座桥。

正如我们不能简单地把《小荒唐》当作一本闲书一样，我们也不能只认为《小荒唐》是在解读两性关系和爱情密码。《小荒唐》其实是以爱情为蓝本，为我们展现赵瑜对于人性、对于人间大爱以及对于生命行走的体悟与诉说。

书名	乡音乡情
著者	周振华
体裁	散文
版别	光明日报出版社 2006年11月

以生态良知进入审美

根据我的阅读理解，散文集的名字，大多张扬或隐含作家的某种创作理想或文本的节点。照此推断，周振华的散文集《乡音乡情》当是有关故乡或乡土的情感凝结。然而，《乡音乡情》中的许多篇章的地点指向既非作家的故乡，也没有注视乡土，而是有关自然的，有关生态的。随着阅读的深化，我这才意识到，周振华这里的"乡"是人类共有的家园，他将整个自然化作了自己心中的故乡。这其实蕴藏了周振华宏大的创作理想。

生态文学，作为一种理论命名，是近年来的事，然而生态文学由来已久，就是在《诗经》中也如星光闪烁。对于大自然，我们有过敬畏之心，也有过掠夺与侵害的肆无忌惮，而今也渐生出悔过之意和抚慰之举。进入文学，当下的生态文学基本还处于对于大自然的忏悔和同情，对于人类的声讨和警醒。应当说，这些都是以人类为主体的认知和抒发，在无奈的叹息之下终究潜伏着人类的自大与傲慢。周振华与自然保持着一种较为特殊的关系，经由这样的关系，他的散文也就具有了个性化的品质。

周振华是典型的乡村之子，生在乡村，长在乡村，成年后依然生活在乡村的怀抱之中。乡村，当是大自然的本真状态，那么周振华实质上是与真正意义上的大自然一同生活。这可以使他最大限度地接近自然，感知自然，以生命触摸自然的种种变化。他对大自然怀有发自内心的感恩之情，但少有仰望之心。因为在他的情感中，自然和生态就是他的左邻右舍，就是他的亲朋好友，他已经把自然和生态切实地当作了一个与人类有着同样情感和尊严的生命体。倾听自然的心声，与生态作平等的人性化的交流，成为周振华散文的灵魂所在。他专注于大地上的一草一木，一块山地，一条河流，发现和诉说大自然之于人类的馈赠。叙述的切口很小，但总是置于大生态观之下，处处洋溢着清醒的生态良知。《悠悠麦香》《秋林柿韵》《深秋的红酸枣》《红果红了》《野菜野趣》等篇章，感情真挚细腻，语言平实之中不失诗性，字里行间丰盈着感恩心绪。而那些描写自然风景、名山胜水的篇章，视线开阔，文化底蕴厚实，还原了自然的美感。然而，周振华不只是心入其里，情注其中地回味和品鉴，值得称道的是他立足于当下自然和生态环境这一视点。他回到过去，并不是因为需要记忆来获取陶醉，提升心灵的温暖。他回望往日大自然曾经的健康，捡拾大自然之于个人以及人类成长的厚爱，倾泻自然逝去的生机与纯美，是让我们在巨大的落差中聆听和重视如今自然与生态的痛苦呻吟，呼唤我们当有和必须具有的生态良知。这样的生态良知不是被动的，而是植根于他血脉之中的，是生命律动的音符。持久而丰腴的生态良知，使他的散文已非单纯的乡土记忆和山水游记，从而进入了内蕴更为丰泽和高远的审美场域。

面对坚实沉默的大地，面对灵性的山水，周振华不失美的体察力和感悟力，丰沛的激情也时常如阳光般流泻，但我们还是能够从他的作品中感受到他的失落、忧虑和焦灼，一种来自内心的痛楚。他对自然有种大爱，浸入骨髓不做作的大爱，他的文字是在为自然和生态忧伤，以自己的良知在为自然和生态代言。这是他的创作主旨所在，正如他在后记中所说："环境文学是对作家良知的考验，当代环境文学作家必须拥有热爱自然、崇尚自然的高贵品质和大无畏精神，敢于同一切危害环境的反道德现象做坚决的斗争。……写这本书的目的，就是想多多少少能唤醒一些人们的意识。"

文学需要一种精神，担当起人类思考的先锋；散文不可缺失真情实感，一种抚慰世间万物的纤柔而坚韧之情。面对时下创作重量的飘忽，面对生态的日益恶化，面对人类对于自然的无尽索取和之于生态的功利与麻木，周振华的《乡音乡情》应该是可以值得我们重视的文本，他的创作精神操守当是值得我们尊重的。

第四辑

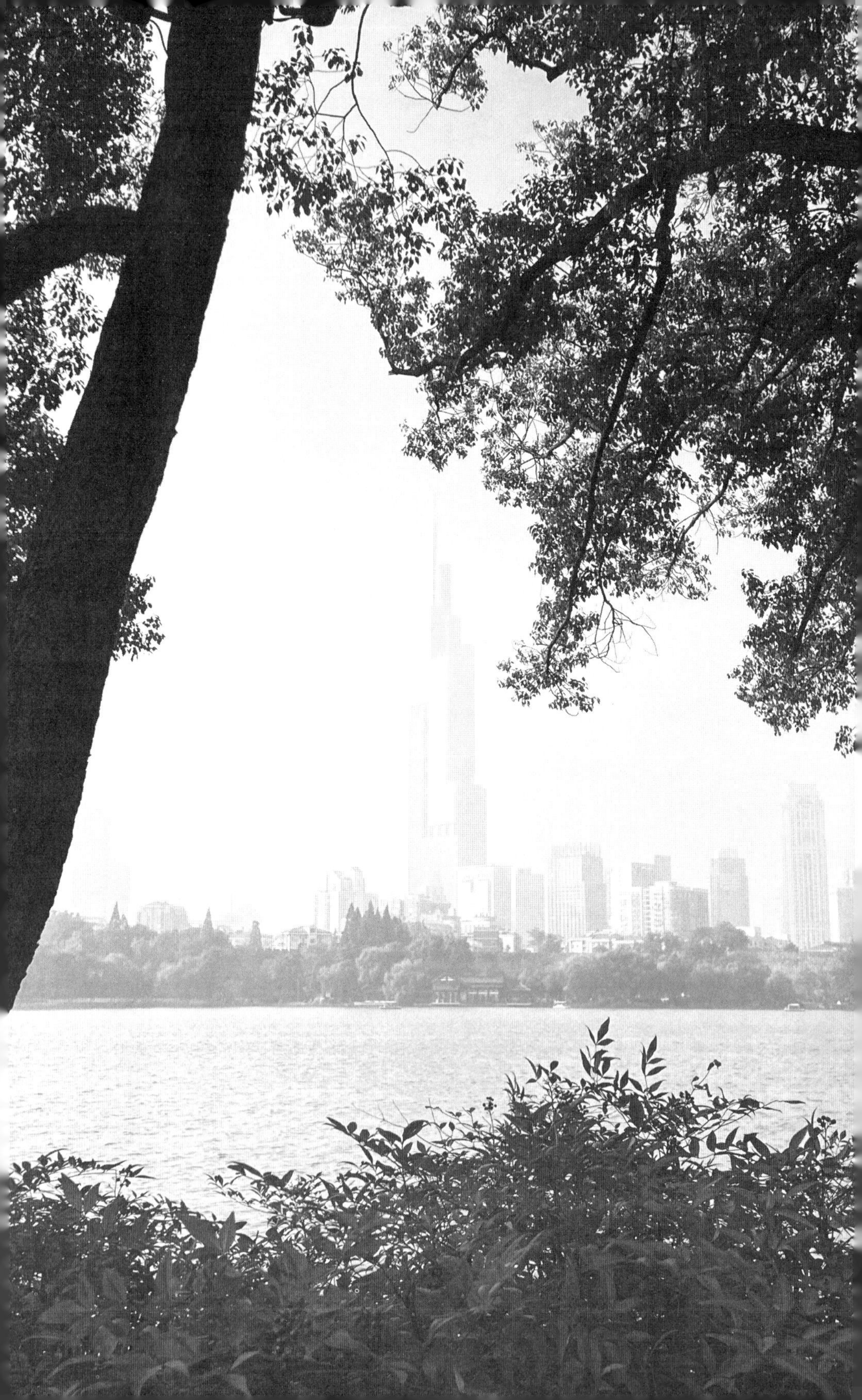

书名	中国现当代文学史综合教程
著者	傅书华　阎秋霞　等
体裁	文学教程
版别	北京师范大学出版社　2014年8月

活着的文学史与文学史的活法

当许多人还在喧嚣中想象文学教育改革的愿景时，太原师范学院的傅书华、阎秋霞、徐慧琴、白杰4位教授已经在教学实践中展开了破冰之旅。《中国现当代文学史综合教程》由傅书华担任总主编，现代部分主编为徐慧琴和白杰，当代部分主编为阎秋霞和傅书华，这是他们改革文学教育的喜人成果，也给文学史的建构与传承带来了挑战性的观念与行为。此书增强了文学教育的开放性、互动性和现场感，让文学史以活着的姿势进入课堂，让学生有属于他们自己的活的文学史。或许更为重要的是，傅书华等4位教授通过此书发出宣言，文学史不应该是一个人或几个人的文学史，每个人心中都可以有属于自己的文学史。《中国现当代文学史综合教程》重在推动文学史教育的思路和方法走出了坚实的一步，为高校的文学史教育带来了新的生机。

长期以来，文学教育中的文学史都是学术著作，是属于研究者一个人的文学史。之于研究，这样的个性化，有独特的价值。只是，我们把研究成果直接搬到了课堂，教学只满足于向学生输送既定的、固化的文学史，重视的是观念的移植，学生只是单纯地接受成果。这种"一言堂"的教学方式，狭隘了文学，制约了学生的能动性，自然也就难以让文学教育在提高学生文学素质和文学精神方面取得令人满意的成效。《中国现当代文学史综合教程》则以学生为主体，为学生提供开放的、广阔的文学史空间，引领学生进入文学现场，去感受鲜活的文学，在与文学这一生命体的交流中生成自己的文学史。全书每一个章节都包含"内容提要""教学建议""精读作品""评论摘要""泛读作品""文献索引"和"拓展练习"等几个部分，使教材本身的意义更为完整。傅书华教授等人不设个人化的学术立场，也不陷入固有的学术圈子，在一个公平而自由的平台上尽可能吸收文学的最新研究成果。他们只重实绩，不看名气；只重研究的有效性，不看立场的左右。就是对同一部作品的研究，他们也是努力寻找那些在不同方向以不同形式研究出的不同成果。如此一来，《中国现当代文学史综合教程》真正成为教学的材料，让学生可以多角度多立场地了解具体的作品和文学史，在阅读、思考、比较中提高辨别能力，学习研究文学的方法，取众家之长形成自己的文学判断，从而建构属于自己的文学史。经由《中国现当代文学史综合教程》，文学史在学生的心中活了起来，并随着每个学生生成的文学史得以保持它持久的生命力。

《中国现当代文学史综合教程》只是傅书华等教授文学教育改革成果系统工程中的一个重要环节，与之配套的还有具体的教学活动、评价体系等。这一系统工程，以细读典型文本、培养学生对文学作品的审美能力、了解一个历史时段的文学特征为教学本位，落实学生对文本的原典阅读及精读数量，强化学生解读作品的能力，培养学生从事学术研究的意识，使学生具有自我持续发展的学术素质与品格。真正在本体论上，将普通文学教学从知识传授为教学本体转变为以培养能力为教学本体；在方法论上，将教师讲授法转变为学生学习法。在具体的教学中，注重提高学生的阅读兴趣、细读能力和主体建构能力，真正让教学相长成为现实行动。

应该说，《中国现当代文学史综合教程》以及以此为中心的文学教育形式，具有强烈的示范意义。教学，以教切入，以学为重，传授知识固然重要，但提供方法和提高能力才是根本。这样的教学理念和教学方法，是我们每个人心中都有的图式。傅书华等教授的不平凡之处正在于此，这就像写文章，天下最好的文章当是写出"人人心中有，人人笔下无"。让本该有的回到现实，这需要智慧，似乎更需要使命感和勇敢精神。傅书华等教授的价值还在于，与其无休止地争论或激扬，不如激活行动力，在一个个坚实的脚印中抵达理想。

傅书华等4位教授对于文学教育的改革与实践，其意义不仅局限于文学教育领域，在文学评价与接受方面也具有重大意义。文学世界辽阔丰富，一部部作品都是有血有肉有体温的生命。在此基础上构建的文学史，同样应该是鲜活的，具有最大限度的包容性和多样性。我们的文学史研究不应是观点的极致性和专一性，让文学史异化为一条路或一个狭窄的封闭的空间。我们要让活着的文学生成活着的文学史，引导和鼓励每个人自由选择文学史的活法。而在高校的文学教育中，教师们更应该让文学史有形式多样的活法。活着的文学史，体现我们对待文学的态度是真诚的、尊重的，让文学史以多样化的方式活着，是我们与文学相处的基本方法。这是文学观念层面的，也是我们文学能力的终极标高，更是追求和营建文学精神、人文精神的有效途径。

《中国现当代文学史综合教程》是大学文学教育的提神醒脑之作,具有强烈的现实意义,好似石子入水,已经并还将在文学教育的课堂内外激起朵朵浪花,产生持久的示范力,取得更多的教学成果。与此同时,《中国现当代文学史综合教程》提醒我们要在文学整个领域进行积极和深入的思考,重新审视我们的文学观念、文学态度和文学行为,体察文学与生活、文学与社会,文学与人文精神等诸多的关系,让本是活着的文学在我们的世界里活着,让活着的文学有着自己的活法。

书名	剪灯书语
著者	高丽君
体裁	文学评论集
版别	阳光出版社 2016年1月

坐禅于文学丛林

  我似乎在犯一个惯常化的错误，总想把高丽君划归于某个群落：作家，批评家，语文教师，还是生活在西海固热爱写作的一位女性。为一个人贴上某个或某些标签，的确有些生硬，并因为标签的存在，而丧失了许多鲜活的东西。当然，归类并不是目的，而是有助于我们更好地知会，并打开走进作者和作品的通途。对于众多的写作者，标签式的分类，是行得通的，并能产生附加能量。然而，面对高丽君，我遭遇的最大困难是难以区分她的类别。一个或几个标签，看起来像那么回事，但无须端详，就已发觉一片模糊。细细一想，源于她将生活、阅读和写作汇成一条河，像一条鱼儿在其中自在呼吸，性情游动。这既是生活的、文学的，又是超生活的、超文学的。许多时候，这是一种我们可以感知但无法准确表达的状态。每每到这时候，我们总能遭遇语言苍白无力的尴尬。透过俗常的迷雾，我看到一位怀揣浓郁文学情怀的阅读者，一位质朴清纯的写作者，一位以生命参悟词语通达文学的评论者。

  高丽君的阅读是随性的，一种之于生活本真的自在阅读。一册书,一杯茶,一缕阳光,一份淡然的心情,阅读已然成为生命中自然存在的一部分。当然,这不是时下流行的浅阅读,以阅读来消磨时光打发心情。多说一句,其实再浅的阅读,总是比不阅读好的。高丽君的阅读也不是专业阅读或职业阅读,至少在心理需求或行为目的上,她的阅读已将功利欲望降至最低限度。正如她所言:"每每临睡之前,总要从枕边掏出一本书,靠着床头,全身舒展,心无烦忧,取一个舒服的姿势,或躺或卧,捧书而读。一天的疲劳和千头万绪的事都被关在门外,仿佛游离尘世之外,忘却了世间所有的烦恼和喧嚣,以单纯的心境进入书中的世界。""每每独坐书房,总是喜不自禁,似有阵阵清风拂面,芳香袭怀。手持一书,吟哦于四壁之中。神游于四海之外,既可以与老庄谈心,也可以跟柏拉图对话。心情烦闷时,济慈、雪莱在你耳畔喁喁细语,巴尔扎克为你扮演《人间喜剧》,还有李白、杜甫、王尔德、莎士比亚……一大堆才华横溢的朋友等着你的呼唤。"

是的,阅读是她生活的一部分,平常得如同她生命的呼吸。对她而言,不是需要阅读,而是喜欢阅读。这才是真正有意味的阅读,纯粹性的阅读,也是最具力量的阅读。莫言曾说他喜欢用耳朵阅读,对高丽君而言,其实是在用生命、用灵魂在阅读。在这里,她尽展女性的细腻敏感,既把生活的点点滴滴当作一行行文字阅读,捕捉其里的细微感受,又将字形、墨香、句意词韵化入生活,作为生活的延伸和丰润。

如此看来,高丽君的阅读极像太极阴阳,现实人生与纸上生活形成一个互动性的整体。我愿意把她这样的阅读称为"参与性的阅读",让生活参与阅读,让阅读参与生活。

高丽君如此参与性的阅读,丰富了她的日常生活,更彰显了其文学评论的个性。以理性为纹理,以感性为灵魂,形成了她文学评论的个性品质和评论风格。简而言之,她的文学评论有温度、有情感、有灵性。这样的评论不再是理性独霸天下,而是理性与感性握手言和,共建一个话语场。在阅读她的评论文章时,我们很容易就能感受到她对文本情感性的拥抱和好友式的对话。她心怀批评家的理性之光,徜徉于作品的字里行间,不在于解剖,而是用心体悟。每次与文本相遇,她都在悄然间丢开批评家的繁文缛节,空灵而清纯地走进词语丛林,洞察情绪的节律,收获心魂的颤动。从这个意义上说,她的评论不是写出来的,而是从心田自然生长的。她的评论就像是地里的庄稼,在雨的舞蹈中生根,在风的吟唱中拔节。这样的文字是有生命的,与那些高楼大厦般的评论相比,多了许多血肉之情。是的,我们这个世界,离不开庄稼,也不能缺少高楼大厦,各有各的存在价值,各有各的审美气质。当一片生机盎然的庄稼地的尽头有高耸林立的现代化建筑相伴,当我们穿过钢筋水泥后满眼绿色时,这个世界才是美好的,才是完整的。之于文学批评,也应如此。

当下,我们时常会叹息批评缺乏感性,缺少如生命般的勃勃生机。这或许是说,我们并不缺少理论化极强的文学批评,或者说理性的文学批评已经长成了参天大树,而性情化的批评还在风雨中飘摇,没有生长成应有的气候。从这个意义上说,高丽君的文学批评是一抹亮色。更难能可贵的是,高丽君对于作品的感知有着自己独特的审美判断。这样的判断虽然带着情感的温度,但并没有丧失理性之翼。她的批评的确是在贴着作品飞翔,优美的姿势里暗合批评家的刚性。她总是把文学的内部世界和外部环境作为一个整体来研究,展开文学与现实的积极性对话、文本与生命的情感化交流,解读文学中的生活和生活中的文学。很多时候，她看似是在分析作品，其实旨在以作品为载体，借以阐述自己的文学理解和生活立场。同样，很多时候，我们以为她只是在倾诉感悟，其实她是在以柔性的方式评价作品。她绝非为了研究文学而研究，而是借用文学评论这一形式进行对于存在的追问，是将生命的独特体验和作家文本依据文学研究的范式呈现出来。因而，她的文学评论中论点不仅是学术上的探索，更是她生命的有力绽放。

我得承认，我不太愿意把高丽君称为批评家，我更愿意把她看作写作者。如此的原因，一方面，我总固执地认为，优秀的批评家就该是地道的写作者，如果一位批评家不被人们称为写作者，那么这个批评家可能有比较大的问题，至少总觉得少了些什么，毕竟，批评终究是写作的一种姿势；另一方面，高丽君把批评理解为写作的一种，有着她对批评的极度尊重和有意味式的理解。在她看来，现实生活也好，文学作品也罢，都是写作的素材，不同之处只在于素材的性质而已。这样的写作意识和批评情怀，其实是参透了写作的境界和批评的本质。

读书散淡，却处处皆有感悟；热爱文学，在文学的丛林里怀禅问道，心灵呓语化为批评话语。高丽君以自己的方式实践批评理想，将纯粹的非职业阅读与生活体验融为一体，扎实地行走于感悟式灵性批评之路上。这种把生活和写作智性地带入批评的方式，不失为一种有意义的批评。

书名	自我诗学
著者	敬文东
体裁	文学研究
版别	长江文艺出版社 2021年12月

诗学的源头是"自我"

新诗的身份一直备受质疑，这是众所周知的。当我们谈论新诗时，首先是要谈什么？要把新诗谈成什么样？敬文东《自我诗学》提供的路径是一切从汉字、汉语开始，步入现代性的场域。

正如敬文东所言，"2015年写完《感叹诗学》、2018年写完《新诗学案》、2019年写完《味觉诗学》后，感觉还可以从已经完成的三部书的基础上，向前再推进一步——这就是本书的由来。我希望自己的观点和想法有一个自然成长的过程，回望来路时能看到自己清晰的出处。更希望自己随着年岁的增加，对万物的观察能够变得更为苍劲、坚定，但也更为圆融。最近若干年来，我对玉质的向往似乎越来越迫切"。这里有两个极为重要的关键词，即"出处"与"成长"，相信敬文东的用意很明显，既要守住"根"，又要不断地与现代对话。他的诗学意旨与态度，就是如此的鲜明且坚定。

谈论《自我诗学》，是一件相当冒险的事。这需要我们放下一些偏执，以开放的姿态面对新诗，需要我们系统地阅读敬文东的诗学系列著作，更需要我们在学识上能够拥有进入他的学养和理论成果的入门证。我敬仰学者,但我使用"学者"一词持有极为谨慎的态度,尤其是对诗歌研究者。这当然源于我个人的立场,也可能这样的立场是偏执的,不合时宜的。我总以为中国新诗,是"诗"与"新"的关系。离开中国文字特有的内质和古典诗歌的血脉,谈论中国新诗的当代性,是无效的。忽视甚至否认世界性之于中国新诗的影响,有时是巨大的影响,同样是无用的。这其实不是文化立场和精神立场的问题,而是能不能尊重事物本质的问题。"学者"当然需要有立场,但这样的立场当深植于事物的本体,尊重事物的变与不变。

在我看来,敬文东视野相当开阔,对西方文化、哲学、文学以及诗歌都有充分的吸收与阐释。既有广泛体察,又有重点深入,进而成为他学术体系的重要组成部分。从这个意义上讲,他已经有了"现代人"的气质。因而,在《自我诗学》中,他总是将中国新诗置于整个人类的大生态之中进行研析和判断。纷繁的理论经由他的理解之后引入新诗整体的"思考场",既有他者的视角,又有在场的温度。尤其值得关注的是,敬文东对这些理论的运用,有着整体的学术观和他自己的思想体系理念。"文学批评固然需要解读各种优秀的文学文本,但为的是建构批评家自己的理论体系;而文学批评的终极旨归,乃是思考人作为个体在时间和空间中的地位,以及人类作为种群在宇宙中的命运。打一开始,我理解的文学批评就具有神学或宗教的特性;不思考人类命运的文学批评是软弱的、无效的,也是没有骨头的。它注定缺乏远见,枯燥、乏味,没有激情,更没有起码的担当。我当然不会错误地认为文学批评家居然可以是牧师,也不会浅薄地将批评家认作神父。事实上,他们只是一群喜欢思索、乐于思索的人而已。他们更愿意从形而上的角度关心人、关注人和观察人，但他们首先是观察人如何被作家和诗人所表达，人的命运在何种程度上具有何种宽广的可能性。"从敬文东的这番话中，我们感受到他令人敬佩的批评立场，更为重要的是，他其实并不只是向批评家和文学研究者进发，更是以"思想家"的身份在行走、在实践、在收获。也正因为如此，敬文东是我认为的真"学者"。

《自我诗学》，"自我"是基本点也是最终指向。敬文东认为，失去了"自我"，一切都将不复存在，至少谈论中国新诗是毫无意义的。我们需要清楚从何处而来，向何处去，也需要知道此时此刻在哪里。在谈及"自我"和"中国新诗"时，敬文东常用到"现代汉语"的指称。"诗固然用现代汉语，但现代汉语毕竟还是汉语，这就保证了新诗并不会完全自绝于古诗。传统不是遗物，而是遗产。对于中国人来说，汉语和汉字无疑就是最为重要的遗产。至于如何将古诗的精神化入新诗，是每一个诗人的任务。"汉语，一定是汉语，但又一定是发展中的汉语，是与多文化、多文明对话的汉语。以这一观点为内核，他对中国诗歌从古至今的历程做了创作上的分析以及文化、思想上的探察，更是从人的存在与成长中进行了观照。

如此，"自我"不仅是诗学，更是我们生存和生活需要体味的文化。

书名	批评作为一种生活
著者	李一鸣
体裁	文学研究
版别	中国书籍出版社 2021年2月

在大文学观的视野下把脉文学生命体

批评即生活，显然这不仅是主张一种批评态度、立场和方法，而是将文学视为一个完整的生命体进行观察、探寻与问道，踏上审美探险的旅程。在这个过程中，批评者将批评作为生命行为，参与自己的生活，成为生活和生命的一部分。如此生命性的文学批评，在一定程度上也在丰富"大文学观"这一概念和批评实践。这样的批评理念和行为，我在集中阅读李一鸣《批评作为一种生活》后得到进一步的清晰，并收获了新的理解和认识。

批评生活，首先指向的是李一鸣的批评身份。李一鸣从参加山东省讲师团到农村中学支教，到担任滨州医学院学生辅导员、院长办公室秘书、主任、院党委统战部部长直至担任滨州医学院副院长，他的工作与文学一直没有正面交集。这段时间里，他在批评之路上已经取得了相当的成就。这与绝大多数批评者明显不同。学院、学术研究机构、传媒界以及文联作协等相关单位的专业人员，是批评者的聚集之地。也就是说，对于批评者而言，批评基本是工作职责和任务，多数还有评定职称等需求。李一鸣的批评全无这些压力，纯粹是自发的，可以称之为是在文学情怀浸染之下的业余爱好。尽管后来他到鲁院文学院工作，在工作角色上进入了文学现场，但这种"批评初心"已在生命中扎根，并一直是他批评的原动力。没有了被要求和外在的需求，"批评是一种生活方式"，"批评即生活"，他认为的批评与生活的关系，就更多了些生活之味和文学意趣。如此，经他说出的"批评就是创造"，在重点指向批评价值的同时，也表明了他批评的内在动机和基本路径。

从《批评作为一种生活》一书以及李一鸣其他众多的批评文章中，我们很容易发现，李一鸣一直将批评当作一种创作，并在创作的基础上体现批评的价值。文学作品不再是研究资料，而是如生活一样的创作素材，应该是他的基本观点。也就是说，在潜意识和主动性的向往中，他把自己定位为作家，"文本"所建构的世界，是他日常生活之外的生活时空。文学批评视作品为独立的、完整的文本世界，是批评对象的生活化表达，进而丰富和拓展了批评的态度和视角。而李一鸣则将"文本"作为生活体验的另一场域，批评是以"文本"为素材的创作行为。显然，这不是一种批评方法，而是批评的情感力，无法将其完全归入某种文学批评流派之中，又吸收了众多批评流派的精要之能。

阅读，成为进入生活的一种途径和方法，便是生活本身。批评者首先是生活者，而后是创作者，这样的批评是理性之光照进生活，以灵性来体察和感悟文本的体温和精神。正是因为有了这样的创作心态和需求，李一鸣的批评有着自己的大格局和大情怀。《批评作为一种生活》《批评品格与批评责任》等文章，便道出了他批评的准则和心得。读来情真意切，又可见其理论之功。

从所批评的文体看，李一鸣视野极其开阔，从小说到诗歌，从散文到报告文学，但凡是文学的，都在他的视线里。不在乎文体的类别，也不预设重点关注哪些文体，而是在阅读中捕捉思绪，有感而发，有话就说。我们注意到，他的看似随性的背后，是建立在对文学史宏观把握、对不同文体深入研究的基础之上的。《批评作为一种生活》一书中的"理论"和"学术"中所收入的文章便是例证。虽然文章的数量不多，但我们还是能感受到他对理论的重视，以及在学术修养上的诸多储备。值得注意的是，在建构自己的理论和学术的储备体系中，他一直是将他者的理论与自己对作品的研究融为一体，在互动中深化对理论的理解，激发自己的思索，进而生成属于自己的文学理论底蕴。

李一鸣批评的切入点也没有规制，全凭作品的具体情况，以最贴合作品表达方式和内在意蕴的角度展开。时而在宏观上瞭望，作纵览式、扫描式、现象式的观察；时而又进入文本内部，从修辞到节奏，从语境到隐喻等进行细读式的品鉴。"从感性上升到理性、由现象洞察到本质、以特殊扩展到普遍，纵向上打开深远的文学史视野，横向上拓张同代比较眼光，心向上浸入深切体察解读，从而将文学作品在历史的承续性与整体性中加以解析，发现作品发生的偶然与必然、存在的凝滞或超越，找寻同种背景下作品的不同与不凡、流俗与不俗，进而透过作者的精神碎片，探寻作品背后隐蔽的含义，捕捉作品内涵和外延上最灵魂的特质。"（《批评作为一种生活》）李一鸣善于以所评作品和作家创作实践的情况，建立相应的坐标，或以文学史为背景，或立足当下文学的整个生态，或在同体裁、同类型、同题材中寻找参照，或把作品纳入作家本人创作的线路之中进行考察。这种像水依物赋形般的贴合式批评，对发现作品的个性自然十分有效。

以我之性情与文本之性情进行对话，在李一鸣的面前，文本是博大的世界，也是鲜活的生命体。在这样的对话中，他充分利用和发挥了自身创作的优势。从相关资料中我们可以知道，他15岁就开始了散文创作，还曾获得"山东省十大青年散文家"称号。创作，有许多的理论阐述和普遍性的规律，但也有很多非亲身实践而无法感知，甚至难以言明的体会。因而，创作之于他的批评，是难得的优势，并艺术性地运用到具体的批评之中。双路径的方式，是他所擅长的。除了常见的研析作品表达了什么的同时，他还注重尽可能地回到作家的写作通道，去寻找作家想表达什么。与洞悉作品表达了什么相比，探求作家想表达的是什么的行为，是极其冒险的。然而，对于批评，这样的言中之意和言外之意的结合，才是一部作品的全部之意。对于批评者李一鸣而言，这既是他批评的个性化之所在，也厚实了他批评的价值。

文化的沉浸与外溢，是李一鸣批评的重要气质。他以开放的胸怀在人类文化中览胜，汲取有用、可用之文化营养，用于宏阔视野，更好地理解和承继中华文化。这样的以本土文化为根，学习他者文化的大文化观，也是他批评的坚定基石和飞翔之翼。《历史变迁中现代知识分子精神心理的写照》《中国现代山水游记散文审美精神的超越》和《游走社会人生的精神镜像》这三篇文章，比较翔实地传达了李一鸣的文化内核和肌理。简而言之，就是中国式的人伦天道。家国想象、怀乡情结和都市困境，既通透了中国文化的进程，又参详了文化与生活中变与不变的关系。他的批评，正是生长在这样的文化土壤里。几乎在所有批评中，他都会将作品置于文化之中进行解读，或批评最终指向文化。乡土文化、人与自然相依相生，是其中之要义。在评论李登建《最后的乡贤》一书时，他说："我们正以一日千里的乡村萎缩完成着纷繁地告别,告别被工业化了的土地,告别放弃故乡远行城市的孩子,并最终告别一种文明、一种延续了几千年的乡村生态、一种关乎村庄命运的传奇。这是颂歌还是挽歌?是对古老文明的追寻,还是对现代化进程的反思?《最后的乡贤》,于今天、于时代,于是便另外有了格外深沉的意义。"他是以此表达了对传统文化的敬畏和当下的焦虑。面对未来,他的文化自信一直都在,并呈日益增强之势。"原来那出自古代文人心灵深谷、缓缓流经现代人思想高坡的一脉清凉,依然汩汩流淌于当代中国人的血液,浸润为集体无意识的基因,此去无所止,涌动而不歇……"(《现代人的彷徨、隐逸与逍遥》)李一鸣以大文化作为批评的情感支撑和智性开悟,是在以此表明,有大文化,才有大文学,离开了生活、生活里的文化、我们血脉里的文化以及我们共有的文化世界,谈论文学就失去了根基,也就没有多大意义。

　　如前所述,李一鸣是有文学大情怀的批评家。在我看来,这样的大情怀与他身为"业余作家"有着密切关系。因感同身受,他对年轻作家和尚未成名的作家尤为关注。《批评作为一种生活》中的有关作家作品的批评,绝大多数都是处于成长期的作家,并且又以基层作家居多。他的批评,总有提携之心和帮助之力。无论是发现优点还是指出缺点,都充满善意和期待,的确具有长兄之友爱和导师之功。因为性情真诚,在许多批评文章里,他情绪饱满,文笔优美,将理性之识以感性之情表达,丝毫不加以掩饰。读来,既有客观、精准的评判,又有温情流动,时常还会令人感动不已。目光向下的这种关注,对作品的鉴别更考验文学批评的功力,更是一种冒险之举。李一鸣的勇敢和气魄来自他对自己文学批评的自信,更源于他作为批评者的责任和担当，也是他热爱文学，关心写作者的真情流露和心灵执着。

书名	警察美学的生命话语
著者	王晓琳
体裁	文学研究
版别	中国社会科学出版社 2015年3月

警察出现在文学现场

出现场,是许多警察的日常工作。出现场的警察,有着职业特有的高大身影,但绝不可能有诗意。而王晓琳这位警察出现场,情感丰沛,身形时而轻盈时而凝重,辽阔的视野触摸纤细微尘,钢骨铁血里荡漾诗意。王晓琳以警察的身份,在文化的星空,以文学的精神,拓展"警察文化"的审美世界以及文学与现实的互动性发展。王晓琳的《警察美学的生命话语》让我们看到了警察的另一面,强烈的人文情怀,敏锐而雄强的审美活力,以及以生活的激情所呈现出的文学在场感,为公安文学的研究提供了一个新的视角,勾勒了公安文学的基本图谱,更为我们展示了公安文学特有的魅力,让我们对公安文化有了更加明晰的观察和判断。

之于警察和文学批评,王晓琳都充满强烈的个性和才情。他在一线工作,是千万名普通警察中的一员,能深切感悟警察的特殊生活和神秘的心灵世界。同时,他又怀揣浓烈的人文情怀,对文化和文学有着过人的偏爱与真诚。可以说,这是一位真正有文化的警察,是警察中有深厚人文修养的学者。他是视文学为生命副本的警察,对文学有着纯粹的愿景与行动。与基层生活与普通民警血脉相连，警察的特殊职业精神是他灵魂的底色。在文学批评的实践中，他高擎丰盈的美学和生命般的挚爱。如此，他以精神的高度、生活的低处和警察特殊的文化温度相生的这一特殊的切入点进入文学现场，在接受美学、经验直觉和生命体验中触摸审美化的日常生活。《警察美学的生命话语》正是他这种批评身份、批评伦理、批评立场和批评精神的集中体现，对警察文化和公安文学进行了一次独特的行走，并收获了沉甸甸的喜人成果。王晓琳从中国当代文学史与中国当代公安文学史的关系入手，以生命性的审美理念观照文学，充分调动现场生活的新鲜元素，为文学批评特别是公安文学研究开辟了新的疆域，提供了新的方向性的可能。他的文学史意识相当强烈，但又不是僵化的、极端的，他实质上是在以文学史推动公安文学的历史、当下与未来。如此的研究，既具有值得尊敬的学术意义，又有文学的现实价值。

因为立足于原生态的生活，王晓琳的公安文学研究是文学的小现场与文学的大世界进行对话。与其说是他做公安文学研究，不如说他在以另一种形式书写公安生活，集聚公安文化，弘扬公安的别样人文精神。如此，他对公安文学的阐释和建构，带有人间的烟火味，有警察生活的战斗味。在对公安反特小说的研究中，王晓琳从生活的内部向外延展，在神秘的现场发声。这样的研究，没有警察生活或类似的体验，是无法抵达的。他以冷峻的理论与热烈的体验，对此类文学作品进行了再发现。这样的发现，尤其对我们了解公安文学，继而了解警察在大和平年代的牺牲与奉献具有重要意义。在某种程度上，后者比前者更有意义。在当下的和平时期，或许只有警察时时经受生死考验，战斗、牺牲、流血与他们的生活如影随形。

在对杨永超小说《枪》的解读与研究中，王晓琳以枪这一生活与战斗的双重象征为支点，洞悉"枪"的符号，之于警察生活的多重意味，最终提升到枪的身体化与深层次的叙事这样的文学精神高度。

王晓琳以警察的身份、体验和文化，在破解公安文学密码的同时，也在眺望警营外丰富的文学世界，显现一个警察对于文学整体注视的目光、交流的话语和个性化的姿态。对于公安文学、外部文学以及两者互动性的关照，展示了他建构公安文学理论的宏大理想和巨大的包容心。这里有他的文学追求，更有他源于生命体验的文学观念、态度。这一点已经超越了他警察身份和公安文学场域，进入了博大纷繁的文学世界。

《警察美学的生命话语》是王晓琳向日常生活致敬的实在行为，是对公安文学发自内心的赤诚。这是警察与学者的智性融合，更是警察对于公安文学的真诚表达。

书名	我们并不孤单
著者	谢有顺
体裁	文学评论
版别	中国社会科学出版社 2001年6月

写作的恐惧来自清醒

谢有顺的评论,完全可作为评论界的个案来评析。比如他的文风,比如他的艺术感悟力,比如他的理论知识与阅读实践的心灵切合力等。

谢有顺在《我们并不孤单》中说:"一切的写作者,都要清醒起来,重新找回自己的使命和精神立场。……难道我们还要为这种稍纵即逝的写作耗尽我们的一生吗?对于一个清醒者来说,保持这种写作的恐惧是必要的。它将使我们一直处于意义的危机之中而变得不再轻松,也可以帮助我们养成对文字保持虔诚的好习惯。"而书的开篇之作就是《人为什么恐惧》,接着他又宣称"我喜欢活在清醒的痛苦中的鲁迅"。我以为,谢有顺此举意在表明自己写作与思考的状态、底线和原动力。这种表白并非虚晃的姿态,而是谢有顺强烈自制的体现。应该说,谢有顺的评论写作是从关注先锋创作及先锋作家开始的。对此,他倾注了巨大的热情和关怀,采取了极为清醒而又睿智的视角,从而确立了他的写作理想和评论地位。

在先锋写作的巅峰时期,谢有顺清醒地爬梳其纹理,而当先锋写作似乎成为一道逝去的风景时，谢有顺却清醒而敏锐地觅寻其遗迹以及对当下写作的影响。对那些先锋作家，谢有顺总是审视他们的写作状态及心灵精神的流变和每一阶段的生存境遇，表现出少有的清醒，在自我恐惧的同时，也体现了他对先锋作家难得的恐惧。

　　清醒的谢有顺，没有浮游于文学的外围和表层，以独具人格力量的思考，专注于文学创作的本身，探寻"文学化"和"学术化"的内部真相。这在当下的评论界，有着其鲜亮的一面。在对诗歌中"知识分子写作"和"民间立场"对立现象的剖析中，谢有顺跳出了与诗歌无关的话语泥淖，认认真真地走进了诗歌的内部，抚摸中国新诗的疼痛，访问伤害诗歌的意念、欲望及行为。智慧的言说中，无处不闪现出理性、真诚和对简单而情绪化二元对立的解构。对待争论，他提出了"并不需要谁是争论的胜利者，它毫无意义，只要争论引致了双方重新思考自己所面临的问题，目的便达到了"，从而，"把争论理解为一种恢复，即，把每一个诗人、每一种写作恢复到它本应有的位置和空间里"。这是一个清醒的评论者对争论不该有的对抗性和混乱性最具良知的消解，从中我们不难看出谢有顺参与争论和进入评论的精神力量。当然，达到这一高度和境界，仅有清醒和良知是不够的，必须还有一切回到写作本身这一立场作为基石。

　　谢有顺对写作怀有难以言表的恐惧，因为他清醒着，因为他洞察了写作的灵魂是"坚持对人类普遍的人性、心灵，正义，爱，由苦难而致的绝望，匮乏，拯救等永恒命题的思索"。在《我们并不孤单》中，从诸如"我们的怯懦与贫困""写作及其勇气""写作，回到神圣的启示""精神困境的寓言""黑暗的心"之类的题目，我们就能感受到谢有顺那坚定而忧虑的表情。能够在清醒中保持恐惧的人，灵魂是生动而清澈的，这样的评论者才有可能抵达思考的彼岸。

　　清醒着的谢有顺,总是将自己置身于人类共有的情感之中,融入写作最真实最亲近的领域,在沉重中获得一份轻松,自信而满怀爱心地走在依靠恐惧产生动力的写作之旅上。他的身影有些孤独,但他的精神是那样飘逸,拥有的是一份并不孤单的自信和超然。《我们并不孤单》中的四辑标题,似乎暗示了谢有顺的某种心迹:《思虑的快乐》—《诗歌的内心弯曲的文学》—《忧郁的真实》—《写作的恐惧》,而这一切又都是沐浴《我们并不孤单》的阳光。

　　也许正是因为如此,谢有顺的写作才得到了极度的坦然,目光既无所不及又专注锐利,话语直刺要害又不失理性的宽容。现今,为数不少的评论家给我们的那种对文学纯技术因素的说三道四、指手画脚,说得不少,但言语里没有自己,只是做一个冷漠的旁观者。面对《我们并不孤单》,我们看到了隐藏在字里行间的心灵图像和价值尺度,一个批评者的勇气随处显现。评论者的称呼不太适合他,他是写作者。作家作品,只是谢有顺叩问世界秘密、生命体验和人生价值的门环。这当是《我们并不孤单》最有价值和最具魅力之处。从这个角度说,谢有顺正在力图找回早已从当下评论家心里疏离冷淡的批评之神,让价值的敏感、精神的趣味和心灵的质量重新回到批评世界,重新流进评论家的血液。

书名	萧红与生命中的他们
著者	叶君
体裁	文学研究
版别	中国社会科学出版社 2015年4月

一部有浓郁小说意味的学术著作

人们对萧红本人的兴趣似乎远远超过了她的作品，这本身就是件奇怪的事。更为怪异的是，有关萧红生平的研究，越是深入详细，越生起了许多迷雾。萧红离开我们的日子并不遥远，许多萧红的叙述者都参与或见证了她的生活。从生活现场走来的叙述者，都信誓旦旦地表示自己笔下的萧红是真实的，如松花江那样低吟高歌，浪花中飞溅着浓情实感。然而，众多的真实，竟然让事实越发迷惑，不同的叙述中竟然拥抱出更多的虚幻。叶君《萧红与生命中的他们》，没有加入这多声部的合唱，而是立于河岸聆听、分辨，心无旁骛地还原萧红那行走于大地的脚步。他在没有立场的解读中表现了自己的立场，让《萧红与生命中的他们》成为萧红生平研究中一个可以驻足的码头。

《萧红与生命中的他们》是一部研究性的著作，显示了叶君扎实、务实的学术之气。他如实地呈现亲历者的叙述，客观地加以交叉验证，有时会表明自己的观点，但更多的时候只是叙述。不预设立场，不掺入情感，不挟任何私利，把学理融入生活现场以及他们讲述的生活里。叶君笔下的萧红,不再是叙述中的萧红,而是曾经真实生活的萧红。如此,我们眼中的萧红在向现实走近,脚步声清晰起来,真实起来。

从叙事伦理角度而言,《萧红与生命中的他们》是一部很好的小说。把学术著作写成小说,具备小说的气质和精神,可能是这部书最大的价值。《萧红与生命中的他们》主要是考察萧红与萧军、鲁迅、端木蕻良等人的关系,以此来厘清某些记忆或讲述的真实与否。叶君极度尊重这些讲述者,让他们自由言说,让他们把萧红作为讲述对象,以自己的方式描述萧红这一人物形象。可是,当我们在阅读时,强烈地感受到这些讲述者只是在以萧红的名义讲述他们自己的人性与情感。我们一旦从这个角度进入《萧红与生命中的他们》,感觉已从学术著作不由自主地滑入小说状态,一切变得更加有趣,当然也就更加有意味。

与一般小说不同的是,《萧红与生命中的他们》中的人物都是真实的,尤其是与萧红有过相处或接触的人,并非叶君虚构出的人物。他们的讲述也已进入大众视野,成为文字上的事实。当我们不纠结于他们讲述内容的真实性,试图去体味内容与现实的差异时,一部很有意思的小说就出现了。比如有关萧红被困旅馆的前前后后一事上,几乎所有的当事人都发出了自己的声音,以亲历者的身份还原事实的真相。然而,所谓的真相只有一个,也经叶君的比对分析有了答案。可以说,有关萧红的一些纷争和疑惑,叶君都采用了这样的梳理方式。有了这样一些最接近真实的答案或可能会接近真实的答案时,我们再细读这些人的讲述,他们的性情就像小说那样精彩纷呈。我们可以从他们的叙述中读到很多文字以外的东西,比如他们在对一件事上不同的态度与立场,以真实的名义在讲述经过他们情感洗刷的真相。这么一来，萧红为大家提供了一个叙述场，大家都借着萧红的名义在塑造自身的形象。而我们经由他们叙述中的有意删减、加工、变异等行为，便能感知到他们隐秘的内心。他们在制造一团团迷雾或陷阱的同时，让我们看到了他们心灵的颤动和人生的某些脚印。甚至可以说，他们在把萧红人生这河水搅浑的同时，居然把自己的心灵翻晒于阳光之下。相信，这在他们的意料之外。

《萧红与生命中的他们》的小说意味，在于叶君在努力探求真相的同时，并没有偏袒或指责某一人。他以小说家的审美度量任由人物自在说话，挥洒自己的表现。他只是一个旁观者和记录者，忠实于人物本真的言行。正因为如此，在阅读中，我们常常不再关注萧红，而对那些叙述者津津乐道。当然，我们感兴趣的或许不是这些人的好与坏，而是惊叹人的复杂性以及真实性在立场、情感和诉求指引下的叙述是如此的丰富，如此的大相径庭。

有关萧红的生平，到底是什么样的，学界的研究有什么新成果，《萧红与生命中的他们》给了我们一个新的可以借鉴的答案。这或许还有商榷之处，但以萧红为显影剂而呈现的人性的复杂以及我们看待历史的动机与目的，在某种程度上，比研究萧红似乎更有价值，更值得我们思考。

书名	莫言的文学共和国
著者	叶开
体裁	人物研究
版别	北京大学出版社 2013年2月

让你轻松走进莫言的丰富世界

《莫言的文学共和国》是一部很难精确分类的著作,虽然版权页上标注的是"人物研究",但其实远不能涵盖这本书的丰富内容。"以百年文学史和中国历史为背景,精读莫言传奇人生,深析莫言传奇作品"这也只是对书中某些内容的概括。因为除去文字,这本书中还有数十张莫言各个时期的照片,他的家人、同学、老师等人的照片;有"中国花鸟画大家"何水法教授倾情绘制的6幅精美的国画,画家刘进安创作的10余幅插图,还有莫言的手稿影印和多幅书法佳作。这么说吧,这是迄今为止有关莫言及莫言作品概述等内容最全面的一部书,叶开以独特的身份和广阔的视野营造了一个莫言的文学共和国,让莫言和其作品得以立体化呈现。这样的一本书,专业研究者可以从中得到许多学术启发,文学爱好者能全方面深入了解莫言及其作品,一般读者可以从莫言的成长中体味一个大作家是如何练就的,以及一个成功者的足迹。

在有关书写、研究莫言及其作品的评论者中,叶开是最为独特的一位。他是现当代文学研究博士,持续关注、研究莫言已经20

多年；是当代十分活跃的作家，出版多部长篇小说，叙述力强；是具有高超文学品鉴能力的编辑，获得过包括茅盾文学奖在内的各种编辑大奖，自20世纪90年代编发了多部莫言的作品，与莫言有许多关于作品的互动性交流与探讨；是莫言多年的朋友，能够近距离地感知日常生活中的莫言。这样的多重身份和复合型能力，让叶开可以多角度透视莫言，多层面研究莫言的作品；可以充分发挥小说家的叙述才华，将原本枯燥晦涩的文学研究书写得鲜活生动，趣味盎然。我们欣喜地看到，叶开在人物传记和作品研究之间找到了一条有滋有味的叙述通道，轻松感性与深度理性合为一体，读起来畅快有趣，品味起来有嚼头。

还有一点也相当重要，《莫言的文学共和国》不是叶开阶段性研究莫言的成果，也非一时的应景之作，而是他20多年追踪研究莫言的成果积累。此书在十多年前已经成型。这些年，叶开一直跟随莫言的脚步，在写作中不断注入新的生活素材和研究成果，不断根据文学的发展和人们思想、审美的变化，对叙写重点和语言风格进行实时的调整与革新。

书的第一部分写莫言的成长历程，从莫言的个人生活和文学创作的双线人生中，探寻莫言是如何从一名乡村农民成为一位荣登诺贝尔文学奖的大家。叶开在莫言的生活中讲莫言的文学成长，在莫言的日常生活中讲莫言的创作发展。这里有许多鲜为人知的莫言故事，读起来如同莫言的小说一样意趣十足。

书的第二部分是以通俗的笔法和智慧的眼光解读莫言作品世界里的权力秘密，这一切都与莫言"饥饿与孤独"的切身体验有关。视角可谓奇特，研究可谓独到。"吃"，是人生不可或缺的，也是中国人日常性的话题，之于莫言的最初生命成长也是一个重要的关键词。叶开将一个作家创作的内心秘密解读得风生水起，也为我们进一步领略莫言作品的魅力打开了一扇原本紧闭着的窗户。

书的第三部分和第四部分关注莫言笔下的乡村人物和风景，这是从细部去观察莫言的叙述，深入地寻找这些人物和风景背后的玄奥。第五部分同样是关注莫言作品的微观世界，重在解读其名篇名作。

叶开从文学的宏大主题进入文学的微生态，敏锐发现莫言作品中那些难以察觉的细节与细部的光泽。应该说，饱满而丰蕴的细节和细部是莫言作品最为精彩与神奇的重要品相。然而，此前，我们或关注的力度不够，或解读的深度不够，或研究角度偏颇。叶开的解读是天马行空式的信手拈来，是打通任督二脉式的灵光毕现。他将生活融入文学，让文学走进生活，将文学与生活作为一个整体，谈古道今，议文学说生活。他以评论家、编辑、作家和朋友的四重身份，用四面包抄、多点进入的方法来解析莫言的作品。他立足于历史的维度，既分析莫言笔下的世界，又将这一世界拉至当下进行解剖晾晒。这让我们可以从内部和外面两个方向感受莫言笔下的神奇和秘密，品尝莫言作品的独特风味和意韵。

书名	土地的黄昏——中国乡村经验的微观权力分析
著者	张柠
体裁	文化研究
版别	东方出版社 2005年8月

有生命体温的文化研究

最早遇到张柠的《土地的黄昏——中国乡村经验的微观权力分析》（以下简称《土地的黄昏》），是2006年的初夏。那时，我刚集中完成《刘庆邦的女儿国》一书的写作。我选取了刘庆邦乡村短篇小说中众多女性形象进行解读的同时，重新回味了中国乡村那醇厚的人文风味，但也感觉急需在一个更为广阔的视野和更纵深的程度了解乡村。看到了《土地的黄昏》，我的确眼前一亮心头欢喜。我喜欢这书名，大致翻了翻目录，便马虎地认为这是一本有关乡村生活和文化的散文集。说心里话，这样马虎，其实还有别的原因。2000年前后，我对军营亚文化特别着迷，以散文的形式书写了众多军人常用语和顺口溜，成书时取名为《营区词语》，后来又相继写形象各异的兵们和营区的物品，都是用文学来挖掘和呈现日常军营生活中的文化和文化之中的兵们。我以为《土地的黄昏》也是这样一本写乡村文化的系列散文集。

有了这样的自以为是，真细读书时，竟然多了不少的惊喜。这确实是一部有着相当文学意味的著作，完全可以当作平易近人的随笔来读。此前，我对张柠学者的学养有所领教，但真的没想到他有如此深厚且灵性的文学创作之能。将理论研究与文学创作的任督二脉打通，在理论上有建树，在创作上有才情，委实是一件很难得的事。当然，我尚没有机会品读张柠的文学作品，但我坚信他有这样的富藏和打捞这一宝藏的文学能力。

张柠以自己的家乡竹林垄张家村为对象，从自我的乡村生活经历和考察经验出发，采取器物、食物、时空等角度或者分类的方法，打通民俗学、人类学、社会学和文学之间的界限，在微观处爬梳，在宏观视野下观照与剖析。场景和器物是这本书的主角。这与一般的乡村文化研究不同，与常规的文学表达也不同。这些场景和器物，不是来自田野调查，而是张柠对生命的深刻体验。而后，他又以文化研究者的身份重新打量和感悟这些体验。他不是做样本性的研究，而是视场景与器物为生命体，引导其审视乡村的日常生活以及日常之下的文化肌理。

这是怎样一本书呢？严格的定义，不太好下。还是用比喻来得轻巧些，并可留下回旋或再阐释的余地。一位乡村老人中的智者在讲述乡村的前世今生，故事与村庄之道。有位私塾先生，同样是老先生在一旁时常帮着来些提炼与总结，并将学识化为通俗的表达。自然还有位年轻的后生参与其中，把在外面接受的教育与乡村传统进行对接。他们坐在老屋前，眼前还有几个孩子自顾自地玩耍。这好像不是正经的比喻，更像一个画面。那还是换个说法，这本书是以乡土文化研究为支撑的复合性文学叙事。

这本书共分十五章，其中第十五章是从文学作品反向透视乡村经验和文化，前十四章均是以瞭望者和在场者双重身份对乡村的凝视与思考，几乎囊括了乡村的所有内容。在第一章《乡村时间》里，以农民的感知、身体节奏等来解读乡村时间，令人耳目一新。更为重要的是对农耕文化中的时间的分析，更多的是指向自然时间与农民身体时间的朴素关系。时间，不是物理的计量，也不是诗意的时光，而是农民生活和身体、心理的刻度。第二章的《乡村空间》更是将乡村生活以空间为经纬进行了细致的拆分，在一张张有文化有体温的切片里，放大乡村生活的肌理，进行理论性的提纯。其后的家具、农具、食物等章节，让我们看到了这些器物背后的历史之影、文化之意和日常生活之味。

乡村研究的成果极多，但多数没有像《土地的黄昏》中这样既细致入微，又无比辽阔。生命的血液在理性文字里流淌，尤为难得。那些浓缩的生活细节，胜过了太多的乡村散文的叙述。《乡村变态人格的诞生》对乡村异样人物的把握十分精准，又特别传神。这样的人物，并非具体的某个人，而是某类人。在对人物进行精要描述后，张柠又将这类人的行为与整个乡村的某种行为进行勾连，进而提炼出充满感性的理性之论。比如从乡村泼妇的骂街延伸到乡村之骂的普遍性策略。"'泼妇'的辱骂是'民间文化'因素里最激进的一种方式。民间的辱骂是通过将'陌生化'的东西（权力、暴力等）通过贬低为身边的动植物而'熟悉化'。将抽象的东西（善恶、高低）通过肉体经验的还原而具体化。将崇高的东西（理想、革命等）通过拉向最基本的生理层面而'粗俗化'。通过这些方式，他们帮助自己战胜那些外部世界（天堂、地狱、社会制度）强加在他们身上的恐惧，使自己（和辱骂的对象一起）紧紧地附着在熟悉的、能够把握的自然和生活层面上，而不是被推向恐惧的地狱或者高不可攀的天堂。这种将生与死、高雅与卑下、强权与弱势间的界限搅乱的辱骂正是'民间性'因素中的基本而永恒的力量之一。"如此灵动又极富智慧的归纳性叙述，在《土地的黄昏》中随处可见，是这本书的鲜明标识，也是这本书迷人的精髓所在。

《土地的黄昏》是博大厚实乡村的浓缩，描述与研析的每个样本或个案都似墨一样内蕴丰富。这本书有意思之处在于，如果当作研究性著作读，可能得到许多新鲜的观点和有力的启发。这得益于张柠拥有开放性的、宏大的文化视野。既对中国乡村史和乡村文化有深厚的研究，又对整个世界文化了解颇多。在文化全视野中观察中国乡村文化，更能确认中国文化的坐标和独特性。满怀生命体验地掘进，而且总是将当下与过去互为对照，使得对中国乡村文化的大走向和细质感都有准确的体味。也就是说，《土地的黄昏》将乡村置于历史之中，置于世界文化的背景之中，从而既把乡村作为一个独立、完整的文化生命体，又与历史与世界有着对话性的关系。研究的文章，写得深奥晦涩并不难，写得易读易懂又极具学术价值，是件很难的事。《土地的黄昏》恰恰打破了这一范式，写得极为流畅，写得极为好读，又极为耐读。从研究的角度看，能让人读得懂，读得有趣味，但又有很深的理性深度，让这本书显得更特别。如果当作文学作品读，其中的细节和人物特别有现场感。非但如此，无论怎么读，都会觉得有特别强的亲和力，又有平易近人的理性之光。就我个人而言，我在阅读中时常会混淆这两种语感，分不清是理性分析还是感性的书写。但我知道，这样的一部书，可以浅读快读，也可以细读且深入地读。

在有限的文字里解读《土地的黄昏》是不可能的，因而这本书可以经常读、反复读。这本书还具备工具书的某些特性，又可当作我们翻阅自己的乡村记忆的点化之书。至少，我是这样认为的。每隔一段时间，我就会读一读，有时从头一章章地读，有时找到我对特写时段最关注的章节进行细读。当我在回忆乡村时，我更会将这本书打开看上几行或几段。这时候，这本书就像一座桥，让我轻松地走进我的村庄。

《土地的黄昏》，言下之意指向厚重的乡村文化正在流失，甚至是异化。在我看来，这是焦虑之事，更是悲伤之事。文化需要进化，但不是抛弃。乡村文化是我们血液的一部分，也是一种基因。未来的乡村文化，一定是从往昔文化土壤里生长出来的。从这个角度说，《土地的黄昏》就更有价值。

不可思议的是，这本常伴我的书，在2011年的某一天，居然找不到了。那段时间，我从部队转业到京城，一个农民的孩子终于在城市扎下根，生命中的"乡村情结"有空窗期是正常的。这本书的莫名遗失，是不是有这样的寓意，我不得而知。很快，我就买了一本同样的书，还是最初的老版本。2016年10月，我到甘肃甘南藏族自治州临潭县挂职扶贫，走前明明记得带上了这本书，可到了县里收拾行李时居然没看到，好吧，这可能是让我又再买一本，那就买吧，依然是最初的版本。

在我的心中，《土地的黄昏》里并不只有我的故乡，但我的故乡都在《土地的黄昏》里。

书名	当代长篇小说论略
著者	张志忠
体裁	文学研究
版别	解放军文艺出版社 2000年9月

智性的力量

近二十年来，当代长篇小说的创作进入了新一轮前所未有的井喷期，持续而高产成为写作、出版和研究的一个热点。然而，不可否认，对长篇小说创作的研究还缺乏系统性和深入性，有关当代长篇小说创作的研究著作与长篇小说的兴盛并不等称。张志忠的《当代长篇小说论略》以对有成就、有代表性的长篇小说的个案分析为切入点，梳理了当代长篇小说的基本态势和特征，对长篇小说创作规律进行了有价值的探讨。其中的当下性、历史感、研究个性和对艺术的敏感度，特别值得关注。

《当代长篇小说论略》以文学史为参照，用批评家个性化的治学态度、深厚的文学理论为基石，糅合多种批评理念和手法，冷静而机智地为当代长篇小说创作的个体行为和整体态势诊脉。在由个别到一般，由局部到整体的研究过程中，张志忠紧紧抓住长篇小说创作的"叙述手法""语言系统""内部结构"等几个关键词，着眼于"有意味的形式"，对不同样式、不同风格的作品采取了不同的与之匹配的研究命题和方法，进行了一系列有意味的尝试。在这里，他吸收和整合了结构主义美学、原型批评学、阐释学、女性主义和比较文学等多种批评方法，从作品分析这一最基本的工作入手，把我们带入了广阔的文学思维空间。比如，在对《芙蓉镇》《泥日》等作品的分析中，侧重于人的自然性与社会性，既考察他们的历史，又关注他们的当下情境；既探寻他们的天性，也进行几个人物间的人际关系研究，从而既研究这些人际关系对揭示人物性格的作用，也讨论了这些人际关系对作品的情节故事和结构的意义；在对《钟鼓楼》《旧址》等作品的解读中，以历史感为基本支点，通过人物面对历史的态度和他们的命运，反映历史风云，触摸作家对历史的思考；在对《英雄无语》《走出硝烟的女神》等作品的研究中，从叙述学问题进入，对作品作出了新的评判……张志忠抛开了那些非文学意义的因素，只对作品负责，唯长篇小说创作的艺术构成至上。《当代长篇小说论略》有一个鲜明的批评立场，这就是将文学水平作为首要的焦点。这一焦点又是由长篇小说的结构艺术凝结而成的。也就是说，结构艺术是张志忠对长篇小说的艺术重心所在的认定。在对当代长篇小说创作研究中，他将这一认定贯穿始终，竭力张扬，由此而来的把握和研析令人耳目一新，颇有心得。当然，《当代长篇小说论略》并没有在单个作品这个点上停滞不前，而以众多的点构成了当下长篇小说创作出来的这个面。对每部作品的解读，虽然方法各异、重点不同，但从未迷失文学史和宏观层面这一背景。由点成线到面，使得对长篇小说的研究在深层次的基础上，极准确地达到了宏观鸟瞰的精度。

更重要的是，《当代长篇小说论略》折射出一个批评家应有的良知和智慧，张志忠以智性和立场为剑，使批评跳出了社会学与道德的层面，将论述理智地上升到"文学研究"这一层面，注重和专于长篇小说内部研究，从而使对当代长篇小说的批评更富"文学化"和"学术化"。可以说，这应该是当代长篇小说乃至整个文学研究需要大力倡导和实践的方向。

书名	中国当代文学60年
著者	张志忠
体裁	文学研究
版别	高等教育出版社 2009年5月

现场感与当代性互动的文学史

自20世纪80年代后期，重写文学史，成为文学史研究的重要话语，渐而改变着整个文学研究的书写语境和价值标准。这不仅是文学理念的转变和理论的建构，还必然会延伸到整个文化乃至政治经济的领域，引发系统性的变革。因此，这将是一个长期的动态性的过程。张志忠的《中国当代文学60年》，采取了更为开放的姿态进入文学现场，营建历史与当下的共时性，探寻和谐书写与内容的张力的关系，寻找理性梳理与感性解读的最佳结合点，成为这一过程中的重要收获。

张志忠将文学置于文化的大场域作全景式的考察，在文学历史长河中观照当代文学的流变，这种大历史观的史学理念，拓宽了文学史研究的宏大视野。在进入文学现场后，他潜进文本内部，作细致入微的感性体悟，挖掘作品的个性价值和审美特性。作品是文学研究的基本载体，而考察作品的价值，历来有"文学史的作品"和"文学的作品"之说，前者是指那些在文学史上产生过重要作用的，具有标志性的作品；后者是指经过时光淘洗，能够超越时代局限、在艺术上具有一定典范意义的作品。张志忠立足于后者,其实是让文学史回到文学作品本身,关注文学作品本身的艺术生命力。他以作家论为中心,以对作品的艺术分析为主,并着力于感性化的解读分析,还原作品个性化的品质。这当是一种大处俯瞰、小处入心,理性把握、感性进入式的史学研究思路,其好处在于将线性的历史走向和点状的饱满丰盈得以和谐共生,让历史在学术严肃的框架内尽可能鲜活灵动起来。

张志忠对于当代文学的体察和研究既是学术性的,又是日常生活化的,他的视野十分辽阔,并时刻处于文学的第一现场。如此一来,《中国当代文学60年》得以在时间上及时追踪和萃取当下的文学创作成果,将中国当代文学史的下限延伸至21世纪初叶,可以说是将当代文学研究在第一时间纳入了史学的体系范畴。这样的实时追踪是对当代文学极度的关注,更是研究者敢于负责的学术意识和高度自信的学术行为的体现。当代文学的研究,尤其是史学性的研究,历来没有达到应有的重视程度,其很大的原因是众多研究者对当代文学不以为然,认为当代文学根本无学术价值可言;或缺乏对当代文学准确把握的勇气与信心,不愿冒风险。在这一点上,张志忠的《中国当代文学60年》是勇敢而又颇有收获的。在空间上,以"现代民族共同体"的想象和追求,以及发展时空上的错落有序,现实主义、现代主义与通俗文学创作的多元景观,力求中国大陆和台港澳文学为一体。在这之中,张志忠认为大陆文学和台港澳文学不但是在一个共同的时空中存在和发展,而且有着内在的关联性,也是一个有机的整体。彼此相对独立,又共生互补,构成了当代中国文学的分流与整合,并生与互动。应该说,这样的文学立场是客观的,也具有一定的创新,当是《中国当代文学60年》重要的贡献之一。在文学外部，有地域性板块的构成，而其内部，则是各种体裁的拼接版图，在一定时期，某一些体裁会立于潮头，但并不可能彻底淹没其他体裁，是内部诸多板块的运动，支撑起整个文学世界。显然，张志忠敏锐地察觉到这一点。在文学观念上，取一种开放而驳杂的姿态，将影视文学、旧体诗词、网络文学和儿童文学等，都融入当代文学史的整个格局，使其获得应有的文学地位。更为重要的是，这极大丰富了文学的世界，肯定了诸多文学内在的张力以及推动文学史发展的个性化力量。

《中国当代文学60年》首要服务对象是中文专业的学生，是北京市高等教育精品教材立项项目。那么，其意义不仅为当下的当代文学史研究提供了新的范式的可能，更会对将来的文学史研究产生或示范性、或参考性的意义。

书名	乔延凤溪云斋诗评
主编	周卫东
体裁	诗评集
版别	神州民族杂志社，2023年2月专刊

一位诗歌的守门人和摆渡者

我有乔延凤先生的微信，但记不清是什么时候因何缘故彼此成为微信好友的。见面扫一扫，在同一个群里互加，或者其他方式加微信，已经成为社交必备的程序。只是有太多的好友，加上后问候一下，此后就没有任何交流，包括在朋友圈里也是形同陌路。细细想来，这是当下一个颇为有趣甚至极有意味的现象。我与乔延凤先生也基本没有实质上的联系，只是我一直在关注他的诗歌品读。他在名为"溪云斋"的微信公众号开有品诗专栏，我每期必读。

自媒体的出现，对当下诗歌创作、阅读和传播起到了很大的助力作用。在一定层面上而言，诗歌因自媒体的加持，出现了繁荣景象。这是诗人之幸，是诗歌之幸，自然也是读者之幸。当然，负面作用也是有的，比如泥沙俱下，比如诗性的品位下滑。为此，我们更需要精神高洁的诗人的高洁之作，需要好诗美诗成为传播的主场域，也需要清醒的、品位高的读者。

在这众声喧哗之中，乔延凤先生当是一位守门人和摆渡者。

乔延凤先生历任江苏句容郭庄中学、安徽宣城中学、安徽蚌埠三中高中语文教师，蚌埠市文联《淮河》文艺双月刊诗歌编辑、蚌埠市文协副秘书长，安徽省文联《诗歌报》编辑、《诗歌报月刊》常务副主编。中国作家协会会员，中国诗歌学会理事，安徽省散文家协会副主席。文学创作一级。1978年开始发表作品，著有诗集《蝴蝶伞》《白蝴蝶》《再生之蝶》《乔延凤诗选》，散文集《西山飞黄叶》《乔延凤散文选》，理论集《诗歌苦旅》等。《秧果》获全国散文大赛奖，《碎裂及其他》获《江南》杂志奔马奖诗歌赛佳作奖。

如果仔细品鉴乔延凤的诗评，我们便能发现，他将自身的多种角色进行诗性的融合，在评诗时，他是老师、报刊编辑、诗人和评论家的合体。每每读他的诗评，我感觉他时而在批改作业，时而在谈诗当如何写，时而在提示读诗之法。以诗句为点的评述，与中国古典的"行批"之风相近，并将鉴赏、描绘和点悟等诗评方法运用得恰到好处。对于读者和诗歌初学者，乔延凤先生如此的读诗、评诗，真的有助于提高诗歌鉴赏水平和写诗的能力。在我看来，这是一种极有效和有益的评诗之道。

从乔延凤先生所评的诗中，我们可以看到，他不重名家，不薄后生，只品他认为的好诗。他偏爱注视那些不著名的诗人之作，尽打捞之力，这是一种因诗而来的大情怀。他有着相当深厚的诗歌素养和纯粹的诗人理想，便将此带入诗歌品读之中。发现好诗，推介好诗，将非诗或差诗拒之门外，成为他的基本准则和读诗评诗的向度。如此，他在捍卫诗歌的尊严，也在净化我们的阅读环境，进而也可以说是在提升我们的生活审美和人生品质。在当下，我们尤其需要这样的诗歌守门人。每个人的阅读时间和阅读量都是有限的，不为差诗所纠缠，能读到好诗，读者可以自主能动地选择，但自媒体的推介也尤为关键，有不偏不倚的诗选者，同样重要。我们需要好诗，也需要诗歌守门人。乔延凤先生做到了，且不求功利，只唯诗心诗品。他在海量的诗歌中淘诗，阅读量自然相当大，但他之于诗歌和诗人的尊重更值得我们敬佩。

乔延凤先生对诗歌的品读，有其特色，这就是注重从诗中品生活之味，引诗重回生活之中，又以生活之质来回望诗歌。他把专业性的诗歌素养和对诗歌的灵性体悟有机结合在一起，以诗性的语言评诗，以浓郁的生活气息感受诗的意蕴和张力。这是诗与生活本质性的互动，是诗的原点和终极之盼。他摒弃了云山雾罩式的解读，讲究把诗读懂说明白。他最常用的方式是，一句或一段地细读细品，或潜到诗的内部探寻，或将诗意进行延展。他的品读总是贴着诗歌，又贴着生活。那一篇篇解读式的文字，将文化融入表述，看似平常如拉家常，又极富语感诗性。这样的品读，读起来轻松，写起来其实很有难度。把诗说不明白，很简单；把诗说明白，真的很难。说得明白，既让诗人信服，又让读者佩服，那就难上加难了。其实，如此的评诗，是有风险的。因为讲究精确，注重解析到位，倘若不得要领，诗人或作者不买账，那闲话就来了。想来，乔延凤先生对自己的诗歌能力充满自信，更为重要的是，他以此评诗来呼唤更多的人爱读诗、会读诗。

他是将自身的诗歌修为和人生历练与诗人、诗歌和读者间进行了有个性的交融。如此，读诗也是读诗人，读诗也是读人生。诗的美好，一定是需要人性光芒加以照亮的。是的，当我们真诚地面对自我和生活，并以此进入诗歌，才会读到诗的真性情以及那强劲又坚韧的生命力。

许多诗歌评论家似乎并不在意此种读诗之功，时常把难懂的诗说得更晦涩，把原来还可领会的诗评得不知所以然。诗的高深和意境，虽说有些只可品无法言说，但总是可以窥探诗人之心机，为读者解疑释难。我们尊重诗的陌生性，但既为解读，当有化诗之玄奥为通常的读诗之法之能。在我看来，把诗说得明白些，其实不在于评诗者的本领，而在于其评诗的态度。有责任的评诗者，当是诗人与读者之间的摆渡者，是诗人与读者、诗歌与阅读之间的善意桥梁。对诗人满怀敬意，对诗歌充满敬畏，不想当然地胡说乱评，不故弄玄虚。面对读者，既不居高临下地轻视怠慢，又不随波逐流、没有底线和立场。品出诗人的用心，道出诗的妙处，让读者听得懂，有所悟，这才是真正意义上的诗歌摆渡者。在我看来，称乔延凤先生为摆渡者，不为虚妄。

有关品读，我没有与乔延凤先生有过交流，也未能看到他有关评诗的动机和方式之类的文字。但我从他的评诗文章中感受到，他把评诗当成了生活的一部分。可以想象，遇上好诗，读到了有感之处，他先是自我陶醉，让这样的诗润泽时光，然后才是要与读者分享这样的滋味。我甚至猜想，他是极喜爱读诗，而写评，只是生活与诗的共同伸展。诗歌生活，在他这里得到最为丰盈的体现。

同样令人敬佩的，还有"溪云斋"的主编周卫东先生。据我所知，周卫东先生与乔延凤先生之间有着很好的诗歌相处。有些时候，周卫东先生从大量的自然来稿中选出一些诗，请乔延凤先生评读，但这样的"请"又给予乔延凤先生极大的选择自由。他们以共同的爱诗之心，执着于推介好诗，美好我们的阅读。在乔延凤先生仙逝后，周卫东先生将乔延凤先生在"溪云斋"所发的诗评进行了汇总，且以自己之力结集出版。诗集不易出版，诗歌评论集的出版更是难上加难。周卫东先生此举堪称诗坛豪杰之举，是对乔延凤先生的致敬，更是对诗歌的高度热爱。

生活需要诗歌，诗歌需要情怀。生活和诗歌都需要乔延凤先生这样的守门人和摆渡者，也需要周卫东先生这样纯粹的诗歌人。

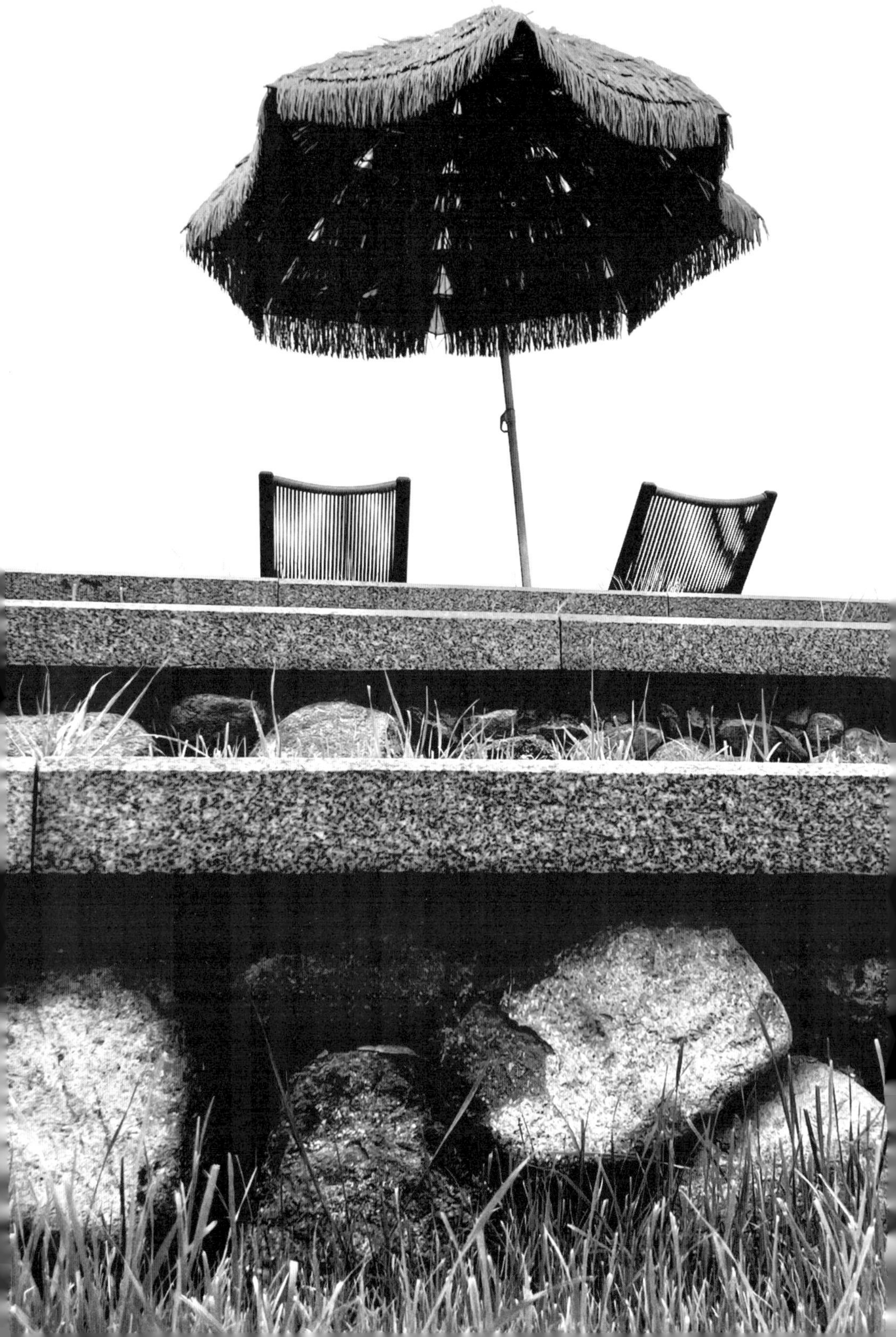

后记

出过几本评论集，但多数在写作前就有成书的计划。比如《刘庆邦的女儿国》，集中解读刘庆邦短篇小说中的乡村女性形象；《贴着地面的飞翔》，以作家论为主要形式，辅以对话，并将相关评论文章集为附录，对武警部队文学创作进行了梳理；《诗山》选取当代 66 位诗人，邀请他们每位自选 3 首代表作，我以细读的方式进行短评，试图为中国当代诗歌粗浅画像。就连《约会小说》也是一段时间对小说的评论合集。现在这本书，完全是散装的，没有可抓的眉目，强行把零零碎碎的聚在一起。朴素的标准就是没有收入其他集子里、不是太长的，且是针对一本书的评论。如此，说是书评集，倒也恰当。

我写评论没有职业的任务和评职称的需求，属于纯粹的爱好，或者说评论是我阅读的副产品，是我写作的一部分。当然，有了评论家的虚名后，总会受托写些文字，但由着我性子来的还是居多。就像这本书里所提及的作家、诗人和评论家，绝大多数在评论之前我都不认识。就是到现在，其中的许多人我都没有联系方式，没见过面。

能由着性子做事，总是好的，也是难得的。对所评之书的选择，我除了看重机缘外，有意多关注非顶流的作家作品。这不是理性的评论标准，而是由我个人的成长经历所形成的。在基层与文学毫无关系的工作岗位上，冒着被扣上不务正业帽子的危险，利用业余时间特别是夜深人静之时悄悄地写，悄悄地投稿。这一路走来的艰辛与无助，真是无法用言语表达的。面对每一位默默坚持的业余写作者，我都会看到我自己，亲近感油然而生。再加上我一直认为"三分法"式读书比较好，即读三分之一的经典大师之作，读三分之一与自己水平相当或相差不大的作品，读三分之一新人或还在起步阶段的作品。如此，读许多未被评论界广泛认可的作品，成了我阅读中不可缺少的一部分。这类作品有如原生态般的本真，似青春的激情，以及对文学最为质朴的热爱，这正是我长久需要的。

我总是坚持认为文学评论是一种创作。如果说作家的素材是生命的体验与积累，那么文本则是作家现实生活与想象世界的结合体，评论家的评论就是以文本作为素材的创作。同样是创作，评论家比作家创作多出了一种素材。事实上，作家也和评论家一样都是在以各种素材为研究对象，在展开与自我、与世界对话中营建新的文本。在这一过程中，判断和评价只是写作者的基本立场和出发点，有所创造才是关键。正如欧内斯特·伯恩鲍姆所说："当我们认识到它们是如何富有技巧地把逻辑、想象和情感融合在一起的时候，我们就会看出，把所谓的批评与所谓的创造性文学作品区别开来的做法多么肤浅。优秀的批评确实是创造性的，其写作是一门高超的技艺。"某种程度上，论文的形式限制了评论者的情绪、情感和语言的灵动。我理想中的评论，不是常见的论文体，而是随笔式的，比如本雅明的《无法扼杀的愉悦》、茨威格的《三大师传》、库切的《异乡人的国度》，等等。令人尴尬的是，这样的评论多出自文学大师、大家之手，我无法企及。然而，向往也是一件好事。

我是以散文和小说创作起步的，当年在解放军艺术学院文学系上的也是作家班。初心，对人的影响总是深刻的，常常难以改变。2009年，我参加了为期三个月的全军首届美术书法理论培训班；2015年，我参加了鲁迅文学院第二十六届中青年作家（文学批评）高级研讨班。这两次专业批评的集中学习，也没能化解我的写作初心。我读文学理论，不是为了当评论家，而是从另一个方向研习写作之道。至今，我也没想过当评论家，我的心思还是在创作上。

写文学评论，我有极大的私心，就是借他人的作品激发自己的思考，说一些自己想说的话。其中，我特别看重发现，即能不能在作品中读到只属于自己的东西。我读一本书，当然会有全面的印象，但更喜欢寻找并品味一个线索或几个点。全面的印象完全留给我自己，在评论里我只分享局部的感受与体会。这似乎属于"盲人摸象"式的评论。一本书，容量极大，其丰富程度就像我们每一个人一样，甚至超过了一个个体生命的全部。对世界，对个人甚至只是某件细微之事，我们真正做到的，其实都只是"盲人摸象"。给一本书轻易地下全面的评定，我没有这样的勇气和自信。对于我的阅读生活而言，我也不认为有这样的必要。

我承认，一般情况下，我的评论只说作品的优点。当然，这样做，我是有自己的原因的。我始终认为写作者都不容易，那份文学的情怀和执着让生命多了光芒。具体到每个写作者，每部作品都是对自己的挑战。写出来，就是自己在文学上乃至人生的一种成功。对此，我无比尊敬。我偏爱看到作品的闪光点，看到写作者的成功之处，哪怕是细微的进步。这与我的为人相一致。人人都有缺点，人人都有优点，愿意欣赏他人的优点，是对自己的善意。我以有这样的善为荣。能读出一本书的优点，并说出一二三，也是一种能力。我喜欢锻炼并考验自己这方面的能力。

我的写作总在散文、小说、诗歌、评论间穿梭，在已创作的作品中，这四种文体的文字量大致相等。变换不同文体，是我调节写作状态的一种方法。同时，我觉得我需要用最恰当的文体来表达我在某个阶段想说的话。我一直认为评论要像文学那样富有感性，加之我写评论时又常受自己其他创作状态的感染，因而我的评论难掩我的性情。事实上，我也不会故意以理性来埋没感性，反而醉于我的感性，希望自己的语感和情境在不知不觉中能与所评的作品有在场性的共情。评论，是我阅读的一部分，也是我写作的一部分。

这样的阅读，这样的评论，对我而言，是"无法扼杀的愉悦"。

这本集子取名《南人书话》，直接的原因是我有个网名叫"北乔南人"。我自来到北方后，一直向往可以像乔木那样生活，坚韧，不惧任何意义上的严寒。这是对自己的期望，也是预防性的鼓励。不管在北方生活多久，哪怕许多生活习惯已经北方化，我也不可能忘记北方之南的故乡。面对故乡，忘记不只意味着背叛，还会使自己的生命和灵魂有残缺。离开故乡，从此的人生只有漂泊，但"我"也成为复合体，尤其是文化上。所以，我特别喜欢这个网名。再者，在大众印象中，南方人多半有敏感、细致的心智，而我们的阅读有了此心智，便能在平常又奇妙的阅读旅程中体味更多更美妙的收获。

北乔

2024 年 8 月 15 日于京北阳光草堂